Alexander Engelbrecht

Autonomes Lernen und Weisheit

Alexander Engelbrecht

# Autonomes Lernen und Weisheit

Zur Begründung der kynischen Pädagogik und der Idee der Liebe im pädagogischen Prozess

VS VERLAG

Bibliografische Information der Deutschen Nationalbibliothek
Die Deutsche Nationalbibliothek verzeichnet diese Publikation in der
Deutschen Nationalbibliografie; detaillierte bibliografische Daten sind im Internet über
<http://dnb.d-nb.de> abrufbar.

1. Auflage 2010

Alle Rechte vorbehalten
© VS Verlag für Sozialwissenschaften | Springer Fachmedien Wiesbaden GmbH 2010

Lektorat: Katrin Emmerich | Marianne Schultheis

VS Verlag für Sozialwissenschaften ist eine Marke von Springer Fachmedien.
Springer Fachmedien ist Teil der Fachverlagsgruppe Springer Science+Business Media.
www.vs-verlag.de

Umschlaggestaltung: KünkelLopka Medienentwicklung, Heidelberg
Coverbild: Bildarchiv Preußischer Kulturbesitz
Druck und buchbinderische Verarbeitung: Ten Brink, Meppel
Gedruckt auf säurefreiem und chlorfrei gebleichtem Papier
Printed in the Netherlands

ISBN 978-3-531-17324-5

# Präludium

Dieses Werk wird dich irritieren, denn es findet sich jenseits der Konvention angesiedelt. Es handelt sich um eine Schrift, die Wörter produziert und zugleich auf sie verzichtet. Denn die Wörter vermögen es, sich wandelnde Gemälde, Melodien, Rhythmen, Töne, kurz: Atmosphären entstehen zu lassen. Vermutlich ist die Gattung „Oper" für dieses Buch die treffendste Bezeichnung. Es besteht aus vier Akten, einer Bilderausstellung, genannt „Ethnografische Galerie" und einem Medium mit Bildern, Zitaten und Kurzfilmen, genannt „Kindliche Neugier". Es eröffnen sich Räume, manche hell, andere düster – in allen möglichen Abstufungen –, die vom Geist der Objektiven Hermeneutik durchdrungen sind. Viele dieser Räume sind realiter Spiegelsäle mit – nach moralisch-vernünftigen Vorgaben – geeichten Spiegeln. Diese Spiegel spiegeln dich und uns in konkret-bekannten Situationen, so dass sie (als Auslöser) den Prozess der *Selbsterkenntnis* fördern mögen. All diese Elemente fügen sich ineinander und verschmelzen zu einer Ganzheit. Die im Folgenden dargestellten Erkenntnisse waren vielfach mit dramatisch-irdischen Ereignissen verbunden. Oft öffneten sich Abgründe, und das nur, weil mir die Ideen der *wirklichen Aufklärung* und der *schönen Handlung* als Ausdruck von Bildung vorschweben.

Würde Immanuel Kant heute leben, so würde er abermals feststellen müssen, dass der Mänsch schon zivilisiert sein mag, aber er ist noch nicht moralisiert. Sittengesetzliche Moralität zeigt sich als Weisheit, nach der zu streben sei: „Denn wie kann man Menschen glücklich machen, wenn man sie nicht sittlich und weise macht?" (37). Diese Uraufgabe der Pädagogik, *dem Menschen zur Weisheit zu verhelfen*, ist heute weitläufig vergessen. Allein schon der Begriff „Weisheit" erscheint als suspekt, gar esoterisch, dunkel, befremdlich, denn der Hintergrund, vor dem er aufleuchten möchte, ist jener der Barbarei, die heute nur subtilere Formen angenommen hat. Dies ist auch ein Thema der altehrwürdigen Kritischen Theorie der Gesellschaft, die heute dringend der Renaissance bedarf, gerade in einer Welt, in der die Aussage

> „Ich habe die Kompetenz erworben, eine Kuh zu melken"

> möglich geworden ist. Willkommen eitle Welt der Kompetenzen und Kompetenzmodelle!

Möge der diesen Text lesende Mensch mir die Aufregung, die Empörung nachsehen. Mir fehlt noch jener Gleichmut, die Barbarei affektfrei zu ertragen, die unsere Beziehungen heute immer noch durchzieht. Die Kultivierung hingegen des Entsetzens bringt die Notwendigkeit einer gewissen „starken Wertung" mit sich, die sich in der Sprachgestaltung des Textes äußert, vielleicht in der Form des Rokoko? Ich hoffe, dass schon bald die Tür der Versöhnung aufgeht, um endlich den Blick auf die Schönheit der *Liebenswürdigkeit* freizugeben; die *Liebenswürdigkeit*, zu der wir Menschen fähig sind. Ich weiß nicht, was es Besseres im Menschenleben zu erreichen gilt als diese kostbare, süße, zärtliche *Liebenswürdigkeit*, die die Herzen so behaglich, so mild, so selig zu wärmen weiß.

# Inhaltsverzeichnis

| | |
|---|---|
| Abbildungen: | Abb. A: Unterrichtsmethoden |
| | Abb. B: Darstellung der Datenbasis |
| | Abb. C: Typologie der Atmosphären |
| | Abb. D: Schule als Käfig |
| Abkürzungen: | Herv. Orig. – Hervorhebung im Original |
| | Herv. Verf. – Hervorhebung durch den Verfasser |
| | Herv. AE – Hervorhebung durch mich |
| | HS – Hauptschule |
| | LaMG – Lexikon der antiken Mythen und Gestalten |
| Hinweis: | Das Medium „Kindliche Neugier" (s. Teil III, 3.3) |
| | ist über www.vs-verlag.de verfügbar. |

# Ouvertüre – Annäherung an die kynische Philosophie

Dem Leser dieser Schrift werden nach Beginn der Lektüre im durchschnittlichen Fall zwei Fragen auf der Zunge brennen:

a) „Was ist das?" – wird er sich fragen. Seine Verwirrung, individuell unterschiedlich intensiv ausgeprägt, wird nach Auflösung drängen: Handelt es sich um Wissenschaft, Literatur, Kunst, Frechheit, Ästhetik? Ist es eine Komödie, Tragödie oder eine Form von Karikatur? Die Verwirrung darf nicht erwarten, durch ein Schlagwort vom Autor erlöst zu werden, sondern sie muss sich vorerst damit begnügen, eine scheinbar erstaunliche Antwort zu vernehmen: Die vorliegende Arbeit wird nicht von einem Entweder-oder-, sondern Sowohl-als-auch-Verhältnis der oben genannten Kategorien bestimmt. Der Leser wird um etwas Geduld und um eine kleine Korrektur seiner Erwartung gebeten. Denn der folgende Text kann nicht bloß „aufgenommen", „zur Kenntnis genommen", „rezipiert" werden, sondern der Lesende muss sich, soll die Lektüre Sinn machen, selbst einbringen, indem er den dargestellten Sachverhalten bei sich *nach-denkt* und in seinem Inneren überprüft. Auch wenn er die Zusammenhänge anders bei sich strukturiert, wird er diese Vorlage nutzen, um in seinem Sinne *weiterzudenken*. Vermutlich wird ihn dabei Frage b) ebenfalls beschäftigen, gerade wenn der Leser zugleich Wissenschaftler ist:

b) „Woher weiß der Autor das, was er aufschreibt?" Die hierin zum Ausdruck gebrachte Beunruhigung, die die Erkenntnisgenese beim Autor klären will, ist streng genommen überflüssig, da der Leser angehalten wird, sich mit sich zu befassen. Die Virulenz dieser Frage erlaubt aber kein Beiseite-schieben. Denn sie fordert, gewohnheitsgemäß, die Explizierung, Erklärung, Erläuterung: Was ist die Fragestellung dieser Untersuchung, was „will" der Verfasser, wie verbindet er jenes wissenschaftlich noch ungeklärte Gebiet mit einer erhellenden Methode, welche Daten erhebt er, wie wertet er sie aus? Das Thema der Weisheit schließt aber per se diese gedankliche Enge aus, die sich wissenschaftlich gibt. Mit Konfuzius ist vorerst zu sagen (2005, 120): „Wer nicht strebend sich bemüht, dem helfe ich nicht voran, wer nicht nach dem Ausdruck ringt, dem eröffne ich ihn nicht. Wenn ich eine Ecke zeige, und er kann es nicht auf die anderen drei übertragen, so wiederhole ich nicht." Das im Folgenden dargestellte Wissen begründet sich in seiner Universalität: Jeder, der *es will*, wird es in sich entdecken. Das ist gerade die kritische Stelle bei der angestrebten Leser-Autor-Kommunikation: Das Wollen lässt sich schwer lernen. Der wohlwollende Leser, der bereit ist, sich in den folgenden Seiten zu spiegeln und dabei das Wort „Schönheit" auszusprechen sich nicht schämt, wird vielleicht an seiner eigenen Morgenröte sich erfreuen können, weil er nicht bloß seinen Intellekt, sondern gerade auch seine Empfindsamkeit wird schulen dürfen:

> In diesem Buche findet man einen „Unterirdischen" an der Arbeit, einen Bohrenden, Grabenden, Untergrabenden. Man sieht ihn, vorausgesetzt, daß man Augen für solche Arbeit der Tiefe hat -, wie er langsam, besonnen, mit sanfter Unerbittlichkeit vorwärts kommt, ohne daß die Not sich allzusehr verriete, welche jede lange Entbehrung von Licht und Luft mit sich bringt; man könnte ihn selbst bei seiner dunklen Arbeit zufrieden nennen. Scheint es nicht, daß irgendein Glaube ihn führt, ein Trost entschädigt? Daß er vielleicht seine eigne lange Finsternis haben will, sein Unverständliches, Verborgenes, Rätselhaftes, weil er weiß, was er auch haben wird: seinen eignen Morgen, seine eigne Erlösung, seine eigne *Morgenröte*? (Morgenröte 1).

Abermals mit Friedrich Nietzsche ist gleichwohl vor dieser Arbeit zu warnen: „Wer die Luft meiner Schriften zu atmen weiß, weiß, daß es eine Luft der Höhe ist, eine *starke* Luft. Man muß für sie geschaffen sein, sonst ist die Gefahr keine kleine, sich in ihr zu erkälten" (Ecce homo 3; Herv. Orig.). Denn vertreten wird die kynische Haltung – die des Hunde-Philosophen, der Friedrich Nietzsche ist. Nach dem kynischen Verständnis kommt echte Philosophie an ihren Wurzeln nicht vorbei, die in der Einsicht begründet sind, dass der philosophierende Mensch zuallererst sich als das begreifen können soll, was er ist – ein essendes, trinkendes, rülpsendes, furzendes, pissendes, scheißendes Tier. Wer hoch hinaus will, soll zuerst seine Basis unten sichern – das ist die unerschütterliche Voraussetzung des Kynismus und zugleich seine erste Wahrheit. Hierzu gehört auch das Verständnis des Menschen als eines Tieres, das „es" treiben will, wie u.a. ein beschlagnahmtes Dokument aus der Hauptschule und eine Abbildung aus der Abi-Zeitung zeugen (s. EG, Abb. 45; s. auch Abb. 46, 41 & 5). Diese Arbeit bricht konsequenterweise mit der Konvention der Wissenschaft – die im Menschen den bürgerlich Etablierten erblickt, nicht den mitten in der Stadt pissenden Ungepflegten –, um gerade den Anspruch der Wissenschaft einzulösen, nämlich den nach Wahrheitsfindung: Doctrina multiplex, veritas una.

Die vorliegende Arbeit besteht aus der Hauptschrift, die gelegentlich, wie oben geschehen, auf die Abkürzung „EG" verweist, die für „Ethnografische Galerie" steht. Das ist eine Art Ausstellung mit Fundstücken aus dem Unterricht und meinem „privaten" Umfeld, die kommentiert und eingeordnet werden und den erörterten Sachverhalten ein je individuelles Gesicht geben können sollen. Die aus vier Teilen bestehende Hauptschrift ist nicht in der Reihenfolge entstanden, wie sie voraussichtlich gelesen werden wird: Teil II wurde zuerst geschrieben, danach Teil III, und danach Teil I. Die Verweise auf die Ethnografische Galerie wurden aber entsprechend dieser Vorgehensweise gestaltet; die so entstandene Nummerierung spiegelt diesen Vorgang wider – deshalb ist die erste Abbildung, auf die der Leser verwiesen wird, mit der Nummer 45 versehen. Das hat zur Konsequenz, dass, während der Leser von vorn nach hinten liest, er einige Abbildungen aus der Ethnografischen Galerie von hinten nach vorn studiert. Ich hoffe, dass dieser Umstand als ein freundliches Spiel begriffen wird, das der Auseinandersetzung mit dieser Arbeit nicht in die Quere kommt. Mein zentraler Bezugsautor ist *Peter Sloterdijk*, besonders seine Arbeit über die Kritik der zynischen Vernunft, mit der er als Theoretiker des Kynismus hervortritt. Ich argumentiere hermeneutisch und tiefenhermeneutisch und berufe mich hierbei auf einige prominente Vertreter der Psychoanalyse, besonders *Heinz Kohut* und *Alfred Lorenzer*. Der erstgenannte ist Theoretiker des Narzissmus, seiner Genese und Überwindung, der zweite – des Szenischen Verstehens als Auswertungsmethode. Zu betonen ist, dass die Psychoanalyse eine Art neuzeitlichen Kynismus begründet, vielleicht in einer eher gemäßigten Form. Ein großer Kyniker und deshalb für diese Arbeit von fundamentaler Bedeutung ist *Friedrich Nietzsche* – ein Brocken in der wissenschaftlichen Landschaft – nicht zufällig wird diese Schrift mit ihm eröffnet. Kynisch inspirierte Philosophen sind *John Dewey* und *Theodor Adorno*, deren Theorien über Erziehung und Gesellschaft ebenfalls aufgenommen werden. Mein Bildungsbegriff geht zurück auf *Immanuel Kant* und *Friedrich Schiller,* und die ästhetische Theorie des letzt Genannten halte ich für unverzichtbar. Diese Bezugsautoren legitimieren die Verortung meiner Arbeit auf dem Terrain des Kynismus, der in der heutigen Erziehungswissenschaft als fast ausgelöscht gelten kann, zumal seine Existenz nur zeitweise, in der Peripherie verbannt, in der Nachfolge der Achtundsechziger geduldet wurde.

Der kynische Blick weigert sich, dort zu lachen, wo gelacht wird und dort zu feiern, wo gefeiert wird, weil er sich dem Zwang der Konvention entzieht, die Lachen auf der Party vorschreibt. Der Kyniker platziert das Lachen woanders hin – er lacht dort, wo kaum jemand lacht, und er feiert dort, wo kaum jemand einen Anlass zum Feiern erblickt. Der Kyniker verschiebt die Gewohnheit der allgemeinen Wahrnehmung in einer Weise, die beim Alltagsmenschen Verunsicherung auslösen kann, der dann bereit wird, dem Kyniker eine Wahrnehmungsstörung zu attestieren, die bei näherem Hinsehen es vermag, den Schein als Schein zu deklarieren und dabei das Sein zu fordern. So ist es bspw. üblich, das bestandene Abitur u.a. mit einer eigens für diesen Anlass komponierten „Hymne" zu feiern und sich als frisch gebackener Abiturient an diesem „wichtigen Schritt" im Leben zu „erfreuen", wie das folgende Beispiel (2008) zeigt:

We are the heros!
Abi, Abi, Abi // Der Schulalltag war schwer mit Mathe und auch Deutsch / Rannten von Ort zu Ort, wie Sport gleich Mord. / Päda und Chemie verlangten viel von uns ab. / Danach waren wir erschöpft und meistens auch schlapp. // Ref.: We are the heros! / Denn wir haben alle das Abi geschafft! / Gekämpft haben wir / Und es war auch schwer / Doch dennoch hatten wir alle die Kraft // We are the heros! / Denn unsere Zeit hier ist jetzt gleich vorbei / Die Zu-

kunft naht / und ist ungewiss / Doch nun sind wir vogelfrei! // Der Kampf um Punkte mit den Lehrern war sehr hart. / Schleimen, lernen, Hausaufgaben, nichts blieb uns erspart. / Coopertest und GFS[1] hängen uns zum Hals heraus / Doch das ist uns jetzt egal für uns ist die Schule aus. // (Ref.) // Wir halten alle das Abi in der Hand / Und sind auf die Zukunft gespannt. / Wir gestallten sie nach unsren eigenen Fantasie / Wir haben es euch allen gezeigt. / Trotz Schweiß, Stress und Leid. / Nun beenden wir unsere Revolution.

Was hochtrabend als „Revolution" daherkommt, erweist sich als eine Gestalt, deren Krücken wenig taugen, weil der Heldengesang sich selbst parodiert, sich selbst ein Bein stellt, auf allen möglichen Ebenen: Der „Held" hat Laufen nicht gelernt und dennoch das Zertifikat erworben. Den Abiturienten zum „Sieg" zu gratulieren, fällt dem Kyniker nicht in den Sinn, der die Verfasser lieber fragte, wie die Verbindung von „Schleimen" und „Kämpfen" zustande kommt. Gerade diese Perspektive interessiert den Betroffenen – trotz seines unterschwelligen Wissens – nicht, weil er jetzt „das Abi in der Hand hält" und sich endlich, nach dem endgültigen „Sieg", auskotzen kann. Die Erziehungswissenschaft scheint in ähnlicher Weise ihr eigenes Tun nicht auszuhalten, so dass sie sich hier und da Kanäle gräbt, die ein schief-gespaltenes Grinsen über sich selbst erklingen lassen, ohne deswegen ihr Tun in Frage stellen zu müssen. An der Tür eines erziehungswissenschaftlichen Sekretariats findet sich folgende zynisch-milde Selbstkritik:

Vom Reiten toter Pferde
Eine Weisheit der Dakota-Indianer sagt: „Wenn Du entdeckst, dass Du ein totes Pferd reitest, steig ab." Doch im Berufsleben versuchen wir oft andere Strategien, nach denen wir in dieser Situation handeln: Wir besorgen eine stärkere Peitsche. / Wir wechseln die Reiter. / Wir sagen: „So haben wir das Pferd doch immer geritten." / Wir gründen einen Arbeitskreis, um das Pferd zu analysieren. / Wir besuchen andere Orte, um zu sehen, wie man dort tote Pferde reitet. / Wir erhöhen die Qualitätsstandards für den Beritt toter Pferde. / Wir bilden eine Task Force, um das tote Pferd wiederzubeleben. / Wir schieben eine Trainingseinheit ein, um besser reiten zu lernen. / Wir stellen Vergleiche unterschiedlicher toter Pferde an. / Wir ändern die Kriterien, die besagen, ob ein Pferd tot ist. / Wir kaufen Leute von außerhalb ein, um das tote Pferd zu reiten. / Wir schirren mehrere tote Pferde zusammen an, damit sie schneller werden.

Diese Botschaft ist nicht gänzlich hoffnungslos, weil sie wissen lässt, dass in jedem Menschen ein Kyniker lebt – oder weniger vorteilhaft ausgedrückt – sein unterdrücktes Dasein fristet, ein kynisches Wesen, dessen Gespür für den objektiven Gehalt der Hermeneutik widrige Umstände überlebt und sich nie ganz austreiben lässt. Die Fähigkeit, uns unverstellt ins Gesicht zu sehen, ist vorhanden – die Frage ist nur, was wir aus ihr machen: Bleiben wir maskiert und verlogen, oder treten wir – im unwahrscheinlichen Fall – ans Licht, um weise zu werden, d.i. den kynischen Sektor in unserer Psyche zu kultivieren? Denn:

---

[1] Ein in Baden-Württemberg verpflichtend zu erbringendes Referat.

Bei dem schweren, alles zermalmenden Gange des Weisen, welcher, nach dem buddhistischen Liede, „einsam wandelt wie das Rhinozeros", - bedarf es von Zeit zu Zeit der Zeichen einer versöhnlichen und gemilderten Menschlichkeit: und zwar nicht nur jener schnelleren Schritte, jener artigen und geselligen Wendungen des Geistes, nicht nur des Witzes und einer gewissen Selbstverspottung, sondern selbst der Widersprüche, der gelegentlichen Rückfälle in die herrschende Ungereimtheit. Damit er nicht der Walze gleiche, welche wie das Verhängnis daherrollt, muß der Weise, der lehren will, seine *Fehler* seiner Beschönigung gebrauchen, und indem er sagt „verachtet mich!" – bittet er um die Gunst, der Fürsprecher einer anmaßlichen Wahrheit zu sein. Er will euch ins Gebirge führen, er wird euer Leben vielleicht in Gefahr bringen: dafür überläßt er es euch willig, vorher und nachher, an einem solchen Führer Rache zu nehmen – es ist der Preis, um den er sich selber den Genuß macht, *voranzugehen*. – Gedenkt ihr dessen, was euch durch den Sinn ging, als er euch einmal durch eine finstere Höhle auf schlüpfrigen Wegen geleitete? Wie euer Herz, klopfend und mißmutig, sich sagte: „dieser Führer da könnte Besseres tun als hier herumzukriechen! Er gehört zu einer neugierigen Art von Müßiggängern: - ist es nicht schon zu viel Ehre für ihn, daß wir ihm überhaupt einen Wert zuzuerkennen scheinen, indem wir ihm folgen?" (Morgenröte 469).

Vielleicht mag jenes Rhinozeros seine Schwere allmählich verlieren und schließlich so leicht werden, dass es sich als weiße Wolke am blauen Himmel erblicken lässt? Nun denn.

# Teil I: Das Problem des glaubwürdigen Vermittelns der Friedensfrage

## 1. Wolfgang Klafki: Allgemeinbildung als Konzentration auf die Friedensfrage als Epochaltypisches Schlüsselproblem

1985 erscheinen von Wolfgang Klafki, einem bekannten deutschen Erziehungswissenschaftler, die „Neuen Studien zur Bildungstheorie und Didaktik". Dieses Buch erfreut sich rascher Verbreitung. Es ist bis heute auf Erziehungswissenschaft und Fachdidaktiken sehr einflussreich, nicht zuletzt, weil es das Konzept eines Bildungsbegriffes hochhält, der als zentraler Begründungszusammenhang in der pädagogischen Wissenschaft fungiert. Klafki greift auf den Zeitraum zwischen 1770 und 1830 zurück, in dem der „spannungsreiche Zusammenhang von Spätaufklärung, philosophisch-pädagogischem Idealismus, deutscher literarischer Klassik, Neuhumanismus und mindestens Teilströmungen der Romantik" (1996, 15) sichtbar wird. Klafki erarbeitet einige Merkmale des in diesem Zeitraum entwickelten Bildungsbegriffes und versucht sodann, auf dieser Grundlage ein neues – zeitgemäßes – Allgemeinbildungskonzept zu entwickeln, in dessen Zentrum sogenannte Epochaltypische Schlüsselprobleme stehen. Das erst genannte Problem ist die *Friedensfrage*, mit der sich Lernende im für sie verbindlichen „Problemunterricht über Schlüsselprobleme" (73) auseinanderzusetzen hätten, ginge es nach Klafkis Vorstellungen.

Harsche Kritik an diesem Ansinnen übt ein anderer bekannter Erziehungswissenschaftler, Hermann Giesecke. Er bezeichnet Klafkis Konzept als „auf eine eigentümliche Weise inhaltsleer" (1997, 577). Die „inhaltliche Leere" des Konzepts lässt sich nach Giesecke ableiten aus dem „Widerspruch von Anspruch und Wirklichkeit" (565) bei Klafki, seiner „exzessiv gedachte[n] ‚Solidarität'", die „schlicht illusorisch ist" (ebd.) und seinem unbegründeten Verbinden von „Erkenntnis mit Appellation" (568). Kurz: Es handelt sich um ein spekulatives, mit Zielvorstellungen hoffnungslos überladenes Konzept, das mit unrealistischen Wirkungen rechnet. Gieseckes Kritik geht dahin, bei Klafki wenigstens eine *Neigung zum unterkomplexen Denken* zu diagnostizieren. Am Beispiel der Solidaritätsfähigkeit[2] etwa stellt Giesecke „ein bloß moralisches Postulat" (565) fest, das handlungswirksam werden kaum kann. Tatsächlich problematisiert Klafki

---

[2] Klafki denkt den Bildungsbegriff u.a. als „Zusammenhang von drei Grundfähigkeiten", nämlich Fähigkeit zur Selbstbestimmung, Mitbestimmungs- und Solidaritätsfähigkeit (vgl. 1996, 52).

diesen Begriff nicht; genauso wenig die Friedensfrage, die das Herzstück seines Konzepts bildet. Aber weder Gieseckes Kritik (1997) noch Klafkis „Kritik der Kritik" (1998) noch Klafkis Originalquelle (1996, 56f; Herv. Orig.) vermögen es, die Friedensfrage zu fassen:

> Als *erstes* Schlüsselproblem nenne ich die *Friedensfrage* angesichts der ungeheuren Vernichtungspotentiale der ABC-Waffen. Hier sind nun bekanntlich gerade in den letzten Jahren weltpolitisch neue Möglichkeiten aufgebrochen, Chancen für den Einstieg in einen Abrüstungsprozeß in großem Stile. Jedoch hat uns vor allem der Golfkrieg mit seinen fruchtbaren Folgen erneut vor Augen geführt, wie weit wir nach wie vor von der Herstellung einer Weltfriedensordnung entfernt sind. *Friedenserziehung* wird also als kritische Bewußtseinsbildung und als Anbahnung entsprechender Entscheidungs- und Handlungsfähigkeit eine langfristige pädagogische Aufgabe bleiben.

Nach dieser Einführung schlägt Klafki vor, a) „an Beispielen makrosoziologische und makropolitische Ursachen der Friedensgefährdung [...] erkennbar zu machen", b) „gruppen- und massenpsychologische[n] Ursachen aktueller oder potentieller Friedlosigkeit" herauszufinden und c) sich mit der Frage auseinanderzusetzen, ob es „moralische Rechtfertigung für Kriege" gibt. Diese von Klafki ausgegebenen Unterrichtsvorschläge sind schon von sich aus nicht geeignet, eine ganzheitlichere, umfassendere Sichtweise auf die Friedensfrage zu entwickeln, weil sie auf bloß rationalistischer Ebene bleiben und so, unterrichtspraktisch umgesetzt, im Durchschnittsfall kaum mehr bewirken können als *unverbindliches* Räsonieren, Vernünfteln, Argumentieren, abstraktes Daherreden, zumal Klafki nebulös mutmaßt: „Man muß jene gruppen- und massenpsychologischen Phänomene deutlich vom Fragekreis *individueller* Aggressivität unterscheiden, obwohl es hier sicherlich bisweilen Zusammenhänge gibt" (1996, 57; Herv. Orig.).

Die beiden Erziehungswissenschaftler Klafki und Giesecke bewegen sich auf einer bloß rationalistischen Ebene, auf deren Basis in unverbindlicher Weise die Friedensfrage „diskutiert" wird, wobei der Letzte dem Ersten ein zu kurzes Argument vorwirft. Bemerkt wird nicht dabei, dass diese sich wissenschaftlich nennende Diskussion sich selbst karikiert: Denn die Autoren liefern sich erbitterte Wort-Gefechte, die mit persönlichen Kränkungen und Verletzungen (besonders bei Klafki) einhergehen. Sie tragen also eine Schlacht miteinander aus, füllen dabei viele Seiten einer einschlägigen erziehungswissenschaftlichen Zeitschrift, und jeder beharrt darauf, dass er recht habe. Vortrefflich! Und Gegenstand der „Diskussion" ist die Friedensfrage bzw. die Solidaritätsfähigkeit! Das Geschehen erinnert an einen Jongleur, der mit abstrakt-äußeren Begriffen herumwirbelt und dabei entgegen der realistischen Erwartung hofft, dass am Ende so etwas wie Moral herausspringen möge. Der andere Jongleur tritt hinzu und belehrt ihn, dass mit Moral in diesem Fall wohl eher nicht zu rechnen sei. Willkommen seriöse Diskussion um Windeier!

Der Ruf nach bloß *äußerem* Frieden, bleibt, so freundlich er als Idee auch ist, leeres Pathos, ohnmächtiger Schrei angesichts des durch Unfrieden verursachten Schmerzes, verzweifeltes Verlangen nach dem Unverfügbaren. Gerade in diesem Sinne lassen sich Klafkis „epochaltypischen Schlüsselprobleme" verstehen als die Herleitung und Begründung eines Ideals, für dessen schrittweise Realisierung aber *keine Mittel* vorgesehen sind. Dies ist zugleich der Hintergrund der Klafki-Giesecke-Diskussion, in der es unter anderem darum geht, dass allein die Partizipation an einem wie auch immer gearteten Friedensprojekt es nicht vermag, friedvolle Menschen zu „erzeugen", weil gerade dies ein unwahrscheinlicher Fall wäre. Das grundlegende Problem ist: Bei Klafki ist das Moment des Sozialen nur schwach entwickelt. Deshalb ist sein Konzept nicht davor gefeit, zum bloßen Hilferuf angesichts barbarischer Zustände zusammenzuschrumpfen: „Ihr Menschen, habt euch doch bitte lieb!", heißt es. Aber dieser Ruf verstummt, gehört von vielen, in der Wüste, weil man auf ihn bloß – als wäre er eine angenehme Oase als Fata Morgana mitten in der großen Hitze – zeigt, anstatt selbst nachzusehen: Denn wer nach Hilfe ruft, kann sich selbst nicht retten.

Dieser Befund ist prekär, weil die Friedensfrage eigentlich ein genuin pädagogisches Anliegen ist, das aber, wie diese einleitende Skizze verdeutlicht, mit allein rationalen Mitteln nicht angepackt, nicht angegangen, nicht thematisiert werden kann. Was behindert jene pädagogisch wünschenswerte Solidaritätsfähigkeit als „soziales Lernen", was fördert es, woran wird es sichtbar, sollte es sichtbar werden können?

## 2. Solidarität als die Mutter des Friedens – zu ihrer Dialektik des Schon und Noch-nicht

Im Begriff der Solidarität ist die Zusammengehörigkeit aller Menschen aufgehoben; eingeschlossen ist das Bestreben, diejenigen Gruppen zu unterstützen (sich solidarisch mit ihnen zu verbünden), die sich selbst aus ihrer Position der Hilflosigkeit heraus nicht zu retten vermögen. Solidarität versteht sich als dasjenige Prinzip, das dem anderen etwas zukommen lässt, ohne dabei eine Gegenleistung zu verlangen, weil diese ohnehin nicht erbracht werden kann. Der Solidarische „verzichtet" großzügig auf „seinen" Anteil. Solidarität lässt sich als die Mutter des Friedens verstehen, weil sie niemals (weg-)nehmen, sondern nur – selbstlos, so scheint es – *geben* will. Selbstlosigkeit ist, bei näherem Hinsehen, ein in sich fragwürdiges Konstrukt, weil jeder Organismus als System mit der Fähigkeit ausgestattet ist und ausgestattet sein muss, ein Mindestquantum an Energie sich zuzuführen, um sein irdisches Überleben zu sichern. Solidarität wäre demnach ein naturwidriges Prinzip oder ein solches, das die Beschränkungen, die dem Organismus von Natur aus auferlegt sind, zu überwinden imstande wäre. Solidarisches Handeln zeigt sich in vielerlei Gestalt, deren gemeinsamer Nenner sich im Impuls findet, Unterprivilegierten eine helfende Hand zu reichen. Aus der Antike ist etwa Spartacus überliefert, der Sklaven in die Freiheit zu führen versuchte; man denke an jene unsterblichen Helden, die als Agenten der Gerechtigkeit sich einen Namen machten: Robin Hood, Zorro oder d'Artagnan. Man erinnere sich an jenen revolutionären Geist, der mit Karl Marx die Macht des Großkapitals anprangerte, die Begriffe der Ausbeutung und der entfremdeten Arbeit ins Leben rief und das Massenproletariat zur Erhebung gegen die Ungerechtigkeit ermunterte. Man richte seinen Blick auf Kuba, wo nun (2009) Fidel Castro, der unbeugsame Revoluzzer, im Sterben liegt, aber in die Geschichte eingehen wird als derjenige, der dem Sinnbild für Imperialismus, den USA, über Jahrzehnte die Stirn zu bieten vermochte. Vermutlich hätte Barack Obama nicht Präsident dieses Landes werden können, wenn es einen Martin Luther King gut 40 Jahre zuvor nicht gegeben hätte, der die Idee einer besseren Welt ohne Segregation zu verkünden wusste und diesen seinen Traum mit dem Tod bezahlen musste. Was veranlasst aber den Helden eigentlich, die Schranken der Konformität zu durchbrechen und oft unter Einsatz seines Lebens seiner Idee Flügel zu verleihen? Die Psychologie des Genies als Helden hat Friedrich Nietzsche so gekennzeichnet:

> Der Instinkt der Selbsterhaltung ist gleichsam ausgehängt; der übergewaltige Druck der ausströmenden Kräfte verbietet ihm jede Obhut und Vorsicht. Man nennt das „Aufopferung", man rühmt seinen „Heroismus" darin, seine Gleichgültigkeit gegen das eigene Wohl, seine Hingebung für eine Idee, eine große Sache, ein Vaterland: alles Missverständnisse. ... Er strömt aus, er strömt über, er verbraucht sich, er schont sich nicht, - mit Fatalität, verhängnisvoll, unfreiwillig, wie das Ausbrechen eines Flusses über seine Ufer unfreiwillig ist (Dämmerung 44).

## Die Solidarität als leuchtende

Der Held „weigert" sich gewissermaßen, die gewöhnliche Rechnungsarithmetik als falsche Spielregel anzunehmen; er enthebt sich ihr und radikalisiert so die Frage nach Sein und Nicht-Sein. Das Sein ist nur wertvoll als künftiges, das das pathogene Heutige zu überwinden weiß, und einzig an ihm gilt es festzuhalten, trotz oder gerade wegen fehlender Erfolgsaussichten. Da die Wahrscheinlichkeitsrechnung, die Durchschnittswerte ermittelt und Plausibilitäten nahelegt, vom Helden abgelegt, negiert worden ist, erscheint er der rechnenden Allgemeinheit als überraschend, kühn, unberechenbar, ver-rückt.

Der Held zeichnet sich gegenüber der Allgemeinheit durch seine Bereitschaft aus, jederzeit für die große Idee mit seiner Existenz zu bezahlen, falls diese ungünstige Rechnung sich ihm notwendig aufdrängen sollte. Er hat seine Angst als Pfand in den Händen Mächtigerer von vorneherein als Zahlungsmittel ausgeschlossen und sich so nicht erpressbar, nicht beherrschbar, nicht kalkulierbar gemacht. Wassil Lewski, ein großer bulgarischer Patriot, sah im 19. Jahrhundert seine Lebensaufgabe in der organisierten Überwindung der osmanischen Herrschaft – er sagte: „Wenn ich gewinne, gewinnt ein ganzes Volk. Verliere ich, so verliere ich nur mich." Zur – persönlichen – Autonomie führt kein anderer Weg: Stirbt die Angst zu sterben (Hill), so beginnt man überhaupt erst zu leben. Zum Glück für die Menschheit werden immer wieder solche Geister geboren, die die Pathologie bestehender Verhältnisse allzu deutlich erblicken und konsequenterweise ihre Existenz für das Aufleben der Idee einsetzen: Solidarität lächelt sanft, weil sie weiß, dass Moral als Schönheit auf physische Existenz verzichten können muss.

Solidarität, die ihren Begriff verdient, lässt keine Verbindung mit der Kategorie des Gönnens bzw. Missgönnens zu. Solidarität als leuchtende Gestalt ist deutlich zu unterscheiden von zwei verbreiteten Fehlformen: Altruismus und Ressentiment. Im Sinne der Reaktionsbildung nach Anna Freud handelt es sich hierbei um denselben Abwehrmechanismus, der einmal positiv, einmal negativ geladen ist.

*Altruismus*
Die Alltagserfahrung zeigt, sofern sie psychoanalytisch fundiert ist, einen Typus Mensch, der – in kafkaesker Weise – für Schuld leicht empfänglich ist. Sein Bemühen, es anderen recht zu machen, wird trotz regelmäßiger Misserfolge fortgeführt. Das Wohl des anderen wird höher eingeschätzt als das eigene. In seiner extremen Form gibt ein solcher Mensch eigene Wünsche und Bedürfnisse beinahe auf, um diejenigen der anderen befriedigen zu können. Gefragt nach seinem Befinden antwortet der Altruistische aus der Perspektive der von ihm Umsorgten und Gepflegten. Der Altruist verkörpert die Instanz des Gebens, ohne selbst nehmen zu können, weil er sein Selbst als existentes abstreitet – er lebt für und durch andere. In einigen Fällen wird sogar der altruistische Impuls zurückgenommen, so dass nur die Behauptung der eigenen Nicht-Existenz bleibt. Solche Personen schaffen es immer wieder, in Gruppen wie Klassen oder Seminaren dermaßen unterzugehen, sich *unsichtbar* zu machen, dass der Leiter der Veranstaltung gelegentlich mit Erstaunen ihre reale Anwesenheit registriert.

Der Solidarische befindet sich tatsächlich außerhalb der Kalkulation zwischenmenschlicher Beziehungen. Der Altruist beansprucht grundsätzlich gerade diese Position, aber dieser sein Anspruch ist auf Verleugnung der eigenen Existenz begründet. Sein scheinbar solidarisches Handeln wirft bald Widersprüche auf, weil hier und da doch Ansprüche erhoben und zugleich zurückgenommen werden – sein Verhalten ist inkonsistent. Einerseits scheint er sich mit seinem notorisch niedrigen Kontostand abzufinden, andererseits ist durchaus sein Groll gegenüber denjenigen zu bemerken, deren Konto prall gefüllt ist. Natürlich rechnet der Altruist auch, aber seine Anfälligkeit für Schuld lässt ihn sich stets zu seinem Ungunsten verrechnen, so dass er eigentlich niemals aus den roten Zahlen herauskommen kann, unabhängig davon, wie viel Geld (bzw. emotionale Zuwendung) in das altruistische System gepumpt wird.

Einige Beispiele nach Anna Freud (1996, 126f) hierzu: „Ein junges Mädchen, das beim Entschluß zur eigenen Heirat durch Gewissensskrupel gestört ist, betreibt statt dessen die Eheschließung der Schwester aufs energischste. Eine Patientin, die bei Geldausgaben für ihre eigene Person zwangsneurotisch gehemmt ist, kann plötzlich freigebig werden, wenn sie Geschenke einkauft. Eine Patientin, die durch Angst an der Ausführung ihrer Reisepläne verhindert ist, rät mit unerwarteter Wärme Freundinnen zum Reisen zu. Die Identifizierung mit Schwester, Freundin und Beschenkten verrät sich jedesmal durch ein plötzlich auftretendes warmes Zusammengehörigkeitsgefühl, das anhält, während der eigene Wunsch an der Ersatzperson verwirklicht wird." Es wird deutlich, dass der Altruist nicht sein eigenes Leben lebt, sondern wie ein Parasit sich an andere heftet, in das Ersatzobjekt seine Wünsche projiziert und ihre Befriedigung an ihm beobachtend erfährt. Ein weiteres Fallbeispiel soll diesen Sachverhalt nochmals illustrieren (ebd., 122f):

Eine junge Erzieherin berichtet in ihrer Analyse, daß ihre Kinderjahre von zwei Vorstellungen erfüllt waren: sie wollte schöne Kleider und viele Kinder haben. Das Ausmalen der Erfüllung beider Wünsche beschäftigte sie fast zwanghaft in ihren Phantasien. Aber auch neben diesen beiden Hauptwünschen war sie von zahllosen anderen Verlangen erfüllt: sie wollte alles haben und mitmachen, was ihre viel älteren Spielgefährten besaßen und unternahmen, ja sogar alles besser machen und dafür bewundert werden. Ihr ewiges „Möcht auch!" war eine Plage für die erwachsene Umgebung. Dabei hatten die meisten ihrer Wünsche den Charakter der Dringlichkeit und Unersättlichkeit. / In der Erwachsenheit wirkt sie vor allem als bescheiden und anspruchslos. Sie ist zur Zeit der Analyse noch unverheiratet und kinderlos, in der Kleidung eher ärmlich und unauffällig. Sie zeigt wenig Neid und geringen Ehrgeiz und konkurriert mit andern nur, wenn äußere Notwendigkeiten sie dazu bringen. Der erste Eindruck ist, daß sie sich, wie es so häufig vorkommt, im vollen Gegensatz zu ihrer Kinderzeit entwickelt hat, daß ihre Wünsche Verdrängungen erlegen sind und sich im Bewußtsein durch Reaktionsbildungen ersetzen (etwa Gefallsucht durch Bescheidenheit, Ehrgeiz durch Anspruchslosigkeit). Als Ursache der Verdrängung würde man ein Sexualverbot zu finden erwarten, das sich von Exhibitionsgelüsten und Kindeswunsch aus über das übrige Triebleben verbreitet hat. / Aber nicht alles an ihrem aktuellen Verhalten fügt sich diesem Eindruck. [...] Ihre eigene Sexualablehnung stört sie nicht darin, das Liebesleben ihrer Freundinnen und Berufskolleginnen mit positivem Interesse zu verfolgen. Sie hilft bei Eheschließungen und ist die Vertraute vieler Liebesabenteuer. Der Mangel an Interesse für ihre eigene Kleidung hindert sie nicht an aktiver Fürsorge für die Kleidung anderer. Der eigenen Kinderlosigkeit parallel läuft eine Zuwendung zu den Kindern anderer Menschen, die auch in der Berufswahl ihren Ausdruck findet. Man könnte sagen: sie hat ein gesteigertes Interesse daran, daß ihre Freundinnen schöne Kleider bekommen, gefallen und Kinder haben. [...] Man erhält den Eindruck, als wäre ihr eigenes Leben von Wünschen und Interessen entleert; es bleibt bis zur Zeit der Analyse fast ereignislos. Statt Aktivität auf die Erreichung eigener Ziele zu verwenden, gibt sie alle Energie in Teilnahme an dem Schicksal der ihr Nahestehenden aus. Sie lebt mit anderen Menschen mit, statt selber etwas zu erleben.

Vor diesem Hintergrund erscheint die Psychologie des Revoluzzers in neuem Licht; die große Idee der Befreiung der Unterdrückten verbirgt den ungelösten Mutterkonflikt des muskelösen Helden, der seine eigene Befreiung (von der Mutter) und Aggression (gegen sie) auf eine hierfür je geeignete Gruppe projiziert: *Gönnen und Missgönnen, Altruismus und Ressentiment, reichen sich die Hand.* „Die Aggression gegen die Mutter, die verpönt ist, solange es sich um den eigenen Triebwunsch handelt, setzt sich durch, wenn es um die Befriedigung scheinbar fremder Wünsche geht. Der bekannteste Vertreter dieses Typus ist der öffentliche Wohltäter, der einer Gruppe von Menschen mit voller Aggression und Aktivität Geld abfordert, um eine andere Gruppe damit zu beschenken; das Extrem ist vielleicht der Attentäter, der im Namen der Unterdrückten an einem Unterdrücker einen Mord verübt" (Anna Freud 1996, 127f). Die Pathologie des Gebens und Nehmens in der zwischenmenschlichen Beziehung setzt sich durch, trotz willentlicher Anstrengungen[3], sie zu überwinden. Ist der Altruist der Patron des Gebens, so ist das Ressentiment als Missgunst Repräsentant jener räuberischen Macht, die sich nimmt, was der andere nicht haben soll.

*Das Ressentiment*
„Spieglein, Spieglein an der Wand, wer ist die Schönste im ganzen Land?", heißt es im bekannten Märchen, ein Motiv, das in der Gestalt der Eris, der Göttin der Zwietracht, verankert ist. Thymos als Geltungsbedürfnis ist allgegenwärtig, selbst wenn er sich als dezente Zurückhaltung gibt, sofern bürgerliche Normen falschen Anstandes dies erfordern. Im Ressentiment ist der Zwang des Sich-vergleichens aufgehoben, denn, wer sich vergleicht und dabei schlechter abschneidet als die Konkurrenz, sinnt auf Rache, auf Vergeltung, auf Eliminierung des Objektes, das einen daran hindert, selbst die volle Bewunderung einzukassieren. Das Ressentiment ist das Kind des Konkurrenzprinzips, das in Gewinner und Verlierer einteilt, den Gewinner aufbläst und den Verlierer schrumpfen lässt. Bei Horst-Eberhard Richter findet sich hierfür ein Beispiel (1998, 130):

---

[3] „Man will sich solidarisieren und muß doch aus unbewusstem Drang rivalisieren. Man will sich den anderen Menschen öffnen – und kann es nicht. Man will auf die anderen zugehen und ertappt sich dabei, daß man diese statt dessen mißtrauisch belauert. Man wartet auf die Annäherung der anderen und stößt diese doch wieder aus einem Übermaß egozentrischer Kränkbarkeit heraus zurück" (Richter 1998, 19).

Ein Professor und Lehrstuhlinhaber vertritt ein Fach, das in der Fakultät wenig angesehen ist. Das Fach hat innerhalb der Fakultät eine randständige Bedeutung. Es wird sogar wegen seines Gegenstandes oder seiner etwas außenseiterischen Methoden leicht bespöttelt. Der betreffende Lehrstuhlinhaber reagiert persönlich gekränkt über die Mißachtung seiner Disziplin, die er für höchst wichtig hält. Und er ist obendrein tief verbittert darüber, daß nicht nur die anderen Professoren, sondern auch die Studenten seinem Fach keine besondere Bedeutung zollen. Sie besuchen seine Vorlesungen, wie es ihm scheint, unregelmäßiger und widerwilliger als die Lehrveranstaltungen seiner Kollegen. Der Professor verschärft nun indessen das Problem, unter dem er leidet. Bei gemeinsamen Abstimmungen in der Fakultät stimmt er stereotyp gegen die Mehrheit der Vertreter der großen Fächer. Er fühlt sich überall zu kurz gekommen und macht sich durch ein besonders rechthaberisches und wichtigtuerisches Auftreten nur noch unbeliebter und lächerlicher. Im Studentenunterricht vertreibt er durch seine verdrießliche Stimmung und sein gereiztes Auftreten viele Hörer. Am Ende fühlt er sich von allen Seiten zurückgesetzt, verachtet und verfolgt. Aber er hat ein letztes Mittel, sich Genugtuung zu verschaffen: Er prüft strenger als alle übrigen Professoren. Niemand läßt auch nur annähernd so viele Kandidaten durchfallen wie er. Und bei Habilitationen erhebt er mit Vorliebe Einspruch gegen die Habilitationsarbeiten von jungen Wissenschaftlern, die aus den beneideten Fächern stammen. Mit der Lupe sucht er nach kleinen Fehlern in den Habilitationsarbeiten. Und unbeirrbar verlangt er die Ablehnung der Schriften, wenn er zu seiner Genugtuung irgendeine schwache Stelle gefunden hat. Er genießt es, wenn der betreffende Kollege, der den Habilitanden betreut, sich hilfesuchend an ihn wenden und ihn um seine Gunst bitten muß. Dies ist nun der Triumph seines Ressentiments: Er kann diversen Habilitanden das Avancement erschweren und zahlreichen Studenten Widerholungsprüfungen aufzwingen.

Der Rachefeldzug des Professors ist die Folge erlittener Kränkungen, ausgelöst durch die Geringschätzung seitens seiner sozialen Umgebung. Die individuelle Pathologie, die wiederum einen Rattenschwanz an Folgen nach sich und ursprünglich Nicht-Beteiligte in den Strudel des Scheiterns zieht, wurzelt in der sozialen. Der Erniedrigte will sich mit seiner Degradierung nicht abfinden, nutzt seinen Zorn als Energiequelle, die er nährt[4], verwaltet und vergrößert. Der Zornige will beweisen, dass der ihm von seiner sozialen Umgebung unten zugewiesene Platz falsch ist. Da ihm ein nur geringer Wert zugesprochen wird, setzt er alles daran, seine soziale Umgebung gerade vom Gegenteil zu „überzeugen", indem er wiederum an ihrer Entwertung arbeitet. Er sägt an den Ästen der Höhergestellten, um sie fallen und scheitern zu sehen. Der Erfolg seiner Rache verwandelt sich zum Balsam für seine Wunden – „Rache ist süß", sagt der Volksmund.

---

[4] Vgl. Peter Sloterdijk: Zeit und Zorn. Ffm 2006. Zorn, angelegt in der Zornbank, bringt gute Rendite. In seiner Lagerfähigkeit wird Zorn giftig, und giftige Motive führen zu giftigen Handlungen, die auf pädagogische Friedensrhetorik nur insofern Rücksicht nehmen, als dass sie diese als weitere Zutat in den tödlichen Cocktail verwerten.

*Erziehungswissenschaft als rational-papierene*
Friedenspädagogische Diskurse können es sich nicht leisten, den Blick vor solchen (psychoanalytisch aufgeschlüsselten) Zusammenhängen zu verschließen, weil sie in diesem Fall notwendig in ihrer Aussage verflachen. Die Forderung nach einem anständigen Umgang miteinander lässt sich vielfach begründen. Aber mehr als eine akademische Turnübung kommt dabei nicht heraus. Denn auf rationaler Ebene zweifelt ohnehin niemand an der Notwendigkeit eines humaneren, friedvolleren Umganges miteinander. Die Frage ist aber: Wie können wir solidarisch werden, wenn die gegebenen Verhältnisse unsolidarisch sind? Und weiter: Wie kann man sich mit jemandem solidarisieren, der sich selbst als nicht Solidaritäts-bedürftig ansieht?

Auf der Ebene des Papiers, des gedruckten Wortes, lassen sich solche Fragen nicht angehen. Frieden, losgelöst von der Möglichkeit seiner konkreten Erfahrung, erstarrt zur fernen Abstraktion, deren Wärme zweifelhaft ist. Lebendig wird die Friedensidee erst, wenn sie verstanden wird als die Fähigkeit und *gelebte* Möglichkeit zum friedvollen Umgang der Subjekte miteinander. Vorausgesetzt werden Subjekte, die zuerst *inneren Frieden* suchen und den äußeren zugleich finden. Die Frage ist, pädagogisch fokussiert: Welche Mittel stehen zur Verfügung, damit Heranwachsende sich in die Lage versetzen, selbst Friedenspflege zu betreiben?

Die Erziehungstheorie John Deweys gibt hierauf eine Antwort durch das Abarbeiten an Begriffen wie „Leben", „Wachstum", „Erfahrung", „Umgebung", „Entwicklung". Der Begriff der Erfahrung wird von Dewey zweifach bestimmt: Sie soll fruchtbar, d.h. subjektiv sinnvoll sein und zu weiteren Erfahrungen anregen können. Die Erfahrung muss ständig wachsen und immer neue Erfahrungen, immer höhere Qualitäten ermöglichen, die eine beständige Erweiterung, Bereicherung des eigenen Erkenntnishorizontes nach sich ziehen. Hingegen würde eine sich stereotyp, mechanisch abspielende Erfahrung, wie sie in der schulischen Interaktion häufig deutlich wird, dieser Bestimmung nicht gerecht werden und wäre so keine, sondern bloß bewusstloses Spielen einer Rolle auf der Bühne des Theaters der Schatten, eine Rolle, an deren Wirklichkeit man zugleich glaubt: Es eröffnen sich gerade keine neuen Horizonte, sondern dasselbe Theaterstück wird mit leichten Variationen bloß repetiert; es ereignet sich dasselbe; es ist Stillstand.

Deweys positivistisch gedachte Erziehungstheorie enthält zwar beharrliche Hinweise auf pathologische Erscheinungen im Erziehungswesen (Langeweile, Drill, Sinnlosigkeit). Aber eine diesbezügliche, eigentlich konsequente Phänomenologie der Pathologie der Beziehungen im schulischen Kontext bleibt aus. Dewey begründet, anders formuliert, die Notwendigkeit des Wachsens, ohne die Bedingungen genauer zu untersuchen, die Wachstum so behindern, dass das

Individuum zwar physiologisch lebt, aber psychisch tot ist und bleibt. Gefangen in Vorwürfen, Rechtfertigungen und Rationalisierungen erstarrt die Psyche zu Stein, als hätte sie Medusa angesehen. Spricht man nun von toten Lebenden oder lebenden Toten? Was bleibt, ist das Knarren der Ketten, der müde, trübe Blick auf das Nichts, der nicht einmal mehr Schmerzen aufnehmen kann, die eine dubiose Teilnahme am Leben wenigstens bescheinigen könnten. Was kann in dieser zerstörten inneren Landschaft helfen? Wie kann der Fluch gebrochen werden? Gibt es eine Zauberformel, die, mitten in der Verwüstung, Blumen blühen lässt? Aber, um helfen zu können, so sollte jene verbrannte Landschaft erkundet werden, um die Ursache des Brandes zu finden.

### 3. Zur Genese der Wunden als Ausdruck des Unfriedens

*Die Familie als inzestuöse Verstrickung*
Die erste Liebesbeziehung der Welt scheitert auf grausame Weise; die anfängliche warme Umarmung wird mit einem harten Schnitt radikal beendet. Der Mythos lokalisiert die erste konkrete Wunde, noch lange vor dem Aufkommen des Menschen, in der *Entmannung des Himmels*. Interessanterweise kommt es zum kriegerischen Akt, der dann zur Verwundung – an der empfindlichsten Körperstelle – führt, im Rahmen der ersten Liebes- als Inzestbeziehung der Welt: Gaia und Uranos, ihr Sohn. Uranos hasst nämlich einen Teil seiner Nachkommen, die Kyklopen und die Hundertarmigen, und stößt sie deshalb *mit seinem Glied* in den Mutterleib *zurück*, womit er seiner Mutter und Geliebten Schmerzen zufügt. Diese rebelliert dagegen, Schmerzen ertragen zu müssen, die vermeidbar wären. Nüchtern ließe sich von einem „Konflikt der Interessen" sprechen, metaphorisch von einer „offenen Rechnung". Es musste noch abgerechnet, die Belastung musste neutralisiert werden. Die Lösung besteht im Entfernen des sie zustopfenden und drückenden Gliedes. Da sie dies aber allein nicht bewerkstelligen kann, braucht Gaia einen Bündnispartner, der bereit ist, diesen Auftrag zu übernehmen und findet ihn in Gestalt ihres Sohnes, Kronos. Er führt den Auftrag aus, und Uranos schreit, frisch entmannt: Der Urschrei des absoluten Weltschmerzes ergießt sich über den Kosmos; er ist in jeder Familie heute noch hörbar, besonders durch das psychoanalytische Stethoskop in den Händen des geschulten Beobachters.

Die Familie, deren Frucht das Subjekt ist, ist der Ursprung der Beziehung; sie ist Lehrmeisterin der Beziehungschemie, in deren Hauptteil die Erfindung und Anwendung giftiger Cocktails, der Verbreitung des Leidens durch die Vergiftung der Seele einstudiert werden. Ein beachtliches Arsenal an Beziehungswaffen wird eingeübt und das Waffenlager – erweitert. Man leidet selbst an der Höhe der Ausgaben für militärische Zwecke, glaubt aber, weiterhin sich die

Ochsentour geben zu müssen. Man leidet, weil die Augen nur auf den Krieg gerichtet sind, auf Rache, Vergeltung, auf gewaltsame Veränderung des eigenen Kontostandes sinnend. Merkwürdigerweise aber ist das Konto nie ausgeglichen genug, als dass Friedensverhandlungen ernsthaft geführt werden könnten. Die Frage lautet: Wer mit wem gegen wen?

Die Wissenschaft von der Pathologie der menschlichen Beziehung, die Psychoanalyse, wurde vor 100 Jahren von Sigmund Freud eingeführt. Damals war das Interesse an „primitiven" Völkern ohnehin ausgeprägt; Freud griff diese ethnografischen Strömungen auf und verarbeitete sie neben der griechischen Mythologie sowie den freien Assoziationen und Träumen als Material für die Theoriebildung. Seitdem ist der Untersuchungsgegenstand der Psychoanalyse das Unbewusste. Die Entdeckung, dass der Mensch keinesfalls eine autonome Entscheidungsinstanz darstellt, sondern starken, dunklen Kräften ausgesetzt ist, die sich seiner gewissermaßen bedienen, war und ist schwer verdaulich. Der Anspruch der Autonomie, der seit der Aufklärung gilt, kommt offenbar an der Auseinandersetzung mit jener „Kraft, die stets das Gute will und Böses schafft", nicht vorbei. Diese Lehre erteilt bereits der Mythos; er führt die Geschichten von Menschen und Göttern vor, deren Verstrickungen sich über Generationen hinweg ziehen. Der Mythos ist bereits Aufklärung, wie Horkheimer und Adorno feststellen, weil der Lernende sich in ihm zu spiegeln vermag, indem er die mythischen Gestalten und Götter als Repräsentanten psychischer Instanzen mit je eigener Dynamik anerkennt, um vielleicht selbst Gott, d.i. autonom zu werden. Autonomie meint per se Überwindung der ursprünglich gegebenen Abhängigkeit, etwa die des Kindes von den Eltern oder die der Eltern voneinander.

*Der Zustand der Verliebtheit als Bereitschaft zur Abhängigkeit*
Die Liebe als romantische Vorstellung hält sich hartnäckig in vielen Köpfen. Sobald der Richtige auf die Richtige trifft, so werden sich Leid, Unglück und Einsamkeit in nichts auflösen, ein Traum wird in Erfüllung gehen, und das Märchen verkündet, dass das Paar fortan glücklich und zufrieden lebt. „Alles wird gut", lautet die Botschaft unzähliger künstlerischer Produktionen, sobald das Traumpaar nach zahlreichen Hindernissen, krassen Ungerechtigkeiten und schlimmen Entbehrungen endlich zusammenkommt. Hollywood ist immer noch erfolgreich, indem es Illusionen solcher Art nährt. Aber bereits Friedrich Nietzsche fand den Zustand der Verliebtheit so suspekt, dass er ihn beinahe verboten haben wollte:

> Es sollte nicht erlaubt sein, im Zustande der Verliebtheit einen Entschluß über sein Leben zu fassen und einer heftigen Grille wegen den Charakter seiner Gesellschaft ein für allemal festzusetzen: man sollte die Schwüre der Liebenden öffentlich für ungültig erklären und ihnen die Ehe verweigern: - und zwar, weil man die Ehe unsäglich wichtiger nehmen

sollte! so daß sie in solchen Fällen, wo sie bisher zustande kam, für gewöhnlich gerade nicht zustande käme! Sind nicht die meisten Ehen der Art, daß man keinen dritten als Zeugen wünscht? Und gerade dieser dritte fehlt fast nie – das Kind – und ist mehr als ein Zeuge, nämlich der Sündenbock[5]! (Morgenröte 151)

Entgegen unterkomplexer romantischer Vorstellungen stellt sich das Liebesverhältnis – nach Nietzsche in den meisten Fällen – als verhängnisvoll dar, als Verstrickung, die, anstatt zu erlösen, überhaupt erst Abgründe zu eröffnen scheint. Der Zustand der Verliebtheit, der die kommende Katastrophe einleitet, wird als anstrengend-angenehm charakterisiert. Das süße Leiden an der Liebe ist ein Highlight im Leben, zugleich ein Zustand geistiger Verwirrung und Unzurechnungsfähigkeit. Das Zentrum der inneren Aufmerksamkeit hat sich deutlich verschoben: Die kleinen Dinge des Alltags verlieren ihre gewohnte Bedeutung, weil nun eine Person aufgetreten ist, an die man ständig denken muss. Details aus den bisherigen Begegnungen werden vor dem inneren Auge immer wieder neu inszeniert. Warmes Licht verleiht der begehrten Person gottähnliche Züge – der/die andere wird idealisiert, und man idealisiert sich selbst gleich mit. Man schwebt auf Wolke „Nummer Sieben" und berauscht sich am kräftigen Duft tiefroter Rosen. Sobald der Zweifel aber auf die Bühne tritt, der in der Frage gipfelt, ob die begehrte Person das Liebesangebot wirklich erwidert, wird die innere Landschaft düster (s. etwa EG, Abb. 41).

Die Psychosomatik entfaltet ein riesiges Repertoire an Botschaften, sobald sich Liebende begegnen oder aneinander (sorgenvoll) denken: erhöhter Herzschlag, Schweißausbrüche, Zittern, weiche Knie. Lustlosigkeit stellt sich ein, die nur durch die fröhliche Anwesenheit des Geliebten aufgehoben werden kann. Tätigkeiten des Alltags verlieren deutlich an Intensität, wenn der Liebende allein zurückbleibt. Das Essen schmeckt nicht, man kann nicht schlafen, die Welt ist kalt, alles erstarrt – es mangelt plötzlich an vitaler Energie: „The moon don't shine, / the tide don't ebb and flow, / a clock won't strike, / a match won't light / when love goes wrong, / nothing goes right", wusste Marilyn Monroe zu besingen. Ohne eigenes Zutun erlebt der Liebende den Verlust einer gewissen Selbständigkeit, Autarkie. Denn nunmehr wird der andere *benötigt*, um den bislang problemlosen Alltag bestreiten zu können. Die Sehnsucht nach dem anderen verwandelt sich in den Anspruch, den anderen besitzen zu wollen. Man will gegenseitig füreinander „da" sein, Verständnis für die Nöte des je anderen haben, sich umeinander kümmern, bis es schließlich, wie bei Marianne Rosenberg, heißt: „Er gehört zu mir, wie mein Name an der Tür."

---

[5] Friedrich Nietzsche ist als Psychologe Vordenker der Rolle des Kindes in der Familie. Dieser Ansatz wird von Horst-Eberhard Richter (in 1969) aufgenommen und ausdifferenziert.

Die psychoanalytische Deutung des Zustandes der Verliebtheit geht dahin, dass *die infantile Abhängigkeit nun erneuert und zementiert* wird – ein Vorgang, der von unbewussten Mechaniken gesteuert wird. Das Subjekt trägt mit sich innere Vorstellungen vom Mutter- bzw. Vaterobjekt, die in grundlegender Weise Zustände der Verliebtheit aktivieren. Hierauf weist Freud mit dem Begriff des Ödipus-Komplexes hin. Das neue Objekt muss sich als geeignet erweisen, als Projektionsfläche zu dienen. Beispielsweise[6] leidet eine weibliche Person unter ihrem strengen, gewalttätigen, neurotischen Vater. Sie bildet die Vorstellung von einem einfühlsamen, verständnisvollen Mann – eine Art Gegenbild zum real erlebten Vater als idealisiertes. Realiter findet sie einen schwachen, vielleicht sogar etwas bemitleidenswerten Mann, auf den ihre ideale Projektion gerichtet werden kann, ohne zunächst gestört werden zu können. Sie macht aus dieser Beziehung ein Projekt: Sie baut den Mann auf, stabilisiert ihn, setzt sich für ihn ein usw. Dieses ihr Handeln erscheint als solidarisch, selbstlos. Realiter darf aber der von ihr gestützte Mann nicht wirklich groß und eigenständig werden, weil sie an ihm ihren eigenen Vaterkonflikt abarbeitet. Sie benutzt ihren Partner, um aus ihrer Opferrolle endlich herauszuschlüpfen und den Mann diesmal zu beherr-schen, anstatt sich von ihm beherrschen zu lassen. Dies ist der Ursprung der Gewaltbeziehung: Einer kann oben sein, solange der andere unten ist.

*Das pathogene Beziehungsmuster der Herrschaft, drei Typologien und unendlich viele Variationen*

Das kosmische pathogene Beziehungsmuster ist aufgespannt an den Kategorien „Herrschen – Beherrscht-werden", „oben – unten", „Überlegenheit – Unterle-genheit". Es ist animalischen Ursprungs. Solange der Mensch es nicht vermag, es zu überwinden, kann er seine ursprünglich animalische Natur nicht überspringen, m.a.W. als *gebildet* nicht gelten. Als Kind ist er per se von der Fürsorge der Eltern abhängig und es bildet rohe Natur bloß ab. Als Erwachsener besteht nach Immanuel Kant grundsätzlich die Chance, diese seine Natur durch Reflexion und Erhellung des eigenen Bewusstseins zu veredeln, sich über bloß infantile Be-dürfnisse zu erheben und den Kosmos anzusehen, m.a.W. *weise zu werden.* Im Durchschnittsfall zeigen sich aber in der Liebesbeziehung barbarische Tänze um nicht überwundene, infantile (und so animalische) Bedürfnisse: Geschenke als Liebesbeweise werden in Umlauf gebracht; das infantile Ego erfährt Kränkun-gen, an denen es leidet; gegenseitige Schuldzuweisungen erfolgen, wobei der Ankläger stets eine reine weiße Weste trägt; wer den Schwarzen Peter zum

---

[6] Das Beispiel ist real.

Schluss behält, bekommt eine schwarze Nase angemalt und ist der Sündenbock für alle Verbrechen[7]. Er darf ausgelacht werden.

Man ist Gefangener unbewusster Motive und Mechanismen, denen man in gewisser Weise ausgeliefert ist. Der Ausdruck „er ist außer sich" verweist auf die Überzeugung, dass die Person die Beherrschung als Selbstkontrolle verloren hat und nun andere Instanzen die Steuerung übernommen haben: Wut, Zorn, Rage. Der Zustand des „Ausgeflippt-seins" legt in besonderer Deutlichkeit die Einsicht nahe, dass nicht von einem rational abwägenden und handelnden Ich ausgegangen werden darf, sondern vielmehr von dunklen Kräften, Dämonen, die mit einem ihre Scherze treiben. Wie sich regelmäßig während Fußballspielen etwa studieren lässt, ist der Ausgeflippte (als Fußballspieler oder Trainer) im Zentrum der Aufmerksamkeit, weil er mit seiner wilden Gestikulation, seinen schrägen Grimassen und seinem hässlichen Gebaren dämonische Züge annimmt, die dem Betrachter Angst einflößen oder ihn, kann er sich vom Geschehen distanzieren, belustigen, auf jeden Fall aber unterhalten. Solche Zustände wie der des Verliebt- oder Außer-sich-seins verdeutlichen einen Sachverhalt, der grundsätzlich schwer zu vermitteln ist, auch 100 Jahre nach der Einführung der Kategorie des Es durch Sigmund Freud.

Ein Interpret des Es, Georg Groddeck, formuliert (2004, 10): „Ich bin der Ansicht, daß der Mensch vom Unbekannten belebt wird. In ihm ist ein Es, irgend ein Wunderbares, das Alles, was er tut und was mit ihm geschieht, regelt. Der Satz ‚ich lebe' ist nur bedingt richtig, er drückt ein kleines Teilphänomen von der Grundwahrheit aus: Der Mensch wird vom Es gelebt." Wenn es richtig ist, dass das Es die Interaktion zwischen Personen „regelt", so führt die Frage danach, *wie es dies tut*, zur Etablierung unterschiedlicher psychoanalytischer Typologien, die weniger einander ausschließen, als vielmehr einander ergänzen, wie etwa

a) die Persönlichkeitstheorie nach Fritz Riemann (1975), die vier idealtypische Muster der Persönlichkeit einführt, nämlich die schizoide, depressive, zwanghafte und hysterische;
b) das Kollusionskonzept von Jürg Willi (1997), das ebenfalls vier idealtypische

---

[7] Dieses finstere Geschehen wird eindrücklich von einer Szene im Kleinen Prinzen illustriert: Der Kleine Prinz kann der Eitelkeit des Königs nichts abgewinnen und will diesen verlassen. Doch ein König benötigt Untertanen, um König zu sein. Er bittet den Kleinen Prinzen zu bleiben. Letzterer erwidert, dass er keine Aufgabe auf diesem Planeten für sich sieht. Da fällt dem König ein, dass der Kleine Prinz als Justizminister arbeiten könnte, der von Zeit zu Zeit eine alte Ratte zum Tode verurteilt, um sie anschließend zu begnadigen. Denn richtete man sie tatsächlich hin, so bliebe der Justizminister arbeitslos. Dieses sinnlose Angebot lehnt der Kleine Prinz ab.

Grundmuster des Zusammenspiels der Partner einführt, nämlich die narzisstische, orale, anal-sadistische und phallisch-ödipale Kollusion;
c) die Familientypologie nach Horst-Eberhard Richter (1996), die drei idealtypische Muster unterscheidet: die angstneurotische, paranoide und hysterische Familie.

Diese hier angeführten Konzeptionen lassen sich als Versuche der Systematisierung von unbewussten Handlungsmustern verstehen, die nur selten in der von den Autoren beschriebenen idealtypischen Weise auftreten. Sie dienen der Orientierung des Beobachtungsfokus, der Schulung des psychoanalytischen Blicks und bilden selbst eine Art Kondensat von Beobachtungen. Die soziale Wirklichkeit erscheint gegenüber solchen Typologien als ungeordnet, weil sie sich nicht nach der jeweiligen Konzeption richtet, sondern *unendlich viele Variationen* davon präsentiert. Die genauere Analyse des *Beziehungsstreites bei unterschiedlichen Paaren* etwa würde sehr individuelle Muster als Repertoires erkennen lassen. Aber das Phasenmodell dieser Variationen ist ubiquitär:

*1. Abkühlung der Atmosphäre*: Die Partner reden nicht mehr fröhlich-gelassen miteinander, sondern wenigstens einer zeigt sich als einsilbig, frostig, genervt, kurz angebunden, leicht reizbar. Teilen beide Partner diese Stimmung, so spricht der Volksmund von „dicker Luft", die zuweilen als so dick empfunden wird, dass man sie „schneiden" könne. Ist nur ein Partner von dieser Missssstimmung erfasst, so versucht der andere, den Grund hierfür zu erfragen: „Was ist los?" Häufig lautet die Antwort des Missmutigen dann: „Nichts." Dass die Kommunikation gestört ist, ist den Akteuren klar. Aber noch scheint unklar, an welchem Ende der Strang aufgezogen werden soll. Hier wird der Ausbruch des Konflikts vorbereitet – eine Phase mit individuell sehr unterschiedlicher Dauer – Minuten, Stunden, Tage, Wochen.

*2. Ausbruch der kriegerischen Auseinandersetzung*: Jetzt wird offenkundig, dass doch etwas „los" ist. Vorwürfe werden in erregtem Tonfall erhoben. Der eine greift den anderen an und hält ihm vor, dass er etwas getan oder nicht getan hätte – jedenfalls wird dem anderen eine moralische Schuld für eine Handlung oder Unterlassung gegeben. Der Angriff lässt sich verstehen als Versuch, aus dem bislang festgelegten Gleichgewicht zwischen Dominanz und Unterordnung auszubrechen und die Grenzen neu zu ziehen. Wer darf wie weit gehen? Entweder will der Mächtigere seine Herrschaft noch weiter ausbauen und den anderen stellvertretend für eigene innere Verstörungen büßen lassen, oder aber der Unterlegene rebelliert, weil er glaubt, nun die Fesseln der Herrschaft abwerfen zu wollen. Das Terrain soll neu abgesteckt werden – zugunsten des einen und zuungunsten des anderen. Das Machtspiel fragt: „Wer hat hier das Sagen, wer hat die Hosen an?"

Der depressive Partner ist im Verlaufe solcher Auseinandersetzungen in der Defensive. Die Depression bindet ihn ja an den anderen, als wäre er ein Hund; der Depressive ist auf den anderen angewiesen, während der andere auf ihn durchaus verzichten kann, ohne dass seine Lebensqualität darunter allzu sehr leidet. Die Waffe des Depressiven ist nur seine Schwäche – eine schwache Waffe. Der Blues berichtet davon, wenn es z.b. heißt: „I've got a hard working man, the way he treats me I can understand" (Bessie Smith). Der schwächere Partner wird körperlich verprügelt, und er hat auch noch Verständnis dafür, verprügelt zu werden. Viele Formen der Dramatisierung kommen vor, und diese sind auch vom kulturellen Kontext abhängig: Die Zerstörung von Gegenständen ist im Süden üblich, und etwa in Italien folgen den wütenden Worten der Streitenden fliegende Porzellanteller, die unschuldig Vorübergehende treffen könnten.

Die Kampfhandlungen können sich auch hier über höchst unterschiedliche Zeiträume hinziehen. Belagerungen sind möglich; man sitzt den Konflikt aus und weigert sich, das gemeinsame Kopfkissen weiterhin zu teilen. Aufgebracht von den Ereignissen verlässt man das Schlachtfeld, versucht, sich bei Spaziergängen zu sammeln und der Natur etwas abzugewinnen. Ist man entschlossen, unversöhnlich zu bleiben, weil der Mann etwa die Kränkung nicht erträgt, dass seine Partnerin ihn betrogen hat, können sich suizidale Fantasien einstellen, die Geisterfahrer erscheinen lassen, die äußerst risikoreich fahren, um sich – und aus Rache all jenen vermeintlich Glücklichen gegenüber – und andere zu gefährden. Dies ist der letzte Trumpf des Gedemütigten – sein Tod soll einen Schatten als Schuld auf die Hinterbliebenen werfen und vielleicht auch noch ein paar andere mit in den Tod reißen. Spitzt sich das Beziehungsdrama auf diese Weise nicht zu, so wird der Boden der Versöhnung vorbereitet. Die Sonne geht wieder auf und schickt ihre wärmenden Strahlen auf die Zerstrittenen.

*3. Friedensverhandlungen und Beteuerungen der Großartigkeit des anderen*: Allmählich glätten sich die Wogen und die Partner werden für die Erkenntnis zugänglich, dass die Regelungen so übel doch nicht sind, dass man aufeinander doch nicht wirklich verzichten kann oder will, und dass vielleicht ein reinigendes Gewitter jetzt mal „dran" war. Selbst wenn der neue Frieden mit „Versöhnungssex" besiegelt wird, ist das Ende nur ein vorläufiges, weil eine Klärung zumeist nicht erreicht wird. Denn eine Klärung verlangt therapeutische Vernunft, die, gerade im Nebel der „Liebe", schweren Stand hat, es sei denn, der eine Liebende hätte bereits die luftige Höhe der Erkenntnis des Weisen erreicht. Im Regelfall bleibt festzuhalten, dass *die meisten Liebesbeziehungen als gescheiterte wechselseitige Therapiebemühungen* aufzufassen sind, die im gegenseitigen Vorwurf steckenbleiben, der das Gegenüber zu vernichten droht und *gleichzeitig* in der Erwartung verharren, vom anderen gesehen und bewundert zu werden, wie einst das Kind, das herum hopste und rief: „Papi, Mami, guck mal!"

## 4. Heinz Kohut: Gestörter Narzissmus

*Das Geltungsbedürfnis als Thymos*
Was das Kind damit zum Ausdruck bringt, ist, dass es auf Spiegelung durch seine Selbstobjekte angewiesen ist. Es kann das werden, was es ist, wenn es sich durch seine Mutter als Selbstobjekt gespiegelt sieht. Metaphorisch, aber auch buchstäblich, ist das Auge des Selbstobjekts hervorzuheben, das dem Gegenüber den Zugang zu einer inneren Welt gestattet oder verwehrt. Hierin kommt die absolute Abhängigkeit des Säuglings von seiner sozialen Umgebung zum Ausdruck, „und zwar nicht nur, was seine Existenz und sein körperliches Wohlergehen betrifft. Vielmehr benötigt er [es; das Objekt] auch zur Befriedigung seiner psychischen Bedürfnisse" (Fairbairn 2000, 76). Deshalb kennzeichnet Fairbairn im Gegensatz zu Freud den Menschen nicht als durch erogene Zonen, sondern als durch sein Objekt suchendes Verhalten bestimmtes Wesen. Es benötigt die Objektbeziehung, ohne die es nicht werden kann, was es ist.

Den Idealfall einer gelingenden Objektbeziehung formuliert ein im Vergleich zu Fairbairn jüngerer Psychoanalytiker, Heinz Kohut, so: „Das Kind, das psychologisch überlebt, wird in eine empathisch-responsive menschliche Atmosphäre (von Selbstobjekten) hineingeboren, ebenso wie es in eine Atmosphäre hineingeboren wird, die eine optimale Menge Sauerstoff enthält, wenn es physisch überleben soll" (2006, 83). Für die Entwicklung des weiteren Arguments ist Kohuts Schlüsselprämisse zentral, dass „das Vertrauen des Babys angeboren ist, daß es von Anfang an da war. Das Baby *entwickelt* nicht Vertrauen, es *stellt es wieder her*" (2006, 110; Herv. Orig.). Die Bereitschaft des Babys zu Vertrauen ist grundsätzlich gegeben, m.a.W., aber es ist zugleich dringend darauf angewiesen, *auf eine sauerstoffreiche Atmosphäre zu stoßen, die auf sein Vertrauensangebot vertrauensvoll einzugehen* vermag. Erst *das gespiegelte Vertrauen* wird zum *Selbstvertrauen* und damit im optimalen (faktisch kaum gegebenen) Fall zu einem gesunden, ausgeglichenen *Geltungsbedürfnis*, das nicht zu viel und nicht zu wenig will, auf Präsenz nicht verzichtet, aber diese auch nicht hysterisch auslebt, sondern schlicht souverän präsent ist.

„Ich schlage vor", so Kohut, „daß wir die Untersuchung der Frage der Existenz eines rudimentären Selbst in der frühesten Kindheit von einem vielleicht überraschenden Ausgangspunkt in Angriff nehmen, nämlich indem wir betonen, daß die menschliche Umgebung auch auf das jüngste Baby so reagiert, als habe es bereits ein solches Selbst gebildet" (94). Der Vorgang der Spiegelung des bereit liegenden Vertrauens durch das Selbstobjekt ermöglicht ein Erlebnis, das im gegenseitigen Austausch auf das Vertrauen vertraulich vertrauen kann und so zur Erfahrung gelebten Vertrauens wird. Da aber unsere gegenwärtigen sozialen Verhältnisse Vertrauen zu spiegeln in der Lage nicht sind, zerstören sie potentielles, also eigentlich vorhandenes Vertrauen, das dennoch sauerstoffarme Umgebung hier und da zu überleben weiß. Die äußere, sauerstoffarme Umgebung ist auf familialer, kommunaler Ebene, auf Bundesebene, ja international gegeben.

Denn die klinische Erfahrung lehrt, dass „in der großen Mehrzahl der Fälle die spezifische pathogene Persönlichkeit der Eltern oder eines Elternteils und spezifische pathogene Merkmale in der Atmosphäre, in der das Kind aufwächst, für die Fehlentwicklungen, Fixierungen und unlösbaren inneren Konflikte verantwortlich sind, welche die erwachsene Persönlichkeit kennzeichnen" (162). *Die Psychopathologie des Narzissmus ist an den Polen zwischen extremer Schüchternheit einerseits und hysterischen Expositionsgelüsten andererseits aufgespannt.* Dieser Zusammenhang wird deutlich, wenn der Lehrer mit einer Videokamera eine Klasse betritt, die sich relativ unverstellt präsentiert: Ein Teil der Klasse tut alles dagegen, um „hereinzukommen", ein anderer hingegen alles, um möglichst lange und auch noch in der Nah-Einstellung im Film zu erscheinen; der eigene Auftritt wird noch dazu mit clownesken Einlagen geschmückt, die dem Publikum ein gewisses schauspielerisches Talent nahelegen wollen, das aber als bloße Angeberei ohne handwerkliche Kunst von den Betrachtern *durchaus* erkannt wird.

Hier erblicken wir das Drama des Angebers: Er hat es nötig. Denn es hat ihm an Spiegelung gemangelt. Das Selbstobjekt hat ihn, selbst in inneren Konflikten gefangen, nicht ausreichend gespiegelt. Das ist die psychoanalytisch gewonnene Mechanik der Erbsünde: Die Eltern belasten ihre Kinder mit eigenem fehlenden Vertrauen und übergeben ihnen so einen Sack, in dem es dann gewaltig rumpelt. Das Kind *muss* diesen Sack nehmen, will es physisch existieren. Inachos' Geschichte ist ein hervorragendes mythologisches Beispiel für diesen Sachverhalt. Kohut gibt Kafkas Erzählung „Die Verwandlung" als Beispiel an und kommentiert es so: „Er ist das Kind, dessen Anwesenheit in der Welt nicht durch das empathische Willkommen von Selbstobjekten beglückt wurde – er ist das Kind, von dem die Eltern unpersönlich, in der dritten Person Singular, sprechen, und nun ist er eine nicht-menschliche Monstrosität, selbst in seinen eigenen Augen" (280). Ein Beispiel aus dem Unterrichtsalltag, das *Thymos als übersteigertes Geltungsbedürfnis* aufzeigt, wird nun ausführlicher berichtet:

# Thymos im gymnasialen Klassenzimmer und auf der Weltbühne

Zwei unerbittliche Streithähne

Im Rahmen eines kleinen Projektes an einer wissenschaftlichen Einrichtung werde ich damit beauftragt, zwei fünfte Klassen (eine aus der Hauptschule und eine aus dem Gymnasium) für je eine Doppelstunde zu unterrichten. Gegenstand der Stunde sind Fermi-Aufgaben. Es sind Aufgaben, die ein höheres Maß an Selbständigkeit bei den Lernenden verlangen. Denn diese sollen irgendeinen Fragekomplex mathematisch untersuchen, wie etwa wie viele Kopien an der Schule im Verlaufe eines Schuljahres entstehen und wie lang die Straße werden würde, legte man diese Kopien seitlich anein-ander. Solche Aufgaben sollen Lernende in der Gruppenarbeit bearbeiten und anschließend präsentieren. In einer gymnasialen Gruppenarbeit (vier Jungen) entsteht zum selbst gewählten Thema „Wie viele Kilometer Toilettenpapier braucht die Welt in einem Jahr?" folgendes Videomaterial:
*[0 min]* S: „Jetzt lasst das doch mal!"
A: „OK. Aber B. darf zehn Wörter scheiben." A zählt mehrmals die Wörter, die B gerade auf das Plakat schreibt. Kontrollen durch A und S finden statt. B beteiligt sich auch am Zählen.
Kameramann: „Zählt ihr die Buchstaben ab?"
S (entnervt): „Die streiten sich immer deswegen!
Kameramann: „Zählt ihr die Buchstaben ab, wer wie viel schreiben darf?"
S: „Ja, die streiten sich sogar um die Fragezeichen und Ausrufezeichen. Es wird immer schlimmer."
*[1 min 30 sec]* A und B ringen um den Besitz des Eddings. Der Fachlehrer befindet sich in unmittelbarer Nähe und beobachtet den Vorgang. A will als Sieger der Auseinandersetzung mit dem Edding schreiben, aber B versucht, A daran zu hindern, indem er nach dem Stift greift oder am Papierbogen zieht. A unterbricht den Schreibvorgang und schlägt nach B, der seinen Arm zurückzieht.
*[2 min]* Nach einer kleinen Pause greift B erneut an. A flieht einige Schritte, positioniert sich seitlich und wehrt mit dem rechten Arm Bs Angriffe ab, während er den linken Arm nach hinten herausstreckt, um den Stift außer Bs Reichweite zu halten. Jetzt greift der Fachlehrer ein. Er diskutiert mit B, während A seine Hand mit dem Edding nach oben gestreckt hält. A übergibt den Stift dem Lehrer, der dann als Schiedsrichter mit A und B verhandelt. B zieht sich zurück. Der Fachlehrer gibt den Edding einem anderen Gruppenmitglied.
*[2 min 30 sec]* Der Streit zwischen A und B geht weiter. Buchstaben werden gezählt, Schreibstrecken abgemessen. Die Schreibgröße wird als Argument genutzt, weil dann die Schreibstrecke länger ausfällt. *[2 min 50 sec]*

Dieses Videomaterial löst beim Betrachter[8] Erstaunen aus. Da zanken sich zwei Lernende mit unerbittlicher Strenge um Buchstaben, Punkte und Fragezeichen. Der Unbeteiligte betrachtet den Gegenstand des Streits als nichtig, weil seine Vernunft ihm sagt, dass es hier doch nichts zu gewinnen gibt. Aus der Perspektive der Akteure als Streithähne muss sich aber der Sachverhalt grundlegend anders darstellen; die *Buchstaben fungieren als Medium, über das Herrschafts-Ansprüche* erhoben werden. Es muss die *symbolische Funktion der Buchstaben* gesehen werden, nicht ihre reale als Informationsträger. Die Spur des Eddings markiert den Anspruch auf Terrain, auf Raum, auf Ressourcen, die vom eigenen dürstenden Körper aufgenommen werden sollen. Da die Kontrahenten etwa gleich stark sind, vermögen sie durch Verhandlungen und Kampfhandlungen die

---

[8] Wenn es bspw. Lehramtsstudierenden präsentiert wird.

Erde untereinander aufzuteilen, in Erde A und Erde B. Sie missgönnen einander und argwöhnen um den Besitz der ganzen Erde, denn jeder der Akteure lebt im Größenwahn, der die ganze Welt beherrschen will. Auf weltpolitischer Ebene spricht man vom „balance of powers". Es ist das Gleichgewicht des Schlechten, das im Besitzen-wollen verharrt. Jeder von den beiden will seine Mutter allein für sich haben und ewig ihr einziger Herrscher sein, ohne damit seinen Narzissmus wirklich befriedigen zu können. Denn hat er einmal die ganze Welt, dann will er schon die Milchstraße, bald den Kosmos – aber *er will sie besitzen, er will nicht sie sein*[9]. Konkurrenz um Einfluss und Besitz ist ein euphemistischer Ausdruck für Raffgier. Man denke an zwei Hunde, die sich in ein Stück Fleisch verbissen haben und keiner loslassen will. Sie zerren und knurren. Dieser Zusammenhang lässt sich auf weltpolitischer Ebene verdeutlichen:

Der kriegerische Konflikt Spanien vs. Marokko
Um 2006 hatte Marokko eine kleine Insel im Mittelmeer, die aus einem riesigen Felsen besteht, der lediglich von einigen Vögeln bewohnt wird, für sein Eigentum erklärt, indem es dort seine Fahne hisste. (Überflüssig zu sagen, dass die Fahne hier die Funktion des Buchstabens übernimmt, nämlich als symbolische.) Aber die spanische Marine rückte an, entfernte die marokkanische Fahne und ließ drei Soldaten als Besatzungstruppe zurück. Hierauf begannen marokkanische militärische Schnellboote nervös herumzufahren und sich den Besatzern zu nähern. Spanien, als NATO-Mitglied, müsste seitens seiner Bündnispartner beigestanden werden. Schließlich haben sich die Spannungen zwischen den beiden Ländern reduziert, und die Männer mussten nicht mit ihren Kanonen schießen, um Besitzansprüche zu untermauern.

Der psychoanalytische Blick auf das Geschehen in der Familie offenbart einen grausamen Kampf, der mit unterschiedlichen Waffengattungen und Strategien ausgetragen wird. Solange diese tägliche Schlacht pathogene Normalität darstellt, solange wird die Frage des Friedens ungelöst bleiben. Denn die Familie ist der Ort, wo der Frieden zuerst anfangen muss, um über die Gemeinde, über das Land, über alle Länder hinauszuwachsen. Dies ist die Utopie, aber die soziale Wirklichkeit zeigt sich ihren Akteuren als „beschissen".

## 5. Kleines Glossar der Beziehungsanalyse

*Beschissen!*
Kein anderer Ausdruck vermag so deutlich eine Abneigung, ein Angewidert-sein von den gegebenen Umständen zum Ausdruck zu bringen, wie jenes „Beschissen!" oder „Alles ist Scheiße". „Scheiße" – das sagt man, wenn gerade etwas kaputtgegangen, ein Plan nicht aufgegangen oder etwas verloren gegangen ist und man sich hierüber sehr ärgert. Der eigens produzierte Abfall genießt den

---

[9] „Haben oder Sein?", fragt Fromm.

schlechtesten aller Rufe, weil man ihn „macht", um ihn gerade loszuwerden, wegzuwerfen und sich so zu erleichtern. Die Psychologie des Scheißens offenbart den Anus als oftmals übergangene erogene Zone, weil sie als Mülltransporter von seinem Besitzer geringgeschätzt wird, während das Herauspressen der Scheiße seiner Natur nach lustbetont ist. In der Scheiße ist eine Ambivalenz aufgehoben, deren braune, stinkende Seite die meisten beeindruckt. Mit Sloterdijk aber ist zu warnen (2007, 289): „Wer nicht wahr haben will, daß er ein Abfallproduzent ist und daß er keine Wahl hat, anders zu sein, der riskiert, eines Tages an der eigenen Scheiße zu ersticken." Diese Gefahr muss als sehr hoch eingeschätzt werden, denn der Blick wird lieber auf den anderen – und nicht so sehr auf sich selbst – gelenkt. Denn der andere ist eine verdammte Missgeburt.

*Du Missgeburt!*
Dieser Ausdruck lässt sich täglich an durchschnittlichen Schulen, besonders Hauptschulen, in Gängen, auf dem Pausenhof, oder im Klassenzimmer vernehmen (und so mancher Erziehungswissenschaftler ist auf die Idee gekommen, ihn zu zählen). Er wird ausgestoßen mit Hass, zusammengepressten Lippen, zischend, vernichtend. Das Lebensrecht des anderen wird ohnehin in Frage gestellt, indem ihm ein körperlicher Mangel als Behinderter unterstellt wird. Die vermeintliche Fehlerhaftigkeit des anderen erhebt den Produzenten dieses Ausdrucks in die Position des Korrektors, der den anderen nach richtig und falsch beurteilen kann und darf. Der Korrektor ist in der Hierarchie höher, weil er austeilen kann, ohne dass ihm Widerstand entgegengebracht wird. Es herrscht eine wölfische Rangordnung, die Schwache braucht, um auf ihre Kosten die Süße des Chefsessels zu genießen. Verhaltensbiologen kennen die Figur des Gamma-Wolfes. Das ist der kollektive Sündenbock, der Sklave aller. Er muss dienen durch das ständige Einstecken von Demütigungen. Sind seine Kapazitäten erschöpft und liegt er im Sterben, wird er plötzlich fürsorglich behandelt, man reicht ihm Fleischstücke, leckt seine Wunden, ermuntert ihn zur Genesung. Aber kaum genesen und zu Kräften gelangt, werfen sich die Wölfe erneut auf ihn und bringen ihn innerhalb kurzer Zeit wieder auf den alten, bedauernswerten Zustand, sie pissen auf ihn, und er ist angepisst, ja mehr als das, er ist gefickt.

*Angepisst (gefickt) sein*
Ein junger Polizist hat das Unglück, einen pissenden Betrunkenen auf die öffentliche Ordnung hinzuweisen. Der Betrunkene dreht sich aber in die Richtung des Polizisten, um seine Rede besser zu verstehen und pisst ihm dabei ans Bein. Jeder kann verstehen, in welche Gemütslage dieser Vorgang den Polizisten versetzt: Er ist angepisst, äußerlich und innerlich. Seine Würde wird nicht geachtet. Dass keine Absicht seitens des Pissenden vorgelegen hatte und so die Demüti-

gung eigentlich keine ist, weil sie sich allein einem unglücklichen Umstand verdankt, kann als Argument vorgebracht werden, ohne die innere Welt nennenswert zu stabilisieren. Der Zorn des Angepissten ist auch schon dessen Rehabilitierung, gerade dann, wenn er sich so kanalisieren lässt, dass der Anpisser seinerseits angepisst wird. Auf diese Weise wird die offene Rechnung beglichen; die Demütigung soll als Rache dem Aggressor eine Lektion erteilen: Dass es wenigstens unangenehm ist, angepisst zu sein.

Das Angepisst-sein stellt eine noch erträgliche, beherrschbare Kränkung dar, die sich vielleicht schon nach wenigen Tagen „verpisst" hat. Die Krönung der Demütigung bildet das Gefickt-sein. Der Mächtige als Herrschender darf jeden unter ihm Befindlichen ficken, so wie ein Löwe über sein Rudel Löwinnen verfügt. Der Ficker weist zurecht, erteilt Bestrafungen, urteilt ab, entscheidet über Leben und Tod. Polizisten sind von Amts wegen Ficker – sie dürfen Strafzettel austeilen, Bußgelder verhängen, festnehmen. Ein Bürger[10], durch seinen Umgang mit der Staatsgewalt nervös geworden, erhebt beim Verlassen der Szenerie den „Stinkefinger" in die Luft und ruft einem Polizisten zu: „Fuck you!". Ein Impuls, resultierend aus seinem durch die Staatsgewalt seiner Meinung nach beschädigten Empfinden für Würde, wollte einen Aufstand proben und sich im Abgang als nicht-gefickt zu erkennen geben, indem der Polizist auf sich selbst als Objekt der Demütigung verwiesen wird. Diese kleine Rebellion wird mit der darauf folgenden Festnahme bestraft, weil nur der Staat das Gewaltmonopol haben darf.

Solche Befugnisse würden dem Staatslehrer gut tun, der gelegentlich von seinen Lernenden gefickt wird, wie im Zweiten Teil dieser Untersuchung nachzulesen sein wird. Qua Amt ist der Lehrende aber grundsätzlich Ficker, was in seiner Notenhoheit zum Ausdruck kommt. Er kann Lernende u.a. mit dauerhaft schlechten Noten ficken. Im Gegensatz zum Polizisten muss er aber dies sein Recht aufwändig durch Drill, Dressur und Zynismus zu schützen wissen. Ein eleganter Angriff aus dem Unterrichtsalltag spricht für sich:

Pallas Athene im Klassenzimmer
Glaubwürdige Quellen berichten folgende Begebenheit, die man sich etwa so ausmalen kann: Nach der Rückgabe von Klassenarbeiten kommt eine Schülerin, die „mangelhaft" erhalten hatte, in der Pause auf den Lehrenden zu und erklärt ihm: „Sie werden diese Note nicht in das Klassenbuch eintragen." Der erstaunte Lehrer blickt sie an. „Denn sonst ..." – eine kleine Geste der Schönen, mit „mangelhaft" versehen, genügt, um die Aussage zu komplettieren: „Werde ich sagen, dass Sie mir was wollten." Pallas Athene, die Kopfgeburt, wird keinem Mann Einlass gewähren. Aber das Vorschützen einer sexuellen Belästigung gehört zu ihrem Arsenal an Intrigen.

---

[10] Diese Szene erlebe ich live um 2000.

Dieses Beispiel zeigt, wie der Gefickte zuweilen durch das Ausmachen von und Angreifen der Schwachstellen des eigentlichen Fickers selbst zum Ficker wird und wie die vorgesehenen Rollen wechseln: Von der Gefickten zur Fickerin und vom Ficker zum Gefickten. Innerhalb dieser Rollen bleibt der Sachverhalt derselbe: Der Gefickte wird vom Ficker in die Defensive gedrängt, wo er sich zum Werkzeug des Fickers machen soll. Der Gefickte lässt über sich verfügen, er „erlaubt" alles, ist ein Waschlappen, hat nichts zu sagen, wird vergegenständlicht und benutzt als Instrument zum Zweck der Befriedigung des Größenwahns des Fickers. Was der Gefickte empfindet und will, ist nicht Gegenstand der Situation, weil allein der Wille des Fickers als Souveränen gilt. Die Untertanen müssen ihm „in den Arsch kriechen", „sich klein machen", „klein mit Hut sein", ihn beschleimen, besänftigen. Der Ausdruck „sich nach oben ficken" verweist hingegen auf eine gewisse Aktivierung der eigenen Passivität als Gefickter: Man kann sich aktiv ficken lassen, um nach oben zu kommen, um dann andere zu ficken und die Sau „rauszulassen".

*Die Sau herauslassen*
Wer die Sau herauslässt, offenbart sich als Tier, das alle Formen bürgerlichen Anstands hinter sich und nun seiner animalischen, ansonsten unterdrückten, Natur freien Lauf lässt. Der Sau-heraus-lasser ist Zyniker per se: Hier tritt er entsprechend der Konvention auf, dort gilt schon keine einzige Schranke. Das verdrängte Animalische bricht wie ein Vulkan aus, weil es zuvor nicht im moralischen Sinn kultiviert worden war. Die Französische Revolution begann im Namen der Freiheit und endete im blutigen Gemetzel: „Die losgebundene Gesellschaft, anstatt aufwärts in das organische Leben zu eilen, fällt in das Elementarreich zurück" (Friedrich Schiller 1997, 16).

In der westlichen Zivilisation sind Orte vorgesehen, an denen vorzugsweise die Sau herausgelassen wird: Diskotheken, Bars, Bordelle, Beach-Sex-Partys. Die Phänomenologie des Party-Menschen zeigt ihn als hohle Gestalt, die ein Fass ohne Boden mit Alkohol zu füllen versucht (s. EG, Abb. 42). „Man wirbelt von Party zu Party, und keiner erwartet, daß das ‚how are you?' je ernsthaft negativ beantwortet wird" (Richter 1997a, 157). Gegenwärtig (2009) bereitet die Zahl der Alkohol trinkenden Jugendlichen, die nach dem Koma-Saufen in Krankenhäuser eingeliefert werden, der Bundesregierung Sorgen. Sinnleere als Veranstalterin solcher Besäufnisse wird politisch aber nicht diskutiert – Repression heißt das Mittel, als seien nicht schon genug andere Dinge unterdrückt, verdrängt, abgespalten worden (s. EG, Abb. 43). Denn hier wird ausgekotzt, was zuvor *einem in den Arsch geschoben* wurde.

*Jemandem Dinge in den Arsch schieben*
Der Ausdruck ist ebenso rau wie aussagestark. Der Arsch als menschliche Kloake, als „Clochard unter den Körperteilen", als „Idiot der Familie" (Sloterdijk 2007, 282) ist die Institution der Ausscheidungen, nicht die der Aufnahmen. (Deshalb ist die Aufforderung „Leck mich am Arsch!" Ausdruck höchster Verachtung.) Es muss von einiger Perversion zeugen, wenn der Arsch nun als Rezeption Dinge zu empfangen und zu verdauen hat. Überdies handelt es sich hierbei um physiologischen Unsinn, der gerade in der ungewöhnlichen Kombination – die dem Arsch die Funktion des Mundes zuerkennen will – seine Wirkung entfaltet. Die Pointe ist, dass ein autonomes Subjekt selbst (oder gerade) in den Mund nichts geschoben bekommen möchte – es besteht darauf, diesen Vorgang selbstbestimmt auszuführen. Denn wer sich in den Mund schieben lässt, ist infantil, weil er selbst diesen Vorgang nicht bewerkstelligen kann und deshalb existenziell darauf angewiesen ist, dass ein Selbstobjekt dies tut. Lässt er sich weiterhin füttern, *obgleich er sich selbst füttern könnte*, so muss er seine (eigentlich überwundene) Abhängigkeit vom Selbstobjekt weiterhin in Kauf nehmen – um den Preis der Einrichtung bequemer Verhältnisse, die sich durch Dickwerden und andere Beschwerden, durchaus nicht nur auf rein physiologischer Basis, wegen des – körperlichen und geistigen – Bewegungsmangels rächen. Wer als Geschwister bspw. feststellt, dass sein Geschwister „Dinge in den Arsch geschoben" kriegt, könnte leicht den Zorn hören, der diese Feststellung begleitet: Der Feststeller fühlt sich benachteiligt durch seine eigene, im Vergleich zu anderen gewonnene, Erfahrung des Mangels. Er könnte sich aber glücklich schätzen, dass er sich ungestört um seine Vorrichtungen kümmern kann, anstatt den Annäherungen und Attacken, in deren Verlauf Dinge in den Arsch geschoben werden sollen, ständig entfliehen zu müssen oder sich ihnen zu ergeben, um sich dann zu übergeben. Während das Übergeben das zwangsweise Eingeführte voller Ekel außer sich, des Landes, verweist und sich so von ihm erleichtert, gibt es eine weitaus tragischere Variante des Umganges mit Realität:

*Den Boden unter den Füßen verlieren*
Der Mensch findet sich auf dem Boden, der Erde als Gaia, verankert. Seine psychische Sicherheit besteht aus Vorstellungen, die die künftige Sicherung der eigenen Existenz zu garantieren scheinen. Wenn ein plötzliches Ereignis (z.B. unerwartetes Nicht-Bestehen einer Prüfung) diese Vorstellungen zerstört, weil es ihnen entgegensteht, kollabiert das gesamte Denk- und Gefühlsgebäude, weil es sich als falsch erweist. Die eigens entworfene Konstruktion muss sich eingestehen, falsch zu sein. Man verliert den Boden unter den Füßen. Das physikalische Fallgesetz wird angesichts des Falls *ins Bodenlose* ausgehebelt. Der Schock lässt den Betroffenen während seines Falles gefrieren. Die Frage „wie nun weiter"

stellt sich ihm mit unerbittlicher Härte, zumal die Stärke des Affektes eine vernünftige Kalkulierung der Ressourcen und Koordinaten verhindert. Nachdem die ersten überwältigenden Wellen des Erdbebens verebbt sind, schwankt der Boden weniger und erlaubt zugleich die Einsicht, die Krise als Chance zu sehen, weil sie einen lehrt, alte Vorstellungen loszulassen und sich neue Wirklichkeitstheorien anzueignen, die Schock-resistenter sein könnten. Das Weise-werden versteht sich als das zunehmende Gewinnen einer *unerschütterlichen Haltung*, die sich gerade nicht ideologisch erklärt, sondern als wissende Souveränität kennzeichnet. Sokrates war der große Seelenerschütterer, der dann die durchein-ander geratenen Teile neu zu ordnen half[11]. Er folgte der Überzeugung, dass jeder *eigentlich* alles (über sich) weiß. Die Frage ist, ob der Mensch das wissen will, was er eigentlich schon weiß – oder flieht er vor sich selbst, vor dem eigenen Wissen? Wer aber eigentlich alles weiß, der muss von Natur aus scharf beobachten können.

### 6. Der Mensch als scharfer Beobachter von Beziehungsmustern

Das beziehungstheoretische Wissen Lernender wird von Lehrenden zumeist unterschätzt[12], sollte es überhaupt als Kategorie zur Kenntnis genommen werden. Als Akteur auf der Bühne der Familie ist das Subjekt trainierter Beobachter und Arrangeur von Beziehungen, weil es *überleben* will. Entgegen Anthropologien, die Höherentwicklungen des Menschen gegenüber dem Tier zu belegen suchen, sollte vielleicht eher die Verwandtschaft des Menschen mit dem Tier betont werden – der Mensch ist felloses Säugetier. Diese neue anthropologische Sichtweise erlaubt den Blick auf den Menschen als Schwächen-sucher. Um das Gegenüber niederzuringen, müssen zuerst seine „wunden Punkte" festgestellt und diese dann verletzt werden. Anatomisch gesehen, stellt die Kehle den verwundbarsten Punkt bei Säugetieren dar; deshalb muss sie, will man effizient vorgehen, verwundet werden, um das gesamte Tier niederzuringen. Dies gilt nicht nur anatomisch-physiologisch, sondern gerade psychologisch.

*Bewusstes Beziehungswissen*
Dieses intime Beziehungswissen erreicht unterschiedliche Bewusstseinsschichten – ist es *bewusst*, d.i. aussagbar, so muss es aus Gründen der Konvention und der Vorsicht zurückgehalten und verborgen werden. Besondere Orte und Settings sind für seine Veröffentlichung vorgesehen – man plaudert dann aus dem Nähkästchen und stellt dar, in welcher Position man sich selbst bezogen auf eine

---

[11] Bei seinem Bemühen, andere zu erschüttern und zu ordnen, ordnete Sokrates sich selbst kaum.
[12] Obgleich Lehrer durchaus wissen, dass Lernende sie sehr gut parodieren können. Aber hier wird es zu „privat", man will das Thema wechseln.

andere Person beziehungstheoretisch sieht. Die Aussage eines Hauptschülers (7. Klasse; in der großen Pause und im Flur) *„Herr X. hat keine Ahnung vom Leben"* ist in diesem Kontext zu sehen. Lernende beobachten und beurteilen ihre Lehrenden nach dem Kriterium der Schwächensuche oder des Mögens. Diese Äußerung zeugt von Präzision, denn der Klassenlehrer, auf den diese Äußerung bezogen ist, ist ein windiger Bio-Typ, der für Scharlatane leichte Beute darstellt. Er ist von seinem Schüler durchschaut worden – insofern müsste dem Lernenden paradoxerweise ein *Vorsprung an Reife gegenüber seinem Lehrenden* zugesprochen werden; dieser Vorsprung wird auch am folgenden Beispiel deutlich:

Die hohle Lehrerin
Vier Grundschulkinder gestalten im Studio einer wissenschaftlichen Einrichtung mit zwei sie leitenden Tutoren ein Hörspiel. Ich werde eingeladen, mit ihnen ein Interview zu führen, etwa über das Thema „Neugier". Hieraus entwickeln sich weitere Themen, bis ein Kind nach *27min und 30sec* einen folgenreichen Einwurf tätigt, dessen Inhalt, nämlich die Charakterisierung der Klassenlehrerin als dumme Person, sich bis zum Ende des Interviews durchziehen wird. Ein Kind bemerkt: „Jetzt würde Frau L. sagen, ich kann dich schlagen." Die Gruppe lacht hierauf und ich frage nach dem Zusammenhang. Die Antwort lautet: *„Weil in der Schule bin ich strohdumm, aber außerhalb der Schule bin ich sauintelligent."* Hierauf entwickelt sich folgender Dialog:
Ich: Ah, kann das sein, dass die Schule so manche, so manche Kinder wie dich dumm macht?
Mehrere Kinder: Ja, ja, ja. Sie macht mich auch langsam dumm.
Ich: Ja? Wie macht sie denn das?
Ein Kind, ganz leise: Bei der Scheiß-Lehrerin! [Lachen]
Ich: Aber erzähl mal, wie macht die Schule das? – So aus klugen Köpfen macht sie so …
Kind: … behinderte, dumme, blöde Schule [anderes Kind: Strohköpfe!] indem sie die Kinder, die sind ja weiter als das Thema, und dadurch wird es auch einem langweilig. Und dadurch werden wir doof.
Es folgen nun zahlreiche Beschwerden über die Lehrerin, die von allen vier Kindern vorgetragen werden.
*[29min 50sec]* Kind: Frau L. ist unsere behinderte Lehrerin …
Anderes Kind: … das ist der Fachausdruck für luschige, [anderes Kind: dumme] öde Lehrerin.
Nun folgen weitere Beschwerden und Erörterungen über Dummheit und Klugheit. Im Übrigen stellt ein Kind Klugheit so heraus: „Wenn man vorher nachdenkt, was für eine Handlung man macht."
*[36min 25sec]* Kind: Immer, wenn wir so über Frau L. irgendwie solche fiesen Sachen machen, sagen, das macht irgendwie Spaß …
Weitere Beschwerden werden aufgeführt, und es wird weiter über ihr Aussehen gelästert.
*[41min 40sec]* Ich versuche, das Gespräch zum Abschluss zu bringen und wünsche den Kindern mehr Glück für die weiteren Schulstunden, die ihnen bevorstehen.
Kind: Das werden nicht mehr viele sein. Wir bringen sie zur Weißglut, dass [leise: sie entweder mich umbringt] oder dass sie sich umbringt. – Das werden wir schaffen. Davon bin ich fest überzeugt.
Jetzt beginnen die Kinder, sich gegenseitig mit Todesdrohungen zu bewerfen. Die beiden Tutoren intervenieren und erinnern an die Klugheit: „Erst denken, dann handeln." Wieder wird über die Klassenlehrerin gesprochen:
Kind: Die ist voll hohl, die Frau. So was Hohleres habe ich noch nie gesehen.
Immerhin, das Theater, das sie macht, ist witzig, finden die Kinder. Aber das sei auch nur das einzig Gute: „Der Rest ist nur das – Kotze."

Eine phänomenologische und psychoanalytische Skizze des Kotzens ist an dieser Stelle angebracht, um in groben Zügen das intime Wissen zu umreißen, das mit gemeint ist, wenn das Kotzen als Empfindung und Argument vorgebracht wird: Das Sich-übergeben repräsentiert die entschiedene Abwehr eingedrungener Fremdkörper. Es stellt einen Akt dar, in dem man das ausspeit, was man eigentlich nicht hatte aufnehmen wollen, was aber durch eine Verführung, Verwirrung, durch Unkenntnis einem zugeführt wurde[13]. Es ist eine symbolische Veräußerlichung des ungeliebten Inneren – deshalb kann das Sich-übergeben als Akt innerer Reinigung gesehen werden. Das Vermögen der Kotze, als unverdaute, angesäuerte, unansehnliche Magenmasse, Ekel auszulösen, ist vermutlich höher anzusetzen als das der Scheiße, die wenigstens ein Endprodukt und so etwas Ganzes darstellt.

Vor diesem Hintergrund ist die Schlussbemerkung „der Rest ist nur das – Kotze" als besonders gravierend einzuschätzen. Überhaupt lässt das Material auf ein besonders angespanntes Verhältnis zwischen Lernenden und der Lehrenden schließen, das sich durch seine mangelnde Besprechbarkeit – gerade im institutionellen Rahmen – verschärft. Das Schweigen über solche Beziehungsprobleme ist hingegen etabliert und weit verbreitet, weil es den Tabus des guten, anständigen, bürgerlichen Benehmens entspricht. Die beiden anwesenden Tutoren waren angesichts der Gesprächsentwicklung bass erstaunt, weil sie bis dahin nur Positives über jene Lehrerin gehört hatten, zumal die Kinder sie „recht herzlich" über das von ihnen betriebene Hörspielprojekt zu grüßen wussten.

Das Lästern in dieser offenen Gesprächsatmosphäre verschafft den Lästerern Genugtuung. Tag für Tag müssen die Kinder die Dummheit, die sie entlarven[14], ertragen und schlucken. Deshalb fungiert das Gespräch als Ventil, das Druckabbau ermöglicht. Die dann geäußerten Tötungsfantasien der Kinder verweisen auf einen Zusammenhang, der durchaus denjenigen Lernenden wohl bekannt ist, die auf Rache sinnen, nämlich, dass es nicht unbedingt erforderlich

---

[13] Teilt man bspw. einem Essenden mit, dass die Katze zuvor aus seinem Teller gegessen hatte, so wird diese Kenntnis beim Essenden *Ekel* hervorrufen, besonders dann, wenn dem Essenden strengere Hygienevorschriften entgegenkommen. Thyestes, der unwissentlich Teile seiner Söhne verzehrte, musste sich nach der Bekanntgabe des wahren Inhalts der von ihm aufgenommenen Speise übergeben. Von hier aus wären diese Beispiele des Sich-übergebens auf ihre psychoanalytische Basis zurückzuführen. Etwa: Nahrungsaufnahme als aggressiver Akt muss dennoch ein positives Verhältnis des Aufnehmenden zur Beute als Nahrung beinhalten.

[14] Lernende sind zuweilen große Entlarver des Schulsystems und seiner Akteure. Es lässt sich beobachten, dass auch Hauptschüler auf gewissen Ebenen den Verständnishorizont Lehrender überschreiten. In einem Gespräch über ihre Klassenlehrerin äußert ein Lernender einen sehr komplexen Sachverhalt: „Sie weiß ja, dass sie wird es nicht wissen." „Das „Wissen" bezieht sich auf die Sinnlosigkeit der Inhalte der Schule, die aber von vielen Lehrenden als „wichtig" gehalten werden, wobei sie „eigentlich" wissen, dass die Dinge so einfach nicht sind, dass man Beliebigem zur Wichtigkeit allein auf Grund staatlicher Vorgaben verhelfen könnte.

und auch nicht strategisch klug ist, die (verhasste) Lehrperson mit den eigenen Händen umzubringen. Vielmehr versteht es die subtilere Kunst der Kriegsführung, den Gegner so weit zu bringen (eben zur *Weißglut*), dass er den Tötungsakt selbst vollbringt. Die Realisierung einer solchen Absicht hätte eine angenehme Konsequenz: das Ausbleiben der juristischen Strafverfolgung.

Der Ertrag der bisherigen Überlegungen besteht in der Einsicht, dass der Mensch aktiver Beobachter und Gestalter des Beziehungsgeschehens ist. Im Medium der Beziehung werden Gifte ausgegeben und Gegengifte entwickelt (s. EG, Abb. 44). Ohne dass reale Waffen gezückt werden, zeigt sich Beziehungsgeschehen im pädagogischen Kontext als pathogen, weil es sich nach dem Gesetz der Hackordnung richtet, das nur eine Frage stellt: „Wer ist oben, wer ist unten?" Im Ausmachen der hierarchischen Ordnung besteht das primäre Interesse des Menschen als animalischen Wesens. Lernende beobachten den Lehrenden und seine Aktionen und bewerten sie anhand der Kategorie des Sieges bzw. seinem Widerpart, der Niederlage. Eindrücklich ist hierzu ein kleines Beispiel: Als Lehrender bin ich während des Unterrichts in einer kleinen Auseinandersetzung mit einem Lernenden involviert. Ihr Ende wird durch einen Lernenden so registriert: „1 : 0 für Herrn Engelbrecht!"

*Das Es als Beziehungsbeobachter und Akteur*
Diese bislang dargestellten Beobachtungen sind den Akteuren bewusst – man beobachtet, bemerkt und handelt. In Wirklichkeit ist aber der geringste Teil der Motive der Handlungen dem Bereich des Bewussten zuzuordnen, denn das mächtige Unbewusste ist der Großherrscher der Beziehungschemie. Es lässt sich bspw. in Städten beobachten, wie Familien spazieren gehen. Man wird dann erfahrungsgemäß als Vorbeilaufender Zeuge von Stürzen besonders kleiner Kinder. Das Kind sieht etwas, läuft etwas schneller und stürzt. Zwei typische Reaktionen seitens der Eltern sind geläufig, und die ungünstige (nicht empathische) Variante tritt weitaus häufiger auf als die günstige (empathische). Im ungünstigen Fall eilt dann die Mutter schimpfend auf das gefallene Kind zu, ergreift es ruppig, zieht es hoch und beginnt, seine beschmutzten Kleider auszuklopfen. Diese Handlungen werden begleitet von Ermahnungen und selbst erfüllenden Prophezeiungen, während das Kind weint: „Siehst du, was passiert ist! Ich habe dir doch gesagt, nicht herumzurennen! Warum hörst du nicht auf mich? Und dein Kleid! Wer soll das waschen?"

Nicht empathisch ist diese Reaktion, weil hier das Kind als *ein sauber zu haltendes Ding* erscheint und nicht als menschliches Wesen, das – gerade auf Grund seiner noch wenig entwickelten Koordination – fallen muss dürfen, um gehen zu lernen. Dieses Ereignis wird sich in der Mutter-Kind-Interaktion noch unzählige Male wiederholen, so dass sich die jeweiligen Muster – die Mutter als zurechtweisende, rechthaberische Instanz und das Kind als Sündenbock auf der Anklagebank – verfestigen. Indem die Mutter das Kind als fehlerhaft erscheinen lässt, fixiert sie es in einer inferioren Position, um so sich zugleich auf seine Kosten zu erheben. Realiter bezieht die Mutter narzisstische Befriedigung aus dem Scheitern des Kindes. Das Kind ist nur als scheiterndes gut, sie wünscht es sich gerade so – entgegen ihrer verbalen Ankündigung, für die körperliche Unversehrtheit ihres Kindes sorgen zu wollen. Hieran lässt sich verfolgen, wie „Defekte am Selbst hauptsächlich als Folge mangelnder Empathie der Selbstobjekte auftreten – die auf narzißtische Störungen des Selbstobjekts[15] zurückzuführen ist" (Kohut 2006, 85).

Gelingende Empathie hingegen geht von einem Selbstobjekt aus, das „eine reife psychologische Organisation besitzt" (Kohut 2006, 84) und das Kind in diese aufnehmen kann. Dieses Selbstobjekt wird dem „*Ungleichgewicht* des Kindes durch Handeln abhelfen" (ebd.). Wie sieht aber jenes Handeln am Beispiel des kindlichen Sturzes aus? Die empathische Reaktion besteht darin, sich dem Kind rasch zu nähern und es dann hochzuheben, vielleicht sogar ein kleines Stück sanft hochzuwerfen, es dann bei sich oben im Arm zu belassen und mit ihm weiter freudig zu gehen[16]. Dieses so skizzierte Handeln ist nicht das Ergebnis von Lehrgängen, sondern entspringt den gesunden, lebendig gebliebenen Anteilen eines kohärenten Selbst. Dieses versteht, ohne explizieren können zu müssen: Der Sturz stellt per se eine große Nähe zur Erde dar, ein Sich-beugender-Schwerkraft, ein Unterliegen der Gravitation, ein Scheitern als Unterworfensein. Wer unten ist, leidet, wer oben ist, ist souverän – nicht zufällig ist das Siegertreppchen in der Mitte am höchsten[17]. Das hilfebedürftige gefallene Kind muss also, um wieder sein psychisches Gleichgewicht herzustellen, *emporgehoben* werden! Ein mächtiger Gott als Vater kommt von oben, um das *Leiden* buchstäblich und gerade auch im übertragenen Sinne *aufzuheben* und für eine Weile *oben* zu behalten, im *festen* Halt. Psychoanalytisch stellt sich dieser Zusammenhang nach Heinz Kohut (2006, 84f) so dar:

---

[15] Ausführlicher: „Folgen der Unfähigkeit des elterlichen Selbstobjekts, ein freudiger Spiegel für die gesunde Selbstbehauptung des Kindes zu sein, können lebenslänglicher Sarkasmus, Bitterkeit und Sadismus sein, der nicht abgeführt werden kann – und nur durch die therapeutische Wiederbelebung des ursprünglichen Bedürfnisses nach den Reaktionen des Selbstobjektes lassen sich eine tatsächliche Verringerung der Wut, die Beherrschung der sadistischen Impulse und eine Rückkehr zu gesunder Selbstbehauptung erreichen" (Kohut 2006, 118).

[16] Noch einmal: Glücklicherweise lässt sich auch diese Reaktion beobachten, aber eben leider viel seltener als ihre pathologische Schwester.

[17] „Das stolze oder Selbstbehauptung zeigende Verhalten mancher Tiere (wie der Hund sich vor seinem Herrn präsentiert – mit herausgestreckter Brust und erhobenem Schwanz -, wenn er etwas gut gemacht hat; das exhibitionistische Sich-auf-die-Hinterbeine-Stellen mancher Primaten) drückt sich durch Bewegungen aus, die gegen die Schwerkraft gerichtet sind" (Kohut 2006, 105).

Das Selbstobjekt stellt [...] Berührungs- und/oder Sprechkontakt mit dem Kind her (die Mutter nimmt das Kind auf und spricht mit ihm, während sie es hält oder trägt) und schafft so Bedingungen, die das Kind phasengerecht als Verschmelzung mit dem allmächtigen Selbstobjekt erlebt. Die rudimentäre Psyche des Kindes hat an der hochentwickelten psychischen Organisation des Selbstobjektes teil; das Kind erlebt die Gefühlszustände des Selbstobjekts – sie werden dem Kind durch Berührung, den Ton der Stimme und vielleicht noch auf anderen Wegen vermittelt –, als wären es seine eigenen. Die relevanten Gefühlszustände – entweder die des Kindes oder diejenigen des Selbstobjektes, an denen es teilnimmt – sind, in der Reihenfolge, in der sie von der Einheit aus Selbst und Selbstobjekt erlebt werden: steigende Angst (Selbst); gefolgt von stabilisierender leichter Angst – nicht Panik, sondern Angst-„Signal" – (Selbstobjekt); gefolgt von Ruhe, Abwesenheit von Angst (Selbstobjekt). Schließlich verschwinden die psychologischen Desintegrationsprodukte, die das Kind zu erfahren begonnen hatte (das rudimentäre Selbst ist wieder hergestellt), während die Mutter (in den Begriffen der Verhaltensforschung und der Sozialpsychologie gesehen) das Essen bereitet, die Temperaturregelung verbessert, Windeln wechselt etc.

Solche – hier idealtypisch formulierten – Prozesse sind für die Psychogenese fundamental, aber darüber hinaus finden sie bei jeder Interaktion statt, wenngleich unter dem Aspekt der Empathiefähigkeit eigentlich von pathologischen Umgangsformen als Normalität auszugehen ist. Denn ein Höchstmaß an Empathie würde den Weisen auszeichnen, der, selbst in Gestalt des Psychoanalytikers, kaum verfügbar ist. Es mangelt im Allgemeinen gerade nicht an Beobachtungsgabe, sondern am Wissenwollen des eigentlich Gewussten, wie das folgende Beispiel aus der Unterrichtspraxis zeigt.

Die Geschichte vom Stift
Zwei Studentinnen halten eine Doppelstunde zum Thema „Müll". Sie können die Erst- und Zweitklässler wenig ansprechen und langweilen einen Großteil der Schülerschaft. Die Videoaufzeichnung ermöglicht folgende Rekonstruktion der 2min und 30sec dauernden Szene, während der ein Arbeitsblatt mit den Kindern besprochen wird. R, ein Junge, „stört" den Unterricht mehrmals mit einem Stift, mit dem er im runden Loch seiner Stuhllehne klappert – da dieser Vorgang sich mehrmals wiederholen wird, soll er als „Klappern" abgekürzt werden.
S: Zeitungen.
L1: Zeitungen. Super.
L2: Ganz laut!
R: [Klappern] Mmh, Recycling, da werden alte Sachen wieder hergestellt. [lautes, heftiges Klappern]
S: [unverständlich]
R: Auf dem Glascontainer stehen Farben [unverständlich].
L1: Ham wa jetzt alles gesagt, was dazu gehört? Was für Farben sind es denn?
R: Mmh, grün, weiß ...
L1: Und?
R: Und braun. [steckt die Zunge heraus und beugt seinen Kopf nach unten; lautes *Klappern*]
L1: Also.
L2: Gib mir den Stift! [geht auf R zu und fordert die Herausgabe des Stiftes mit herausgestreckter Hand. L2 befindet sich in Rs Intimsphäre, 15-20cm vor seiner Brust. R wölbt sich um seinen Stift herum und zögert mit seiner Herausgabe]

L2: Oder leg ihn auf den Tisch!

R gibt seinen Widerstand auf und wirft den Stift vor sich auf den Tisch, in unmittelbarer Nähe. Diese Distanz erscheint der Lehrerin offenbar zu gering, denn sie nimmt den Stift und bewegt ihn etwa 20cm von R weiter weg, lässt ihn fallen und tritt den Rückzug an. R lässt seine rechte Hand knapp über dem Stift schweben, ohne ihn anzufassen. Er nimmt den Arm zurück und lässt den Stift für einen Augenblick schutzlos auf dem Tisch liegen. Diesen Moment nutzt L2, um erneut zuzugreifen: Sie nimmt den Stift und legt ihn noch weiter weg – auf den Lehrertisch, der auf direkter Linie gut 1 Meter entfernt ist. R müsste, um den Stift zu erreichen, auf Grund der räumlichen Verhältnisse eine Distanz von etwa 2 Metern überwinden. Umgehend unternimmt R drei Versuche, sich seinem deutlich sichtbar auf dem Lehrertisch liegenden Stift in geduckter Haltung und mit kleinen, scheinbar unmerklichen Schritten zu nähern. Diese drei Versuche werden jeweils abgebrochen, aber jeder Versuch bringt ihn ein Stück näher an das von ihm begehrte Objekt. Während dieser drei Versuche Rs, sich in feindliches Terrain vorzuwagen, legt ihm sein Sitznachbar einen Stift auf den Stuhl und dann auf den Tisch; das ist eine Art liebenswürdiges Angebot eines Ersatzobjektes. R spielt kurz mit diesem Stift und negiert ihn. Während dieser Vorgänge redet L1 mit der Klasse:

L1: Alte Äpfel oder Bananen oder Karottenschalen oder auch Eierschalen [Kind: Weintrauben], Weintrauben, also ganz viel Obst und Gemüse. Was man nicht mehr essen will [unverständlich], die Reste davon. Felix!

Felix: Da kommen auch Blumensträuße rein.

L1: Sehr schön. Oder habt ihr vielleicht schon mal gesehen, hat jemand einen Komposthaufen bei euch im Garten?

R meldet sich kurz, aber es kommt ein anderes Kind dran. Nach einer kurzen Pause startet R eine neue Serie, bestehend abermals aus drei weiteren Versuchen. Diese dienen offenbar der Entwicklung einer sichereren Haltung im Feindesgebiet. R duckt sich immer weniger und wirkt nach dem dritten Versuch souverän. Während dieser Prozesse redet L1:

L1: Alle Sachen, die ihr eben gesagt habt, sind nämlich giftig. Wenn ihr die einfach so wegwerft, [unverständlich], ist es schädlich für die Erde. In den Batterien, da sind zum Beispiel Säuren drin. Vielleicht schon mal gehört. So. Dann. Genau. Mmh. Und also Tabletten, wenn die verfallen sind, kann man die auch in den Sondermüll ,reintun. Gut. [Kind: Medikamente?] Genau! Und jetzt noch der Restmüll.

R startet einen weiteren Versuch, bei dem sich L2 ihm in den Weg stellt und ihn zurückschubst. Zurückgefallen in seinen Stuhl, steht R sofort wieder auf und strebt auf seinen Stift zu. L2 lässt ihn widerstandslos passieren, R ergreift seinen Stift, verbirgt ihn tief im Schoß, schaut sich um und spielt mit seinem Stift. Das Parallelgeschehen:

Felix: Alte Unterhosen [Kinder lachen, L1 bejaht], alte Zigaretten … [Zwischenrufe]

Mädchen: Kaputte Luftballons. [L1 bittet die Klasse um eine Minute Aufmerksamkeit]

R, vom Unterrichtsgeschehen gelangweilt, verschafft sich in kindlicher Unschuld Lustgefühle durch das Bearbeiten des Loches seiner Stuhllehne – ein symbolischer Liebesakt. Das berichtete Ereignis macht ohne die Annahme keinen Sinn, dass es sich beim Stift aus der Perspektive Rs um einen Gegenstand handelt, der in besonderer Weise aufgeladen ist – als Mittel der Lusterzeugung. Der Stift ist nicht bloße Verlängerung des Selbst, sondern er wird darüber hinaus mit Libido besetzt und so zum eindeutigen Phallussymbol erhoben. Kein anderer Erklärungsansatz vermag es, den großen Aufwand um die Wiederbeschaffung des von L2 weggenommenen Stiftes und Rs besonderes Verhältnis zu genau diesem Stift zu erhellen. Mit seinen 6-7 Jahren befindet sich R in einem Urwald, in dem er

Opfer einer bösen Hexe geworden ist, die ihn kastriert, d.h. seinen Penis weggenommen und in der Ferne positioniert hat. So steht er unversehens vor der Aufgabe, seinen Penis sich wiederzubeschaffen. Hierzu muss er erst die Wege erkunden und sich vor giftigen Schlangen und anderen gefährlichen Tieren in Acht nehmen. Seine Erkundungsgänge verhelfen ihm dazu, im feindlichen Terrain zunehmend sicher zu werden, bis er es schließlich wagen kann, an seinen Penis zu gelangen, ihn an sich zu nehmen und sicher zu verwahren.

L2 indessen spielt die Rolle der unschuldigen Schuldigen, die glaubt, im Rahmen eines ihrer ersten Unterrichtsversuche für Ordnung und Ruhe sorgen und so Geräuschquellen austrocknen zu müssen. Sicherlich wird sie das penetrante Klappern nicht als sexuellen Akt bewusst deuten können – aber unbewusst sind solche Vorstellungen für ihr Handeln hoch relevant. Rs Akt ist ungemein frech und so aggressiv, denn er spielt sich direkt vor den Augen der studentischen Lehrerin ab. „Wegnahme des störenden Gegenstandes", lautet dann ihre Aufgabe – auf der Ebene des Es übersetzt: „Kastration des dreisten Aggressors". Ihre diesbezügliche Unerfahrenheit lässt sie impulsiv, unsicher und unentschlossen handeln. Gewiss haben sie diese zweieinhalb Minuten über längere Zeit innerlich beschäftigt, weil „es" wusste, dass Rechtfertigungen, die R lediglich als unangenehmen Unterrichtsstörer erscheinen lassen, als Rationalisierungen zu kurz greifen, um das innere Rütteln wirklich besänftigen zu können.

Diese hier skizzierte Analyse erlaubt die Sicht auf die Interaktion zwischen R und L2 als ein unbewusstes Zusammenspiel, bei dem die Handlungen des einen die Aversion des anderen auslösen. Keiner von den beiden „weiß" wirklich, was er/sie tut; man handelt bloß, getrieben von inneren Impulsen, die jeweils auf das Es des Gegenübers antworten. R steht für das Ausleben von Lust, L2 für ihre Verfolgung und Verhinderung – nur insofern „passen" die Partner aufeinander und „greifen" deshalb ineinander. Aus dieser Sicht erscheinen mancher Polizist als verhinderter Verbrecher und mancher Psychologe als verkappter Patient. Der beruflich erreichte Status erlaubt es dann den Betroffenen, am Verfolgten oder Behandelten eigene unterdrückte Impulse abzuarbeiten bzw. sich in verhängnisvoller Weise auf Grund eigener ungelöster innerer Konflikte mit einem eigentlich Unbeteiligten zu verstricken (s. Teil II, 1).

Diese wenigen Muster zeigen einige Varianten des tobenden Beziehungskrieges, der, beim Vorliegen bestimmter äußerer Voraussetzungen, zum konkreten Krieg werden kann. Vor dem Hintergrund des in Teil I Dargelegten erscheint etwa das (friedens-)pädagogische Konzept Klafkis als unterkomplex und hoffnungslos naiv, obwohl (oder gerade weil) es den gängigen wissenschaftlichen Standards immerhin so genügt, dass es im erziehungswissenschaftlichen Diskurs große Würdigung erfährt. Das bislang entwickelte Argument geht aber dahin, dass die pädagogische Rede von Frieden, Verständigung und all den anderen guten Dingen schlicht Schaumschlägerei darstellt, weil die Psychoanalyse des alltäglichen Beziehungsgeschehens in der Familie, Schulklasse und Schule Pathologien der Beziehungen freilegt, die sich nicht auflösen lassen. Was bleibt, ist, die Spannung auszuhalten, die die Setzung der Kategorie des Friedens als bewusst utopische enthält.

## 7. Kleine Kritik der pädagogischen Wissenschaft als Erziehungswissenschaft

Ein ambitionierter Professor für Erziehungswissenschaft, der sich freundlicherweise bereit erklärt hatte, ein Exposé zu dieser Schrift zu lesen, drückte, ohne auf inhaltliche Fragen einzugehen, seine ablehnende und mich zugleich belehrende Haltung so aus: Wissenschaft kümmere sich um eng und klar umrissene Fragestellungen, deren Bearbeitung mit einer Methode bzw. einem Methodenmix dann zu gesicherten Erkenntnissen führe. Wolle ich *Erfolg haben*, so hätte ich von diesem größeren Projekt, das Krisenszenarien ausmale und angebliche Lösungen präsentiere, Abstand zu nehmen. Die durchaus wohlwollende Empfehlung ging denn dahin, „Schneisen zu schlagen", d.i. mit etablierten Methoden zu arbeiten, so dass man keine offenen Flanken anbietet, in die die wissenschaftlichen Kritiker ihre Lanzen stoßen würden. Man müsse sich „absichern", als dächte man an Versicherungen und lebenslange Sicherheiten. Die Alma mater scheint nach dieser Logik den Wissenschaftler so lange zu nähren, wie dieser bereit ist, sich der Konformität zu unterwerfen, die das Hochhalten der eigenen und das Bekämpfen der anderen Methode vorschreibt.

Übersehen wird dabei der schlichte Zusammenhang, dass bei so vielen Schneisen, die im Namen der Konformität zu schlagen wären, es bald keinen Wald mehr gäbe. Dabei sind die Zeichen der Zeit (2009) unübersehbar geworden: Man beklagt die gegenwärtige Finanz- und Wirtschaftskrise, für die die unersättliche Habgier von Spekulanten verantwortlich gemacht wird. Die Politik redet von „Vertrauen", das durch staatliche Garantien und Bürgschaften neu gewonnen werden soll. Aber Vertrauen ist *keine* erziehungswissenschaftliche Kategorie, und Vertrauen ist eine unbekannte Größe in der pädagogischen Praxis der staatlichen Schulen. Vielleicht würden sich Spuren davon in der altehrwürdigen geisteswissenschaftlichen Pädagogik finden lassen. Aber der hermeneutischen Methode wird mangelnder empirischer Bezug vorgehalten, der von der heute auf dem Siegeszug befindlichen empirischen Bildungsforschung eingelöst zu werden versprochen wird. Die Theorie der empirischen Bildungsforschung ist allerdings schwach und ihre Ergebnisse sind belanglos. Studien wie PISA, TIMSS, IGLU messen kognitive, kalkulatorische Fähigkeiten – Kategorien wie Vertrauen, Anstand, moralische Integrität kommen als nicht messbare nicht vor.

Aber die Behauptung präziser und noch dazu internationaler Messung beeindruckt, und die hervorgezauberten Zahlen, deren Genese keinesfalls unstrittig ist, scheinen so „gesichert" zu sein, dass sie einmal in Panik, ein andermal in Genugtuung versetzen.

Es wäre ein eigenes Unterfangen, die heutige Erziehungswissenschaft als bürgerlich verlogene zu entlarven. Aber die Mühe lohnte nicht, weil allein schon das eingangs eingeführte Beispiel von Klafki ausreicht, um die wissenschaftliche Kurzsichtigkeit, die komplex tut, anzudeuten. Sie paart sich, selbst als ambitionierte und irgendwie „nette", mit karrieristischem, opportunem Denken, das einem verfremdeten Begriff von Selbstverwirklichung dienen können soll, zugleich wissenschaftliche Progression vorheuchelt und realiter nach Stellen im akademischen Betrieb, nach Drittmitteln, nach Einfluss lechzt. In dieser akademischen Maskerade werden Ansprüche auf Terrain geltend gemacht und Fahnen gehisst – wer hat welchen Begriff wie definiert. Die internen Kämpfe, die in (mit Lehrerbildung befassten) wissenschaftlichen Einrichtungen ausgetragen werden, erfüllen alle Kriterien einer zynischen Wissenschaft, die als Mittel zum Zweck funktionalisiert wird, dem Statusgebaren dient, ohne Herzensangelegenheit sein zu können, geschweige denn, zu wollen.

Eine Studentin im ersten Semester, die zum ersten Mal ein kommentiertes Vorlesungsverzeichnis einer geisteswissenschaftlichen Fakultät liest, kann noch, noch unverdorben, sagen: *„Die schreiben, als hätten sie einen Stock im Arsch."* Der Schreibstil spiegelt tatsächlich das gebrochene, knöcherne Denken, das stolz vorgibt, genau zu sein, „abzugrenzen", definieren zu können. Aber in Wirklichkeit spiegelt es gestörten Narzissmus wider, der sich selbst kastriert und zur Armut an Assoziationen zwingt; dabei von einer gesicherten Stufe der akademischen Hierarchie aus auf das Gewürm unter ihm herabschaut und unnötig komplexe, mit lateinischen Ausdrücken gespickte, Sprachungetüme regnen lässt, auf dass die Würmer erschrocken davonkriechen, weil sie „Wissenschaft" als etwas Fernes, Lebensfernes, Kantiges, Künstliches, Angeberisches empfinden, durch das sie – Augen zu und durch – „müssen". Die plump-dezente Angeberei im Wissenschaftsbetrieb ist ein Skandal, an den sich die Akteure längst gewöhnt haben und den sie als Teil des „Geschäftes" betrachten.

Der gestörte Narzissmus drückt sich im wichtigtuerischen, eitlen Größenwahn aus, der dem anderen betont freundlich das Wort erteilt, um selbst zitiert und für wichtig befunden zu werden. Die psychische Mechanik des durchschnittlichen (Erziehungs-)Wissenschaftlers läuft ganz nach dem Muster eines Patienten ab, bei dem sich „ein intensives Gefühl der Ganzheit" einstellt, „der Gesundheit, des gesteigerten Selbstvertrauens und ein Verschwinden seiner Spannung und inneren Leere, nachdem die Analytikerin etwas gesagt hatte, in dem die Worte gefallen waren: *„Wie Sie mir vor einer Woche erzählt haben'*. Der Patient zeigte sich sehr erfreut darüber, daß die Analytikerin sich an etwas erinnern konnte, was er in einer früheren Stunde gesagt hatte, und die Analytikerin bekam aus der Reaktion des Patienten deutlich den Eindruck, daß sein Selbsterleben […] dadurch intensiver wurde, daß sie ihm zuhörte, einfühlend reagierte und sich erinnerte" (Kohut 2000, 153; Herv. Verf.). Wissenschaft, die von sich selbst behauptet, wissenschaftlich zu sein, dient realiter der Selbsterhöhung, als Quelle narzisstischer Befriedigung, dem Thymos.

Die Psychoanalyse als Wissenschaft nimmt eine Sonderstellung ein, sie ist „einzigartig auf Grund der Tatsache, daß sie sich konsequent auf die Grundlage der Daten von *Introspektion und Empathie* gestellt hat" (2006, 292f; Herv. Verf.), während die Erziehungswissenschaft den Begriff der Empathie[18] kaum kennt, sondern vielmehr durch stolzes Methodendenken zu ersetzen sucht. Sie reproduziert auf offizieller Ebene das Krankheitsbild ihrer Träger und erhebt den gestörten Narzissmus zum Programm. Heinz Kohut fordert daher den „spielerischen Wissenschaftler" (2006, 128), der seine Theorien gerade nicht zur Selbsterbauung nutzt, sondern zur niveauvollen Unterhaltung, zur Pflege des Schöngeistigen, dass allein zu den Sternen zu weisen fähig ist. Denn (ebd., 300):

> Eine von Ehrfurcht bestimmte Haltung gegenüber etablierten erklärenden Systemen – gegenüber der geschliffenen Genauigkeit ihrer Definitionen und der makellosen Konsequenz ihrer Theorien – führt zu Beschränkungen in der Geschichte der Wissenschaft – wie alle derartigen Verpflichtungen des Menschen in der Geschichte der Menschheit. Ideale sind Wegweiser, nicht Götter. Wenn sie zu Göttern werden, lassen sie die spielerische Kreativität des Menschen erstarren; sie verhindern die Aktivitäten in jenem Sektor des menschlichen Geistes, der am bedeutungsvollsten in die Zukunft weist.

Die von Kohut hochgehaltene „spielerische Kreativität" ist der moderne Ausdruck für Friedrich Schillers Theorie des Ästhetischen: Das „Schöne soll nicht bloßes Leben und nicht bloße Gestalt, sondern lebende Gestalt, d.i. Schönheit sein, indem sie ja dem Menschen das doppelte Gesetz der absoluten Formalität und der absoluten Realität diktiert. Mithin tut sie auch den Ausspruch: der Mensch soll mit der Schönheit *nur spielen*, und er soll *nur mit der Schönheit* spielen" (1997, 63; Herv. Orig.). Der verspielte Wissenschaftler bedarf seines *schrägen Blickes*, der gerade als solcher in der Realität verhaftet ist, in der er sein Gespür täglich prüft, anstatt seinen Geist mit belanglosen methodischen Genauigkeiten zu belasten. Denn die konventionelle Methode bleibt dem Wesentlichen gegenüber blind: „Ein Analysand kann fünfzig treffende Assoziationen anbieten, deren Vorstellungsgehalt zu einer spezifischen Deutung des Materials

---

[18] Zumal die heutige psychoanalytische Pädagogik schwach entwickelt ist. Herbert Gudjons und Rainer Winkel argumentieren stellenweise psychoanalytisch. Bei Albert Ilien ist das psychoanalytische Denken ausgeprägt, aber es zielt eher auf allgemeinpädagogische Zusammenhänge.

führen würde – doch der Klang seiner Stimme, die Botschaft, die von der durch seine Gesten und seine Körperhaltung übermittelten Stimmung ausgeht, sagt dem Analytiker, daß die Bedeutung des Materials anderswo liegt" (Kohut 2006, 128).

Um diese Bedeutung zu *erspüren*, jene feinen Nuancen zu registrieren, muss der Beobachter nur *geistesgegenwärtig* sein: „In unseren besten Augenblicken, wenn vor lauter Gelingen auch das energischste Tun im Lassen aufgeht und die Rhythmik des Lebendigen spontan uns trägt, kann sich der Mut plötzlich melden wie eine euphorische Klarheit oder ein wunderbar in sich gelassener Ernst. Er weckt in uns die Gegenwart. In ihr steigt die Wachheit mit einem Mal auf die Höhe des Seins. Kühl und hell betritt jeder Augenblick deinen Raum; du bist von seiner Helle, seiner Kühle, seinem Jubel nicht verschieden. Schlechte Erfahrungen weichen zurück vor den neuen Gelegenheiten. Keine Geschichte macht dich alt. Die Lieblosigkeiten von gestern zwingen zu nichts. Im Licht solcher Geistesgegenwart ist der Bann der Wiederholungen gebrochen. Jede bewußte Sekunde tilgt das hoffnungslose Gewesene und wird zur ersten einer Anderen Geschichte" (Sloterdijk 2007, 953). Meine Andere Geschichte begibt sich zuerst in die Pathologie, in die Niederungen der schulisch umrahmten, krankenden Beziehungen[19], um nach dieser Besichtigung sich zur menschenmöglichen Schönheit hinaufzuschwingen.

---

[19] Meine Distanz zu den darzustellenden pathogenen Strukturen drücke ich u.a. durch die Verwendung der dritten Person Singular aus.

# Teil II: Pathologie der Beziehungen im Klassenzimmer

## 1. Herleitung grundlegender Herrschaftsmechanismen im Klassenzimmer

Es ist vorteilhaft, dass der Zugang, mit dem die Pathologie der Beziehungen im Klassenzimmer eröffnet wird, klare, unmissverständliche Konturen aufweist. Es gilt, eine Wunde an den Anfang der Analyse zu stellen, die gegen Rationalisierungen und Mehrperspektivität verlangende Intellektualisierungen durch ihren Charakter, gekennzeichnet von bescheidener Authentizität, eben die eines schulbiografischen Berichts, gefeit ist. Dieser schulbiografische Bericht wurde unauffällig und unmerklich an die Oberfläche gespült: Im Rahmen einer Lehrveranstaltung an einer akademischen Einrichtung waren die Studierenden gebeten worden, ihre Schulerfahrungen mit Lehrern zu berichten und die Qualität der Beziehung, die sie zu ihnen gepflegt hatten, zu reflektieren. Es wurden Geschichten anekdotischer Art berichtet, etwa von einem Schüler, der den stoffbezogenen Lehrerstuhl als Toilette fürs große Bedürfnis missbraucht hatte[20] oder einem Bio-Lehrer, der zuerst mit seinen Schülern Fische pseudo-sezierte, um sie sodann im Klassenzimmer zu grillen. Dann kam eine Studentin nach vorn und schlug mit ihrer längeren Leidensgeschichte das ganze Seminar in ihren Bann. Die etwa 8 Jahre zurückliegenden Ereignisse waren in ihr zu diesem Zeitpunkt immer noch lebendig und entführten sie in die Höhen und Tiefen ihrer existenziellen schulischen Vergangenheit. Der Bitte des Verfassers, die gerade dargestellten Ereignisse schriftlich zu fixieren und auch ihm zu überlassen, kam sie umgehend nach. Im Folgenden wird dieser Bericht in voller Länge wiedergegeben, sodann seine exklusive Positionierung begründet. Ausgehend von den Spuren, die seine Analyse freilegt, werden dann einige Herrschaftsmechanismen im Klassenzimmer dargestellt.

---

[20] Es muss wohl in diesem Fall von einem angespannten Schüler-Lehrer-Verhältnis ausgegangen werden. Der Schüler hatte sich im Schrank versteckt und im Klassenzimmer einschließen lassen, um sodann im Stile eines Till Eulenspiegel den Lehrerstuhl unbrauchbar zu machen.

## 1.1 Erlittene Schulgeschichte: Der tyrannische Mathelehrer und die verzweifelte Rebellin

Wenn ich an meine Schulzeit zurückdenke, dann empfinde ich dabei die unterschiedlichsten Gefühle. Bilder tauchen in meinem Kopf auf, die sich zu einer Art Film zusammenfügen, durch den ich diese Zeit noch einmal zu durchleben scheine. Und immer wieder stoße ich dabei auf das Bild meines ehemaligen Mathelehrers. Es ist kein schönes Bild, denn ich sehe ihn in meiner Erinnerung immer nur mit diesem vor Wut verzerrtem Gesicht, mit dem er mir so oft gegenüberstand und in mir dieses Gefühl auslöste, das ich auch jetzt, bei der bloßen Erinnerung an ihn, wieder nachempfinden kann – auch wenn ich heute woanders stehe. Ja, ich fühlte mich damals klein und hilflos, dumm und unfähig, die Anforderungen zu erfüllen, die an mich gestellt wurden.

Begonnen hatte alles in der siebten Klasse. Ich war in einem Alter, in dem ich noch sehr unsicher mit mir selbst und daher eher sehr zurückhaltend und schüchtern war. Die Stärke, die ich gebraucht hätte, um mich gegen diesen Lehrer durchzusetzen, hatte ich damals noch nicht. Sie musste erst wachsen.

So kam es, dass ich ein Schuljahr durchleben musste, das sich bis heute in meine Erinnerung eingebrannt hat, weil es einfach so intensiv und emotional war, weil ich in diesem Schuljahr all meine Kräfte daran setzen musste, um nicht unterzugehen. Schon von der ersten Stunde an wussten wir, dass wir es nicht leicht mit ihm haben würden. Sein bestimmtes und aggressives Auftreten und Äußerungen wie „Ich erkläre alles nur ein einziges Mal. Wer nicht aufgepasst hat oder es nicht versteht, der muss selber sehen, wie er zurechtkommt," ließen daran keinen Zweifel – auch wenn wir zu diesem Zeitpunkt noch glaubten, dass er dennoch Ausnahmen machen würde und sich vielleicht nur erst einmal Respekt verschaffen wolle. Als dann allerdings etwas schwierigere Themen durchgenommen wurden und die ersten Fragen auftauchten, die er, wie schon angekündigt, dann auch tatsächlich nicht beantwortete und niemals etwas wiederholte, selbst wenn wir ihn darum baten, war uns klar, mit wem wir es zu tun hatten. Verstärkt wurde dieser Eindruck noch durch diverse Zwischenfälle wie einer seiner Wutanfälle, bei dem er lautstark brüllte „Das ist doch ein Scheiß-Buch!" und dieses mit viel Schwung gegen die Wand knallte. – Dass meine Freundin und ich genau in der Schusslinie saßen, interessierte ihn absolut nicht... Wir konnten gerade noch den Kopf einziehen und spürten, wie es uns nur noch leicht streifte. Ich kann mich noch sehr gut daran erinnern, dass wir uns damals immer wieder fragten, warum er denn so sei. Viele Pausengespräche kreisten um seine Person, in den meisten Fällen abfällig, voller Wut und Frustration, manchmal aber auch mit wirklichem Interesse daran, weshalb er denn so auftrete. Irgendetwas musste doch passiert sein, was ihn zu dem Lehrer gemacht hatte, den wir fast täglich vor uns stehen hatten: ein verbitterter, völlig ungeduldiger Mann, der es nicht verstehen konnte, wenn ein Schüler nicht mehr mitkam, obwohl er sich anstrengte und für den es keinen Mittelweg gab. Er verkörperte nahezu den Begriff des Schubladendenkens: Entweder man gehörte in die Schublade derjenigen, die etwas konnten und intelligent waren oder man war einfach nur dumm und wurde in eine Schublade darunter gesteckt. Ein Aufsteigen gab es genauso wenig wie ein Absteigen, so schien es zumindest. Er urteilte sehr stark nach seinem ersten Eindruck. Machte man gleich zu Beginn einen Fehler, war man schon abgeschrieben, hatte man allerdings einen genialen Einfall, so wurde man emporgehoben, auch wenn darauf nur noch fehlerhafte Antworten folgten, die er scheinbar gar nicht mehr wahrnahm. In seinen Augen gab es keinen Schüler, der mittelmäßig war. Und selbst wenn einer immer wieder die Note befriedigend erhielt, was wohl dem Mittelmaß entspricht, so war dies – je nach seinem persönlichen Empfinden entweder absolut gut oder völlig schlecht. Während er den einen Schüler für eine Note lobte, tadelte er einen anderen für dasselbe Ergebnis. Nicht, weil er mehr erwartet hätte, sondern einfach deshalb, weil er einen Unterschied zwischen seinen Lieblingsschülern und dem Rest der Klasse machte. Meiner Meinung nach war auch das ein Grund, weshalb auf uns schon von Anfang an dieser starke Erwartungsdruck von außen lag, weil wir alle vergeblich versuchten, unseren Standpunkt zu ändern, besser zu werden, aufzusteigen. Wir versuchten es einmal, zweimal, vielleicht auch dreimal. Doch spätestens bei dem nächsten Versuch gaben die meisten von uns auf. Wir sahen ein, dass es wohl einfach nicht möglich war, sich bei diesem Lehrer zu verbessern, egal wie viel man dafür tat. Wir resignierten völlig. Ich erinnere mich noch gut daran, dass wir viele Schülerinnen in der Klasse hatten, die ab diesem Schuljahr eine so starke Abneigung gegen Mathe entwickelten, dass sie sich auch in den folgenden Jahren, bis hin zum Abitur nicht mehr trauten, sich einmal freiwillig zu melden oder sich selbst mal etwas zuzutrauen. Interessant war es auch, dass er eine starke Trennung zwischen Mädchen und Jungen machte. Uns Mädchen steckte er von Beginn der ersten Stunde an in die unterste Schublade, ohne uns zumindest ein einziges Mal die Chance zu geben, unser Können zu zeigen. „Frauen und Mathe passen einfach nicht zusammen", sagte er oft mit einem triumphierenden Lächeln, wenn er wieder einen Fehler bei uns entdeckt hatte. Es nervte ihn sichtlich, dass wir fast eine reine Mädchenklasse waren. Ich glaube, von etwa dreißig Schülern hatten wir gerade einmal zwei oder drei Jungs, wenn ich mich richtig entsinne. Was ich erst viel später erfuhr und was es mir ermöglichte, ihn und sein Verhalten sogar ein Stück weit zu verstehen, war die Tatsache, dass er zuvor an einem mathematischen Gymnasium gearbeitet hatte, welches hauptsächlich von Jungs besucht wurde, die ihre Begabung eindeutig in diesem Bereich hatten. Dagegen stand nun unser musischneusprachliches Gymnasium, welches hauptsächlich von Mädchen besucht wurde, die sich für Kunst und Sprachen, aber kaum für die Mathematik interessierten. Dieses Wissen über seinen Hintergrund hilft mir heute etwas dabei, seine Art überhaupt verstehen zu können, wenn ich sie auch nicht gutheiße, ja genauer gesagt aufs Tiefste verabscheue. Unter all diesen eher negativen Voraussetzungen rutschte ich auch bald in eine Rolle, aus der ich so schnell nicht mehr herauskam. Ich weiß nicht, warum ausgerechnet ich diejenige war, die er plötzlich immer wieder bloßstellen musste. Vielleicht, weil ich durch meine Schüchternheit ein leichtes Angriffsfeld bot, vielleicht auch deshalb, weil ich mich in den ersten Wochen ziemlich bemühte, besser zu werden und er sich offensichtlich über diesen in seinen Augen absolut unsinnigen Versuch köstlich amüsierte.

Es folgten Monate, in denen ich immer wieder nach vorne an die Tafel gerufen wurde, um Aufgaben zu berechnen, die selbst die Besten der Klasse nicht verstanden hätten. Diese Situation werde ich niemals vergessen: dreißig Schüler hinter mir, die Tafel vor mir und der Lehrer an der Seite zwischen beiden, mit verschränkten Armen und einem Ausdruck der Schadenfreude im Gesicht. Mir stieg jedes Mal das Blut in den Kopf, ich lief knallrot an und krallte mich an dem kleinen Stückchen Kreide fest, das ich dabei unbewusst immer mehr zerbröckelte. Ich weiß noch, dass diese Situation irgendwann so unerträglich für mich wurde, dass ich zu zittern begann und all meine Kraft aufwenden musste, um nicht vor der ganzen Klasse in Ohnmacht zu fallen, weil mich das einfach so sehr mitnahm. Ich empfand es als pure Demütigung. Denn obwohl allen klar war, dass ich die Aufgabe nicht lösen konnte, obwohl ich ganz eindeutig verzweifelt vor der Tafel stand und nicht mehr weiterwusste, längst nichts mehr schreiben konnte, sondern nur noch verlegen auf den Teppichboden oder woanders hin starrte, musste ich stehen bleiben. Manchmal fünf Minuten, manchmal zehn. Vielleicht war es auch länger oder kurzer, sicher kann ich das nicht mehr sagen. Ich weiß nur, dass es eine Zeit war, die sich für mich in die Länge zog und nicht enden wollte. Eine unerträgliche Zeit, in der ich am liebsten einfach davongelaufen wäre. Meine schüchternen Versuche, ihn um Hilfe zu bitten, scheiterten immer wieder aufs Neue. Manchmal antwortete er einfach nicht. Ja, er ignorierte mich richtig. So, wie er es auch bei vielen anderen Schülerinnen in der Klasse machte. Löste allerdings ein Junge eine Aufgabe, so konnte er sich sicher sein, dass er dafür auch die volle Unterstützung von ihm erhielt.

Meine Noten verschlechterten sich in diesem Schuljahr rapide. Es dauerte nicht lange, bis das Zwischenzeugnis kam – mit einer glatten fünf in Mathe und Latein. Erwähnenswert ist es sicherlich, dass ich auch in Latein eine Lehrerin hatte, die nicht gerade dazu beitrug, dass wir Vertrauen in uns fassten und uns eine Verbesserung zutrauten, doch das ist eine andere Geschichte. Diese beiden Fächer waren damals für mich Stunden des Grauens, in denen es keine Möglichkeit gab, Situationen wie diese an der Tafel zu ändern. Nein, ich lernte, diese hinzunehmen und so gut es eben ging zu ertragen. Objektiv betrachtet, würde auch ich mich an dieser Stelle fragen, weshalb ich damals nicht meine Eltern um Hilfe bat. Nun, dies hatte wohl mehrere Gründe. Zum einen hatte ich damals mit mir selbst ziemlich starke Probleme. Genauer gesagt befand ich mich in einer Art Sinnkrise, in die wir Menschen manchmal geraten. Ich verbrachte damals Stunden mit der Frage, wozu ich eigentlich auf der Welt sei und verzweifelte an der Tatsache, dass ich keine Antwort fand, die mich zufrieden stellen konnte. Hinzu kam, dass meine Eltern zu diesem Zeitpunkt ziemlich mit sich selbst beschäftigt waren. Lautstarke Streitereien waren an der Tagesordnung und es war nicht selten, dass die Situation völlig eskalierte. Es fielen heftige Worte, manchmal wurde auch tagelang nichts mehr geredet. Und ich – ja, ich versuchte, zwischen all dem Chaos mich irgendwie über Wasser zu halten, meinen Weg zu gehen. Ich wollte auf der einen Seite Stärke zeigen und verinnerlichte auf der anderen Seite all die Sätze, die mein Mathelehrer mir entgegen brüllte. „Du bist einfach zu dumm für diese Schule. Dein Abitur wirst du niemals schaffen. War ja klar, dass du wieder alles falsch hast. Du bist eben auch nur eine Frau." Ich kann mich gar nicht mehr erinnern, was noch alles fiel, jedenfalls fühlte ich mich, je mehr Zeit verstrich, immer kleiner, immer hilfloser und dümmer. Irgendwann war ich an dem Punkt angelangt, an dem ich alles hinschmeißen und seinem angeblich gut gemeinten Ratschlag folgen wollte: Ich entschloss mich, auf die Realschule zu wechseln. Was sollte ich schließlich noch hier? Ich empfand meine Leistungen bald selbst nur noch als peinlich und lächerlich und wollte einfach nur noch weg. Es waren einige andere Lehrer, meine Freunde und meine Eltern, vor allem aber mein Ehrgeiz, der mich letztendlich dazu brachte, doch zu bleiben. Ich stand kurz vor der Anmeldung für die neue Schule, als ich mich dann doch dazu entschloss, nicht zu wechseln. Ich dachte mir, einen Versuch habe ich noch. Einen allerletzten, den ich gut nutzen möchte. Wenn ich mich richtig entsinne, bekam ich sogar tatsächlich die fünf ins Zeugnis, was meine Versetzung aber nicht gefährdete.

In der achten Klasse bekam ich dann einen Lehrer, dem ich heute sehr dankbar bin. Es war ein etwas älterer Herr, der sich kurz vor dem Ruhestand befand und uns mit einer solchen Engelsgeduld die Schwierigkeiten der Mathematik erklärte, wie ich es nie zu träumen gewagt hätte. Er beantwortete jede Frage, die gestellt wurde, er behandelte uns alle gleich – und vor allem tat er eins: er machte uns Mut und zeigte uns, dass wir gar nicht so dumm waren, wie es uns ein ganzes Jahr lang eingeredet worden war. Anfangs noch zögerlich, aber am Ende sehr zielstrebig und selbstsicher beteiligte ich mich am Unterricht und übertraf sogar die Jungs immer wieder einmal mit meinen Ergebnissen und Einfällen. Die Jungs, die von unserem ehemaligen Mathelehrer immer so gelobt worden waren, diejenigen, die in ihrer Intelligenz angeblich so unerreichbar für uns wären. Natürlich bestätigten mich all diese Erfolge und gaben mir Kraft. Wenn ich wieder in meine alte Einstellung, dass ich ja eh nichts könne, zurückfiel, machte mir mein neuer Lehrer Mut. Er akzeptierte es einfach nicht und rief mich dennoch auf. Durch ihn hatte ich es letztendlich tatsächlich geschafft, mich zu verbessern und vor allem wieder richtigen Spaß an der Mathematik zu finden.

Allerdings erhielt ich schon am Ende dieses Schuljahres eine für mich ziemlich negative Nachricht: Im nächsten Jahr sollten wir wieder den alten Lehrer bekommen. Im ersten Moment verzweifelte ich ganz einfach und wollte schon wieder völlig aufgeben. Ich dachte, es hätte gar keinen Sinn, mich noch anzustrengen, weil es bei ihm ja eh nichts bringen würde. Doch dann musste ich wieder an die Worte des anderen Lehrers denken, die durch die Fakten wie meine Verbesserung nur noch bestätigt wurden. Also fasste ich den Entschluss, mich, so gut es eben ging, auf das kommende Jahr vorzubereiten. Ich wollte nicht wieder in meine alte Rolle geraten. Nein, ich kam mir nur vor, es ihm zu zeigen.

Die kommenden Sommerferien verbrachte ich auf eine für mein damaliges Alter sehr ungewöhnliche und zugegebenermaßen auch relativ ungesunde Art. Ich stand jeden Morgen gegen sechs Uhr auf und lernte bis abends um zwölf. Natürlich war es nicht nur die Mathematik, mit der ich mich auseinandersetzte. Ich hatte mir noch einige weitere Fächer vorgenommen, aber im Mittelpunkt meines Vorhabens stand dann doch dieses Fach. Und auch wenn ich heute nicht wirklich stolz darauf bin, weil meine Gesundheit darunter zu leiden hatte, so schaue ich doch immer wieder gern mit einem faszinierenden Blick auf das zurück, was ich damals erreicht hatte. Ich hatte es doch tatsächlich geschafft, bis zum Ende der Sommerferien das gesamte Mathebuch mehrmals durchgerechnet zu haben. Ich hatte mich auf das kommende Schuljahr so gut vorbereitet, dass ich teilweise noch wusste, auf welcher Seite sich welche Aufgabe befand. Die Themen hatte ich mir alle durch viele weitere Bücher selbst erarbeitet. Ich wollte nicht in seinem Unterricht erscheinen und auf seine Erklärungen angewiesen sein müssen, nein, ich wollte zurückkommen und ihm zeigen, was ich konnte. In erster Linie wollte ich mich mit dem angelernten Wissen vor weiteren unerträglichen Situationen schützen, weil schon der bloße Gedanke daran wieder Panik in mir hervorrief.

Als ich dann im neunten Schuljahr zum ersten Mal wieder eine Stunde bei diesem Lehrer ertragen musste, dachte ich, dass alles umsonst gewesen sei. Nicht wegen des Stoffes. Dazu muss man sagen, dass er ja in der ersten Stunde noch gar nichts durchnahm, sondern lediglich klarstellte, wie er sich das mit uns vorstelle. Nein, es lag wohl eher daran, dass ich plötzlich wieder ganz still und schüchtern wurde, dass mir plötzlich alles wieder entfiel, was ich mir angelernt hatte, sobald er mir mit seinem bestimmten Blick nur in die Augen schaute. Dies ging noch einige weitere Stunden so, bis es irgendwann dazu kam, dass der Lehrer eine Aufgabe an die Tafel schrieb, die ich zuvor aufgrund ihres Schwierigkeitsgrades so viele Male durchgerechnet hatte, dass ich sie sofort wiedererkannte und durch das viele Wiederholen auch noch den Lösungsweg im Kopf hatte. Ich schrak richtig zusammen, als ich sah, wie er diese Aufgabe an die Tafel schrieb, weil ich wusste, dass dies nun meine Chance war. Entweder jetzt oder nie. Und als er dann auch noch meinte, dass die wohl keiner von uns lösen könne und er sie aber lieber selbst vorrechnen wolle, atmete ich noch einmal tief durch und meldete mich. Etwas, dass ich in seiner Stunde noch kein einziges Mal gemacht hatte. Und jetzt tat ich es auch noch, ohne dass er uns dazu aufgefordert hatte. Im selben Moment wurde mir schon wieder etwas mulmig zumute, doch ich ließ meine Hand gestreckt. Als sein Blick auf mich fiel und er nur genervt meinte: „Was ist denn, Manuela?", fragte ich mit bemüht fester Stimme: "Darf ich die Aufgabe vorrechnen?" Das schien wohl zu viel für ihn zu sein. Es passte nicht in sein Bild, das er von mir hatte. So meinte er nur „Du?", grinste etwas abfällig und meinte dann: „Bitte..." Also ging ich nach vorne, rechnete die Aufgabe durch, wobei ich die gesamte Tafel beschriftete und mich dabei – zugegebenermaßen sehr betont, da mein Mathelehrer dies ja niemals tat, immer wieder zur Klasse drehte und meine einzelnen Schritte ausführlich erklärte. Am Ende unterstrich ich das Ergebnis dick und fest und setzte mich – auch noch ohne seine Aufforderung, einfach wieder ganz selbstbewusst auf meinen Platz und schaute ihm direkt in die Augen. Er dagegen wusste überhaupt nicht, wie er reagieren sollte. Einige Sekunden lang sagte er gar nichts, doch dann meinte er mit einem flüchtigen, verlegenen Blick zu mir: „Ja, so müssten es eigentlich alle von euch können..." und fuhr sogleich wieder mit seinem Unterrichtsstoff fort. An diesem Tag ging ich sehr stolz und mit viel mehr Stärke nach Hause. Ich wusste, dass ich nun das erreicht hatte, worauf ich all die Zeit hingearbeitet hatte. Allerdings wusste ich da noch nicht, dass ich mir mit dieser Stunde einen völlig neuen Standpunkt erkämpft hatte. Ich hatte es ihm einmal bewiesen, womit ich zufrieden war und es überraschte mich völlig, dass er mich von diesem Tag an plötzlich mit sehr viel Respekt behandelte, mich immer aufrief, wenn ich mich meldete und sogar auf meine Fragen eine Antwort gab. Ob ich mich darüber freute? Sicherlich nicht. Ich war erleichtert, weil ich die Stunden bei ihm zuvor immer als eine Art Kampf empfunden hatte und mich nun etwas zurücklehnen konnte. Ich musste keine Angst mehr davor haben, dass er mich bloßstellen würde. Einerseits, weil er es nicht mehr tun würde und andererseits, weil ich es mir nicht mehr gefallen lassen würde. Doch stolz war ich auf meinen neuen Standpunkt absolut nicht. Ich war stolz auf mich, weil ich etwas erreicht hatte und sich meine Leistungen durch meinen Fleiß von einer Fünf auf eine Zwei verbessert hatten. Ich war stolz, weil ich mich gewehrt und erfolgreich für mich gekämpft hatte. Aber ich empfand es eher als peinlich, dass er mich plötzlich so zuvorkommend behandelte. Ich wollte nicht zu seinen Lieblingsschülern zählen. Denn auch, wenn ich es positiv fand, dass er seine Meinung über einen Schüler einmal geändert hatte, so empfand ich zur gleichen Zeit tiefste Verachtung für all das, was er zuvor zu mir gesagt hatte und vor allem für die Art, mit der er meinen Mitschülerinnen weiterhin begegnete.

Als ich mich dann einige Jahre später freiwillig dazu entschloss, den Schwerpunkt meiner Abiturprüfung im Fach Mathematik abzulegen und ihn zufällig einmal auf dem Flur des Schulgebäudes traf, musste ich innerlich mit dem Gefühl einer starken Überlegenheit leicht grinsen.

Ich erinnere mich sofort an diesen Lehrer, wenn ich an meine Schulzeit zurückdenke, weil der Konflikt zwischen ihm und mir einen entscheidenden Einschnitt in meinem Leben darstellte, aber auch deshalb, weil er es unter anderem war, der mich zu dem Berufswunsch Lehrerin brachte. Ich wollte es besser machen als er, ich wollte Schülern einmal Mut machen. Und so ist meine Grundmotivation bis heute geblieben, dass ich im Mittelpunkt meiner Aufgaben als Lehrerin vor allem die Stärkung des Selbstbewusstseins und das Stärken der individuellen Fähigkeiten sehe. Ich möchte den Kindern nicht nur Mut machen. Nein, ich möchte sie dazu auffordern, sich etwas zu erkämpfen, an sich zu glauben und ein festes Selbstvertrauen zu entwickeln.

## 1.2 Zur dramaturgischen Ergiebigkeit des Berichts

Zunächst rührt dieser Bericht den Leser an, weil hier schulische Wirklichkeit der Gesetzmäßigkeit klassischer Dramaturgie folgt und sich so als Drama, beinahe als Heldenepos, präsentiert. Hier zeigt sich das Leben selbst als dramatische Kunst, erlittene Erfahrung: Die unschuldige Heldin wird, völlig ohne ihr Zutun, mit dem plötzlichen Auftauchen einer Gestalt auf der Bühne auf kafkaeske Weise in eine verzweifelte Situation verwickelt, als sei sie von einem Alptraum ergriffen worden. Sie sieht sich zuerst einem Tyrannen ausgeliefert, der sich gerade an ihrer Schwäche weidet, die Protagonistin vorführt und gemäß den brutalen Regeln des Katz-und-Maus-Spiels immer wieder bloßstellt, entwürdigt, kleinmacht. Das Opfer ist zunächst hilflos, und die Lage verschärft sich zu seinen Ungunsten, bis hin zur nahenden Flucht vom Schauplatz der täglichen *Erniedrigung*, die objektiv durch nichts gerechtfertigt ist, falls Erniedrigung als Demütigung überhaupt gerechtfertigt werden könnte. Die Flucht stellt sich in diesem Fall dar als das Herabfallen auf die nächst untere Stufe des deutschen Bildungssystems, die Realschule, verbunden mit der Konsequenz, kein Studium aufnehmen zu dürfen. Ein Schuljahr muss die Heldin leidend ausharren, bis sie zusammenzubrechen droht. Gerade an dem Punkt höchster Verzweiflung erscheint eine Engelsgestalt: ein neuer Mathelehrer. Er vermag es, die Verfinsterung des mathematischen Himmels im Verlauf eines Schuljahres aufzuhellen und die Kälte zu mildern. Die Regeln der Tragödie sehen durchaus nach einer vorläufigen Kulmination eine Phase der Entspannung vor, um dem Helden und dem Publikum eine Zeit des Kräftesammelns zu gewähren, nicht aber, um sie völlig zu erlösen, denn die unerträgliche Zuspitzung des Dramas steht noch an, und Wolken ziehen auf:

Die Rückkehr des Tyrannen wird angekündigt. Die Protagonistin schwächelt, zweifelt, zittert vor der bevorstehenden Schlacht. Groß ist die Verlockung des Rückzugs. Aber sie hat inzwischen vom Nektar der Ermutigung, der Anerkennung, der Wertschätzung getrunken, als wollten die Götter sie für die große Bewährung rüsten. Eisern folgt sie ihrem Entschluss, sich nicht mehr demütigen zu lassen, und für diesen Entschluss bezahlt sie einen hohen Preis: Sie kettet sich an Stuhl und Schreibtisch für die Dauer der gesamten Ferien, während ihre Mitschüler die Annehmlichkeiten des Sommers genießen. Sie peitscht sich selbst den mathematischen Drill ein: „Ich hatte mich auf das kommende Schuljahr so gut vorbereitet, dass ich teilweise noch wusste, auf welcher Seite sich welche Aufgabe befand."

Trotz dieser soliden Vorbereitung droht die Heldin dem Bann des Tyrannen zu erliegen und so zu scheitern. Der wahre Held hängt am Abgrund, am ganzen Körper verwundet und blutend, ohne Aussicht auf Erfolg, mit jeder Sekunde reißt das Rettungsseil am spitzen Stein, und der endgültige Absturz naht unerbittlich. Medusa, verkleidet in der Gestalt des tyrannischen Mathelehrers, blickt die Heldin so an, dass ihr „plötzlich alles wieder entfiel". Doch soll sich das harte Training auszahlen. Das beinahe Scheitern wandelt sich in sein Gegenteil um, in einen grandiosen Sieg, der mit dem Unterstreichen des mathematischen Ergebnisses („dick und fest") an der Tafel, vor der Öffentlichkeit, markiert wird. Die Stunde der Befreiung als Selbstbehauptung hat geschlagen, und die Heldin kann nun Medusa „direkt in die Augen" sehen, ohne dabei das Atmen[21] zu vergessen. Medusas Fluch ist entkräftet, weil die Heldin inzwischen gewachsen ist und das Grauen zu entlarven gelernt hat: Es ist nichts als zusammengepresste Lippen und zusammengezogene Augenbrauen, kantige Gesichtszüge und zischende Schlangen als Haare, deren Gift sich im Körper erst ausbreitet, wenn der Gebissene an seine tödliche Wirkung *glaubt*.

Nach dieser sagenhaften Achterbahn der Gefühle muss der Triumph gebührend gefeiert werden. Die Protagonistin blickt auf eine lange Geschichte zurück, aus der sie schließlich als Heldin hervorgeht. Ihr Triumph geht so weit, dass sie ihren sexistisch-sadistischen Peiniger gerade in seinem Fach „schlägt", der Mathematik, oder dem, was von ihr nach ihrer pädagogisch-ministeriellen Zurichtung übrig geblieben ist. Die Ironie will, dass die eigentliche Reifeprüfung gerade *nicht* von den ministeriell vorgegebenen Standards abhängt, sondern im Meistern und Lösen einer leidvollen Beziehung zu einem Tyrannen als Repräsentanten des Staates ihren Ausdruck findet. Allerdings ist die Konsequenz, die die Heldin aus ihrer Geschichte zieht, keine systemkritische, sondern eine beziehungsoptimistisch-naive. Die erfolgreiche Rebellin versteht sich nun nach der gewonnenen Schlacht als Anführerin einer Bewegung der Befreiung als Personenstärkung und ihr gutes Anliegen, so verständlich seine Genese auch ist, ist hart an der Grenze zum Kitsch angesiedelt. Insofern ist das Ende der Geschichte nur ein vorläufiges.

---

[21] Das Thema „Atmen" wird in der Ethnografischen Galerie aufgegriffen (Abb. 21 & 44).

## 1.3 Zur exemplarisch-wissenschaftlichen Bedeutung der Geschichte

Diese Geschichte weist eine Nähe zur Fiktion auf; sie ergibt plastisches, viel-schichtiges *Material*, das im Wesentlichen drei Jahre umfasst, die mit genuiner subjektiver Bedeutsamkeit versehen sind. Die Verfasserin zeichnet sich durch Sprachgewandtheit aus und zeigt insgesamt ihr Vermögen, Erfahrungen sprach-lich präzise zu verarbeiten. Die Textstruktur enthält dichte implizite Informatio-nen, die nach Explizierung drängen. Es werden Spuren gelegt, die sich zugleich zur Markierung einiger Mechanismen der Herrschaft im Klassenzimmer eignen, die im Folgenden genannt werden, um sie im weiteren Verlauf der Arbeit auszu-differenzieren und mit weiteren Beispielen zu belegen.

*Der schulische Stoff als unheimliche Sphinx*
Der schulische Tyrann legitimiert sich durch den mathematischen Stoff[22], durch den er sich zugleich vom vermeintlichen Pöbel, repräsentiert als Lerngruppe, abzugrenzen versucht. Der Stoff selbst wird von den Lernenden als Opfer for-derndes Monster nicht hinterfragt, weil er eine ferne, allgemein anerkannte Fachwissenschaft zu repräsentieren scheint, die vor den Toren der Stadt, der Sphinx gleich, bedrohlich hockt. Ihre Existenz ist heimlich-unheimlich, real und unreal zugleich. Interessanterweise spielt der Stoff im Bericht als mächtiges Hintergrundrauschen eine wesentliche Rolle, aber Konkretisierungen, die eine gewisse Nähe zu ihm hätten herstellen können, bleiben aus.

Alles scheint an der Sphinx irgendwie zu hängen, von ihr abzuhängen, und der Lernende *muss* sich deshalb mit ihr als dem mathematischen Stoff identifi-zieren. Die Haltung des Lernenden ihm gegenüber ist grundsätzlich *affirmativ*, weil der Stoff *unausweichlich* ist und nach einer *Bewältigung* drängt, ohne von sich aus auf Lösungswege zu verweisen. An der Sphinx geht nur derjenige le-bend vorbei, der ihr Rätsel löst. Sie fungiert wie ein stark bewaffneter Polizist, der am Tore der Stadt sein Lager aufgeschlagen hat und bei dem der Weg des Gehenden endet, sollte dieser eine gewiefte Frage nicht beantworten können. Ob er dabei erschossen, erhängt, zerteilt oder aufgefressen wird, das sind nur Varia-tionen, deren eine Gemeinsamkeit entscheidend ist: Sie sind allesamt letal.

Rätsel sind aber dadurch gekennzeichnet, dass sie so verwickelt sind, dass die Logik sich erst über mehrere intuitiv zu erfassende Ecken zu winden hat. Deshalb ist die Nennung der richtigen Lösung prinzipiell ein Fall der Unwahr-scheinlichkeit, und deshalb ist das Scheitern zahlreicher Helden schon vorgege-ben: Die Sphinx verschlingt den „Unwissenden", beraubt ihn also seiner Exis-

---

[22] Der Mathelehrer entspricht dem Typus des Stoffvermittlers (Ilien 2005), hier in einer besonders radikalen Weise.

tenz. Vermag es aber ein Held, „auf die richtige Lösung zu kommen"[23], so sorgt ein Automatismus dafür, dass diesmal der Rätselgeber selbst sich gleichsam auflöst: Die Sphinx stürzt sich zu Tode; der Fluch geht in Staub und Rauch auf. – Das ist das Werk des wahren Helden: *Das Kind beim Namen zu nennen*[24]. Solange der Held aber nicht in Sichtweite ist, besitzt die Sphinx die Lizenz zum Töten.

*Der Herrscher als Inhaber der Lizenz zum Töten*
Herrschaft macht also Vorgaben, deren Nicht-Erfüllung mit Sanktionen belegt wird, die wiederum vollstreckt werden können. Fehlen die Mittel zur Vollstreckung, so parodiert sich die Herrschaft selbst – man spricht höhnend vom *zahnlosen Tiger*. Dieses Bild ist aussagekräftig: Das gefährliche, mächtige Raubtier, vor welchem man besser die Flucht ergreift oder es irgendwie zu besänftigen versucht, gibt sich der Lächerlichkeit preis, wenn es das Maul aufmacht, und man dort den zahnlosen Kiefer erblickt, nicht die erwarteten scharf geschliffenen, funkelnden Zähne. Herrschaft, um glaubwürdig im Sinne des Oben-unten-Verhältnisses zu sein, muss Humorlosigkeit[25] strikt beibehalten, weil sie andernfalls rasch unten ankommt und selbst beherrscht wird. Die *Tötungsabsicht* muss also *glaubwürdig* vermittelt werden, um das Befolgen der Anweisungen garantieren zu können.

*Das Zurechtweisen als symbolische Tötung*
Dem tatsächlichen Töten gehen symbolische Tötungen voraus, die in ihrer ritualisierten Form die Botschaft als Warnung erneuern: „Du bist unten, du hast in meinem Sinne zu handeln. Du hast dich umgehend anzupassen, zu fügen, loyal zu sein." Der berühmte erhobene Zeigefinger, Sinnbild für pädagogische Holzhammer-Moral, ist heute gerade nicht überwunden, sondern nur subtiler geworden. Übersehen wird seine Symbolik, auch wenn sie in dieser Eindeutigkeit sich heute kaum beobachten lässt: Der erhobene Zeigefinger symbolisiert das erhobene Schwert, das den Untertanen zu köpfen imstande ist. Der Volksmund antwortet darauf pragmatisch-unkritisch: Ein gebeugtes Haupt trifft kein Schwert.

Es ist erstaunlich, wie häufig sich Formen des Zurechtweisens im schulischen Alltag finden lassen, ohne dass das Zurechtweisen Gegenstand des schulpädagogischen Interesses geworden wäre. Es wird allenfalls in manchen Publika-

---

[23] Dieser Ausdruck wird bemerkenswert häufig in Reflexionen Lehrender über ihre gehaltenen Stunden verwendet. Hintergrund oder Genese des „Draufkommens" sind i.d.R. nicht Gegenstand der Betrachtung; das Ereignis wird als für den Stundenverlauf (dys-)funktional betrachtet, als eine Art aus dem Nichts aufgetauchtes Enzym oder ärgerliche Störgröße.
[24] Darauf weist das Märchen hin: „Ach, wie schön, dass niemand weiß, dass ich Rumpelstielzchen heiß'!"
[25] Bürokratische Sprache als Sprache des Gesetzes ist immer humorlos; sie stellt sich als überkompliziert, kaum entzifferbar und undurchdringlich dar.

tionen im Sinne auflockernder Karikaturen thematisiert[26], und selbst Jacob Kounin (2006) entwickelt keine Psychologie des Zurechtweisens, sondern konzentriert sich auf die von ihm ausgelösten „Welleneffekte". Diese werden dann wertneutral als „Techniken der Klassenführung" im Sinne effizienter Unterrichtsführung aus der Perspektive einer technologischen Auffassung von Pädagogik betrachtet. Ausgeblendet werden symbolische Gehalte, die Beschaffenheit der Atmosphären, innere Befindlichkeiten. Aber gerade diese Kategorien lassen bspw. das Zurechtweisen als Peitsche erscheinen, der sich der Mathelehrer offenbar reichlich bedient hatte; die andere Seite der Herrschaft – die Verführung – bis hin zur hohen Kunst der Diplomatie ist wohl wirkungsvoller.

*Herrschaft zwischen roher Gewalt (Ares) und subtiler Diplomatie (Pallas Athene)*
Die berichtete Geschichte liefert das extreme Beispiel einer Gewaltherrschaft und so ihre Charakteristik als Schreckensherrschaft. Sie setzt auf ein umso höheres Ausmaß an Abschreckung und Einschüchterung, die die Beherrschten in einen Zustand dauernder Angst versetzt, so dass Dauerüberwachung als Beobachtung im Sinne der „Omnipräsenz" (Kounin 2006) sich erübrigt. Der Mathelehrer kann sich nämlich den Komfort leisten, über weite Strecken der Klasse den Rücken zuzukehren und die Tafel mit Rechnungen zu füllen. Rebellische Handlungen unterbleiben, weil die Lernenden sich im Zustand der Lähmung als Erstarrung befinden, aus dem heraus „niemand sich was traut": Unterricht als Kühlschrank, gar Gefriertruhe.

Bezeichnenderweise vermag es nicht einmal diese Form der Gewaltherrschaft sich ausschließlich auf Drohung, Einschüchterung, Verbreitung von Schrecken zurückzuziehen, weil ihr Erfolg als Erhalt sich dann nicht garantieren ließe: Eine Homogenisierung der Klasse als *Verlierer* erhöht die Wahrscheinlichkeit größerer revolutionärer Maßnahmen seitens der Lernenden als Beherrschten. In der Klasse muss es vom Tyrannen gemachte „Gewinner" geben, die zugleich von der Gewaltherrschaft profitieren, wobei die auf Übermacht sich berufende Arroganz sich „ungerechte", also *intransparente* Verfahren zur Aufteilung in „Gewinner" und „Verlierer" erlauben kann. Das Motto lautet dann: Divide et impera.

Die subtile Kunst der Diplomatie setzt hingegen kalkuliert und fein dosiert Mittel ein, die dem eigenen Interesse dienen. Pallas Athenes Geschäft ist das der Strategie, der effizienten Taktik. Dem Gewaltherrscher Ungerechtigkeit nachzuweisen, ist ein Leichtes, aber der subtile Taktiker verändert sein Gesicht fortwährend und macht Moral zu einem Spiel, das kaum gewonnen werden kann. Sein

---

[26] S. besonders Abb. A von Hilbert Meyer in Teil II, 2.1.

Repertoire ist umfangreich, und es geht bis hin zur glaubwürdigen Vermittlung von Illusionen durch die Erzeugung von *Scheinwelten*. Kennt Ares nur das Schwert, so gehören Intrige, Bluff, Verwirrung zu Athenes Kunst[27]. Ihr Dolch blitzt nur kurz auf, bevor er in das Herz des Opfers eintaucht. Spuren der Verwüstung hinterlässt er kaum. Dort, wo sich Gewalt als Liebe ausgibt, wo Verwirrung entsteht, kann sich Widerstand kaum formieren. Das Motto lautet: Panem et circenses.

Die Mittel der Ausübung von Herrschaft sind auf einer Skala angesiedelt, deren extreme Pole durch *rohe* und *subtile* Gewalt gebildet werden. Die Bezwingung des Tyrannen (und so die Erneuerung einer Gesellschaft) erscheint daher grundsätzlich als *unwahrscheinlich*: Der Held muss nämlich für sich moralische Integrität beanspruchen, die er aber kaum durchhalten kann, weil er selbst Mittel der Gewalt als eine Sprache anwenden muss, die der Tyrann „versteht". Insofern besteht stets die Gefahr, dass der edle Held sich als Tyrann in neuer Verkleidung entpuppt: Die Herrschaft ändert ihren Namen, nicht aber ihre Struktur des Oben-Unten.

### Hierarchie als Oben-unten-Struktur

Das Dilemma der Überwindung von Herrschaft zeigt sich in diesem Beispiel mit besonderer Deutlichkeit. Die Parameter lauten: gewinnen – verlieren, Sieg – Niederlage, oben – unten, Souveränität – Abhängigkeit. Wer im Kampf gewinnen will, muss den schwächsten Punkt des Gegners ausfindig machen, um ihn dann genau dort zu treffen. Zeigt der Herrscher Schwächen als für Schmerz und Verwundung empfängliche Stellen, so werden gerade diese angegriffen werden – dies gilt für Taktiken in allen sozialen Bereichen, worunter auch militärische, sportliche, politische, wirtschaftliche zählen.

Im vorliegenden Bericht steht die Persönlichkeit des Lehrenden als Angriffsfläche nicht zur Verfügung; und die Heldin würde eine solche Option ohnehin kaum in Erwägung ziehen. Die Bezwingung des Tyrannen erfolgt über die glanzvolle Erfüllung der Anforderungen, die der mathematische Stoff, vermittelt durch den Tyrannen, an den Lernenden stellt. Die erfolgreiche Rebellin feiert einen didaktisch-methodischen Sieg über den Lehrer. Sie kostet die Süße des erfolgenden Rachefeldzuges aus, nimmt *demonstrativ* Kontakt mit der Klasse auf, während sie an der Tafel als Hauptperson souverän und sicher agiert und sie scheut sich nicht davor, den Tyrannen in seiner pädagogischen Rohheit bloßzustellen. Dieses Szenario erinnert an ein weit verbreitetes filmisches Stereotyp: Darstellungen von Schlägereien zeigen zuerst, wie der Held einstecken und dabei furchtbar leiden muss, wie er sich erholt und er dann dem Schurken wahre

---

[27] Dargestellt im Film Basic Instinct. Der literarische Typus hierfür findet sich etwa in der Gestalt von Mylady aus den drei Musketieren von Alexandre Dumas.

Kampfkunst vorführt. Dem aufgeklärten Betrachter muss es aber als fragwürdig erscheinen, ob in diesem Fall das Gute wirklich gesiegt hätte, weil eine andere Botschaft mit ihrer Weisheit nachdenklich stimmt: „Wenn dich einer auf die linke Backe schlägt, dann halt ihm auch die andere hin" (Mt 5,39).

*Weiterführung der Untersuchung*
Eine knappe hermeneutische Analyse des Berichtes fordert einige Strukturmomente der Ausübung von Herrschaft im Klassenzimmer zutage. Beim Versuch, diese zu verallgemeinern, würden die Einwände etwa lauten: Dies sei ein bedauerlicher Einzelfall, der sich im ansonsten recht humanen Schulsystem womöglich ereignet habe. Es sei kaum zu vermeiden, dass in jedem Berufsfeld sich *schwarze Schafe* finden. Daher habe der Bericht, wenn überhaupt, nur begrenzte Aussagekraft und stelle so etwas wie Schwarz-weiß-Malerei dar. Selbst das Anführen weiterer Beispiele würde solche Einwände prinzipiell nicht entkräften können, weil sie dann als Bestandteil eines sehr selektiven, eklektizistischen Vorgehens gewertet werden würden. Deshalb bedarf mein methodisches Vorgehen als nicht etabliertes und zugleich wissenschaftskritisches der besonderen Begründung.

## 2. Aufklärerisch-investigative Methode
## 2.1 Zur Begründung der Methode

Eine Methode, die für sich beansprucht, *aufklärerisch* zu sein, muss eine zweifache Dialektik aushalten: Sie ist an sich kritisch-utopisch, weil sie das Ideal der Schönheit nicht verwirklicht sieht, ohne die Vorstellung einer schöneren Menschheit deshalb aufgeben zu wollen. Diese Idee ist im religiösen Denken in der Metapher des Gottesreiches, das *schon und noch nicht* gekommen ist, aufgehoben. Will Aufklärung aufklären, so ist dieser Vorgang paradox. Denn aufklären wollen, heißt verändern wollen, obwohl die Realisierung der Veränderung unmöglich ist. Kurz: Aufklärung will das, was man eigentlich nicht wollen kann, aber eigentlich zugleich wollen muss. Der Aufklärer möchte den Aufzuklärenden dazu anregen, seinen Blick auf die Wirklichkeit zu erweitern und differenzieren, letzten Endes, *sich zu erkennen*. Aber Platons Höhlenmenschen glauben an die Wirklichkeit ihrer Welt, die aus aufklärerischer Sicht sich als Scheinwelt darstellt.

Diese Scheinwelt ist gerade keine harmlose Alternative zur „Welt", sondern an sich schon destruktiv und pathogen, weil, in ihr gefangen, keine Entwicklung (hin zur Schönheit) möglich ist. Das Streben nach Schönheit macht sich bemerkbar in der Harmonie zwischen Körper und Geist, Materie und Idee. Die Harmonie wiederum, als Sinnbild der Schönheit, ist Aufhebung aller Widersprüche,

Erleuchtung, Vereinigung mit dem Kosmos. Schönheit zeigt sich in der Eleganz der Bewegung, der Ausgeglichenheit, der Ruhe und Besonnenheit. Schönheit zeigt sich bei demjenigen, der *bei sich* ist. *Wer bei sich ist, hat Körper, Verstand und Gefühl in vollendeter Weise aufeinander bezogen.* So dicht liegen das kritische und utopische Moment zusammen: *Der sinnlosen Existenz in der Scheinwelt steht die Möglichkeit größter Vollendung entgegen.* Das Ideal geistiger und körperlicher Gesundheit besteht, gerade in der pathogenen sozialen Realität.

*Investigativ* ist die Methode insofern, als dass sie einen genaueren Blick auf das Leben in der Höhle ermöglichen können soll. Diese stellt sich dar als ein Theater der Masken (Goffman 2003), und die De-Maskierung als Entlarvung ist Aufgabe der Investigation. Das Maskentragen wird psychoanalytisch als pathologische Erscheinung registriert, gerade gemessen am Anspruch menschlicher Vollendung. Die investigative Methode untersucht die Rumpelkammer, die Garderobe, den Keller, die Toilette des Unterrichts – weitgehend tabuisierte Terrains in der deutschen Erziehungswissenschaft.

Diese wird ohnehin als Lehrer-orientiert erkannt (Peterßen 2001). Erst 1990 machte Lothar Klingberg darauf aufmerksam, dass Lernende den Lernprozess im enormen Ausmaß mitgestalten und ihnen deshalb großer Einfluss auf das tatsächliche Unterrichtsgeschehen zugesprochen werden muss. Hierauf weisen auch empirische Untersuchungen hin (Helmke 2003). Dennoch ist eine starke Tendenz zu beobachten, die hier und da registrierten Schülertätigkeiten als Störgröße aufzufassen, der mit richtig umgesetzten pädagogisch-didaktischen Konzepten zu begegnen ist, wie etwa exemplarisch bei Hilbert Meyer (1980, 1994), Georg Becker (1991) oder Norbert Rückriem (1975) nachzulesen. Offensichtlich wird der täglich erlebbare Widerstand seitens der Lernenden durchaus irgendwie zur Kenntnis genommen, aber interessanterweise in Form von Karikaturen verarbeitet, so zum Gegenstand des Witzig-Anekdotischen deklariert, weder gedeutet, noch erklärt, noch in einen Kontext eingeordnet und so als Gegenstand der erziehungswissenschaftlichen Forschung elegant eliminiert: Es wird weg-gelacht, wie etwa bei Meyer (1994).

# UnterrichtsMethoden

Abbildung A: Coverkarikatur des gleichnamigen Buches von Hilbert Meyer

Offensichtlich wird hier in der Abbildung links dargestellt, wie ein Schüler „über Stühle und Bänke geht", so „dem Lehrer auf der Nase herumtanzt" und aus diesem seinen Verhalten Befriedigung zieht, die sich in einem gewissen Triumph dem Lehrer gegenüber ausdrückt. In der Folgeabbildung wird der Schüler vom nun wütend gewordenen Lehrer dermaßen zurechtgewiesen, dass dieser voller Angst am Stuhl kleben bleibt – er ist im Gegensatz zur ersten Szene erstarrt und nun unterworfen. Der Autor geht in keiner Stelle darauf ein, warum er diese Karikatur aufgenommen hat und worin ihre Bedeutung bestehe. Geht die unterschwellige Aussage etwa dahin, dass durch die rechte Handhabung von Unterrichtsmethoden Szenen wie die dargestellten sich vermeiden lassen?

Es ließe sich nachweisen, dass eine solche implizite These von einem erheblichen Teil der deutschen Erziehungswissenschaftler vertreten wird. Eine andere Gruppe betrachtet die pädagogische Situation als von den Erziehungsprozess kennzeichnenden Antinomien als Spannungen durchdrungen, wie etwa Rainer Winkel, Arno Combe, Werner Helsper, Albert Ilien u.a. Während eine Vielzahl empirischer Studien unterschiedliche Größen im repräsentativen Gästezimmer des deutschen Unterrichts vermessen, ist eine im Vergleich dazu sehr viel dünnere Forschungstradition zu verzeichnen, die stärker die Perspektive der Lernenden und Orte wie die Toilette, die Gänge im Schulgebäude, den Pausenhof, den Bus in den Fokus nimmt.

Hierzu gehören Studien zum *hidden curriculum* (Heinze 1980, 1976; Zinn-ecker & Reinert 1978; Thiemann 1980), neuerdings qualitative empirische Studien (Breidenstein 2006) zum Schülerjob. In den Fokus gelangt der Aufgabenbereich der Tätigkeit als Schüler. Die Schülersicht auf und im Unterricht ist von Fichten in verschiedenen Publikationen (etwa 1993) thematisiert worden, unter anderem die im deutschen Schulalltag weit verbreitete Erscheinung der Langeweile bei den Lernenden. In Gefühlstagebüchern bringen Lernende ihre im Unterricht erlebten Emotionen zum Ausdruck (Fichten 1998).

Singulär ist in diesem Zusammenhang die Veröffentlichung „Bilder von der Schulbank" von Udo Bracht (1978). Ihm gelang es, einige von Lernenden bekritzelte Schulbänke abzufotografieren und als Dokumentation zusammenzustellen. Die Existenz dieser Ausstellung in Buchform ist eine Provokation in sich: Es ist, als würde der Betrachter nicht in einen repräsentativen, glänzenden, vielfarbig schimmernden Raum geführt, sondern in eine übel riechende, mit braunen Spuren übersäte *Toilette*, in der die Stille nur vom Summen einiger Fliegen gelegentlich unterbrochen wird. Das verstößt gegen die allgemeinen Normen des bürgerlichen Anstands als Verhaltenskodex: Schließlich ist die Toilette der Ort sehr intimer Tätigkeiten. Die kynische Sichtweise entzieht sich aber dem Tabu, die Toilette (mit den Mitteln der Psychoanalyse) zu inspizieren, weil ihr „die ‚niederen Themen' zu niedrig nicht sind" (Sloterdijk 2007, 270).

Es ist zugleich dreist, Bankkritzeleien als Abfälle der Maschinerie Schule öffentlich zur Schau zu stellen, so investigativ und zugleich provokativ zu handeln und den Betrachter schließlich aufzufordern, sich die Müllhalde praktizierter Pädagogik anzusehen, die – lässt man sich auf sie nur ein – intimes Wissen verrät und zugleich unseren Respekt verdient: „Denn Schulbänke sind mehr als bloßer ‚Platz zum Lernen'. An ihnen lassen die Schüler aus, was in ihnen steckt, an ihnen erkennen sie sich wieder. Die Schulbank ist Forum – sinnliche Vergegenwärtigung einer gemeinsamen Lebens- und Leidenssituation und somit ein Teil der Schüler selbst" (Bracht 1978, 98). Diese Einschätzung ist auf psychoanalytischer Basis aufklärerisch, weil sie *utopisch* die Möglichkeiten menschlichen Ausdrucks und *kritisch* die Lähmung der Ausdrucksfähigkeit des Menschen unter den gegenwärtig gegebenen Umständen in den Blick nimmt. Deshalb werden die Attribute „investigativ-provokativ-aufklärerisch" zur Charakterisierung der Methode vorgeschlagen. Da das provokative Moment im investigativen schon enthalten ist und das aufklärerische das Hauptmoment bildet, soll dieses die Zweiheit „aufklärerisch-investigativ" anführen.

## 2.2 Die Methode als aufklärerisch-investigative

Die Aufklärung des unaufgeklärten Bewusstseins sieht sich mit eigentümlichen Schwierigkeiten konfrontiert. Seit Kant ist die Einsicht an die Oberfläche getreten, dass die Dummheit mit der Fähigkeit einhergeht, sich gegen Aufklärung zu immunisieren. Sie tritt heute als fatales Missverständnis in zwei entarteten Formen auf: Rationalismus und Irrationalismus, die als komplementäre Einseitigkeiten sich gegenseitig den Prozess machen (vgl. Sloterdijk 2007, 269). Die Forderung nach Nachvollziehbarkeit als wissenschaftliches Gütekriterium ist bereits eine reduktionistische, weil eine entwurzelte, nackte Ratio kastrierte, knarrende Schattenbilder erzeugt, deren Mechanik, so gut auch immer sie geölt zu sein scheint, jederzeit zusammenzubrechen droht.

Eine bloß rationalistische – sich „wissenschaftlich" nennende – Pädagogik kann ihren Gegenstand „Erziehungsprozesse" nicht so recht in den Blick nehmen, weil sie selbst als unlebendige nicht am Leben teilnimmt, das zu untersuchen sie vorgibt. Sie ernährt sich von einer von ihr erzeugten Begrifflichkeit, mit der sie zugleich unverbindlich spielt. Die Unverbindlichkeit gibt sich als Wissenschaftlichkeit aus, Neutralität, Sachlichkeit, Objektivität, revidierbares Ergebnis, notwendige Distanz. Das Leben kann sie so nicht schmecken, nicht fühlen, nicht riechen, nicht erfassen. Denn die Kälte, die das sich stolz als „wissenschaftlich" bezeichnende Denken verbreitet, kühlt die Atmosphäre merklich, verdüstert sie so lange, bis graue Schatten ihren widersprüchlichen Tanz der einsamen Ratio aufzuführen beginnen. Es erfolgt Begriffsspielerei, die sich am Begriff verbeißt, die Phänomene verdinglicht, sich verfestigt, erstarrt und sich für den Durchfluss an belebenden Energien unzugänglich macht: „Der abstrakte Denker hat daher gar oft ein *kaltes* Herz, weil er die Eindrücke zergliedert, die doch nur als ein *Ganzes* die Seele rühren" (Schiller 1997, 23; Herv. Orig.).

Das „kalte" Herz des „abstrakten" Denkers ist unempfänglich für Nuancen, das kosmische Zuzwinkern, die Feinheit der Symbolik. Deshalb lebt er in der Welt der Bedeutungslosigkeiten, die er für einzig real hält und zugleich zu beherrschen meint: „[Der zynische Blick] erfasst [die Dinge], registriert sie und sinnt auf Selbsterhaltung. Es kränkt ihn freilich, dass die Dinge diesen Blick erwidern; so kalt, wie sie angeschaut werden, sehen sie zurück. Sie können sich nicht erwärmen, bevor das Eis in den Augen derer schmilzt, die glauben, sie seien berufen, die Welt zu verwerten, zu verwalten – zu verwüsten" (Sloterdijk 2007, 280).

So lange das Herz des Wissenschaftlers vereist bleibt, so lange denkt er „in Begriffen der Distanz, nicht der Freundschaft; er sucht die Überblicke, nicht das nachbarschaftliche Auskommen. Im Gang der Jahrhunderte sonderte die neuzeitliche Wissenschaft alles aus sich aus, was sich mit dem Apriori der objektivierenden Distanz und der geistigen Herrschaft übers Objekt nicht vertrug: die Intuition, die Einfühlung, den *esprit de finesse*, die Ästhetik, die Erotik. Von alledem ist aber in echter Philosophie seit je eine starke Strömung wirksam geblieben; in ihr fließt auch heute noch der Wärmestrom einer konvivialen Geistigkeit und einer libidinösen Weltnähe, der den objektivierenden Trieb zur Beherrschung der Dinge ausgleicht. Von der ‚Liebe zur Weisheit‘ färbt unweigerlich etwas ab auf die Gegenstände dieser Weisheit und mildert die Kälte des rein gegenständlichen Wissens" (ebd., 269; Herv. Orig.). Bezeichnenderweise sind Vertreter jenes „Wärmestromes" Kritiker der bürgerlich etablierten Wissenschaft. Die Reihe dieser Kyniker beginnt in der Antike mit Sokrates und Diogenes, denen dann die gemäßigte Strömung der Stoa folgte. Als Neo-Kyniker lassen sich etwa Rousseau, gefolgt von Nietzsche und zuletzt Adorno angeben.

Die durch die kynische Haltung geprägte Untersuchung der Atmosphären in deutschen Klassenzimmern würde sich selbst ad absurdum führen, wenn ihre Methode eine Methode der Distanz wäre. Sie muss notwendig *empathisch* sein, das heißt sich-in-das-Gegenüber-einfühlend und die Perspektiven der Akteure übernehmend. Empathie[28] wird hier als *Affekt* verstanden, der Ich und Du verbindet. Das Drama des Du wird vom Ich *mit reduzierter Intensität* gespiegelt. Dem Ich wird nicht bloß das Verstehen des (eigentlich: dem Du fremden) Schmerzes, sondern auch zugleich die Möglichkeit seiner Überwindung signalisiert. Empathie fungiert, so gesehen, als Mittel der Herausführung aus einer alten und der Einführung in eine neue Welt. Durch sie wird ein unglücklicher Zustand in einen glücklichen transformiert. Deshalb ist sie das „Wissen von der Intimität" (Sloterdijk, 269), das auf den „physiognomischen Sinn" (269) achtet und so Nähe herstellt (268): „Während der Prozess der Zivilisation, dessen Kernstück die Wissenschaften bilden, uns lehrt, zu Menschen und Dingen Distanz zu gewinnen, so dass wir sie als ‚Gegenstände‘ vor uns haben, liefert der physiognomische Sinn einen Schlüssel zu all dem, was die Nähe zur Umwelt verrät. Sein Geheimnis ist Intimität, nicht Distanzierung; er spendet ein nicht sachliches, sondern ein konviviales [Illich] Wissen von den Dingen."

Die empirische Basis des Kynikers wird eigentlich nicht expliziert, weil sie schon Teil der Kritik ist. Mit dem Nachvollzug der Kritik, falls dieser im unwahrscheinlichen Fall gelingt, zeigt sich erst die erlebte Erfahrung, die notwendig außerhalb des Diskurses angesiedelt ist. Den Diskurs mit den ihm eigenen Mitteln kritisieren zu wollen, hieße, die Kritik nicht kritisch genug vorbringen zu können und so aufgeben zu müssen: „Es gehört zum heillosen Zustand, daß auch der ehrlichste Reformer, der in abgegriffener Sprache die Neuerung empfiehlt, durch Übernahme des eingeschliffenen Kategorienapparates und der dahinter

---

[28] Vgl. hierzu Albert Ilien (1986).

stehenden Philosophie die Macht des Bestehenden verstärkt, die er brechen möchte" (Horkheimer & Adorno 1969, 4).

Nimmt der pädagogische Wissenschaftler Begriffe wie „Angst", „Motivation", „Strafe" in seine kalten Hände, so gefriert der Gegenstand gleichsam in ihnen und zerrinnt zu trockenem Staub. Lebendige Sprache braucht lebendige Begriffe, um nicht merkwürdig hohl zu bleiben.[29] Sie finden ihren Ausdruck in einer weichen, warmen Wölbung der Sprachgestaltung, die Härten und Spannungen registriert und auf diese empathisch mit Verwundung zu reagieren weiß. Sie ist phänomenologisch, als dass sie Affekte sprachlich nacherlebt und darlegt. Das vom kynischen Blick inspirierte Drama, wenn es denn eines ist, muss dramatisch präsentiert werden: eindrücklich, eindringlich, absolut genuin. Es wird als hart empfunden, weil es den Tod nicht scheut und Bühnen mit lebenden Leichen zu füllen imstande ist.

Um den Preis ungesicherter Nachvollziehbarkeit muss sich die Kritik als Provokation begreifen: „Die kynische Antiphilosophie besitzt [...] drei wesentliche Medien [...]: das Handeln, das Lachen, das Schweigen" (Sloterdijk 2007, 532). Jedes dieser Medien als Mittel kommt in der vorliegenden Arbeit zum Tragen. Das Handeln als investigatives stellt die Dinge auf den Kopf, weil sie zuvor durch Theorie und pervertierte Praxis auf den Kopf gestellt worden waren: Der Blick hinter die Kulissen führt zur Umkleide, wo der Wolf sein Schafsfell anzieht. Durch das Lachen gerät die Empirie in der Umkleide zur Karikatur, weil der kynische Blick gerade auf das Ignorierte achtet, es in den Mittelpunkt stellt und seziert. Das Schweigen markiert die Stellen, die sich weder durch das Handeln noch durch das Lachen behandeln lassen. Diese drei Medien müssen jeweils als Argumentationsform gelernt werden, und darüber hinaus sind sie in den Handlungszusammenhang als Gesamtdramaturgie entsprechend den Anforderungen der sich jeweils ergebenden Situation in einem zeitlich präzisen Rahmen anzubringen. Die so entstehende handlungsorientierte kynische Komposition als eine Form von Kunst muss gerade Dissonanzen aufnehmen und kreativ kanalisieren können.

## 2.3 Erhebung des Materials

Hingegen muss die standardisierte Methode notwendig die kynische Skepsis provozieren, weil der sie tragende brave Positivismus jene optimistisch-naive Sichtweise pflegt, die als Fassade Gegenstand der kynischen Entlarvung ist. Wo

---

[29] „Es ist ja ein altes wissenschafts-philosophisches Problem, ob es denn überhaupt so etwas wie eine wissenschaftlich neutrale Sprache geben kann, [...] ohne daß das Wesentliche dabei verloren geht" (Wulff in Heinrichs 1997, 67).

umständlich etwa vom „Zugang zum Feld" die Rede ist, von „Kontaktaufnah-me", die mit offiziellen Briefen bewerkstelligt werden soll, deren Briefköpfe den Namen einer Hochschul- als Forschungseinrichtung feierlich verkünden, dort gibt es aus kynischer Sicht schon kaum etwas zu erforschen. Die Ankündigung einer Inspektion im Namen der Wissenschaft klärt per se die Zuständigkeiten (hier der Forscher, dort der Erforschte) und gibt dem Wolf ausreichend Möglich-keiten, während des fraglichen Zeitraumes seiner „Erforschung" Rollen einzu-studieren, die den Forscher davon überzeugen können sollen, dass er es mit Schafen zu tun hat, deren Milchleistung nach wissenschaftlichen Gütekriterien gemessen wird. Den kynischen Forscher interessiert nun in diesem Fall der von der Methode unterschlagene Zusammenhang, dass Wölfe sich als Milchprodu-zenten kaum eignen. Zur Veranschaulichung dieses Arguments (das vermutlich als Polemik bezeichnet wird, um es so entwerten zu wollen) soll folgendes Bei-spiel einer Schulinspektion in Niedersachsen dienen:

Zum Geschehen auf der Hinterbühne einer Schulinspektion
An einer Realschule soll eine Inspektion durchgeführt werden. Eifrige Aktivitäten sind daraufhin zu verzeichnen. Ein an der Tür zum Lehrerzimmer befindliches rotes Schild wird umgehend entfernt, obwohl der Inhalt recht unschuldig daherkommt: „Auch Lehrer haben ein Recht auf Pause". Damit sollen Schüler davon abgehalten werden, nach Lehrenden während der großen Pause zu fragen, was diese offensichtlich als Belästigung empfinden. Soll allerdings der Eindruck von „Schülerorientie-rung" vermittelt werden, so erscheint die Anwesenheit eines solchen Schildes als nicht angebracht. Auch wird ein Ordner mit einem vermeintlichen Schulprogramm rasch zusammengestellt. „Papier ist geduldig", lautet dabei das zynische Motto. Bei der Präsentation der Evaluation werden dieser Schule gute Ergebnisse bescheinigt, was aus der Sicht etlicher Lehrender als absurd erscheint. Aber eine solche Präsentation ist eben eine Show, und das Leben findet woanders statt.

Will der Kyniker Vorgänge auf inoffizieller Ebene rekonstruieren und die dort agierenden Maskenträger demaskieren, so muss er selbst die Maske des unschul-digen – und vor allem: ungefährlichen – Lammes anziehen und als *Agent* Infor-mationen sammeln, die bereitwillig ausgeplaudert werden oder in Form von Dokumenten, Gegenständen, Ereignissen an die Oberfläche treten. Die schuli-sche Bühne wird als „Maskenfest" aufgefasst, „zu dem man sich verkleidet, vielleicht zehn-, zwölf,- hundertmal verkleidet, aber man geht doch hin als das, was man ist, bleibt unter der Verkleidung inmitten der Masken, was man ist, und geht wieder davon wieder genau so, wie man hinging" (Groddeck 2004, 12). Es sei daran erinnert, dass die lateinische Wurzel des Begriffes „persona" „Maske" bedeutet. Soziale Realität erscheint als Maskenfest.

Das Studium dieses Maskenfestes erfolgt durch *verdeckt teilnehmende Beo-bachtung:* Der Beobachter gibt sich gegenüber seinen Interaktionspartnern als solcher nicht zu erkennen (vgl. Diekmann 2007, 565). Der Zugang zum Feld erfolgt auf denkbar einfache Weise: Er tritt nicht auf als „Teilnehmender Beobachter" mit offizieller Forschungsmission, sondern lässt sich als Lehrer einstellen, von dem erwartet wird, Unterricht in bestimmten Fächern gemäß der ministeriellen Vorgaben zu gestalten.

Er tut dies, aber darüber hinaus handelt er als Unterrichts-Agent[30], der sich unterschiedlicher Medien und Quellen zur Datengewinnung bedient: 1) *Lernende*, denen er im Unterricht gegenübertritt; 2) *Kollegen*, die *Schulleitung* und die Schulaufsichtsbehörde, sofern sie etwa in Gestalt des *Schulrates* in Erscheinung tritt und 3) *Eltern*, die sich beim Lehrenden nach ihrem Kind erkundigen. Kontaktmöglichkeiten zu diesen Akteuren bestanden für die Dauer von gut drei Jahren in unterschiedlichen Grund- und Hauptschulen in Deutschland. Als weitere Quellen dienen 4) Lehramtsstudierende, die der Verfasser als Dozent für Schulpädagogik an mehreren akademischen Einrichtungen zu unterschiedlichen Zeiten betreut. Im Umfeld des Verfassers finden sich 5) weitere Quellen in Gestalt von aus ihrer Schulzeit berichtenden Personen sowie „zufällig" gefundenen Dingen (mit Schulbezug).

## Datenerhebung – die Lernenden

*a) Beobachtung von Schüleräußerungen während des Unterrichts- und Pausengeschehens*

Der Unterrichts-Agent beobachtet das *Unterrichts- und Pausengeschehen* und achtet dabei gerade besonders auf Ereignisse, die üblicherweise von Lehrenden und der schulpädagogischen Forschung ignoriert werden. Es handelt sich dabei um *mündliche oder schriftliche Schüleräußerungen*, die spontan tiefere Bewusstseinsschichten verlassen und an die Oberfläche gespült werden, ohne dass das Geäußerte den Akteuren selbst in vollem Umfang in seiner Bedeutung oder Tragweite sich offenbaren könnte. Diese Äußerungen haben oft den Charakter von Symptomen, die der Akteur nur dann spontan mitteilt, wenn er glaubt, sich außerhalb von Zwängen zu befinden, die die soziale Erwünschtheit erzeugt.

Handelt es sich dabei um *mündliche Äußerungen*, so versucht der Lehrer, diese, falls möglich, noch während des Unterrichts zu notieren. Andernfalls fixiert er sie nach Beendigung der Stunde oder des Schultages. Ein so gewonnenes Beispiel lautet dann: *„Wir sind keine Roboter!"* Diese Äußerung registriert der Lehrer zwei Mal in zwei unterschiedlichen Klassen, in unterschiedlichen Hauptschulen zu unterschiedlichen Zeitpunkten. Sie ertönt als Zwischenruf ohne jeglichen Zusammenhang während des Unterrichts, ohne dass sie von den Mitschülern beachtet wird, nicht einmal vom Sprecher selbst, der unmittelbar nach dieser Äußerung sich anderen Tätigkeiten zuwendet. Lediglich der aufmerksame Lehrende nimmt sie auf. Diese Äußerung ist elaboriert, aber selten. Von ähnlicher

---

[30] Der Lehrer-Agent ist der Verfasser dieser Studie.

Qualität sind folgende Äußerungen: *„Nur meine Beine gehen zur Schule"* oder *„Wir können unsere Energie nicht rauslassen"*. Mit anderen Schüleräußerungen haben es Lehrende fast täglich zu tun. Beispielsweise ist wohl jedem Lehrenden der Ausruf *„Fertig!"* bekannt, der als Ausdruck der Erlösung nach einer schriftlichen „Stillarbeit" fungiert.

*Schriftliche Äußerungen* Lernender hingegen haben zunächst den Vorteil, dass sie bereits fixiert und so grundsätzlich verfügbar sind. Diese finden sich als Originaldokumente in der *Ethnografischen Galerie*. Sie werden im ursprünglichen Zustand belassen, da ihre Wiedergabe in gedruckter Form mit Verlust an Information verbunden wäre. Zum Teil sind sie ohnehin schwer leserlich (s. EG, Abb. 1). Aber die originale Textgestaltung und Linienführung erlaubt Rückschlüsse auf atmosphärische Zustände, gerade in ihrem Entstehungskontext, der dem Verfasser bekannt ist und von ihm erläutert wird. Solche Sammlungen originaler Arbeiten und Kritzeleien finden sich besonders bei Bracht (1978) und Fichten (1993).

Einige Schülerdokumente wie Klassenarbeiten, Hefteinträge oder Briefe an den Lehrer können leicht kopiert und archiviert werden. Andere wie Spickzettel oder inoffizielle Briefe an Mitschüler mögen weitaus interessanteres Material enthalten, müssen aber vom Lehrenden konfisziert werden. Hierbei zeigt die Erfahrung, dass der Widerstand bei den Lernenden umso höher ist, je empfindlicher (im Sinne von „privat") der Inhalt dieser Schreiben ist. Das Betreten der „Hinterbühne" (Zinnecker 1978) ist dann für den Lehrenden nur durch Hinterlist möglich: Er beobachtet während des von ihm geleiteten Unterrichts das Anfertigen eines solchen Schreibens und muss dann für den „Zugriff"[31] den geeigneten Zeitpunkt auswählen. Zu frühes Einschreiten ist eben unangemessen, weil die fragliche Information noch nicht erstellt worden ist. Außerdem wären die Lernenden gewarnt, und sie würden größere Vorsichtsmaßnahmen entwickeln, die den künftigen Erfolg bei der Beschlagnahme solcher Dokumente erschweren würde. Eine Geschichte zur Illustration (7. Klasse, Hauptschule, Förderunterricht Deutsch):

Der Lehrende als taktierender Ermittlungsbeamter
Dem Lehrer gelingt es, empfindliches Material zu konfiszieren, indem er sich arglos gibt und beim scheinbar harmlosen Rundgang im Klassenzimmer plötzlich zugreift und M. (eine türkische Schülerin) überrascht. Im weiteren Verlauf der Stunde beobachtet er erneut Aktivitäten, und er bereit sich auf einen neuen Angriff vor. Aber er schöpft bald Verdacht, weil *zu offensichtlich* geschrieben wird und M.s Blicke in Richtung Lehrer ein Doppelspiel vermuten lassen. Nachprüfungen ergeben, dass sie tatsächlich zum Schein schreibt, um den Lehrer im Rahmen ihrer Racheaktion *auflaufen* zu

---

[31] Dieser Begriff ist polizeilicher Fachausdruck. Der erziehungswissenschaftliche Professionalisierungsdiskurs übersieht die Notwendigkeit einer polizeilich, medizinisch, seelsorgerisch, juristisch fundierten Ausbildung der Lehrkräfte.

lassen. Ihr Triumph bestünde dann darin zu sehen, dass der Lehrer größere Anstrengungen unternimmt, um letzten Endes an wertloses Material zu gelangen. Sie hätte doch noch gesiegt und wäre als die Schlaue aus der Schlacht hervorgegangen.

Diese Schul-Geschichte zeigt, wie das Sammeln von Material zuweilen selbst ergiebiges Material zum Thema „gegenseitiges Belauern im Unterricht" erzeugt, das aufschlussreiche Interpretationen und Analysen ermöglicht. Ihre Basis allerdings lässt sich durch weitere Möglichkeiten der Datenerhebung vergrößern.

*b) Beobachtung der Lernenden während arrangierter Unterrichtsspiele und Unterrichtsexperimente*
Neben der Beobachtung von Lernenden im vom Verfasser zugleich gestalteten Unterricht wird mit zum *Hilfslehrer* ernannten Lernenden experimentiert. Damit wird der Lehrende von seiner eigentlichen Aufgabe tendenziell entlastet, so dass er mehr Kapazität für Beobachtungen gewinnt. Er erfährt während des Unterrichts*spiels*, mit welchen festgezurrten Unterrichtsbildern Lernende operieren, welche Strategien die zum Hilfslehrer Ernannten anwenden und in welcher Weise sie miteinander – gemäß ihrer Rollen – interagieren. Der Begriff der *Schülerpartizipation* wird sogar auf eigentümliche Weise zugespitzt, indem der Lehrer sich zuweilen von zwei „*Sheriffs*" flankieren lässt, die ihm zugleich vorführen, wie Herrschaft konkret ausgeübt wird. Ein solcher Einsatz einer Hilfslehrerin wurde auch videografiert, so dass stellenweise auf fixierte Daten zurückgegriffen werden kann.

Der Sheriff des Lehrenden
Der Klassensprecher A. aus Marokko (7. Klasse, HS, Fachunterricht Englisch) beispielsweise lässt sich gelegentlich als Dompteur einsetzen. Als die Klasse wenige Minuten vor Schulschluss vor der Tür wartet und laut wird, kommt er der Bitte des Lehrenden nach, sie zur „Ruhe" zu bringen. Er lässt einen Schrei los (ein kurzer, lauter, entschlossener Laut „hey"), und es wird sofort still, obwohl der Lehrende weder den Schrei nicht als besonders Furcht erregend empfindet. A. genießt aber guten Ruf als Schläger, und man legt sich besser nicht mit ihm an. Seine Bereitschaft zur Kooperation lässt sich wiederum durch seinen offensichtlich Gewalt nicht verabscheuenden Vater erklären, der von ihm gute Noten erwartet und A. mit seiner „Abschiebung" nach Marokko droht. Noten aber vergibt der Lehrende, und es kann nicht schaden, bei ihm guten Eindruck zu hinterlassen und sich, wie es heißt, „einzuschleimen".

Hier wird deutlich, dass erst durch das Arrangieren von Gelegenheiten Quellen der Erfahrung zu sprudeln beginnen. Aber nicht die Methode als isolierte bringt Erfahrung hervor, sondern die Analyse des Zusammenhangs des an die Oberfläche geratenen Inhalts. A.s Potential, andere einzuschüchtern, wird aus dem Zusammenhang „Vater – Gewalt – gute Noten – eigene körperliche Überlegenheit" besser deutlich. Dieses Kontextwissen wird durch weitere Geschichten erweitert:

In einer ähnlichen wie der oben geschilderten Situation vermag A. dem Lehrenden nicht zu helfen. Der Grund dafür ist nicht in einer plötzlichen Illoyalität dem Lehrenden gegenüber zu suchen. Befragt danach, antwortet A.: „Heute bin ich nicht wütend, dann geht das nicht." In der Tat: Wie soll sich ein ruhiger, ausgeglichener Mensch glaubwürdig aufregen können?

Hatte sich der Lehrende bei diesen Unterrichtsspielen eher aus dem Geschehen herausgenommen, so bringt er sich zuweilen in dieses in besonderer Weise ein, indem er sich auf unkonventionelle Handlungsstränge einlässt und trotz seines erhöhten Engagements die Lernenden beobachtet. Im Ethikunterricht (9. Klasse, HS) tanzt er gegen den Supertänzer[32] der Schule und gewinnt das Tanzbattle, er fährt mit diesem Kurs zum KFC[33], um dort eine Klassenarbeit über das Thema „Tod" schreiben zu lassen, so dass er mit Hühner- und Pommesfett beschmierte Arbeiten lesen muss, und er rappt gegen den besten Rapper der Schule im Rahmen eines *Filmprojektes*. In diesem geht es um die filmische Darstellung und Rekonstruktion des Alltagsunterrichts aus Schülersicht – die Lernenden erarbeiten gemeinsam mit dem Lehrenden Szenen, die den Niederschlag ihrer schulischen Erfahrung enthalten. Dieses Projekt, genannt „Gib mich Heft!", existiert als Videodokumentation.

*c) Klassen- und Einzelinterview; Fixierung durch Video oder Feldnotiz*
Der Verfasser hatte Gelegenheit, einige Klassen zum von ihnen erlebten Unterricht zu befragen. Es entstanden Klasseninterviews, auch videografierte. Interessanterweise erweist sich gerade dieses Videomaterial bezüglich der Fragestellung[34] als wenig ergiebig, während spontan entstandene Klasseninterviews ohne Kamera bemerkenswerte und dichte Informationen enthalten, die der Verfasser in Form von Feldnotizen festhält. Reale Akte krasser Abwertung der Lernenden durch Lehrende konnten beispielsweise eruiert werden. Bei einer achten Klasse (HS) hatte sich wohl ein so großer Druck aufgebaut, der nach einem Ventil in Gestalt meiner Doppelstunde suchte: Es hagelte 90 Minuten lang zornige und heftige Kritik am Klassenlehrer, und dem Verfasser wurden viele Vorfälle aus dem ansonsten hermetisch abgeschlossenen Unterrichtsgeschehen mitgeteilt, wie z.B. folgende Szene:

Im türkischen Puff
Die Lernenden haben aufdringliche Parfüms in die Klassenluft gesprüht. Der hereinkommende Lehrende bemerkt dazu: *„Das ist ja wie im türkischen Puff."* Der sexistisch-rassistische Angriff kommt bei den Lernenden an. Ein Mädchen erwidert: „Wieso? Waren Sie schon mal dort?" Die Lage ist eigentlich prekär, wenn von der Existenz eines pädagogischen *Anstandes* des Lehrers als Beamten

---

[32] Dieser begabte Tänzer hatte Auftritte bei VIVA.
[33] Kentucky Fried Chicken: eine inzwischen auch in Deutschland verbreitete US-Fastfood-Kette.
[34] Wie erleben Lernende den Unterricht?

ausgegangen werden dürfte. Aber dieser Lehrer sieht in der Frage des Mädchens die Einladung zur Angeberei: Er habe sich schon an vielen Orten herumgetrieben.

Ähnlich prägnante und plastische Ergebnisse wurden bei je einem Einzeln- und Paarinterview erzielt, die in Cafés stattfanden und vom Verfasser protokolliert wurden. Es kommt dabei deutlich zum Ausdruck, was diese Lernenden von der Schule halten: *„Scheiße, schlimm, Alptraum, Stress, Verweise, Eltern"*. Damit ist die Datenbasis umrissen, die die Lernenden als die Adressaten der Unterrichts- bemühung fokussiert. Weiteres Material wird von den Unterrichtsgestaltern geliefert: Kollegen, der Schulleitung und dem Schulrat.

## Datenerhebung – die Lehrenden und ihre Aufsicht

Einmal selbst als Lehrender tätig, sind formelle und informelle Kontakte mit Kollegen und der Schulleitung unvermeidlich. Diese ergeben sich zumeist in den Pausen, und zwar im Schulgang, im Lehrer- oder Raucherzimmer, auf dem Hof, im Rektorat. Man tauscht sich unverbindlich über einzelne Lernende aus, schwierige (i.S.v. schwer zu führende) Klassen, Unterrichtsinhalte, parallel zu schreibende Klassenarbeiten, Freizeitgestaltung usw. Bei solchen Gelegenheiten befragt der Verfasser Kollegen zu ihrem pädagogischen Konzept und ihrer Moti- vierung, Lehrer zu werden. Der Verfasser beobachtet sie auch während der ver- bindlichen dienstlichen Konferenzen. In einem Fall bittet er den Kollegen um kurze Überlassung des von ihm während der Konferenz erstellten Materials (s. EG, Abb. 3). Nach der Anfertigung einer Kopie erhält der Kollege sein Original zurück. Die meisten Daten werden aber mündlich erzeugt, weil der Austausch mit Kollegen sich eben dieses Kanales bedient:

Pädagogische Härte als Notengläubigkeit
Als Fachlehrer für Englisch tauscht sich der Verfasser mit der Kollegin aus, die in der Parallelklasse unterrichtet. Er zeigt ihr die schriftliche Mitteilung der Schülerin M. (7. Klasse) auf ihrer „Probe"[35], die ansonsten kaum Eintragungen enthält und deshalb laut Notentabelle mit „6" bewertet wird (s. EG, Abb. 2). Der Verfasser erwartet eine Äußerung der Anteilnahme, weil hier offensichtlich wird, wie eine Schülerin unnötig gequält wird. Sie wäre sicherlich glücklicher, wenn man sie mit Englisch in Ruhe ließe – und ihr in der so ersparten Zeit Lebensorientierung anböte. Diese schriftliche Mittei- lung versteht der Verfasser als Hilferuf. Seine Kollegin erwidert aber: *„Ja, also bei M. müsste die Notenskala viel weiter nach unten geöffnet werden!"* Während der Verfasser sich darüber zu verge- wissern versucht, dass Ironie nicht im Spiel ist, fährt seine Kollegin mit der Überlegung fort, ob in M.s Fall zehn oder hundert Einheiten „nach unten" angemessen wären.

Dieses Beispiel zeigt, wie ein Schülerdokument eine brisante Lehreräußerung auslöst; wie aus einzelnen Puzzleteilen sich Schul-Geschichten zusammensetzen lassen; weil die Akteure im pädagogischen Feld durchaus freimütig „plaudern",

---

[35] „Probe" ist der in Bayern gängige Ausdruck für Klassenarbeit.

weil sie sich so verhalten, wie sie sich sonst auch verhalten. Dies betrifft gerade die Sprache, die konkrete Ausdrucksweise, die sich so gibt, wie sie ist, weil der Sprecher glaubt, sich hinter einer Sprache der allgemeinen Konvention nicht verbergen zu müssen:

Rektoraler Beamtenarsch herrscht über Deppen
Während einer Konferenz bezeichnet die Rektorin die Lernenden ihrer Hauptschule als „Deppen". Zu Beginn des Schuljahres weist sie die Klassenlehrer darauf hin, die Anwesenheitslisten am ersten Schultag sorgfältig zu überprüfen, weil sich manchmal Sitzenbleiber in der höheren Klasse einfinden. Wörtlich heißt es: *„unsere Deppen".* Der Verfasser erschrickt ob dieser schroffen und unangenehmen Äußerung, hält sich aber selbst zurück, weil er neu an dieser Schule ist. Er erwartet vergeblich Protest seitens der Kollegen. Im Verlaufe eines Schuljahres sammelt er etliche Beispiele, die die grobe Ausdrucksweise der Rektorin belegen. Im Lehrerzimmer spricht sie bspw. vor einigen Kollegen, den Verfasser eingeschlossen, von *„meinem Beamtenarsch*[36] *".*

Die Schulleitung kommuniziert mit den Lehrenden über *Schriftstücke* (Mitteilungen, Protokolle, Briefe), gerade um Verwaltungsakte belegen zu können. Die Schriftstücke finden sich dann im Fach des Lehrenden. Zumeist sind sie in nüchterner, distanzierter, kalter Sprache verfasst. Sie geben Anlass, ihrem Entstehungszusammenhang nachzuspüren und ihre Funktion im System „Schule" zu eruieren. Auf einem solchen Zettel heißt es z.B.:

Liebe Kolleginnen und Kollegen,
aus gegebenem Anlass weise ich darauf hin, dass in nächster Zeit in keiner Klasse mehr „Frühstücke" u.ä. durch Fachlehrer abgehalten werden. [Datum] [gez. Name Schulleitung]

Was als „Hinweis" ausgegeben wird, ist realiter dienstliche Anordnung. Es wird in einem einzigen Satz ein vages Verbot ausgesprochen, das zugleich viele Fragen aufwirft: Auf welchen „Anlass" wird angespielt, was könnte mit der Abkürzung „u.ä." gemeint sein, und warum werden schließlich Fachlehrer irgendwie sanktioniert, während Klassenlehrer sich weiterhin durch diese Notiz nicht angesprochen zu fühlen brauchen? Enger fokussiert, lautet die Frage: Welche Motive hatte die Schulleitung, diesen Text zu verfassen? Eine Spur führt zum Stichwort „Absicherung" gegenüber der nächst höheren Instanz: dem *Schulrat.* Material über ihn ist im Wesentlichen im Verlaufe einer von ihm geleiteten und für „nicht-Bayerische" Lehrkräfte verpflichtenden Fortbildung sowie zweier „Beratungsgespräche" entstanden, die sich seinen von ihm selbst als „Blitzbesuchen" bezeichneten Hospitationen anschlossen. Gleich im ersten Beratungsgespräch fühlt er sich dazu berufen, den Verfasser über den wahren Charakter pä-

---

[36] Für eine ähnlich derbe Ausdrucksweise lässt der Verfasser einen Lernenden eine Strafarbeit schreiben (s. EG, Abb. 4). Der Witz ist, dass die Rektorin, zumal als pädagogisches Vorbild, diesbezüglich dringender Schulung eigentlich bedurft hätte.

dagogischer Professionalität aufzuklären, und zwar ohne Anflug jeglicher Ironie: Der Lehrer sei *Einpeitscher* und *Sklaventreiber*. Noch während der Gespräche führt der so belehrte Verfasser Notizen, um dermaßen prägnante Äußerungen festzuhalten.

### Datenerhebung – Eltern

Eltern treten gewöhnlich in der Peripherie auf, aber sie können zuweilen das Innenleben des Lehrenden mehr in Beschlag nehmen als etwa Lernende. Über ihre Kinder erhalten Eltern formelle und informelle Informationen, die schulische Abläufe und Planungen betreffen. Gewöhnlich werden Eltern auf den Plan gerufen, wenn sie ein Drohschreiben als Verweis[37] von der Schule bekommen. Sie treten persönlich in Erscheinung in für sie eingerichteten Sprechstunden oder auf Elternabenden auf. In besonderen Fällen richten sie ihre Klagen direkt an die Schulleitung, weil sie eine vorherige Rücksprache mit dem Lehrenden für unergiebig halten. Der Einfluss der Eltern auf das Unterrichtsgeschehen ist manchmal bemerkenswert hoch, obwohl diese an ihm nicht partizipieren. Das Ensemble mancher Schul-Geschichte besteht aus allen direkt oder indirekt Beteiligten: Lehrenden, Lernenden, der Schulleitung, dem Schulrat und den Eltern. In manchen Fällen wird die Presse, besonders die Bild-Zeitung, eingeschaltet und als Munition verwendet. Hierzu liegen dem Verfasser nur Berichte vor. Er verfügt über einige interessante schriftliche Mitteilungen von Eltern. Darunter finden sich kuriose Entschuldigungsbriefe, über deren Deutsch sich gut schmunzeln lässt, ohne größeren Erkenntnisgewinn erwarten zu können.[38]

Die aufklärerisch-investigative Methode ist nicht nur auf Schule und mit ihr zusammenhängenden Institutionen[39] und Akteuren beschränkt, sondern wird auf die erste Phase der Lehrerausbildung, in der der Verfasser tätig ist, ausgedehnt.

### Datenerhebung – die Studierenden

Die Gestaltung von erziehungswissenschaftlichen Lehrveranstaltungen gehört zu den Aufgaben des Verfassers im Rahmen seiner Tätigkeit an einer Hochschule. Deshalb ergeben sich hier ähnliche Möglichkeiten zur Beobachtung von Äuße-

---

[37] Der Verweis ist eine in Bayern verbreitete Form der Abmahnung von Lernenden. Es handelt sich dabei um einen Vordruck, der unterschiedliche Stufen des Vergehens unterscheidet. Die mildeste heißt „Hinweis". Auf diesem Schreiben ist das konkrete Fehlverhalten des Schülers vermerkt. Eine genügende Anzahl solcher Schreiben gilt als Grundlage für die Einleitung weiterer disziplinierender Maßnahmen wie Unterrichtsausschluss oder Schulverweis.

[38] „ … Hiermit bitte ich Sie meinen Sohn G. vom Sportunterricht zu befreien, da er am Freitag den, …, Beim hineingehen vom Pausenhof geschnoben wurde und dabei gestürzt ist. G. hat einen Großen Hämatom und eine Zerrung davon getragen, daher ist eine Schonung zurzeit Notwendig. Mit Freundliche Grüße …"

[39] Wie z.B. das Jugendamt und soziale Freizeiteinrichtungen.

rungen Studierender, wie sie bereits in den Schulen bestanden, pädagogische Experimente und kreative Projekte eingeschlossen[40]. Wurden interessante Beobachtungen gemacht, so fertigt der Verfasser Notizen an. In einigen Fällen bittet der Verfasser Berichtende, ihre Geschichten aufzuschreiben, wie in der eingangs berichteten Schul-Geschichte bereits erwähnt. Diese ist als *schulbiografische Reflexion* zu verstehen, die auf subjektiv bedeutsame Ereignisse zurückblickt und mit dem heute größeren Erfahrungshorizont im Hintergrund bewertet, analysiert, klärt. Die Geschichte „Der mathematische Tyrann und die Rebellin" erreicht hohes Reflexionsniveau und ist singulär, deutlich in der Aussage.

Einen anderen, zumeist eher anekdotischen Charakter haben von Studierenden aufgeschriebene Schul-Geschichten als Schulstreiche. Oft handeln sie von heiteren Auseinandersetzungen: Den Lernenden gelingt es, die Lehrenden zu überlisten. Dabei werden unterschiedliche Formen des Widerstandes gegen die Zumutung „Unterricht" offenbart, die vom Lehrenden an sie herangetragen wird:

Ausgedachter Schüler
Wir haben unserem Geschichtslehrer zu Beginn des Schuljahres erzählt, dass ein Schüler, wir haben ihn Peter Schw. genannt, fehlt, weil er krank ist. In Wirklichkeit gab es diesen Schüler aber nie. Der Lehrer hat Peter Schw. ein viertel Jahr lang als fehlend ins Klassenbuch eingetragen.

Der unschuldige Schulstreich erprobt auf ungefährlichem Terrain, wie die Fallen beschaffen sein können, in die der leichtgläubige Lehrer herein trabt. Wurden hier Platzpatronen verwendet, so zeigt die nächste Geschichte, wie mit scharfer Munition geschossen wird, ohne dass der Lehrende den Schwindel aufdeckt:

Der Spickzettelexperte
Ein Mitschüler von mir hat für jede Klausur einen Spickzettel angefertigt (mit Computer, Schriftgröße 6, farbig, sehr professionell). Diesen hat er dann für die ganze Klasse kopiert. Sehr sozial von ihm!

Die Tätigkeit als Dozent für Schulpädagogik bringt es mit sich, dass eine Vielzahl an schriftlichen Äußerungen von Studierenden durch die Hände des Verfassers gehen: E-Mails, Reflexionen, Hausarbeiten, Praktikumsberichte, Examensarbeiten. Auszüge daraus werden anonym wiedergegeben:

Eine pathologische Vorstellung von Hygiene
… normalerweise würde ich eine Klausur auch immer einer Hausarbeit vorziehen, aber in diesem Fall bin ich mir nicht ganz schlüssig. Ich kann mir nicht vorstellen, was Sie in einer Klausur *abfragen* könnten und ich möchte eben eine *saubere* Arbeit *abliefern*:).

---

[40] Etwa das Seminar „Die kindliche Neugier und ihre Pflege in der Grundschule" (SS 2007), in dem eine multimediale DVD zur Förderung der Lebendigkeit und Neugier entstand (s. Teil III, 3.3).

Diese Zeilen lösen die Neugier des Dozenten-Agenten aus, weil er über die Begriffe „saubere Arbeit" und „abfragen" stolpert. Eine „saubere Arbeit" entspricht wohl dem Erwartungshorizont (dem, was der Lehrende *hören* will) so passgenau, dass Eintragungen (mit roter Farbe) als Korrekturen nicht vorgenommen werden müssen. Diese Korrekturen werden mit „Schmutz" assoziiert, der über das Papier vom Korrektor verteilt wird. Von hier aus wären psychoanalytisch fundierte Überlegungen zu Hygienevorstellungen im pädagogischen Umfeld möglich. Deutlich wird die Bereitschaft dieser Studentin, eine sterile Arbeit als perfekte Reproduktion wie eine Ware entsprechend der im Verlaufe ihrer schulischen Sozialisation herauskristallisierten Vertragsbedingungen dem Korrektor zu liefern. Es handelt sich hierbei um Hinweise auf die Reproduktion von Unmündigkeit im Rahmen der Lehrerausbildung.

**Datenerhebung – Quellen im Umfeld des Verfassers**
Bislang wurde der Fokus auf die Ausstrahlung gelenkt, die die Akteure - Lernende, Lehrende, Eltern, Lehramtsstudierende- der Veranstaltung, genannt „Unterricht", selbst durch ihre Aktionen, ihre mündlichen und schriftlichen Handlungsakte im professionellen Umfeld erzeugen. Nun müssen der Vollständigkeit halber all diejenigen atmosphärischen Schwingungen in den Blick genommen werden, von denen der Verfasser in seinem „privaten" Umfeld sich umgeben sieht. Es sind oft zufällig angetroffene Personen, die z.B. in Zügen von ihren Schulerfahrungen berichten, Freunde, die spontan ihre Erinnerungen mitteilen, gefundene Dinge als Datenträger wie z.B. ein Hausaufgabenheft (s. EG, Abb. 5), Abi-Sprüche, wie man sie gelegentlich auf der Heckscheibe von Autos (s. EG, Abb. 6) findet oder in einschlägigen Abi-Zeitungen sieht.

Auch wenn der Schulbezug bei einigen Fundstücken nicht immer unmittelbar gegeben ist, so ist ihre Einbettung in einen größeren (Schul-)Kontext möglich. Der Begriff der *Anspannung* bspw. ist m.E. für zu analysierende Unterrichtsprozesse durchaus konstitutiv, aber seine Phänomenologie lässt sich zuweilen an Gegenständen gut verdeutlichen, die außerhalb schulischer Institutionen entstanden sind. Ein solcher Gegenstand ist der Bierdeckel, der von nervösen Händen an einem Abend im Verlaufe eines privat-psychoanalytischen Gesprächs bearbeitet wurde (s. EG, Abb. 7).

**Zusammenfassung**
Die so skizzierte Datenbasis lässt sich grafisch entsprechend der Abbildung B darstellen. Sie erlaubt eine grobe Quantifizierung der Daten: Die meisten stammen aus dem Umfeld des vom Verfasser praktizierten Unterrichts, ein weiterer, geringerer Teil resultiert aus der Arbeit mit Lehramtsstudierenden, und schließlich finden sich verstreut weitere Quellen im privaten Umfeld des Verfassers.

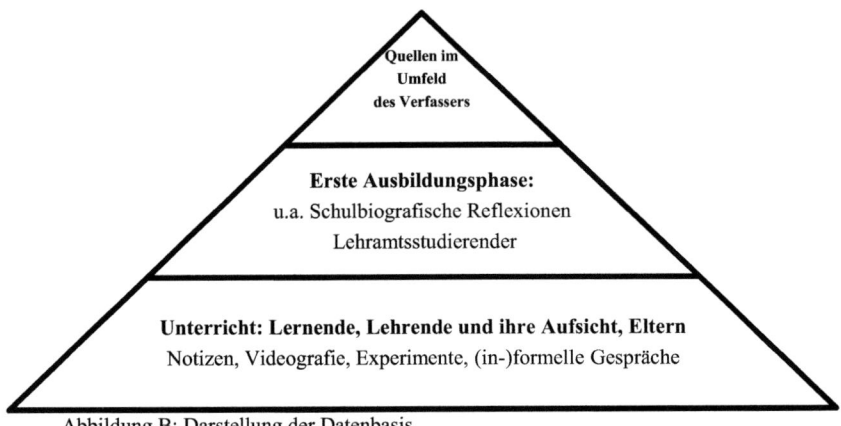

Abbildung B: Darstellung der Datenbasis

## 2.4 Auswertung des Materials – hermeneutisch und tiefenhermeneutisch

### „Szenisches Verstehen" (Lorenzer)

Wie bereits deutlich geworden ist, dient das so gewonnene Material der *Rekonstruktion von Szenen*, die sich zu Schul-*Geschichten* zusammenfügen lassen. Durch die Synthese der Analyse der Handlungsakte dieser Geschichte als Ganzheit wird zugleich ihre Bedeutung erfasst. Das Erfassen der Bedeutung der Szene ist vom Psychoanalytiker Alfred Lorenzer als „Szenisches Verstehen" eingeführt worden. Was heißt das?

Im therapeutischen Setting ist grundsätzlich von einem „Vorsprung des Analytikers" (1995, 75) gegenüber dem Analysanden auszugehen. Den Charakter der Psychoanalyse beschreibt er „als eines Verfahrens allmählicher Aufhellung des Unbewußten, bei dem die *Schranke* zum Unbewußten immer nur ein Stück weiter hinausgeschoben wird." Der Analytiker sieht also beim Analysanden Denk-*Hindernisse*, deren Genese im neurotischen Konflikt begründet ist. Seine Aufgabe besteht darin, jene von ihm registrierten *Schranken* des Verstehens in der weiteren Kommunikation *besprechbar* zu machen, damit er mit seinem Verstehen nicht allein bleibt. „Eben der Vorsprung beim Hinausschieben [der Grenze des Bewußten] erlaubt es dem Analytiker, das zu verstehen, was dem Patienten noch verschlossen ist, [...]. Innerhalb des Vorsprungs jedenfalls ist für den Analytiker ein in sich geschlossenes Verstehen möglich" (ebd., 76).

Dieses Verstehen ist allerdings keine starre Größe: Die Schranken des Bewussten können zwar immer weiter „hinausgeschoben" werden, aber das Unbewusste lässt sich nie ganz erhellen, sowenig Sinnforschung in der Lage ist, einen letzten Sinn zu postulieren. Festzuhalten ist aber: „Psychoanalytisches Verstehen sucht den ‚Sinnzusammenhang', nicht um das Ausgesagte, sondern um die Aussage selbst in erster Linie zu erfassen. Mit anderen Worten: Gegenstand der psychoanalytischen Forschung ist die *Schicht der Symbole*" (ebd., 83; Herv. Verf.).

Diese „Schicht der Symbole" ist auf allen medialen Ebenen vorhanden: Text, Geschichte, Szene, Geste, Gespräch, Film, Zeichnung. *Ihr Sinn als Bedeutung ist dann ermittelt, sobald sich „logische Evidenz"* einstellt: Sie „resultiert aus dem Zusammenschluß der Mitteilungen zu einer *Sprachgestalt* in der Wahrnehmung des Analytikers. Der qualitative Sprung rührt daher, daß das Gehörte [besser: das Wahrgenommene; d. Verf.] sich zu einer Gestalt zusammenfügt, denn das Mitgeteilte bleibt solange unverständlich, bis es zu einem Sinnzusammenhang sich vereinigt hat" (ebd., 85; Herv. Orig.). Diese abstrakte Aussage lässt sich durch ein Beispiel gut illustrieren:

Projizierte Angst – aufgedeckt vom Fünfjährigen
Mein Sohn Anton (etwa 5 Jahre) und ich erwarten Besuch von einer jungen Mutter mit ihrem Sohn H. (etwa 6 Jahre). Bei uns im Zimmer befindet sich der (kinder-)freundliche Jagdhund Pepe. Als die Tür aufgeht und H. mit seiner Mutter aus dem Türrahmen hervorschauen, empfängt sie Pepe Schwanz wedelnd, im Begriff, den Besuch nach Hundeart zu beschnuppern. In einem ersten Affekt läuft H. ebenfalls freudig auf den Hund zu. Bevor es aber zur Kontaktaufnahme kommen kann, ruft die Mutter H. zur Räson, auf die Gefährlichkeit von Hunden eingehend. Kaum dass H. den Anfang jener mahnenden Worte gehört hat, verändert sich seine Haltung wie auf einen Kopfdruck: Die freudige Erregung weicht einer ängstlichen Zurückhaltung, die die Nähe der schützenden Mutter aufsucht. Die explorative Lust *verwandelt* sich *augenblicklich* in hilflose Angst. Auf der Ebene der Beobachtung sind dann folgende Handlungen zu registrieren: Der Hund wird vom Gastgeber zurückgehalten, seine Ungefährlichkeit behauptet und die Gäste werden beruhigt. Es gibt Kaffee und Kuchen, man spielt, und schließlich verlassen die zufriedenen Gäste das Haus. Anton, äußert sich dann, einer plötzlichen Eingebung folgend, so: „Gell, Papa, H.s Mama will, dass H. Angst vor Hunden hat!", und zwar nicht so sehr in der Form einer Frage, sondern als Feststellung.

M.E. ist diese Äußerung ein gutes Beispiel für die „logische Evidenz" als Sinnzusammenhang, dass eine – in der Literatur als „over-protective" bezeichnete – Mutter übermäßige Abhängigkeit durch Angsterzeugung zementiert, zumal das Muster solcher Interaktionen beim Paar „Mutter – H." auch bei anderen Anlässen sichtbar wird, weil dieses sich ständig in Variationen wiederholt: Etwa das Objekt potentieller Bedrohung verändert sich: Mal ist der Regen gefährlich, man könnte sich erkälten; mal der Teller, weil er herunterfallen und man sich an seinen dann entstandenen Scherben schneiden könnte; und mal ist es die Sonne, weil ihre Strahlung Hautkrebs verursacht. Für H. entsteht eine Welt voller Gefahren, in der er zugleich heranwächst. Er lebt in einer Welt, deren Dinge als Unheil bringende erscheinen, nicht als nährende, stärkende, inspirierende.

Das ist eine knappe Skizze des durch „logische Evidenz" gewonnenen Sinnzusammenhanges. Seine Thematisierung ist grundsätzlich heikel, weil er *intimes Wissen* darstellt. In der Sozialpsychologie ist dieses Wissen bekannt als „danger zone" (Ickes 2003). Bemerkenswert an diesem Beispiel ist gerade die Tatsache, dass der Interpret der Szene kein ausgebildeter Analytiker, sondern ein fünfjähriges Kind ist. Ausschlag gebend ist aber eben nicht ein offizieller Ausbildungsstand, sondern die *Beobachtungsfähigkeit*. Worauf es beim Vorgang der logischen Evidenz ankommt, ist, *die für die Szene relevanten Beobachtungen pünktlich* festzustellen. Im vorliegenden Fall sind es folgende:

- *Spontan-freudiges* Zugehen H.s auf den Hund für einen sehr kurzen Moment
- *Augenblickliche* angstvoll-beschützende Intervention seitens der Mutter
- H.s *Verwandlung*: freudige Hingabe wird zur hilflosen Angst, in der er verharrt

Die Annahme etwa eines abduktiven Verfahrens nach Peirce wird diesem Ereignis (die Wahrnehmung und Deutung der Geschichte um H. durch Anton) nicht gerecht, weil es nichts darüber aussagt, warum gerade das Beobachtete beobachtet worden ist, während es so viele Möglichkeiten gibt, andere Zustände und Handlungen zu beobachten, und warum gerade das geschlussfolgert worden ist, was geschlussfolgert worden ist. Das Verhältnis zwischen Beobachtungen und der ihnen durch die logische Evidenz zugeordnete Sinnzusammenhang lässt sich nicht postulieren als eines zwischen *Henne und Ei* oder *Materialsammlung und Schlussfolgerung* oder *methodisch behandeltem Material und Ergebnis*.

Eher könnte man meinen, dass der Beobachter *durch seine innere Folie* äußere Handlungen beobachtet. Stimmt die Gestalt einer solchen inneren Folie mit dem Muster der erfolgten Beobachtungen überein, so kommt es – scheinbar aus dem Nichts – zur logischen Evidenz. Diese kann durch den Beobachter nicht *bewirkt* werden; auch willentliche Anstrengung trägt nicht weit. Jegliche Unterstellung eines bewusst-zielgerichteten Vorgehens beim Gewinnen der Erkenntnis geht bei genauerem Hinsehen fehl. Die Annahme eines Ich, das im wissenschaftlichen Kontext *stufenweise* von einer engen Fragestellung ausgeht, diese methodisch gesichert so bearbeitet, dass Ergebnisse präsentiert werden können, lässt sich so im Erkenntnisprozess nicht finden[41]. Denn: Das Es beobachtet, nicht das Ich (vgl. Teil I, 6).

---

[41] Versuche, den Erkenntnisprozess gewissermaßen zu objektivieren, sind nicht überzeugend. Ob von „surrender" und „catch" (Wolff 1986) gesprochen wird oder vom „'timing' des Deutungsprozesses" (Bude 2005, 572) – diese hypothetischen Konstrukte suggerieren eine willentliche Steuerbarkeit der Erkenntnisgewinnung, die mit Berichten von Erkennenden zu ihrem Erkenntnisprozess gerade nicht

Der Hintergrund der logischen Evidenz ist an anderer Stelle genauer zu diskutieren; vorläufig ist festzuhalten, dass die Ermittlung des Sinns der angestellten Beobachtungen im wesentlichen kein aktiver Vorgang ist, der einem Plan folgen würde, den das Subjekt zuvor entworfen hätte. Zur Erläuterung der logischen Evidenz zitiert Lorenzer (1995, 86) Anni Reich (1951) folgendermaßen:

> Häufig kann der Analytiker beobachten, daß die Einsicht in das Material ihn plötzlich überkommt, als ob sie irgendwoher aus seinem eigenen Geist käme. Plötzlich gewinnen die verwirrend zusammenhanglosen Elemente einen Sinn. Plötzlich werden die unzusammenhängenden Elemente zu einer Gestalt. Ebenso plötzlich gewinnt der Analytiker eine innere Evidenz, wozu er deuten soll und wie die Deutung gegeben werden muß.

Verhält es sich so, dann ließe sich eigentlich nicht wirklich zwischen Beobachtung und Schlussfolgerung unterscheiden. Beide Kategorien wären nichts weiter als hypothetische Konstrukte. Auf das Beispiel bezogen: Antons zunächst scheinbar unzusammenhängende Beobachtungen im Rahmen einer sehr kurzen Szene mit den Darstellern „Hund, H. und seine Mutter" fügen sich zusammen zu einer Ganzheit als Gestalt, Muster und Symbol. Das Verhältnis zwischen Beobachtung und Schlussfolgerung ist das einer Ganzheit als Einheit: Die Beobachtungen – als beobachtete – enthalten *schon und noch nicht* die Schlussfolgerung als Sinnzusammenhang. Denn die Nicht-Beobachtung der nötigen und möglichen Beobachtungen zu ihren jeweilig gegebenen – man möchte sagen: und präzise festgelegten – Zeitpunkten gestattet keine Schlussfolgerung.

Mit diesen Ausführungen ist schon das umrissen, was Lorenzer als „szenisches Verstehen" bezeichnet. In seiner Sprache stellt sich der Sachverhalt so dar (1995, 141; Herv. Orig.):

> Das Verstehen der sinnvollen Realität ist gleichbedeutend mit der Fähigkeit, die Beziehungssituation der Subjekte zu ihren Objekten und die Interaktionen der Subjekte zu verstehen. Richtet sich das ‚Nacherleben' auf die Vorgänge im Subjekt, so sucht es die Realität der Subjekte zu erfassen; beschäftigt sich das logische Verstehen mit den irrealen Sinngebilden, mit den ‚objektiven Werten', so wendet sich das hier beschriebene Verstehen de[n] *Interaktionen der Subjekte mit ihrer Mitwelt und Umwelt zu*. ‚Sinn' interessiert dieses Verstehen nicht als ein von den Subjekten abgelöstes Objektives; die Vorgänge des Subjektes erfaßt es einzig mit Blick auf die Verwirklichung des Subjektes in seiner Mitwelt- und Umweltbeziehung. [...] Das Verstehen, von dem wir jetzt sprechen, [beschäftigt sich] mit den Vorstellungen des Subjekts, und zwar so, daß es die Vorstellungen als Realisierung von Beziehungen, als Inszenierung der Interaktionsmuster ansieht. Diese Verstehensart soll deshalb ‚szenisches Verstehen' genannt werden.

---

begründet werden kann: „Don't bother to ask chess masters to explain their next move, or poets where the image came from, or lovers why they're in love. ‚All they know is that they just do it'" (Myers 2004, 52). Ergänzend dazu: "Don't bother to ask scientists how they practice science!"

Diese so umschriebene Methode enthält eine unbedingte Forderung normativen Charakters: nämlich die nach Empathie mit dem Subjekt, dessen innere Welt *nacherlebt* wird. Das Nacherleben ist etwas Ganzheitliches in dem Sinne, dass es Ratio und Emotion vereint; es kann zwischen dem einsamen Subjekt hier und dem fremden Objekt (vgl. Jürgensmeier) dort nicht unterscheiden. Der „Vorsprung des Analytikers" besteht in einem *Mehr an Empathie*, als ihm der Analysand entgegenbringen kann und in einem höheren Grad an *Durchdringungsfähigkeit* der dem Analytiker durch die Interaktion der Akteure dargebotenen *Sachverhalte*. Was den Akteuren *noch nicht* bewusst ist, ist dem Analytiker schon *bewusst*. Die Akteure bewegen sich im Nebel, im Dunkeln, solange sie sich der Ursprünge ihrer Handlungen unbewusst sind. Der Fortschritt der Analyse wird deshalb als Erweiterung des „Helligkeitsraumes" (Lorenzer 1995, 76) vorgestellt, als zunehmend stärkere Beleuchtung der bis dahin dunklen (nebulösen) inneren Landschaft. Das Unwissen als „das Unbewusste, das Mechanische, das Unfreie in unserem Verhalten ist das wirklich Böse", heißt es bei Sloterdijk (2007, 341).

Diese Überlegungen erweisen sich als gut aufklärerisch, weil die Feststellung von Unwissen als Unbewusstem zugleich die Möglichkeit seiner Überwindung – hier durch Szenisches Verstehen – beinhaltet. Konkret wird die Überwindung von Unwissen als das Hinausschieben der „Grenze des Bewußten" (Lorenzer 2005, 76) erfahrbar an der Überwindung des Wiederholungszwanges. Dieser lässt sich beim Analysanden beobachten, weil er, so sehr er „sich und die anderen irreführt […], so ‚zwanghaft‘ ehrlich ist [.] in der ‚Inszenierung‘ zwischenmenschlicher Beziehungen" (ebd., 200). Denn die „Wiederkehr des Verdrängten zwingt den Patienten, *in immer gleicher Weise szenisch zu agieren*. Der Patient agiert in Szenen mit dem gleichen dramatischen Muster, demselben dramatischen Entwurf in tausenderlei Verkleidungen" (ebd., Herv. Orig.). Die Art jener Verkleidungen als Verwandlungen, die das dramatische Muster in sich bergen, findet sich eindrücklich dargestellt im griechischen Mythos:

## Bilder und Gestalten aus dem griechischen Mythos als verdichtete Sinnzusammenhänge

Die Interpretation der eingangs berichteten Schul-Geschichte vom tyrannischen Mathelehrer erfolgte mit Hilfe einiger Gestalten aus der Mythologie. Die von ihnen verkörperten Konzepte bereichern die Deutung ungemein: Die bereits in die Darstellung eingeflossenen Gestalten wie Ares, Pallas Athene, Argos oder Medusa stehen für komplexe, verdichtete Sinnzusammenhänge als schon vorgefasste Bedeutungen, als eine Art Institutionen mit bestimmten Entscheidungskompetenzen und Befugnissen, als Repräsentanzen des Psychischen. Diese finden ihren Ausdruck, ihre Transformation in der *Symbolik* des Unbewussten:

Objekt- oder Selbstrepräsentanzen bestehen keineswegs aus einem einschichtigen, einfachen Symbol, sondern sind stets ein Gefüge, eine Sammlung von Symbolen. Das macht ihre „Geschichtlichkeit" aus. Die Objektrepräsentanz „Mutter" z.b. erweist sich, auch wenn wir nur die bewußten Anteile, die „Symbole" in Erwägung ziehen, als vielschichtiges Gebilde aus verbal faßbaren [...] Symbolen. [...] hier fächert sich die Mutterimago auf in einer *Serie von Momentbildern mit jeweils differentem Beziehungsgehalt, z.b. als zärtliche Mutter, strafende Mutter* usw. In den verschiedenen Augenblicken der psychoanalytischen Therapie tauchen Facettierungen als historisch exakte Momentbilder auf: die Mutter in der und der Situation an jenem bestimmten Tag. Häufig handelt es sich dabei um Deckerinnerungen, d.h. um Erinnerungen, die *stellvertretend nach Art eines typischen Porträts bestimmte entscheidende Züge der Beziehungslage repräsentieren* (Lorenzer 1995, 113f; Herv. Verf.).

Schon lange vor dem Aufkommen der Psychoanalyse hatten die Menschen ein Verstehen psychischer Vorgänge entwickelt und es in Kunst als Mythos verdichtet. Die grundsätzliche Ablehnung von Mythen und Märchen[42], weil sie angeblich „irreal" wären, zeugt vom unaufgeklärten Bewusstsein. Denn das Thema der *Verwandlungen* beispielsweise, das Mythos und Märchen gemein haben, ist der künstlerisch verdichtete Ausdruck für die *verwandlungsfähigen* Verhaltensmuster einer Person, wie dies auch in H.s Geschichte deutlich wurde. Dieselbe Person kann je nach Momentaufnahme unterschiedliche Gestalten annehmen, die sie *augenblicklich* zu wechseln im Stande ist. Will sie sich verstecken, macht sie sich klein und gerinnt zur Gestalt einer Fliege (wie Metis, die so vergeblich versuchte, sich vor Zeus' Annäherungen zu schützen). Aus der zärtlichen Mutter (versinnbildlicht z.B. als Milch gebende Kuh) kann die strafende Mutter werden (versinnbildlicht z.B. als Löwe, Sphinx, Furie usw.). Solche im Mythos vielfach auftretenden Verwandlungen finden täglich im realen Beziehungsgeschehen statt, und sie gehen unbewusst-dumpf als Objektrepräsentanzen in die innere Vorstellungswelt ein. Insofern lässt sich der Mythos als die Projektion zwischenmenschlicher Beziehungen an den griechischen Himmel deuten. Was dem matten Blick als Unsinn erscheint, erweist sich dem aufgeklärten als dichte Weisheit:

Der ewig Stein rollende Sisyphos, der an einen Felsen gefesselte Prometheus, der mit seiner ständig nachwachsenden Leber ungewollt einen Adler füttert und nicht zuletzt der unglückliche Tantalos, der wohl größte Märtyrer der Mythologie: Er leidet an Durst und beugt sich herunter, um vom Wasser, in dem er steht, zu trinken, aber dieses weicht gerade so weit zurück, dass sein Versuch

---

[42] Die Redewendung – auch im wissenschaftlichen Bereich – lautet: „Der Mythos vom ...", um Sachverhalte als grundsätzlich unwahr zu bezeichnen. Damit wird auch die eigene Haltung gegenüber dem Mythos signalisiert, nämlich die, dass es sich nicht „lohnt", sich „ernsthaft" auf ihn als Sammlung angeblich absurder Fantasien einzulassen.

fehlschlagen muss. Er strebt zu den über seinem Kopf hängenden Früchten, aber auch diese ziehen sich zurück. Noch dazu hängt über ihm ein Stein, der sich jederzeit loslösen und ihn auch noch töten könnte. Selbst diese absolut aussichtslose Lage lässt sich durch eine dramaturgische Raffinesse ins Unermessliche steigern: *Tantalos weiß nicht, dass er unsterblich ist.*

Diese Gestalten als Sinnbilder des Leidens an der Sinnlosigkeit enthalten alte Beziehungs-Weisheit, ein *Wissen über Beziehungen*, das als mehrschichtige, komplexe Symbolik angelegt ist, offen für Szenisches Verstehen. Welche Sinnzusammenhänge lassen sich hier, besonders am Beispiel von Tantalos, skizzieren?

Die Diagnose all dieser Ur-Märtyrer lautet: Zwangsneurose. Für den Neurotiker ist nichts anders vorstellbar als Leiden, Qual, Scheitern, wenigstens Unbequemlichkeit. Heute hat die Terminplanung Besitz vom Neurotiker ergriffen, der, wie im Rausch, von Termin zu Termin und von Ort zu Ort hetzt, ohne jemals anzukommen, weil er niemals dort ist, wo er ist[43]. Diesem aktivistischen Tun fehlt die Besinnung als Sinnsuche, Orientierung und gelassene Positionierung in der Welt. Tantalos ist in seinen Bedürfnissen und zugleich in ihrer Nicht-Befriedigung gefangen. Eine zeitgenössische Interpretation dieses Zusammenhanges lautet: „Vor dem Ankommen wird gewarnt" (Watzlawick 1983). Man befasst sich mit unterschiedlichen Vorhaben und schmiedet Pläne; man will dieses oder jenes tun – aber man bleibt auf der Stelle, weil die Pläne nicht aufgehen dürfen, weil sie dem Bann der Nicht-Realisierung unterworfen sind. Tantalos' Gefängnis trägt die Überschrift: *Leid, Härte und Scheitern müssen sein.*

Was sich als Realität subjektiver Vorstellungen erweist, ist schon gesellschaftlich relevant: Die „harte" Arbeit hier wird vom „privaten" Vergnügen dort abgetrennt. Dieser schizophrene Selbstbetrug wird vom unaufgeklärten Bewusstsein nicht erkannt. Willig lässt sich dieses Bewusstsein für eigentlich beliebige Zwecke einspannen, weil es sich selbst keine sinnvolle Aufgabe geben kann, mit sich selbst nichts anzufangen weiß, außer Pläne zu entwerfen, deren Realisierung niemals beabsichtigt worden war. Tantalos ist Sklave seiner Vorstellungswelt – und gerade *nicht* ihr mündiger Gestalter. Seine Grundverfassung ist guter Nährboden für entfremdete Arbeit, weil er *sich selbst längst entfremdet* ist, gefangen im Netz der Illusionen und des Unwissens. Tantalos' Handlungen im Tartaros lassen sich gut für industrielle Zwecke einsetzen: Ihre Mechanik ist geeignet, am Fließband Teile anzuschrauben. Das Leben findet so in der Provinz statt: „Provinz heißt Anpassung an Repressionen und Härten, die es ‚eigentlich' schon nicht mehr gibt. Nur im Leerlauf von Gewöhnung und Selbstunterdrückung

---

[43] Dieses Motiv wird in der Oper „Der Fliegende Holländer" eindrücklich dargestellt.

bleiben sie weiter wirklich – ohne Notwendigkeit. Im Zeitalter fortgeschrittener Aufklärung wird es erst ganz spürbar, wie tödlich substanzloses Elend, wie jämmerlich überholtes Unglück ist" (Sloterdijk 2007, 172).

Tantalos' Existenz als unglücklich-sinnlose markiert einen dramatischen Punkt höchsten unbewusst-mechanischen Leidens. Aber der Mythos vermag es, selbst die Krönung der Sinnlosigkeit zu übertreffen: Tantalos *ängstigt* sich jeden Augenblick davor, vom *vielleicht jeden Augenblick* herunterfallenden Stein getötet zu werden und sterben zu können. *Zur Sinnlosigkeit gesellt sich Angst, und beide Kategorien zusammen ergeben stumpfes, sprachloses Leiden.* Was bleibt, ist das Gefühl von ewiger Leere (denn Hunger und Durst sind nicht zu stillen). Blinder Aktionismus als vergebliche Flucht vor Leere versucht, diese zu überdecken. Mit Angst gepaarte Sinnlosigkeit erlaubt nicht die Bildung vernünftiger Intention: Tantalos weiß nicht, was er will; er kann sich selbst keine sinnvolle Aufgabe geben. Pädagogisch ist der Fall Tantalos ohnehin interessant, zumal, wenn es mit Schopenhauer richtig ist, dass Wollen sich nicht lernen lässt.

Der Mythos verweist indessen nicht nur auf diesen Zustand, sondern erklärt zugleich seine Genese. Tantalos' Verbannung in den Tartaros ist die Folge des in ihm wohnenden Thymos, der Arroganz als Eitelkeit. Tantalos kochte seinen eigenen Sohn Pelops und setzte ihn den Göttern zur Speise vor. Er wollte sie testen, ob sie denn wirklich allwissend sind. Natürlich bemerkten die Götter (außer Demeter, die auf Grund aktueller persönlicher Ereignisse *nicht bei sich* war) die Prüfung. Dass ein Mensch es gewagt hatte, die Götter herauszufordern, erregte ihren Zorn. Dass sie geringgeschätzt wurden, war der Auslöser für Tantalos' Verbannung, nicht der unmoralische Mord an seinem Sohn[44]. Von den Göttern verflucht, verharrt Tantalos nun im Zustand der Blindheit, wie jene „Spinne im Netz"[45]. Die Götter, als Repräsentanten höher stehender Instanzen, dulden keine Rivalität, keine Grenzverletzung: Sie sind genauso unerbittlich wie das physikalische Gesetz.

Die mythische Schilderung *angstvoller Sinnlosigkeit* lässt sich verallgemeinern als das unablässige Streben nach *Sinn*, als die Frage nach meiner Existenz in der Welt, der Sinnhaftigkeit meines Daseins, dem Ursprung und dem Sinn des Lebens. Horkheimer & Adorno bezeichnen deshalb den Mythos schon als Aufklärung (2003, 6) und versuchen, diese These u.a. an der Odyssee zu belegen. Weiter heißt es: „Der Mythos wollte berichten, nennen, den Ursprung sagen: damit aber darstellen, festhalten, erklären" (2003, 14). Daher ist die Auseinandersetzung mit dem Mythos eine aufklärerische und so – weil Aufklärung noch kein real vorfindbarer Zustand ist – kynische Angelegenheit.

---

[44] Vgl. Köhlmeier (2006, 118ff).
[45] Vgl. Nietzsche, Morgenröte 117, ausführlicher s. Teil III, 2.

Das heute vorwiegend gebrochene Verhältnis zum Mythos, wie dies von den Neo-Kynikern Nietzsche und Adorno festgestellt wird, lässt sich als *Widerstand* gegen das Gespiegelt-werden, gegen Aufklärung, gegen „sapere aude", gegen das Postulat „Erkenne dich selbst" und eigentlich gegen Menschwerdung deuten. Bezeichnenderweise bezieht die Psychoanalyse nach Sigmund Freud ihr Material gerade aus der griechischen Mythologie, neben der Ethologie und den Fällen aus der psychoanalytischen Praxis. Der in ihr erfahrene Widerstand seitens der Patienten gegen das Analysiert-werden, gegen das Szenische Verstehen als Demaskiert-werden ist klassischer Gegenstand der Psychoanalyse als Theorie; und dieser Fakt ist wenigstens ein Hinweis dafür, dass die Psychoanalyse als Theorie auf kynischer Basis aufgefasst werden kann.

## Die Psychoanalyse als Theorie auf kynischer Basis

Soll das Wesen des Kynismus erläutert werden, so geschieht dies am besten im Kontrast zu seinem Widerpart, dem Zynismus. Es handelt sich um zwei differente Lebensformen mit vielen Abstufungen und Nuancen, die einander ausschließen[46]. Kynismus ist hartnäckige Kritik am Zynismus. Denn: „Der kynische Blick versteht sich als Durchblicken eines lächerlichen und hohlen Scheins. Er möchte die Gesellschaft vor einen natürlichen Spiegel stellen, in dem sich die Menschen unverhüllt und ohne Maske erkennen" (Sloterdijk 2007, 278). „Clinch" ist der Begriff, der das Verhältnis zwischen Kynismus und Zynismus ausmacht. Der Kynismus versteht sich als dreiste Bremse, deren einziger Zweck darin besteht, den Zynismus zu ärgern und ihm, sooft es geht, Nadelstiche zu versetzen, da sie ihn nicht überwinden kann. Deshalb ist der Kynismus aggressiv, provokant, rebellisch – eine Antiphilosophie im besten Sinne.

Die Unversöhnlichkeit zwischen Kynismus und Zynismus resultiert aus der Unvereinbarkeit ihrer Lebensauffassungen: Der Zynismus ist grundsätzlich schizoid, und Spaltung ist sein Grundprinzip: Hier die private, dort die öffentliche Welt; hier die Ratio, dort die Emotion; hier das Geschäft, dort die Freundschaft; hier das Wort, dort die Tat; hier die Pflicht, dort das Vergnügen; hier die Theorie, dort die Praxis. Der zynischen Spaltung als – per se pathogenen – Parzellierung der Lebensbereiche setzt der Kynismus die folgenreiche Aussage entgegen: *Alles ist eins.* Und damit: Alles ist miteinander verbunden, hängt voneinander ab und stellt ein Ganzes dar. Deshalb: „Beim Philosophen, dem Menschen der Wahrheitsliebe und des *bewußten* Lebens, müssen Leben und Lehre zusammenstimmen. Das Zentrum jeglicher Lehre ist, was ihre Anhänger von ihr verkörpern" (Sloterdijk 2007, 204; Herv. Orig.). Und: „Eine Lehre verkörpern heißt: sich zu ihrem Medium machen" (ebd.).

---

[46] Hierzu bietet Sloterdijk eine breite und differenzierte Einführung (2007).

Heinrich Heines Vers „Sie predigten öffentlich Wasser / und tranken heimlich Wein" fasst das Wesen des Zynismus treffend zusammen. Die unendlich vielen Spielarten des Zynismus[47] erzeugen eine Beliebigkeit, die alles zu ermöglichen scheint: den elektrischen Rasenmäher, das Besäufnis und die Atombombe. Auf den Wissenschaftsbetrieb bezogen, lassen sich zahlreiche „-ismen" beobachten,[48] an denen vor knapp 100 Jahren John Dewey in durchaus kynischer Manier Kritik übte (um anschließend von der Wissenschaft dem Pragmatismus zugeordnet zu werden). Der Wissenschaftszynismus tritt als intellektualistischer Rationalismus in Erscheinung und verfällt so dem Idiotismus: In der Sprache Nietzsches:

> Es macht den erheblichsten Unterschied, ob ein Denker zu seinen Problemen persönlich steht, so daß er in ihnen sein Schicksal, seine Not und auch sein bestes Glück hat, oder aber ‚unpersönlich': nämlich sie nur mit den Fühlhörnern des kalten neugierigen Gedankens anzutasten und zu fassen versteht. Im letzteren Falle kommt Nichts dabei heraus, so viel läßt sich versprechen: denn die großen Probleme, gesetzt selbst, daß sie sich fassen lassen, lassen sich von Fröschen und Schwächlingen nicht *halten* [...] (Fröhliche 345; Herv. Orig.).

Die bloß rationale Sichtweise, die stolz und eitel ihre Fragestellung, Methode und Ergebnis präsentiert, stellt sich aus kynischer Sicht eigentlich als erbärmliches Kratzen an Oberflächen dar, als würde ein Maulwurf sich ausgerechnet der visuellen Wahrnehmung widmen wollen:

> Bei Intellektuellen tritt oft eine merkwürdige Augenstumpfheit zutage, die nicht zuletzt daher rührt, daß im Studium die Augen fortwährend vergewaltigt werden, Dinge zu lesen, die sie nicht durchlassen würden, wenn es nach ihnen ginge. Sie haben als bloße Lesewerkzeuge zu dienen, und es ist kein Wunder, wenn der Blick solcher Menschen auf die Welt, an schwarze Zeilen gewöhnt, von der Wirklichkeit abgleitet. Herrenzynisches Wissen, wie es sich in intellektuellen Köpfen ansammelt, verrät sich durch die starren Augenblöcke und durch eine Eintrübung und Erkältung des Blicks. Er fixiert die Dinge, die er nicht durchdringt und denen er ihr Dasein nicht wirklich gönnt. In solchen Augen liegt ein Ausdruck, der sich mit dem schiefen Lächeln vergleichen läßt[49] (Sloterdijk 2007, 280).

Jenes „schiefe Lächeln" ist das Zeugnis der Spaltung des zynischen Bewusstseins. Es verrät seine Versuche, zu verstecken, zu verbergen, zu täuschen, zu betrügen, zu belügen, zu fälschen und verfälschen. All diese Handlungsakte, die

---

[47] Um Beispiele ist man wirklich nicht verlegen: Der den Drogenschrank plündernde Polizeipräsident; der pädophile Pfarrer; der über „schmutzige" Witze in der Männerrunde lachende Spießbürger, der seinen Kindern grobe Ausdrücke verbietet ...

[48] Etwa: Materialismus, Idealismus, Interaktionismus, Rationalismus, Strukturalismus etc.

[49] Ergänzend hierzu noch einmal Nietzsche: „Der Gelehrte, der im Grunde nur noch Bücher ‚wälzt' [...] verliert zuletzt ganz und gar das Vermögen, von sich aus zu denken" (Ecce homo, warum ich so klug bin 8).

sich als „So tun, als ob" subsummieren lassen, lassen den energetischen Haushalt stocken und bewirken eine innere Anspannung, die sich psychosomatisch bemerkbar macht. Der Körper teilt sich ungewollt seiner sozialen Umwelt mit und bekundet seine ständige untergründige Angst vor Entdeckung und Entlarvung seiner Täuschungsmanöver und Maskeraden. „Das zynische Denken kann nämlich nur erscheinen, wo von den Dingen zwei Ansichten möglich geworden sind, eine offizielle und eine inoffizielle, eine verhüllte und eine nackte, eine aus der Sicht der Helden und eine aus der Sicht der Kammerdiener" (Sloterdijk 2007, 401).

Der Zynismus hält sich in zwei Welten zugleich auf: Moral und Amoral reichen sich ungewollt die Hand, werden zur Doppelmoral, die nur auf günstige Umstände wartet, um sich heimlich die Maske für den nächsten Auftritt anzuziehen. Strategisch wird die Reaktion des Anderen kalkuliert, auf Vergrößerung der eigenen materiellen Basis sinnend. Obwohl die Rechnung ihre eigene Grundlage – die Doppelmoral – nicht ausweist, schwingt ihre Existenz gleichsam mit: „Zynismus ist eine der Kategorien, in denen das moderne unglückliche Bewußtsein sich selbst ins Auge sieht" (ebd., 269). Der Zyniker kommt um das (wenigstens dunkle) Wissen nicht herum, dass er Zyniker und sein Betrug vor allem Selbstbetrug ist:

> Die Verhältnisse sind so, um einen etwas groben Vergleich zu benutzen, wie bei einer meisterlichen Fälschung in einer Betrugsaffäre, wo es dem Betrüger gelang, die Bilanz auf der Soll- wie auf der Habenseite so abzustimmen, daß sich die Fälschung innerhalb des Systems nicht mehr entdecken läßt. Der Vergleich hat allerdings zwei Grenzen: zum einen ist der Betrüger – der Patient selbst der Betrogene, die Fälschung läuft hinter seinem Rücken ab; und zum anderen kann keiner der Betroffenen ohne weiteres aus dem System heraus: die Sprache kann nicht überstiegen werden (Lorenzer 1995, 132).

*Aus der Sicht des Zynikers gilt also*: Innerhalb des Systems können dann (unübersehbare) Unstimmigkeiten bei der Bilanzführung als Störungen der Abläufe mit unzulässigen Eingriffen seitens anderer (etwa kynischer) Systeme gerechtfertigt werden: Es handelt sich hierbei, psychoanalytisch gesehen, um den Vorgang der *Externalisierung*. Anstatt ehrliche Aufklärung zu betreiben und den Selbstbetrug aufdecken zu wollen, werden noch zusätzliche, kostenintensive Mittel zu seiner Deckung herangezogen. Sind diese dann erfolglos ausgeschöpft, so wird zugefügte Kränkung als Verletzung des gesetzlich zugesicherten Bankgeheimnisses behauptet. Damit gerät der *Widerstand* an seine *Grenzen; sie werden durch das Ausspielen des letzten, mächtigen Trumpfes markiert*: Der Kyniker wird als Aggressor betitelt, der illegal, anstandslos und in moralisch verwerflicher Weise sich in innere Angelegenheiten, von denen er selbst nicht betroffen sei, einmische. Es wird der Kriegszustand ausgerufen und der eigene – zynische

– Status als bemitleidenswertes Opfer behauptet. Damit werden wiederum eigene aggressive Handlungen gerechtfertigt und als Notwehr ausgegeben.

Der Kyniker, als eine Art Wirtschaftsprüfer, wird so zur Zielscheibe der Aggressionen des Zynikers, der seiner Lebensweise ungestört und ungeprüft nachgehen will. Erscheint der Kyniker in Gestalt des Komikers, Komödianten, Kabarettisten, so wird ihm von zynischer Seite eine gewisse „Narrenfreiheit" zugesprochen, die sich gut schultern lässt, weil sie nicht ernst genommen zu werden braucht. Erscheint der Kyniker aber in Gestalt des Psychoanalytikers, so ist die leichte Unterhaltung und mit ihr das unbeschwerte Lachen beendet: Denn die Entlarvung des Zynikers wird nun auf wissenschaftliche Basis gestellt. Die Wissenschaft, die Mittel zur Entlarvung des falschen und unglücklichen Bewusstseins entwickelt hat, ist die Psychoanalyse, die sich als trickreiche kynische Theorie erweist:

„Das Mirakel der Psychoanalyse ist, wie sie alle ihre Gegenstände – dieses Orale, Anale, Genitale – so seriös verzaubert. Es ist, als ob in einer feinen Gesellschaft bei Tisch gerülpst würde, und niemand findet mehr etwas dabei", heißt es bei Sloterdijk (2007, 541). Er führt diesen Sachverhalt darauf zurück, dass „Freud persönlich die subversive, satirische und rebellische Seite seines Unternehmens nicht unterstrich, sondern im Gegenteil alles daransetzte, seiner Arbeit das Ansehen einer Wissenschaft zu verleihen" (ebd.). Und weiter: „Eleganter als Freud kann sich ein Kyniker seiner Aufgabe nicht entledigen. In makelloser Prosa und in bestes englisches Tuch gekleidet, hat der Altmeister der Analyse es fertiggebracht, bei höchstem Ansehen über so gut wie alle Dinge zu sprechen, über die man nicht spricht" (ebd.).

Die Psychoanalyse zur seriösen Wissenschaft zu erheben, funktioniert durch die Einführung theoretischer Konstrukte und Modelle (psychischer Apparat bestehend aus Es, Ich und Über-Ich; psychische Qualitäten als Unbewusstes, Vorbewusstes und Bewusstes; energetische Trieblehre mit Eros und Thymos[50] als entgegengesetzte Pole, die sich ähnlich wie positive und negative Ladungen verhalten), einer Entwicklungstheorie (orale, sadistisch-anale, phallische und genitale Phase) und spezielle anwendungsorientierte Verfahren wie die Traumdeutung und Assoziationsbildung. Nach Freuds Argumentation erscheint die Psychoanalyse als mit der Physik ohne Weiteres vergleichbare und ebenbürtige Wissenschaft: „Unsere Annahme eines […] psychischen Apparates […] hat uns in den Stand gesetzt, die Psychologie auf einer ähnlichen Grundlage aufzurichten

---

[50] Freud führt zwei Grundtriebe ein: Eros als Liebestrieb (Libido) und den Destruktionstrieb als Todestrieb. Freud erklärt: „Für die Energie des Destruktionstriebes fehlt uns ein der Libido analoger Terminus" (1996, 46). Da Freud selbst auf Eros zurückgreift, liegt es nahe, ihm Thymos als destruktive Energie entgegenzusetzen.

wie jede andere Naturwissenschaft, z.B. wie die Physik. Hier wie dort besteht die Aufgabe darin, hinter den unserer Wahrnehmung direkt gegebenen Eigenschaften (Qualitäten) des Forschungsobjektes anderes aufzudecken, was von der besonderen Aufnahmsfähigkeit [sic] unserer Sinnesorgane unabhängiger und dem vermuteten realen Sachverhalt besser angenähert ist" (1996, 92).

Impliziert wird das Problem des Bruchs zwischen sinnlicher Wahrnehmung und Theoriebildung, von dem Physik wie Psychoanalyse gleichermaßen als in spezifischer Weise gebrochene Perspektiven auf Welt betroffen sind[51]. Allerdings besteht ein entscheidender Unterschied zwischen diesen beiden Sichtweisen: Während Physik persönlich neutral ist, weil sie unbelebte Materie untersucht[52], ist der Gegenstand der Psychoanalyse eben der Mensch als Person, genauer: seine Psyche. Physikalisch durchleuchtete Materie verlangt das „sachliche" Argument, aber kann psychoanalytisch durchleuchtete Psyche affektfrei diskutiert werden? Quantenmechanik kann zu interessanten Überlegungen führen, aber sobald von „Vaginalerregung", „Klitoris", „Penis", „Geschlechtsverkehr" u.Ä. gesprochen wird, so *kann das Thema nicht ohne Bezug auf die eigene Sexualität durchgehalten werden.* Psychoanalyse ist die Wissenschaft von den „danger zones", vom Tabu, von der Intimität als Privatheit. Das Thema der Psychoanalyse betrifft absolut jeden Menschen, und es duldet keine Gleichgültigkeit – es erregt. Die Erregung äußert sich als Zuspruch oder Widerstand – hinter diesen beiden polaren Erscheinungen verbirgt sich die Neugier, ursprünglich gerichtet auf – Sexualität[53]:

> Begegnet man dem Wort Aufklärung zum erstenmal, dann ist es in der Regel ein unanständiges Wort. Irgendwann kommt jemand auf den Gedanken, wir seien jetzt alt genug um ‚es' zu erfahren: das Leben kommt vom Ficken. Jetzt ist es heraus. Man kann sich auch harmlos herantasten, beginnend mit der Biene und dem Blümchen, weiter mit Katze und Kater, Kuh und Stier, zuletzt mit Mama und Papa, die sich dabei ganz doll liebhaben. Man schweigt darüber vorher, man schweigt auch nachher, dazwischen eine Lücke: Aufklärung (Sloterdijk 2007, 622).

Psychoanalyse, verstanden als Aufklärung im umfassenden Sinn, ist eine prekäre Angelegenheit. Prekär ist ebenfalls der gewählte methodische Zugang – aufklärerisch-investigativ. Denn: „Die Aufklärung tut nichts anderes, als die mutmaßli-

---

[51] Vgl. hierzu Engelbrecht (2003, 58ff).
[52] Vgl. etwa Raufuß (1989); hier findet sich eine Sammlung einiger Untersuchungen zur Persönlichkeitsstruktur des Physikers. Die Ergebnisse stimmen darin überein, dass bei Physikern eine starke Neigung zur neutralen Sachlichkeit zu beobachten ist und diese zugleich tendenziell Schwierigkeiten bei der Gestaltung zwischenmenschlicher Beziehungen haben. Der mythologische Prototyp ist Hephaistos.
[53] Die Bildung „anderer" Interessen erfolgt gemäß dem Vorgang der Sublimierung.

chen Wölfe bei der Garderobe zu belauschen, wo sie den Schafspelz an- und ausziehen" (ebd., 101). Prekär ist die Untersuchung intimen Beziehungswissens und Handelns im Klassenzimmer. Prekär, aber überfällig, zumal es an Stimmen nicht mangelt, die komplexes Intimwissen ins Ohr zu flüstern vermögen:

Spontaner E-Mail-Bericht über Schule einer Achtklässlerin an den Verfasser (Gymnasium; 2007)
Tust du solche Studenten ausbilden, die dann bei manchen Klassen den Unterricht paar mal schmeisen? Ich hasse diese Referendare. Die sind immer so dumm und unsicher. Müssen sich für jeden Fehler entschuldigen und sind viel strenger als die Lehrer. Streng war vorhin etwas zuviel gesagt. Aber z.b. wenn man sich bei einem Lehrer umsetzt dann ist das okay, sofern man die Klappe hält und am Anfang der Stunde gefragt hat. Bei einem Referenda ist so was strickt verboten. Dann sind natürlich alle genervt. (Aber es hält sich in Grenzen.) Es ist heiß wir haben Durst und fragen ob wir trinken dürfen, dann wird man sofort zurückgewiesen. In solchen Sachen sind Lehrer viel cooler. Lehrer machen auch mal einen Witz, aber Referendare sind immer so einseitig. Außerdem sollten Referendare nicht immer Folien verwenden, das ist oft so unscharf doch trotzdem nehmen sie jedes mal Folien, Von Stunde zu Stunde. Oder: wenn dann so eine Frau oder ein Mann sich hinten hineinsetzt. Werden wir eine Stunde vorher informiert und mit Süßigkeiten bestochen, es sei so eine wichtige Prüfung. Ist das nicht schummeln? Einmal hatten wir eine Referindarin für längere Zeit in Ethik und jedes mal wenn sie mich dran nahm hat sie mich Schatzi genannt. Schatzi hier Schatzi da. Anfangs war das ja noch lustig, aber irgendwann hat es mich genervt und ich hab es ihr gesagt. Ab dem Zeitpunkt hat sie mich Bengel gennant. Sie hat einfach nicht mehr aufgehört und schließlich hab ich gestreikt. Wegen der hät ich mir fast meine Ethiknote versaut. (hab aber trotzdem eine 1 bekommen) Also die Stimmung ist bei uns oft bei Null, wenn ein Referenda da ist. Nur manche (die Seltenheit) hats drauf. Unserer Lehrer hat heut mit Kreide nach uns geworfen, richtig ausgetickt ist der. In einer anderen Klasse hat er sogar mit dem Schlüsselbund nach Schülern geworfen. Aber unser Direktor lacht nur drüber. Mir kanns egal sein. Die Kreide war ja nicht auf mich gerichtet. Aber das hät echt gefährlich werden können. Stell dir mal vor das hät jemand am Auge getroffen. Was ich dazu sagen muss, unsere Jungs sind auch wirklich gemein. Die erlauben sich einfach alles. Aber trotzdem brauch er nicht gleich auszuflippen. Letztens kam einer unsrer Jungs besoffen zur Unterstufen Disco. Ganz schön peinlich! Aber nett sind sie trotzdem. Dieses Schuljahr werden die nicht mehr packen. Zum Glück.

## 3. Anzeichen eines Beziehungskrieges im Klassenzimmer

Die Geschichte der Menschheit ist mit Blut geschrieben; sie verwaltet größtenteils ein Archiv von Kriegen, unterbrochen von (gebrochenen) Friedensverträgen. Die Abwesenheit von Kriegshandlungen heute[54], in Europa, bedeutet Frieden im nur eingeschränkten Maß. Ein Blick auf die Tagespresse genügt, um den Eindruck von kriegerischen Handlungen auf nicht-militärischen Ebenen zu bekommen: *Feindliche* Übernahmen, *Kampf* um Arbeitsplätze, gegen den Krebs, für Gerechtigkeit. Allenthalben wird gekämpft, als sei der Überlebenskampf

---

[54] Zum gegenwärtigen Zeitpunkt des Schreibens ist es Sommer im Jahre 2008: Aktuell befinden sich russische Truppen in Georgien und die Vereinigten Staaten sind seit Jahren im Irak und in Afghanistan militärisch „engagiert".

heute so aktuell wie zur Zeit Darwins. Die Felder, auf denen die Kämpfe ausgetragen werden, sind eigentlich beliebig und die Anlässe unterschiedlich. Aber der Grund ist nur einer: *Anspannung*. Formen als Manifestationen dieses Grundphänomens werden im folgenden Gang der Darstellung zu betrachten und analysieren sein, gerade bezogen auf das Geschehen im Klassenzimmer. Zuerst dennoch soll die Pädagogik als Theorie und Praxis anhand einiger Beispiele auf ihre Kriegsmetaphorik belauscht werden.

### 3.1 Kriegsmetaphorik und ihre Verharmlosung in der Schulpädagogik

Rudolf Dreikurs, ein amerikanischer Psychologe, geht auf Gustav Wyneken zurück, um mit ihm darauf hinzuweisen, dass „das Leben in unseren Schulen häufig oder beinahe immer unter der Teilung in *zwei bewaffnete Lager,* nämlich dem der Lehrer und der Schüler leidet, die einander befehden" (1969, 20; Herv. Verf.). Im nächsten Schritt bezieht sich Dreikurs auf Montessori, die 1950 „in ergreifender Weise zu einem *Waffenstillstand* zwischen Kindern und Erwachsenen" aufgerufen haben soll (ebd.; Herv. Verf.). Die dramatische Larmoyanz findet so ihre Kulmination: „Ob der Lehrer es möchte oder nicht, ob er sich dessen bewußt ist oder nicht, gewöhnlich wird er in einen Machtkampf hineingezogen, aus dem er sich nicht befreien kann. *In unseren Schulen herrscht Krieg!*"[55] (ebd., 19; Herv. Verf.) Die Ausrufung des Kriegszustandes kann an Eindringlichkeit kaum überboten werden, sieht man einmal von emphatischen Texten aus der altehrwürdigen Reformpädagogik ab, wie etwa Ellen Keys Klage über die „Seelenmorde" in der Schule (1991).

Die Klage ist traditionell wirkungslos, weil sie als seelischer Erguss, als mitgeteilter Ausdruck von Leid aufgefasst wird, der als solcher per se selbstreflexiv ist: Die Klage will kaum mehr als angehört zu werden[56]. Gelegentlich fühlt sich der Hörer allerdings dazu berufen, die Gründe für das Versagen zu eruieren, um dem Kläger dann konkrete Handlungsanweisungen als Rezepte erteilen zu

---

[55] Entschlossene kynische Kritik wird von Wyneken (1919, 50) vorgetragen: „Unter dem Druck dieser Angst [vor dem physischen Schmerze] hat sich das mittelalterliche, also auch heute herrschende Unterrichtswesen herausgebildet. Und nun betrügt man sich mit der Fiktion, daß nach Wegfall der physischen Barbarei sich dennoch der alte Unterricht mit seinem dem jugendlichen Interesse so fremden Stoff und seiner widernatürlichen Methode aufrechterhalten ließe. Wir erleben eben hier, wie ja fast auf jedem Gebiete, wieder eine bürgerliche Halbheit. Wie mit der Abschaffung der Tortur noch wenig erreicht war, sondern ein ganz neues Prozeßverfahren gefunden werden mußte, so ist mit der Abschaffung des physischen Terrors in der Schule nur erreicht worden, daß man den noch widerwärtigeren vergeistigten Terror herbeirufen mußte, die Angst vor Versetzungen, Zensuren und Prüfungen, auf die jetzt die Schule ihre Macht stützt."

[56] Insbesondere bei älteren Menschen ist gelegentlich zu beobachten, dass diese nicht einmal mehr zu registrieren scheinen, ob das Gegenüber ihrer redundanten Darstellung überhaupt noch folgt. Was gesagt wird, muss gesagt, gewissermaßen *abgespult* werden, ohne Rücksicht auf den Hörer.

können. Somit betritt man das Terrain der Ratgeberliteratur, die in der Schulpädagogik beliebt und verbreitet ist[57]. Didaktik, verstanden als Unterrichtsplanungs*hilfe*, tendiert dazu. Es ist aufschlussreich, diese These anhand von Hilbert Meyers „Leitfaden zur Unterrichtsvorbereitung" zu überprüfen, die so eröffnet werden:

„Dies ist ein Leitfaden zur Unterrichtsvorbereitung für Berufsanfänger – nicht für routinierte Leser und schon gar nicht für Erziehungswissenschaftler" (1980, VI) – diese Ankündigung ist in sich fragwürdig: Der Erziehungswissenschaftler stellt sich außerhalb der Erziehungswissenschaft und positioniert dort ein Buch, das sich als „Anleitung zum Schreiben von Unterrichtsentwürfen" (ebd.) begreift. Die Botschaft dieser Veröffentlichung lässt sich so explizieren: Auch ohne ein fundiertes Studium der Erziehungswissenschaft ist erfolgreiches Unterrichten möglich, sofern die im Leitfaden vorgeschlagenen Rezepte umgesetzt und mit eigener Lebendigkeit verbunden werden. Somit desavouiert Meyer die Erziehungswissenschaft als einerseits für die pädagogische Praxis untauglich und so verzichtbar, andererseits dem Studierenden eigentlich nicht zumutbar: „Der nachweisliche Hunger des Berufsanfängers nach Rezepten kann […] nicht dadurch behoben werden, daß der Wissenschaftler dem Berufsanfänger die Unmöglichkeit von Rezepten nachweist" (ebd., VII).

Bei Hilbert Meyer lässt sich in aller Deutlichkeit studieren, wie am Rande wahrgenommene pathologische Erscheinungen des Unterrichts durch *Diffusion der Aussage* (die sich durch ihren Status als unwissenschaftliche legitimiert) *verharmlost* werden:

Auch wenn ich Dompteursregeln ablehne, muß ich realistisch davon ausgehen, daß Sie als Berufsanfänger manchmal keinen anderen Weg sehen, als blanke Macht auszuüben. […] Ursache für viele dieser Grabenkriegssituationen sind nicht von Ihnen mitverantwortende Anfängerfehler, sondern der Zwangscharakter der Schulanstalt. […] Immer dann, wenn Sie nicht umhin kommen, eine Dompteursregel anzuwenden […], sollten Sie aber bedenken, daß Sie zwar einen Machtkampf gewonnen, aber einen pädagogischen Sieg verschenkt haben! (Meyer 1980, 43)

Die prophetische Botschaft ist durchzogen von *Kampfmetaphorik, ohne auf diese eingehen zu wollen*: Dompteursregeln – blanke Macht – Grabenkrieg – Zwangscharakter – Machtkampf – gewinnen; verlieren; verschenken – pädagogischer Sieg. Die widersprüchliche Aussage lautet: „Werdender Lehrer! Pass auf, mir schwant, du hast es in der Schule mit wilden Tieren zu tun, die nach Dressur verlangen. Herrsche deshalb über sie, mit diesem Leitfaden. Und sei dabei ein wenig demokratisch, kritisch und selbstkritisch!" Es ist frappierend, wie Motive

---

[57] Vgl. Oelkers (1995).

des Kampfes den Kern der inhaltlichen Aussage eigentlich bilden, ohne von dieser als solche erkannt zu werden. Künstlich-penetrante Süße versucht, den Geruch von geronnenem Blut zu überdecken. Die Aussage „Es ist Krieg in unseren Klassenzimmern" wird, während sie eigentlich gemacht wird, von Besänftigungsbemühungen durchzogen, als würde der Aussagende dem Rezipienten auf die Schulter klopfen: „Es geht ja um so etwas wie Macht im Klassenzimmer, und du hast es auch schwer, aber nimm ein bisschen Rücksicht auf die Lernenden, die dem Schulzwang unterliegen. Wir sind doch nette Menschen." Im Wesentlichen sind es sozialromantisch-naive Vorstellungen, in deren Rahmen weder die eigene Aussage noch der Adressat dieser Aussage ernst genommen werden. Beliebigkeiten wird so das Tor geöffnet:

Auch eine pädagogische Veröffentlichung, die sich bescheiden als „unwissenschaftlich" ausgibt, sollte um Präzision der Aussage als Technik der Verallgemeinerung bemüht sein: Nachdem Befragungen Studierender zu ihrer Angst in den ersten Unterrichtswochen im Rahmen einer wissenschaftlichen Veranstaltung durchgeführt worden waren (ebd., 7), wurden die Ergebnisse in einigen Kategorien aufgeteilt. Unter der Rubrik „Disziplinprobleme" erscheinen Äußerungen wie:

- Schüler könnten versuchen, den Lehrer fertig zu machen
- Schüler könnten meinen Unterricht boykottieren
- Die Klasse könnte rebellieren
- Als Lehrer könnte man aufs Kreuz gelegt werden – kann ich mich jedesmal wieder hochrappeln?

Was unscheinbar und harmlos als „Disziplinprobleme" verkleidet daherkommt, ist realiter die *existenzielle Angst* des Unterrichtenden *vor Verlust seiner Herrschaft über die Klasse*. Diese Kategorien werden bloß angetippt, anstatt die Grundlage einer Diskussion zu bilden, um die die Studierenden als Berufsanfänger eigentlich bitten, weil sie diffus-fern die Notwendigkeit der Ausübung von Herrschaft im Klassenzimmer bemerken. Man höre sich das an: „fertig machen – boykottieren – rebellieren – aufs Kreuz gelegt werden"! Hier verbreitet sich Angst um das eigene Leben als Befürchtung des Todes. Die zweifelnde Frage, „ob ich mich denn jedesmal wieder hochrappeln kann", erinnert, lauscht man ihr, an Jesus auf seinem Passionsweg, mit seinem Kreuz beladen, dreimal stürzend und dreimal sich wieder aufrappelnd. Das befürchtete Martyrium könnte pädagogische Wirklichkeit werden: Die Lehrerin fällt, getroffen von einer Gemeinheit seitens der Lernenden, „rappelt" sich aber, einem ewig lebenden Helden gleich, wieder auf, um den nächsten Schlag zu kassieren[58]. Denkbar ist auch das Bild eines Boxkampfes, der das Stadium erreicht hat, in welchem der Unterlegene Schläge empfängt und keine austeilt. Das ist der Augenblick, der wahre Helden gebiert, falls er genutzt wird: Vermag es der „Unterlegene", den Spieß umzudrehen und seinen Gegner KO zu schlagen, so kann er seinen Sieg und zugleich seine zahlreichen blutenden Wunden feiern.

Die Verfasserin dieser von Meyer zitierten Zeile beschäftigte sich mit der Frage, ob sie Jesu Passionsweg jeden Schultag gehen muss und ob sie diesen Gang *überlebt*. Es geht um Leben oder Tod aus subjektiver Sicht, um Todesangst. Auch nach meinen Beobachtungen Lehramtsstudierender ergibt sich der Sachverhalt, dass ihre Frage, wie *man denn Unterricht macht*[59], als Code für eine Tabuzone fungiert und so decodiert werden kann: „Wie kann ich erfolgreich Herrschaft im Klassenzimmer ausüben?" Interessanterweise existiert gerade das Tabuisierte als Tabuisiertes weiter – die Tabuzone markiert den Bereich, in dem etwas *ist*, aber eigentlich nicht sein darf:

> Die Verdrängung des Disziplinbegriffs läßt sich auf allen Ebenen des pädagogischen Gesprächs beobachten: über Disziplin spricht man *in der Schule* nicht gerne – der gute Lehrer hat keine Disziplinprobleme zu haben und viele junge Lehrer – auch wenn sie unter Disziplinschwierigkeiten leiden – lehnen die Forderung nach Disziplin und Ordnung als Rückfall in eine überwundene pädagogische Haltung ab. Aber auch *in der pädagogischen Wissenschaft* ist ähnliches zu beobachten: offenbar schreibt man auch nicht gerne über Disziplin, vielleicht aus Furcht, damit nicht ernst genommen zu werden (Schneider 1985, 12; Herv. Orig.).

Das Tabu findet sich also in der pädagogischen Theorie *und* Praxis gleichermaßen vertreten, während im pädagogischen Professionalisierungsdiskurs gerade ihre Differenz, ihre je eigene Dignität behauptet wird. Das Tabu fungiert als „Terra incognita", die aus Gründen der Diskretion unerforscht, unbekannt bleiben soll. Die Diskretion markiert die Grenze des Wissens, sie stellt sich als Wissensschranke[60] dar, die zuweilen mit stark aufgeladenem Affekt verletzt wird: In der pädagogischen Landschaft sind gelegentlich Ausbrüche zu beobachten, wie wenn einer auf den Tisch haut und etwa äußert, dass Erziehung „strenger" sein[61]

---

[58] Dieser Charakteristik kommt dem an den Felsen gefesselten Prometheus nahe, besonders das Motiv des täglich erscheinenden Adlers, der an Prometheus' nachwachsender Leber hackt. S. auch Teil II, 2.4, Bilder und Gestalten …

[59] So beschrieb eine Studierende ihre Erwartungshaltung bezüglich des für sie obligatorischen Seminars „Unterrichtsplanung".

[60] Mit Lorenzer würde man von einer Schranke des (Vor-)Bewussten sprechen.

[61] Solche Töne kamen z.B. vom gegenwärtigen Ministerpräsidenten Frankreichs, Nicolas Sarkozy, der öffentlich seine Parteinahme für einen Lehrer bekundete, der einem Schüler eine Ohrfeige gegeben hatte. Vorausgegangen nach Presseberichten war die Aufforderung des Lehrers an den Schüler,

müsse, womit ein diffuser Begriff von Autorität, Disziplin, Kontrolle wie eine dunkle Wolke sich auf die Wissenschaft legt, wie dies im Falle der Veröffentlichung von Bernhard Bueb „Lob der Disziplin – eine Streitschrift" (2006) kürzlich geschehen ist. Hierauf erwiderte Micha Brumlik als Herausgeber eines Buches: „Vom Missbrauch der Disziplin" (2007), in dem Bueb aus unterschiedlichen wissenschaftlichen Richtungen kritisiert wird.

Buebs Veröffentlichung hat viel Aufmerksamkeit erregt, und das bei geringem Aussagegehalt. Seine Leistung besteht lediglich darin, aus konservativer Sicht Disziplin als bildungstheoretisch unbegründeten Begriff hochzuhalten und autoritäre Verhältnisse heraufzubeschwören – es handelt sich um eine Art „Machtwort". Eine solche Explosion ist zu großen Teilen auf sich selbst bezogen. Ein schimpfender Opa empört sich nicht so sehr über den den Fußgängerweg benutzenden Radfahrer, sondern über die Unordnung der Welt und die mangelnde Beachtung der Verkehrsregeln, die er tagtäglich feststellt: „Ohne zunächst nach Zusammenhängen zu fragen, registriert [das konservative Denken], daß die Menschen sich oft genug egoistisch, zerstörerisch, habgierig, unklug und gemeinschaftswidrig verhalten. Ja, darum war und ist für jeden Konservatismus die *Kriminalität* so überaus wichtig – weil das ‚kurze Denken' in ihr den schlagenden Beweis für eine pessimistische Menschenauffassung findet, die ihrerseits die Basis für autoritäre, hart disziplinierende Politik[62] liefert. Es ‚gibt' aus dieser Sicht in der Natur also bereits Verbrecher, Dummköpfe, Querulanten, Egoisten und Rebellen – genau wie es Bäume, Kühe, Könige, Gesetze und Sterne gibt" (Sloterdijk 2007, 121; Herv. Orig.).

Damit ist die schmale Basis des Vorhabens von Bueb umrissen. Die „Antworten der Wissenschaft" befassen sich mit dem Nachweis der undifferenzierten Sichtweise Buebs und sie argumentieren philosophiegeschichtlich, machtanalytisch und neurobiologisch, Antinomien und Aporien im Erziehungsprozess entwickelnd. Buebs Polemik trocknet im wissenschaftlichen System aus. Interessanterweise wird den Akteuren dieses Diskurses nicht offenkundig, worüber eigentlich verhandelt wird: Das Thema lautet: „Strenge". Dieser Begriff findet sich in *keinem* einschlägigen pädagogischen Wörterbuch, obwohl er in Schulerfahrungen eine etablierte Größe darstellt. Der Begriff der Strenge erlaubt folgende Sichtweise auf die Bueb-Brumlik-Debatte: Bueb betritt die Bühne und verkündet zornig: „Wir brauchen mehr Strenge!" Hierauf erwidert die entrüstete Wissen-

---

den Tisch aufzuräumen, nachdem der Lehrer die Sachen mit einer Armbewegung vom Tisch gefegt hatte. Der Schüler habe ihn verständnislos angesehen und sogleich beleidigt. Die Situation eskaliert.

[62] 2008 brachte Hessens Ministerpräsident, Roland Koch, den Vorschlag ein, das Jugendstrafrecht zu verschärfen. Vorausgegangen war ein Fall in München, der Schlagzeilen machte: Zwei Jugendliche hatten einen älteren Bürger verprügelt. Politik verzichtet hier auf Differenzierung des Tatherganges und Begründung von Zusammenhängen: Warum hat ein Einzelfall in der Münchner U-Bahn so viel politisches Gewicht in Hessen?

schaft, dass die Gestaltung gelingender sozialer Beziehungen fürs Lernen wesentlich und mit Strenge unverträglich sei. Aber die Frage nach dem Wesen der Strenge und ihrer Erscheinung sowie Funktion im pädagogischen Prozess bleibt ein Desiderat[63], das im Folgenden mit dem Bericht dreier Fälle aus der pädagogischen Praxis angegangen werden soll.

### 3.2 Strenge als das Subjekt vernichtende Kategorie: Zurechtweisen als verbales Feuern

Die Strenge manifestiert sich in Form von Verhaltensmustern, die die Akteure im Klassenzimmer reproduzieren. Besonders Lehrende, denen Strenge nachgesagt wird, wurden als Fälle für die Analyse herangezogen. Ihr Erscheinen im vom Verfasser geleiteten Unterricht (oder umgekehrt) ließ solche Beobachtungen zu:

*Fall A*: Eine Lehrerin will in der Klasse des Verfassers etwas ankündigen und erscheint zu Beginn der Stunde. Sie geht langsam, gut aufgebaut und bedrohlich auf die Mitte des Klassenraumes zu. Während dieses Ganges inspiziert sie die einzelnen Schüler, wie ein Adler von oben auf die kleinen Mäuse herabschauend. Der Mund öffnet sich und verkündet: „Kaugummi raus!" Der so Erwischte beeilt sich, der Instruktion nachzukommen. Einen Schritt weiter hat sie schon den nächsten Unglücklichen ins Visier genommen und befiehlt erneut: „Mütze runter!" Eilig wird sie weggesteckt. Meine Klasse, bis zum Erscheinen der Lehrerin in einem gewissen Durcheinander versunken, ist plötzlich die aufmerksamste, andachtsvoll mit großen Augen die Lehrerin betrachtende, lernwillige Gruppe. Und gleich zu Beginn dieses monströsen Lernprozesses gibt es zwei Schuldige[64], und der Rest ist potentiell schuldig; jedenfalls *kann er sich leicht schuldig machen, wenn er nicht so tut, als würde er dem ihm Mitgeteilten folgen.* Die Lernenden lernen so zugleich, dass Schuld sich leicht abstreifen lässt, wenn man nur das Spiel mitspielt: *Tue so, als ob!* Die Lehrerin heuchelt den Schülern vor, dass letztere die erfolgte Zurechtweisung als legitime angenommen hätten, -

---

[63] Dieses Postulat wird durch eine unterkomplexe Sichtweise untergraben, die den Heranwachsenden als unzurechnungsfähig betrachtet und den Erwachsenen als überaus vernünftig, dem dann überlassen bleiben soll, wie er den Unvernünftigen zur Vernunft bringen soll, nämlich durch diffus nahegelegte Ausübung von Strenge: „Das alleinige strategische Ziel des Lehrers ist das Abhalten eines guten Unterrichts. All sein operatives und taktisches Handeln hat sich diesem strategischen Lehr- und Erziehungsauftrag unterzuordnen. Er hat hier keine Freiheitsgrade" (Frey & König 2005, 22). Diese pädagogische Anmaßung als Arroganz wird durchaus von Lernenden erkannt: „Die Lehrer glauben, sie tun uns was Gutes, wenn sie uns Sachen beibringen, aber das wollen wir gar nicht" (8. Klasse, Hauptschule).
[64] Nämlich den Kaugummikauer und den Kappenträger.

und umgekehrt heucheln die Schüler der Lehrerin vor, dass der Fall damit endgültig amtlich besiegelt sei, weil sie nun angeblich die Verärgerung der Lehrerin verstehen und voller Reue auf ihre Untaten blicken. *Gelernt wird Heuchelei als Versuch, die Schuldfrage zu umgehen.*

*Fall B*: Eine Lehrerin geht nervös-unzufrieden in ihre Klasse kurz vor Beginn des Fachunterrichts des Verfassers. Zur Begrüßung heißt es, gewandt an die Klasse: „So ein Saustall hier!" In einem anderen Zusammenhang bezeichnet sie ein Lernender als „Hexe". Nachvollziehbar: Eine kantige Gestalt, ständig unzufrieden murmelnd und fluchend, die von einem ständig die Beschäftigung mit Belanglosigkeiten fordert, wie Hefte herausholen, Merksatz abschreiben und Aufgabe 2 lösen. Und diese Gestalt wird dann in ihrem Ethikunterricht die Bedeutung der Höflichkeit durchnehmen – ein klassischer pädagogischer Zynismus.

Die Lehrerin (in A und B) hält also durch Vorwürfe die Klasse in Schach, die ihrerseits darauf bedacht ist, keine falsche Handlung auszuführen. Sie nimmt eine defensive, sich rechtfertigende Haltung an. Gerade während des Zurechtweisens ist es besonders geboten, die zwischendurch erteilten Instruktionen umgehend zu befolgen, weil ihre Nicht-Befolgung sofort ein weiterer Anlass für weitere Attacken seitens des Zurechtweisenden und zugleich Beweis für die Unbelehrbarkeit des Zurechtgewiesenen wäre. Es handelt sich hierbei um eine atavistische Verhaltensweise, die bloß an den Kategorien „herrschen – beherrscht werden" orientiert ist: „Wer lauter schreit, hat recht", heißt es. Während der Hund bellt, müssen die Schafe schweigen.

*Fall C*: Der dritte Fall ist eine Synthese verschiedener Beobachtungen zweier zurechtweisenden Lehrerinnen, besonders ihrer Sprechakte. Die Strukturanalyse des Zurechtweisens legt folgende stereotype Dramaturgie frei:

*1. Ouvertüre als Ankündigung eines baldigen Unheils:* „Ich glaub' ich bin im falschen Film!", heißt es dann einleitend. Alternativen sind: „Ich glaub' ich stehe im Wald!", „Ich glaub' ich spinn'!" oder „Das geht nicht!" Diese Phase nutzt der Zurechtweisende, um sich aufzuwärmen und seine Energien auf den bevorstehenden Angriff zu sammeln. Die Zurechtgewiesenen wiederum erhalten die Möglichkeit, Verteidigungslinien zu bilden und die Defensive zu sichern. Da der Zurechtweisende als Aggressor einen bestimmten Grad an Eskalation ohnehin nicht überschreiten will, sind die defensiven Maßnahmen seitens der Zurechtgewiesenen von ihm schon einkalkuliert.

*2. Hauptteil:* Jetzt werden die Schüler mit handfesten Vorwürfen konfrontiert, als seien sie im Gerichtssaal: Verspätungen, fehlende Arbeitsunterlagen, Beschädigung des Schuleigentums, Leistungsabfall („Sind wir hier im Puff, auf dem Jahrmarkt oder was?") usw. Nun erfolgt eine relative Zusammenhanglosigkeit und Redundanz der Handlungsakte: Drohung mit der Gefährdung des noch zu erreichenden Schulabschlusses, Verweis auf die Knappheit der Schulzeit und die Notwendigkeit ihrer intensiven Nutzung, Beleidigungen „Ihr habt doch wohl nicht alle Tassen im Schrank!", Bekunden der eigenen Abscheu und des eigenen Zorns, Appell an die Moral der Zurechtgewiesenen (die für unmoralisch gehalten werden) usw. Hier wird die Hoheit über die Klasse offiziell übernommen und zementiert. Es ist wie eine Militärparade, die mit ihren vorgeführten gruseligen Kriegsgeräten dem Zuschauer sagt: *Ich kann dich töten.* Ehrfurcht als stilles Bewundern der göttlichen Macht ist jetzt die Aufgabe der Schüler, die sie im So-tun-als-ob-Modus erledigen.

*3. (Versöhnlicher) Abschluss:* Nach so viel Dramatik findet sich zuweilen das Bedürfnis des Zurechtweisenden, die Zurechtgewiesenen nach ihrer (Pseudo-) Zerstörung wieder aufzubauen. Versöhnliche Töne klingen an und die Stimme wird wieder wärmer: „Jeder macht mal einen Fehler", heißt es dann. Der Aggressor spricht nun von Frieden und traut zugleich den Zurechtgewiesenen Friedensfähigkeit zu, während er gerade wegen ihrem Fehlen in die Schlacht, die er nun offiziell beendet, gezogen war. Der Zurechtweisende offenbart so ein höchst widersprüchliches Verhaltensmuster: Zuerst eröffnet er einen Angriff, mit dem er sagt: „Du bist der Schurke!", um dann ermutigende Töne einzustreuen, die Möglichkeit moralischer Integrität bei den Zurechtgewiesenen in Aussicht stellend. So wird die Grundlage des erfolgten Angriffs zurückgenommen und der eigene Zornesausbruch ad absurdum geführt.

Unabhängig davon, ob versöhnliche Töne beim Zurechtweisen eingebaut werden oder nicht, verweist dieser Akt gerade auf fehlende moralische Integrität beim Zurechtweisenden selbst, nicht zuletzt, weil dieser destruktive Akt dem Wiederholungszwang folgt. Der Rhythmus der Wiederholung kann unterschiedlich „geregelt" sein: täglich, wöchentlich, monatlich. Aber die Botschaft bleibt dieselbe – der Zurechtweisende teilt dem Zurechtgewiesenen mit, dass dieser ein Idiot ist, mit dem Kommunikation sinnlos sei. Dennoch wird diese *einseitig* aufgebaut: Der Zurechtgewiesene wird in der Position des Empfängers der Botschaft gebannt, die ihn, dies sei wiederholt, zum kommunikationsunfähigen Idioten degradiert, dem die an ihn gerichtete Botschaft zu verstehen eigentlich nicht zugetraut wird.

Das Zurechtweisen ist Ausdruck von Strenge, mit dem der Status als Herrscher oft lautstark beansprucht wird. Die Phänomenologie der Strenge verrät harte, kantige Gestalt und dunkle, kalte Stimme. Strenge zeigt sich im Verhalten, das dem Gegenüber die Absicht glaubwürdig vermittelt, es zu töten, sollte es seine Kraft dem Herrscher nicht zur Verfügung stellen wollen. Strenge tötet symbolisch, weil sie nichts Anderes gelten lässt als ihre eigenen, engen Vorschriften, die sich beliebig ändern können. Der Akt des Zurechtweisens ist Vollstrecker der Strenge als Notwendigkeit, eine subversive Bewegung durch wiederholte Einschüchterung zu unterdrücken. Das Zurechtweisen ist *verbales Feuern* auf ein Gegenüber, und das Geschehen ist in der Regel geprägt durch außergewöhnlich starken Affekt, der als Zorn die Schlechtigkeit des Verhaltens der Zurechtgewiesenen betont. *Strenge, als per se widersprüchliche Kategorie,* ist nicht denkbar ohne Anspannung, die sich somatisch in angespannten Gesichtsmuskeln, hervorquellenden Venen im Halsbereich, erhöhtem Puls und Blutdruck äußert. Die Anspannung resultiert aus der Sorge, die Herrschaft über die Klasse zu verlieren. Denn tritt dieser Fall ein, so muss sich der Entmachtete fragen, ob er sich „jedesmal wieder hochrappeln" kann.

Der hohe Energieverbrauch beim lauten Zurechtweisen fordert Phasen der Rekreation. Es lässt sich deshalb gelegentlich ein weiterer Akt auf der Hinterbühne studieren, nämlich den der Aufarbeitung des eigenen Zurechtweisens. „Er war so klein mit Hut", heißt es dann, wobei die Kleinheit des Gegners gestisch unterstrichen wird. Das Gespräch über Schüler X und seine erfolgreiche Zurechtweisung gerät so zu einer Siegesparade – die Dinge sind neu justiert worden: Die Luft aus dem aufgeblähten und zu groß geratenen Lernenden wurde, will man dem Zurechtweisenden glauben, herausgelassen, so dass dieser nun als Zwerg seine Wege gehen muss. (Übersehen wird, dass ein erneutes Zurechtweisen sich bald nach diesem Vorfall als begründet herausstellen wird.) Auf Kriegsschäden wird nicht eingegangen. Die Aussage „ich habe ihn zusammengefaltet" glorifiziert den eigenen Sieg und übersieht mögliche Verletzungen und Kränkungen: Jemanden zusammenfalten heißt ja kleinmachen, zurückdrängen, verletzen.

Diese Sicht auf Unterricht als Kriegsgeschehen wird deutlich durch weit verbreitete Lehrerweisheiten wie „am Anfang die Klasse an der kurzen Leine halten, danach könne man lockerer lassen", „die Klasse im Griff haben" oder „zeigen, wer der Boss ist". Lehreräußerungen aus dem militärischen Bereich wie „Rebellion" oder „Rädelsführer" unterstreichen diese Sicht. Der Schlachtruf Lehrender im Lehrerzimmer nach Ablauf der großen Pause lautet: „Auf in den Kampf!", und mit *„Kampf"* ist *„Unterricht"* gemeint. Bemerkenswert ist die paradoxe Grundstimmung, die diesen Aufbruch begleitet: *müde Entschlossenheit.*

Sie fühlt sich an, als würde der Tote sich doch noch zum Leben entschließen, weil er zum Sterben doch zu feige ist. Die Lösung heißt: „Daumen drauf." Man stelle sich diese Anweisung bildlich vor: Unter *dem Lehrerdaumen wird die Klasse niedergehalten* – das muss ein sehr großer und sehr starker Daumen sein, der so etwas bewirken kann. „Der Lehrer", so eine erfahrene und langjährige Schulleiterin, „ist der *natürliche Feind des Schülers*." Wenn es denn so ist, mit welchen Waffen kämpfen dann die einander verfeindeten Parteien, welche Strategien und Taktiken entwickeln sie in der täglichen Schlacht, welche Wunden fügen sie sich dabei zu? Welche Bomben werden abgeworfen, zu welchen Verwüstungen führen sie? Wie hört sich der Klang knirschender Panzerketten und das Gedröhne ihrer 1200 PS starken Motoren an?

Solche Metaphorik eröffnet einen Zugang zum schulischen Geschehen, der Atmosphären nacherleben lässt. Die Wahrnehmung einer Atmosphäre stellt sich als Gesamteindruck dar, in den die Art der Gegenstände, ihre Anordnung, die körperlichen Positionen der Subjekte, einschließlich der des Beobachters sowie unterschiedlichste Sinneseindrücke einfließen. Jede Umgebung ist atmosphärisch geladen: Konkrete Gegenstände, Handlungen und fast unsichtbare Details erzeugen eine geistige Ausstrahlung, ein geistiges Klima, das gehört werden will.

Die Atmosphäre einer Schulklasse zu erfassen, gelingt jedem, der „sich seine perzeptiven Kompetenzen hat unbeschädigt erhalten können" (Sloterdijk 2006, 267). Umgangssprachlich ist die Rede vom „Sich-Riechen-Können", womit jene subtilen, weitgehend unbewussten Vorgänge menschlicher Kommunikation gemeint sind. Manche atmosphärischen Erscheinungsformen stellen sich so aufdringlich ins Blickfeld des Beobachters, dass sie als Extreme nicht unbemerkt bleiben können: Hier scheint die Kontrolle durch den Lehrenden total, seine Strenge unerbittlich und die gefühlte Temperatur so kalt, dass das Klassenzimmer samt Insassen tief gefroren ist. Dort ist Steuerung der Aktivitäten der Lernenden unmöglich, man spricht grob vom „Chaos", weil „jeder macht, was er will". Ein solches Klassenzimmer ist auf Grund der hohen Aktivität der Akteure heiß und gefährlich: Gegenstände fliegen häufig herum, und aus geistigen Kämpfen werden konkrete körperliche. Um mit Friedrich Schiller zu sprechen: „Hier *Verwilderung*, dort *Erschlaffung*: die zwei Äußersten des menschlichen Verfalls, […]" (1997, 15; Herv. Verf.).

Diese beiden Extreme bilden zwei gegensätzliche Pole, die gleichermaßen pathogen sind: Erschlaffung als Erstarrung und Verwilderung als grobe Rohheit. Medusa steht für absolute Erstarrung als Versteinerung, und Ares vertritt den unkontrollierten, zerstörerischen Affekt, der, selbst getroffen, erbärmliche Laute von sich gibt. Der vom Blick der Medusa Verängstigte und sich im Tod-Stell-Reflex Befindliche verharrt, um auszuharren. Dieser Zustand lebt im Tod. Von ihm aus führen endlos viele Zustände, deren Merkmal *Maskierung* heißt, zum Zustand der endgültigen Selbst-Demaskierung, in dem alle Hüllen der Kontrolle, der Vorsicht, der Selbst-Überwachung fallen und den leidlich in Schach gehaltenen Ares freigeben. Er ist das, was er ist: entfesselte, enthemmte Brutalität, deren angestaute Energien sich erbarmungslos entladen. Eine so begründete Systematik erlaubt die Bildung einer Typologie der Atmosphären, die an drei markanten Punkten aufgespannt wird: Erschlaffung, Maskierung und Verwilderung.

Abbildung C: Typologie der Atmosphären

## 4. Zur Phänomenologie der Atmosphären zwischen Erschlaffung und Verwilderung

Für Udo Bracht sind Bankkritzeleien der Lernenden eigentlich als eine ernst zu nehmende Botschaft zu verstehen, der die Institution Schule gerade kein Verständnis entgegenbringt, sondern ihr den Krieg erklärt, indem sie „Beschädigung von Schuleigentum" als Straftat geltend macht. Da mit ihrer Verfolgung die Schule sich eine unerfüllbare Aufgabe gestellt hat, deren Aufwand beträchtlich ist, reagiert sie mit einem zynischen Schachzug: „Die lackierte Schulbank aus Holz wird in der Müllverbrennung verheizt. An ihre Stelle tritt der bruchsichere, kratzfeste und farbabweisende Kunststofftisch mit imitierter Holzmaserung oder sterilem Weiß" (1978, 97). Weiter heißt es:

> An diesem Zustand ändern die langen kühlen Reden vom Mündigwerden des Schülers wenig. Diese sprechen vielmehr einer Realität Hohn, in der die Lehrer selbst zur Unmündigkeit verurteilt sind. Sie spotten jener kalten Zeit von acht bis zwei Uhr, in der die meisten Lehrer um des bloßen Überlebens willen weitergeben, was sie selbst tagtäglich erdulden: Kontrolle, Druck und Disziplinierung in allen Spielarten der *Heuchelei, Doppelzüngigkeit und höflichsten Gemeinheit* (ebd., 98; Herv. Verf.).

In diesem Klima des Misstrauens gedeiht eine Kategorie als Grundvoraussetzung kriegerischer Konflikte: das gegenseitige *Belauern* im Unterricht, von dem jeder aus eigener schulischer Erfahrung wird berichten können. Der Lehrer erscheint als „Wächter" (Zinnecker 1978), der darauf natürlich bedacht sein muss, die Oberhand zu behalten, um physisch zu überleben. Medusa scheint ein besonders erfolgreicher Wächter zu sein, weil *nur ein Blick von ihr genügt, um Ruhe im Klassenzimmer zu erzielen.* Eine solche Effizienz bei der Steuerung von Subjekten ist genauso erschreckend wie beeindruckend – Grund genug, Medusas Kunst zu erforschen. Medusas Raffinesse besteht gerade in der präzisen Dosierung ihrer Energien: Sie verzichtet gerade auf heiße Ausbrüche des Zorns; sie vermag es, kühl und beherrscht zu regieren[65]. Die phänomenologische Untersuchung der Atmosphären beginnt mit Medusa und der von ihr bewirkten Erstarrung der Lernenden.

## 4.1 Zur Phänomenologie der Atmosphären I
### Der (An-)Blick der Medusa: Strenge und Stillstand (Erschlaffung)

Medusa gehört zu den Gorgonen und war im Unterschied zu ihren Schwestern sterblich. Über ihr Aussehen heißt es: „In der frühen Kunst werden sie [...] mit häßlichen runden Gesichtern abgebildet; sie haben Schlangenhaar und Eberfänge, ein gräßliches Grinsen, Stupsnasen, Bärte und heraushängende Zungen, einen stieren Blick, eherne Hände, plumpen Gang und oft auch einen Stutenhintern" (LaMG). Es gibt aber gegenteilige Überlieferungen, in denen diese Gestalten als schön beschrieben werden (vgl. LaMG). Das ist kein Widerspruch, weil Schönheit und Hässlichkeit sehr nah beieinander liegen. Friedrich Nietzsche hat diesen Sachverhalt so umrissen:

> Die, welchen die edle herzliche Vertraulichkeit nicht gelingt, versuchen es, ihre edle Natur durch Zurückhaltung und Strenge und eine gewisse Geringschätzung der Vertraulichkeit erraten zu lassen: wie als ob das starke Gefühl ihres Vertrauens Scham hätte, sich zu zeigen (Morgenröte 288).

Wenn die Schönheit ihren adäquaten Ausdruck nicht findet, will das sagen, so verfällt sie zur *Hässlichkeit als verhinderten Schönheit*[66]. Das ist Medusa. Ihre Erbitterung darüber, dass ihr „die edle herzliche Vertraulichkeit" verwehrt bleibt, veranlasst sie, gerade gegen die Instanz ihres Scheiterns rücksichtslos vorzugehen: die Schönheit. Die Kränkung, nicht schön sein zu können, führt zur fanatischen Abwehr der Schönheit[67]. Kommunikation wird exkludiert: Medusas Blick

---

[65] Pallas Athene integriert Medusa in ihr strategisches Repertoire – Medusas Kopf schmückt ihren Schild.

[66] Ein weiterer Hinweis darauf ist Pegasos, der Medusas Haupt entsteigt, nachdem diese von Perseus erschlagen worden ist. Medusas Tod ist die Geburtsstunde für dieses merkwürdige Wesen: ein fliegendes Pferd. Ausgerechnet ein Tier, das durch seine Erdgebundenheit und Schwere charakterisiert wird, soll sich hoch in den Himmel erheben können, ähnlich wie der Dichter, der, an die Erde gebannt, dennoch durch den Zauber seiner Poesie auf den Wolken zu leben vermag. Eine psychoanalytische Deutung der Gestalt der Medusa fällt nach Heinz Kohut (2006, 164) so aus: „Gewiß, hinter dem Haupt der Medusa befindet sich das vermutlich kastrierte Genitale der Frau. Doch hinter dem furchterregenden Genitale der Frau liegt das kalte, keinen Widerhall gewährende Gesicht einer Mutter [...], die unfähig ist, ihrem Kind lebenserhaltende Billigung zu geben, weil sie depressiv oder latent schizophren ist oder an einer anderen Verzerrung ihrer Persönlichkeit leidet."

[67] Anna Freud lässt mit dem Vorgang der Reaktionsbildung wieder einmal grüßen.

lässt den Angesehenen[68] versteinern. Denn Strenge ist unerbittliche Ausübung von Herrschaft, die es vermag, den Lebenden zu fixieren. Was schon umgangssprachlich als Strenge gilt, beinhaltet Unerbittlichkeit, Vorwurf, Härte. Kaum dass der Lehrer das laute Klassenzimmer betritt und in die Klasse schaut, wird es fast augenblicklich still, alle Tätigkeiten, Gespräche, Provokationen und sonstigen Abläufe werden eingestellt, und die Lernenden gehen ohne Aufforderung zu ihren Plätzen, bereit, den weiteren Signalen Medusas zu folgen. Medusa kommt in der pädagogischen Praxis durchaus in dieser Reinform vor und ist von der Schülerschaft besonders gefürchtet. Das ist dann, aus Schülersicht gesprochen, der schlimmste Lehrer der ganzen Schule, bei dem man sich in Acht nimmt und bei dem man sich keine einzige Frechheit leisten kann. Die Kehrseite der Medaille ist ein „sauberer", Schneisen schlagender und ruhiger Unterricht, in dem gearbeitet wird: Texte werden vorgelesen, Sachverhalte an der Tafel entwickelt, Aufgaben bearbeitet und Hausaufgaben erteilt.

„Jetzt legt jeder seinen Stift weg"
Der Verfasser erinnert sich heute noch an eine solche gefürchtete Lehrerin aus seiner Schulzeit in der ehemaligen DDR an der Allgemeinbildenden Polytechnischen Oberschule (POS). Sie unterrichtete als Fachlehrerin Geografie. Die Stoffe waren sehr uninteressant (s. EG, Abb. 8), aber die Disziplin hervorragend. Die Wirkung hielt bis in die Pause hinein. Was war der Schlüssel zu ihrem „Erfolg"? Sie bewegte sich und sprach betont langsam, sehr kontrolliert, recht leise und jedes Wort erhielt eigenes Gewicht. Die von den Lernenden auszuführenden Handlungen wurden präzise vorgeschrieben und ihre Umsetzung geduldig abgewartet. Ihr Auftreten wirkte souverän und keinen Widerspruch duldend. Unzufriedenheit wurde mit gereiztem Tonfall ausgedrückt, ohne die Lautstärke wesentlich anzuheben, falls ihre Anweisungen doch noch zu zögerlich ausgeführt wurden. Das Schreiben einer Kontrollarbeit war streng geregelt, bis zum letzten Akt, bei dem es hieß: *„Jetzt legt jeder seinen Stift weg."* Und jeder tat das.

Medusas Blick[69] ist vergleichbar mit einer vorgehaltenen Pistole. Ihre Botschaft lautet: Du tust, was ich dir sage, oder ich drücke ab. Medusas Wirkung ist also nicht zu erklären ohne den *unwillkürlichen Mechanismus des Sich-Erschreckens* beim Bedrohten. Selbst wenn die Waffe längst wieder eingesteckt worden ist, teilt ein unterschwelliges Geräusch als diffuse Dauerbeunruhigung mit, dass etwas *Schreckliches* passieren würde. In dumpfer Erwartung des Schrecklichen entwickelt sich Schreckhaftigkeit als Sorge um die Fortdauer der eigenen Existenz: Der Bedrohte ist *eingeschüchtert*, gehemmt, gelähmt; man traut sich nicht, andere Dinge zu tun als die offiziell legitimen. Allein schon das Ansinnen, sich von den Vorgaben zu lösen, erscheint kaum möglich, es sei denn, der Selbster-

---

[68] Diese Fähigkeit zu besitzen, wünscht sich mit Sicherheit eine erhebliche Anzahl Lehrender.
[69] Beobachtungen hierzu: T. und D. trommeln während einer Diskussion auf ihren Bänken. Der Verfasser sieht sie nacheinander an, und sie stellen ihre Tätigkeit ein. In anderen Fällen genügt ein betont langsamer Griff zum Stift und Klassenbuch, der vom Betroffenen bemerkt wird; dieser gibt dann sein illegales oder störendes Tun auf.

haltungstrieb, der hier in unglücklicher Weise mit dem Aggressor paktiert, ist ausgehängt. Nun ist genauer zu fragen, wie dieser Pakt als Zusammenarbeit funktioniert. Medusa *Bosheit* als Motiv für ihr Handeln zu unterstellen, trägt nicht weit, weil diese Kategorie zu grob ist. Indizien sprechen dafür, dass Medusas Potenz aus einer *existenziellen Verzweiflung* heraus resultiert. Das Studium besonders strenger Lehrender fordert folgenden Zusammenhang zutage: Gemäß dem afrikanischen Sprichwort „Wenn du eine Katze in die Enge treibst, wird sie dich töten!" steht der Strenge selbst am Abgrund. Die Werkzeuge einer Katze (Krallen und Zähne) bedeuten für den Menschen eigentlich keine Gefahr, weil sie im Gegensatz zum Löwen zu klein sind, um letale Verletzungen herbeizuführen. Ist der Katze allerdings der Fluchtweg abgeschnitten, muss sie sich absolut drohend gebärden und notfalls angreifen, um ihre Haut zu retten.[70] Die Drohung wird mittels des Katzenbuckels, der aufgerichteten Haare, des erhobenen Schwanzes und Fauchens kommuniziert. Die dieses Verhalten tragende Entschlossenheit besteht darin, den Tod des Aggressors nicht zu scheuen: *„Bevor ich sterbe, stirbst du!"*

Eine Erfolgsgeschichte der Strenge
Eine gute Illustration dieses Sachverhaltes bietet die Geschichte einer Kollegin, die ein Schuljahr lang als Fachlehrerin nach eigenen Angaben unter enormen Disziplinschwierigkeiten an einer Hauptschule zu leiden hatte. Sie habe, etwas naiv, in freundlicher Manier z.B. im Musikunterricht schöpferische Lernprozesse anbahnen wollen. Das Ergebnis sei aber, dass ihr die Kinder „auf der Nase herumtanzten" und sie „kein Bein in die Klasse" kriegte. Ein Schuljahr Leidenszeit diente ihr als „Bank des Zorns" (Sloterdijk) mit erheblichem Ertrag an Zinsen. Im darauf folgenden Schuljahr wurde sie Klassenlehrerin. Ihr neues Konzept erwies sich, wie der Verfasser als ihr Kollege bezeugen kann, als äußerst erfolgreich. Sie konnte es sich leisten, die „arbeitende" Klasse zu verlassen, um Kopien anzufertigen oder Kaffee zu trinken. Die Tür ihres Klassenzimmers stand weit offen, und der Vorübergehende erblickte gesenkte Köpfe, deren Besitzer lammfromm Bilder ausschnitten und einklebten. Was diese Lehrerin triumphal präsentierte, ist eigentlich festgezurrte Sinnlosigkeit. Diese passt aber hervorragend in das System Schule, denn die geforderten formalen Vorgaben wurden umgesetzt: Die vorgeschriebenen Stoffe wurden eilig durchgenommen und die von ihr kontrollierten Hefte enthielten größtenteils vollständige Einträge, verbunden mit einem Optimum an Form, womit schulisch erfolgreiche Arbeit dokumentiert werden konnte. Zugleich gedieh die Lehrergesundheit und Zufriedenheit – sie lief beschwingt durch die Schule, scherzte und arbeitete auf ihre Verbeamtung hin.

Die Klasse war erfolgreich unterworfen. Die Operation „Strenge aus Selbstschutz" war gelungen. Ihren Angriff auf die Lernenden legitimiert sie als Notwehr. Das Motto lautet hier: „Die beste Verteidigung ist der Angriff". Noch konkreter werden die Hinweise, wenn Bekundungen seitens der erfahrenen Leh-

---

[70] So mancher Hund kann ein Lied davon singen.

rerschaft dahingehen, dass andernfalls die Lernenden einen „auffressen"[71] werden. Eine andere Variante dieser als defensiv deklarierten Offensive bietet die eingangs berichtete Geschichte vom tyrannischen Mathelehrer. Gleich in der ersten Stunde werden die Regeln vorgestellt, deren Übertretung nicht geduldet wird. Die Stoffe gewinnen die Gestalt eines Schreckgespenstes, einer Sphinx als Bedrohung, die die Lernenden in die Defensive drängt: Riecke-Baulecke spricht vom „defensiven Lernen" (2001). Betont wird die Wichtigkeit der *ersten Stunde* als ersten Begegnung zwischen Lehrendem und Lernenden, die dem Lehrenden dazu dienen soll, eine *Drohkulisse* erfolgreich aufzubauen. Hierauf deuten auch Hilbert Meyers Befragungen hin (1980, 32):

Die meisten Nennungen erhielt folgendes Rezept: „Die Zügel am Anfang straff halten, damit man sie später lockern kann."[72] Der Lehrende tritt als Dompteur wilder Tiere auf, die er vor sich spannt und lenkt. Ihre Beherrschung scheint dann total. Die Lernenden degradieren zu Marionetten, die entsprechend der Bewegung der „straffen" Zügel nur noch reagieren. Sie führen jede Anweisung aus, machen sich so zum Werkzeug und erliegen der Kunst der Dressur als Drill, und der sinnlose Tanz der Schatten beginnt. Im Klima der Bedrohung wird gelesen, geschrieben, gerechnet, und vielleicht entspricht solcher Unterricht sogar den Merkmalen guten Unterrichts, zumal diese (ob nach Meyer oder Helmke) Effekte wie *Verdinglichung der Lernenden* ausklammern. Strenge verdinglicht, weil sie das Feingefühl als pädagogischen Takt (Muth 1962) beim Lehrenden ausschließt. Strenge zeigt sich als Indikator für pathogenen Umgang der Menschen miteinander, weil sie eine zwangsneurotische Atmosphäre der Angst, Kontrolle und Pflicht erzeugt. Zwei Beispiele aus dem Alltag dienen der Verdeutlichung:

Ein harmloses Kinderspiel
Zwei vom Verfasser betreute Kinder spielen harmlos mit einem Softball im Flur eines großen Wohnhauses. Ein Rentner betritt den Eingang und wirft einen giftigen Blick auf die Spielenden. Seinen Briefkasten öffnend, fragt er den Verfasser, ob er der Verantwortliche sei. Er fordert ihn auf, die Kindertätigkeit zu unterbinden. Statt dem Wunsch nachzukommen, argumentiert der Verfasser, dass weder Lärm noch Gefahr vom Spiel ausgehen. Der Rentner scheint dem Argument zu folgen, beharrt aber darauf, dass der Flur kein Spielplatz sei. Der Verfasser bringt nun das Beispiel der roten Ampel, vor der man nicht stehen bleiben will, weil sich weit und breit kein Auto erblicken lässt. Das Verhalten des Rentners verrät nun größere innere Anspannung: Bald will er das Feld räumen, bald kehrt er zurück, wohl selbst auf der Suche nach Beispielen und Argumenten. Einige Tage später trifft er abermals den Verfasser an und erklärt: Alles würde heute im Vergleich zu früher den Bach runtergehen. Als Beispiele führt er auf: Massenmedien, Nacktheit, Popkultur…

---

[71] Das Bild des Aufgefressen-werdens ist sehr ergiebig: Man stelle sich 25 Piranhas vor, wie sie Fleischstücke vom schwimmenden Lehrer reißen und verschlingen …
[72] Weitere Formulierungen lauten: „Einmal laissez-faire – immer laissez-faire!", „In einer neuen Klasse muß man zunächst härter rangehen; sonst bekommt man kein Bein an die Erde" und „Immer klarstellen, wer Chef im Klassenraum ist!" (ebd.).

**Ein Rucksack auf dem Sitz**
U-Bahn-Station: Von 5 Sitzen sind zwei vom Verfasser und seinem Rucksack belegt. Eine ältere Dame eilt auf den Sitz zu, auf dem sich der Rucksack des Verfassers befindet und führt mit der Hand eine wegschiebende Bewegung aus, als wollte sie den Rucksack verscheuchen. Der Verfasser nimmt ihn zu sich, sein Unverständnis äußernd und auf die freien Plätze verweisend.

Hier geht es weder um spielende Kinder, noch um illegale Blockierung von Sitzen, sondern um den Vorgang der Externalisierung. Die innere undurchschaubare, chaotisch erscheinende Welt wird nach außen verlagert, wo dann Zeichen der Unordnung, des Verfalls als Zerstörung erblickt werden. Es wird Äußeres, das immer nur falsch sein kann, bearbeitet, geordnet und beklagt. Die starre Regel, die für die Besonderheiten des Einzelfalls taub ist, wirft sich aggressiv auf Ereignisse, die sie zu verletzen scheinen. Übersehen wird, dass die Regel ein Versuch ist, das Zusammenleben zu erleichtern. Sie ist keinesfalls in Stein gemeißelt, sondern vorläufig, veränderbar und der aktuellen Situation anzupassen. Die Zwangsneurose differenziert nicht, sondern verurteilt verbittert. *Die Fähigkeit zur Strenge liegt in der Zwangsneurose begründet.* Mucks Feststellung (1993), dass die Schule eine zwangsneurotische Einrichtung ist, impliziert, dass sie am ehesten von Zwangsneurotikern betrieben werden kann. Zwangsneurotische Strenge zeigt sich im täglich erfolgenden Vorwurf, der den abhängigen Empfänger durch die Botschaft seiner drohenden und nahenden Vernichtung zu neurotisieren vermag.

Allerdings ist die Zwangsneurose eine notwendige, aber keine hinreichende Bedingung für Strenge. Strenge lässt sich verstehen als *das Vermögen, zwangsneurotische Verhaltensmuster* bei Anderen (und sich selbst) *durchzusetzen*[73], und zwar durch die glaubwürdige Vermittlung einer Bedrohung, die aber gerade im Falle pädagogischer Interaktionen im vollen Umfang nicht konkretisiert werden kann: Während der Polizist befugt ist, dem Delinquenten Handschellen anzulegen, muss der Lehrer den Nachsitzenden mit imaginärem Seil an den Tisch fesseln: „Die Macht des Lehrers wird verübelt, weil sie die wirkliche Macht nur parodiert, die bewundert wird. Ausdrücke wie Schultyrann erinnern daran, daß der Typus von Lehrer, [...], sowohl irrational despotisch sei wie nur das Zerrbild von Despotie, weil er ja nicht mehr anrichten kann, als irgendwelche armen Kinder, seine Opfer, einen Nachmittag lang einsperren" (Adorno 2006, 75).[74]

---

[73] Friedrich Schiller differenziert folgendermaßen (1997, 54): „Aber meistens wird der gegen andere weiche Mensch es auch gegen sich selbst, und der gegen sich selbst strenge es auch gegen andere sein; weich gegen sich und streng gegen andre ist der verächtlichste Charakter."

[74] Die prinzipielle Machtlosigkeit des Lehrenden wird von Lernenden durchaus erkannt, auch dann, wenn sie seine prinzipielle Mächtigkeit anerkennen. Ein Beispiel: Der Ethikkurs verhandelt zu Beginn der Doppelstunde mit dem Verfasser die Inhalte des Unterrichts. Die Lernenden wollen zuerst tanzen und danach im Buch lesen und diskutieren, während der Verfasser umgekehrt vorgehen

Die pädagogische Strenge muss deshalb raffinierte Techniken der Drohung entwickeln, indem sie Illusionen erzeugt, die die Lernenden für Wirklichkeit halten sollen. Den Charakter der Drohung umschreibt Paul Watzlawick, indem er drei Voraussetzungen für ihren Erfolg angibt (2002, 113): „1. Sie muss glaubhaft, das heißt hinlänglich überzeugend sein, um ernstgenommen zu werden. 2. Sie muß ihr Ziel, also den zu Bedrohenden, erreichen. 3. Der Bedrohte muß imstande sein, der Drohung nachzukommen", also die ihm auferlegten Bedingungen erfüllen können.

Der strenge Lehrer muss also die Bedrohung unmissverständlich ausdrücken, indem er für eine Übereinstimmung der von ihm gesendeten Signale sorgt: Festigkeit und Entschlossenheit der Stimme gepaart mit kantiger Mimik und sicherer Gestik. Wer droht, will nicht verhandeln – Verhandlungsbereitschaft im Sinne demokratischer Entscheidungsfindung auch nur anzudeuten, wäre ein Fehler, der von den Lernenden bald entdeckt und als Schwäche interpretiert werden kann. Es darf kein Zweifel beim Bedrohten entstehen, dass im Falle der Nicht-Befolgung der Anweisung ein Unheil über ihn hereinbrechen wird. Der strenge Pädagoge muss mit der irrationalen Seite der Lernenden arbeiten und eine Katastrophe heraufbeschwören, für deren Eintreten der Nicht-Einsichtige die alleinige Schuld tragen muss. Das Eintreten der Katastrophe muss aber in der Schwebe gehalten werden, weil diese realiter nicht eintreten kann, wie die eine Schülerin als rationale Realistin (s. Fußnote 74) scharfsinnig feststellte. Die Irrationalität dieser Logik zeigt sich demjenigen, der den behaupteten Zusammenhang zwischen dem schlechten Wetter und dem nicht aufgegessenen Essen als Unsinn zu entlarven fähig ist.

Wer aber zu Beginn der Stunde noch Kaugummi kaut oder seine Kappe aufhat, verstößt gegen die Schulordnung oder gegen die Regeln des Lehrers und macht sich so schuldig, weil er den Regelgeber durch die Verletzung der Regeln beleidigt oder mindestens respektlos behandelt hat. Das ist die Grundlage für die Eröffnung eines offiziellen (Gerichts-)Prozesses, der von einer bereits feststehenden Schuld ausgeht und Wiedergutmachung verlangt, die dann zur Besänfti-

---

möchte. Er setzt sich durch. Kaum dass die Lernenden die Bücher geöffnet und diese andächtig zu betrachten angefangen haben, betritt plötzlich die strenge Rektorin den Raum, auf der Suche nach einer bestimmten Klasse und nun ob der „Arbeitsatmosphäre" bass erstaunt. Nach einem amüsanten Wortwechsel verlässt sie wieder das Terrain. Hätte sich der Kurs mit seiner Idee zu tanzen durchgesetzt, so wäre die Rektorin Augenzeugin eines unkonventionellen Ethikunterrichts geworden. Der Verfasser erhebt deshalb die Frage, wie sie wohl reagiert hätte. Eine Schülerin darauf: „Ei, ei, ei, da wäre was los gewesen!" – Mehrfach bekundet sie ihr Erschrecken vor einem potentiell entsetzlichen Geschehen. Hierauf erwidert eine andere Schülerin, die gerade einen hellen Moment erlebt: „Na, was?! Was hätte sie denn machen können?" Hier treten zwei Kategorien aufeinander, deren gelingende Kommunikation fraglich ist: Rationalismus als vernünftiger Wirklichkeitsbezug versus Irrationalismus als Diener des Erschreckens.

gung des beleidigten und erzürnten Herrschers führen soll. Die Begleichung der so entstandenen Schuld erfolgt als eine Art Ablassbrief in Form der *Strafarbeit*, die in der praktischen Pädagogik auf eine lange Geschichte des Nachsitzens als „Nacharbeitens" verweist (s. EG, Abb. 9). Das Strafmaß ist relativ willkürlich und u.a. von der Strenge des Lehrenden[75] abhängig. Stupide Strafarbeiten wie Abb. 9 (EG) sind juristisch funktional, weil sie sich gut verrechnen lassen. Außerdem erfüllen sie Watzlawicks dritte Bedingung nach der Ableistbarkeit des verhängten Strafmaßes: Kein Lernender kann dann Nicht-Können oder Nicht-Verstehen vorschützen, die sich sonst grundsätzlich bei Aufgaben aus dem Lehrbuch behaupten lassen. Unglücklicherweise haben die Lernenden bis zur Sekundarstufe Texte abschreiben gelernt, und diese ihre Fähigkeit wendet sich nun gewissermaßen gegen sie, da sie ihr Nicht-Vorhandensein nicht behaupten können.

Die pädagogische Strenge muss also, um erfolgreich zu sein, die Ausführbarkeit der Anweisungen garantieren. Die von ihr erzwungenen Tätigkeiten können deshalb gerade nicht anspruchsvoll sein – das wusste schon der König im Kleinen Prinzen von Exupéry: „Wenn ich einem General geböte, nach der Art der Schmetterlinge von einer Blume zur anderen zu fliegen oder eine Tragödie zu schreiben oder sich in einen Seevogel zu verwandeln, und wenn dieser General den erhaltenen Befehl nicht ausführte", dann wäre der Befehlende im Unrecht, weil er keinen vernünftigen (i.S.v. ausführbaren) Befehl erteilt hätte. Ein solcher Befehlender brächte die Befehlsempfänger bald gegen sich auf, weil diesen keine Möglichkeit der Flucht durch wenigstens stupides Ausführen mechanischer Bewegungen gegeben wäre.

Mechanisches Lernen wird in der pädagogischen Praxis durch die angebliche Notwendigkeit einer „klaren Linie" legitimiert. Die Lernenden erscheinen als wilde Tiere, deren ungestüme Affekte durch „klare Grenzen" gezähmt werden sollen. Wie schon in Erziehungsratgebern nachzulesen ist, „brauchen Kinder

---

[75] Interessanter Weise können bei Lernenden Motive wie Geltungsbedürfnis eine Rolle spielen. Wer als Schüler Held sein will, wird vor hohen Strafen gerade nicht zurückweichen, sondern diese geradezu herausfordern. Ein hohes Strafmaß dient ihm dann als Schmuck, als Objekt, mit dem sich angeben lässt und an das sich Märtyrerphantasien anknüpfen lassen. Die Botschaft lautet dann: „Siehe her, wie großartig ich bin! Denn der Lehrer war gezwungen, mich, den großen Rebellen, zu bestrafen! Und weil ich so gefährlich bin, hat er mir hunderte Sätze aufgetragen, die ich mit Leichtigkeit bewältigt habe!" Szenerien dieses Größenwahns finden sich als künstlerisch stilisierte etwa in Actionfilmen wie „James Bond", der, gefesselt, den Haien als Futter dienen soll und selbst diese ausweglose Situation meistert, indem er sich listenreich befreit, die Haie tötet und den Schurken auch noch eliminiert. Das schulische Äquivalent bildet der Schüler S. (Hauptschule, 7. Klasse), von dem der Verfasser einer Strafarbeit besitzt. Darauf ist der Satz „Ich bin leise" 334mal verzeichnet (=3674 Buchstaben). Zwölf Seiten enthalten diesen Satz je 26mal und eine Seite 22mal. Auf den letzten Seiten ändert sich die Schrift in einer Weise, die Ermüdungserscheinungen vermuten lässt.

Grenzen", und gerade bei einem neuen Lehrer würden sie stets „testen, wie weit sie gehen" können. Die Heranwachsenden würden beobachten, an welchen Stellen der Lehrende eine Grenzlinie zieht. Übersehen wird bei dieser unterkomplexen Sichtweise, dass das Aufstellen von Regeln allenfalls die halbe Miete ist, weil es vor allem dann darauf ankommt, *wie diese durchgesetzt* werden[76]. Die Überschreitung der eingeführten Regel muss also zur Straftat erklärt werden, wobei an der Wirklichkeit der strengen Strafverfolgung beim Delinquenten kein Zweifel entstehen darf.

Die durch Strenge glaubwürdig angedrohte Strafverfolgung durch den Lehrenden erscheint als Fluch, mit dem der Lernende belegt wird. Dieser kann rational gerade nicht bewältigt werden, weil er sich an die irrationale Seite des Verfluchten heftet und ihn über materielle Räume hinweg begleitet. Das zeigt die Geschichte vom tyrannischen Mathelehrer in extremer Weise: Die Lernende muss alle Kräfte daran setzen, sich von seinem Fluch zu lösen. Als Klassenlehrer einer 7. Hauptschulklasse beobachtet der Verfasser, wie der Schüler A. kurz vor Beginn seines Fachunterrichts in die Klasse stürmt und hektisch-angespannt nach seiner Mappe in seinem Ranzen sucht. Ihr Fehlen hätte sonst unangenehme Folgen, die er nicht in Kauf nehmen wollte: Er sah sich auf der Anklagebank sitzen, sollte er die Mappe nicht finden.

Medusa verbreitet eine Atmosphäre des Angeklagtwerdens, der kafkaesken Schuld, die ohne konkret sichtbare Fesseln auskommt. Diese finden sich als *innere Instanz*, die in Gestalt eines uniformierten Polizisten daherkommt, vor dem sich das Subjekt so tief erschreckt, dass der Schrecken sich zu seinem ständigen Begleiter entwickelt, den die Furcht vor der Strenge erzeugt. Sie lässt den Lernenden sehr limitierte, vom Lehrenden vorgeschriebene Bewegungen als Handlungen innerhalb eng gesetzter Grenzen ausführen. Die von Medusa ausgelöste Versteinerung lässt sich also als zunehmende Reduktion der Bewegung deuten, die bis zum Stillstand, zur Starre führt – es wird frostig, bitter kalt. Der Frost baut ein inneres Gefängnis aus scharfkantigen Eisblöcken, die erst dann zu schmelzen beginnen, wenn die Erinnerung an Medusa allmählich nachlässt. Solange der Fluch wirkt, ist der Lernende bloß Schluckender der Anweisungen als Befehle. Es folgt dumpfe Gewöhnung an Oben-unten, Falsch-richtig, Herrschen-beherrschtwerden. Diese Kategorien werden vollends verinnerlicht. Sie bilden so die Grundlage einer Empfindung von Normalität, die sich aus der Quelle der Heuchelei als Doppelmoral speist.

Solche Vorstellungen schwingen implizit mit, und gelegentlich brechen sie unscheinbar hervor, wie dies bereits etwa bei Hilbert Meyer gezeigt wurde (Abb.

---

[76] In der Politik werden vielleicht sogar vernünftige Gesetze als Regeln erst gar nicht aufgestellt, wenn sie für politisch nicht *durchsetzbar* erachtet werden. Das gilt z.B. für ein mögliches Verbot von Alkohol, Tabak oder Fleisch aus Massentierhaltung.

A). Ein anderes Beispiel ist einer aktuellen Veröffentlichung über außerschulische Lernorte wiederum in Gestalt einer Karikatur als Coverbild entnommen (Abb. D):

Abbildung D: Coverkarikatur aus der „Didaktik des außerschulischen Lernens" von Sauerborn & Brühne (2007)

Das Leben findet gerade in der engen Schule als Käfig nicht statt, aber die Sehnsucht nach dem wirklichen Leben draußen bleibt. Pädagogische Theoretiker spüren wenigstens diese Wahrheit, ohne sie explizieren zu können. Paradoxerweise wird sie verschlüsselt-unverschlüsselt als Banner der Veröffentlichung vorangestellt, ohne dass Rezipienten sich daran stören oder darauf einzugehen brauchen, genauso wenig, wie die Autoren es tun. Aber (reformpädagogische) Schul- als Unterrichtskritik expliziert durchaus, sobald sich Worte für subtilere Verstehensebenen finden lassen, wie etwa bei Martin Wagenschein (1995, 68): „Es ist nämlich so: ‚Schulkinder' – ich meine damit jetzt das, was die Schule, ohne es zu wollen und meist ohne es zu merken, aus ihnen macht – Schulkinder und Kinder sind zweierlei, so verschieden voneinander wie das Zootier von dem freien Tier ist. Man kann im Zoo manches über Tiere lernen, doch nicht das, was sie von sich aus sind und wollen."

Der Gefängnisinsasse, wie die Karikatur (Abb. D) ihn einführt, gewöhnt sich an die Enge, an die regelmäßigen Fütterungszeiten, für die er keine Anstren-

113

gung aufbringen muss, an die Trostlosigkeit als Langeweile, an die falschen Kategorien, die er sich einpflanzen lässt, an die Fixierungen, an denen er aufgespannt ist. Ohnmacht seitens der Lernenden[77] ist eine wahrscheinliche Reaktion, eine andere: Rebellion gegen die Zumutung der Freiheitsberaubung, Angriffe gegen die Lehrenden als Repräsentanten des Systems. „We don't need no education, we don't need no thoughts control! Hey, teacher, leave us kids alone!", heißt es im bekannten Lied. Die Rebellion findet denn ihren Ausdruck in subtilen Formen, etwa in Gestalt eines vom Tisch fallenden Stiftes. Dieser Vorgang verursacht ein Geräusch, das die Stille im Unterricht unterbricht. Will die Strenge dieses Geräusch nicht dulden, so müsste der Verursacher vom Lehrenden gefunden und ermahnt werden. Der so Angegriffene genießt aber eine gewisse Immunität, weil er Absichtslosigkeit und so eine Ungeschicklichkeit vorschützen kann, die jenseits der strafbaren Motive angesiedelt sind.

Wird dieser Sachverhalt bloß als „Austesten der Grenzen" seitens der Lernenden verstanden, so werden sie tendenziell kriminalisiert. Dabei wird übersehen, dass die Lernenden versuchen, verlorenes Terrain als Möglichkeiten selbstbestimmter Handlungen zurückzugewinnen. In der Atmosphäre der Erschlaffung ist *keine Abfuhr von Spannung* möglich, so dass die Anspannung sich ansammelt und ansteigt. Je länger aber die Energien stocken und am freien Fluss durch erfolgreiche Bedrohungsszenarien gehindert werden, umso kräftiger baut sich innerer Druck auf, der, wegen des Mangels an Notventilen, gefährliche Werte erreicht. Noch ruht Medusas Garten versteinerter Figuren, als sei die Zeit stehen geblieben. Aber man kann in der Schule leicht Zeuge einer augenblicklichen Verwandlung werden: Jene eingefrorenen Figuren wachen auf und beginnen zugleich, durch Medusas Abwesenheit ins Leben gerufen, aufeinander zu schlagen, wie die gesäten Männer – die Ahnen der kriegerischen Spartaner.

### 4.2 Zur Phänomenologie der Atmosphären II
### Ares: entfesselte Brutalität (Verwilderung)

Ares ist der Gott der rohen Gewalt, des brutalen Draufhauens. Er repräsentiert das Außer-sich-geraten-Sein. Ist Medusa außer Sichtweite, bricht er rasend und brüllend hervor. Lehrende fürchten diesen Zustand, in dem „Schüler über Stühle und Bänke laufen". Äußere, affektgesteuerte, vom Verstand nicht koordinierte Bewegung findet statt: Diese Energie will stören und zerstören. Sie will dem „Gegner" schaden, bevor dieser ihr zuvorkommt. Schrille Schmerzensschreie

---

[77] Bis hin zum Selbstmord(-versuch). 1974 begeht ein Abiturient Selbstmord, weil er den N.C. für sein angestrebtes Studienfach knapp verfehlt, woraufhin ein Theologieprofessor die Aktion Humane Schule e.V. gründet: www.aktion-humane-schule.de. Dieser Verein wird von den guten 68er immer noch betrieben – jüngere Menschen können sich dort gern engagieren und die Staffel übernehmen!

ertönen, Gebäude stürzen ein, Bomben explodieren, Maschinengewehrsalven ergießen sich über den Boden, Rauch und Staub steigen auf. Das Klassenzimmer, soeben Ort der „stillen" Arbeit, wird von den erwachten Kriegern in ein Schlachtfeld verwandelt, das die in ihm eingezwängten Körper gegeneinander wälzt. Friedlich-schüchterne Lernende gehen in die Defensive, suchen Schutz bietende Ecken auf und verbarrikadieren sich.

Beobachtungen des Verfassers während „Regenpausen", Pausen und Unterrichtsabschnitten zeigen Ares' Wirken folgendermaßen: Laute Zurufe quer über den Klassenraum, Beschimpfungen (Du Hurensohn, Missgeburt, Schlampe), Jagdszenen an Möbeln vorbei, schrille Schreie von Mädchen, Scheinkämpfe, knallende Fäuste gegen den Schrank, lautes Grölen und Lachen, Verprügeln des schwächsten Lernenden (der im Rudel als Gammawolf fungiert) mit unterschiedlichem Grad an ihm zugefügten Verletzungen, obszöne Gesten. Berichtet wird vom Hosenausziehen.[78] Lehrende berichten allgemein, dass es schwer sei, nach der großen Pause wieder mit dem Unterricht anzufangen. Es vergehen 15-20 Minuten, bis wieder alle an ihren Plätzen sitzen. In Wirklichkeit können solche Phasen den Unterricht durchziehen; zuweilen besteht der gesamte Unterricht aus dem Bemühen des Lehrenden, Ares in Gestalt der ihm anvertrauten Klasse zu besänftigen. Hier klappen „Vorder- und Hinterbühne" (Zinnecker 1978, 34) ineinander[79]: „Alle Handlungssituationen, in denen die Beteiligten die offiziellen Zwecke und Regeln in den Vordergrund ihres Handelns rücken, fassen wir als die ,Vorderbühne' der Institution zusammen. Alle Handlungssituationen, in denen das Unterleben der Institution vorrangig thematisiert wird, rechnen wir zur ,Hinterbühne'". Der Lehrende ist per se Repräsentant der Vorderbühne, nicht zuletzt, weil er als Beamter im staatlichen Auftrag handelt:

> Sein Auftrag lautet, den Heranwachsenden vorgeschriebene Erziehungs- und Unterrichtsinhalte in vorgeschriebenen sozialen Formen zu vermitteln. Die Handlungssituation zwischen Lehrern und Schülern wird durch die Verpflichtung des Lehrers bestimmt, diesen staatlichen Auftrag im Unterricht, also im Rahmen des offiziellen institutionellen Handelns, durchzusetzen. Zu diesem Zweck ist ihm als Staatsbeamten ein Stück staatlicher Macht gegenüber den Schülern zuerkannt worden.
> Wenn sich Lehrer und Schüler auf der Hauptbühne der Institution [...] begegnen, so begegnen sich zwei gegensätzliche Handlungsperspektiven. Auf der einen Seite der Lehrer, der als Staatsbeamter seinen Auftrag erfüllen will und muß, und auf der anderen Seite der Schüler, der gezwungen ist, sich diesem Macht-Zugriff gegenüber zu verhalten und die eigene biographische Identität trotz dieser sozialen Zumutung in der Institution aufrechtzuerhalten. [...] *Lehrer betreten insbesondere die Vorderbühne als Wächter der Situation* (Zinnecker 1978, 36; Herv. Orig.).

---

[78] In einer Schule in Süditalien.
[79] Was forschungslogisch den Vorteil hat, dass ansonsten im Geheimen ausgeführte Tätigkeiten nun offen beobachtet werden können.

Vermag er dem Auftrag als Situationswächter nicht nachzukommen, so bröckelt mit seiner Schwäche auch die staatliche Macht: Der Lehrende vermittelt, läuft zu einzelnen Personen, verhandelt, sammelt unterrichtsferne Gegenstände ein, die als Wurfgeschosse geeignet scheinen (Schlüsselbund, Papierkugeln, Kreide, Drähte, Ketten). Er versucht also, die Hoheit über die Klasse leidlich zu behalten – solange die Lernenden sich auf Kommunikation mit ihm einlassen, ist er noch im Spiel. Sobald sie aber seine Existenz im Raum nicht mehr anerkennen, entsteht die Situation „kein Bein in die Klasse kriegen, weil jeder macht, was er will" – Chaos, Anarchie. Jedem Lehrenden ist dieser Zustand aus eigener Erfahrung bekannt. Glücklicherweise verfügt der Verfasser über Beobachtungen zur allmählichen Entstehung dieser von Ares beherrschten Situation:

Der Verfall einer gut gedrillten Klasse
Der Verfasser wird Klassenlehrer einer 7. Hauptschulklasse, die nach Auskunft der Rektorin als „gut gedrillt" gilt. Für den ersten Schultag besorgt er Blumen und legt vor Kommen der Klasse jedem Kind eine Blume auf die Bank. Einige wenige Mädchen zeigen sich freudig überrascht, andere Schüler kommen teilnahmslos daher und registrieren kühl, dass Blumen herumliegen. Am Ende des ersten Schultages sind einige Blumen geköpft, andere lieblos an die Pinnwand geheftet – ein erstes Zeichen für das Abweisen des Angebotes „fruchtbarer Dialog". Die Lernenden verhalten sich durchaus noch recht aufmerksam, in Erwartung von Vorschriften, die der Lehrer erlassen würde, und die sie, die Schüler, zu erfüllen hätten. Dennoch scheut sich der Verfasser davor, die Lernenden gleich an den ersten Tagen nach den Sommerferien mit schulischem Stoff zu überfallen. Es werden Fahnen unterschiedlicher Nationen, die in der Klasse versammelt waren, gemalt und an einer Wäscheleine aufgehängt. Der Verfasser bittet die Kinder um Pflanzen, mit denen das Klassenzimmer verschönert werden könnte. Das Halten eines Tieres, auf Wunsch einer Schülerin – Schlange, wird in Aussicht gestellt, ebenso wie – neben dem angenehmen Bearbeiten der vom Lehrplan vorgegebenen Themen – unterschiedliche Unternehmungen wie Wanderungen, Betriebsbesichtigungen usw.
Keine einzige Pflanze taucht auf. Das Halten einer Schlange wird von der Schulleitung umgehend verboten. Statt freudiger Erwartung und der Bereitschaft zur Anstrengung seitens der Klasse sind freche Anfragen zu vernehmen, wann endlich dieses oder jenes unternommen werden würde. Das Schiff beginnt nach zwei Wochen allmählich zu wanken, als würde der Wellengang zunehmen. Der sich ankündigende Sturm *könnte* zu diesem Zeitpunkt noch vermieden werden, entspräche der Verfasser den Dressurerwartungen der Klasse: Klare Ansagen, deren Befolgung den Schülern unausweichlich erscheint; Strenge gegenüber Delinquenten, so dass aufkeimende Rebellionen gleich im Keim erstickt werden, Lob und Ermutigung, gute und klare Dosierung mechanisch zu erwerbender Lernstoffe. Der Verfasser weigert sich, die Rolle des Dompteurs zu übernehmen. Was nun folgt, lässt sich an Hand einer ergiebigen Schul-Geschichte gut entwickeln, deren Akteure der Verfasser und die Schülerin K. sind, bevor auf andere Ereignisse eingegangen wird:

K.s Kündigung
K. zeigt sich zuerst als aufmerksam und behilflich. Sie bleibt mit zwei anderen Mädchen am ersten Schultag im Klassenzimmer und hilft dem Verfasser beim Verteilen der Namensschilder auf die Tische, so dass am darauf folgenden Tag jeder seinen vorbestimmten Platz einnehmen kann. Da er die Klasse noch nicht kennt, berät sie ihn, welche Lernenden auf keinen Fall nebeneinander sitzen sollten. Mit ihrer Hilfe gestaltet der Verfasser die Sitzordnung. K. selbst will ganz vorn in der Mitte sitzen, um die Tafel in optimaler Weise erfassen zu können. Sie entspricht recht gut dem Typus des

Strebers, der die Nähe der Herrschaft aufsucht, um durch zynische Anpassung und opportune Loyalität an ihr partizipieren zu können. Der Einsatz unlauterer Mittel wie Spickzettel (s. EG, Abb. 10) bereitet ihr natürlich keine Gewissensbisse. Mit dem zunehmenden Zerbrechen der Herrschaft entfernt sich K. vom Verfasser, verhält sich aber fortan keinesfalls bloß neutral, sondern erteilt selbst höhnische und gemeine Hiebe in seine Richtung. Sie simuliert beispielsweise lautes Husten, im Bündnis mit zwei-drei anderen, und rechtfertigt dieses als physiologisches Bedürfnis. K. lacht und amüsiert sich köstlich über die Hilflosigkeit des Verfassers und legt nach: „Sie müssen schreien, streng sein!", empfiehlt sie dem Verfasser süffisant. Sie lacht ihn aus, vermutlich bei der Vorstellung, sich den Verfasser als strengen Menschen vorzustellen. Mehrmals spielt sie ihren Trumpf aus: „Ich streike!" und „Ich kündige!"

## Die Zerstörung der Fahnen – Herrschaftsübernahme

Mitten im Unterricht fällt D.s Blick auf eine Schweizer Fahne, die mit vielen anderen an der Wäscheleine unterhalb der Decke hängt. Er stößt einen Fluch aus, bekundet seinen Hass auf die Schweiz, steht auf, ohne sich von den Bemühungen des Verfassers, ihn daran zu hindern, irritieren zu lassen, steigt auf eine Bank, reißt die Schweizer Fahne herunter und zerreißt sie. Sprachlos betrachtet der Verfasser diese Szenerie. Später erfährt er den Auslöser für diese Tat: Die Türkei hatte vor einigen Monaten gegen die Schweiz ein wichtiges Qualifikationsspiel – nach Meinung vieler Türken: zu unrecht – verloren. Jetzt beginnen einzelne Schüler, Mitschüler verbal zu attackieren und ihnen als Vertreter einer bestimmten Nationalität Minderwertigkeit zu unterstellen. Die zuvor friedlich nebeneinander hängenden Fahnen werden heruntergerissen, um Mitschüler, die aus den entsprechenden Ländern kommen, zu „ärgern". Die Provokationen ziehen Racheaktionen nach sich, so dass die Wäscheleine beinahe verwaist und schließlich die Gestalt eines schwer gerupften Vogels annimmt. Mitten im Unterricht springen Jugendliche auf und reißen Fahnen von der Leine, sich grobe Ausdrücke zuwerfend. Die freie Bewegung der Lernenden im Raum markiert die Herrschaftsübernahme durch die Schüler-Wölfe zu Ungunsten des Lehrer-Hundes. Es gelingt nicht mehr, die Schüler ruhig und in ihren Sitzen zu halten (to keep them quiet and in their seats" (McCourt 2006, 26)).

## Terrorspiel, Gewalt und Kastration

* Im Ethikunterricht entwickeln D. und S. ein „Terrorspiel". Sie betrachten den Klassenraum als Flugzeug, springen plötzlich auf, fesseln mit einem Schal ein zuvor ausgesuchtes Opfer und tun, als würden sie es verprügeln.
* Es kommt zu einer echten Schlägerei im Unterricht. Ein Schüler ermahnt einen anderen, dieser will sich nichts sagen lassen, und nach einem kurzen Wortgefecht kommt es zur Tätlichkeit. Die beiden verknoten sich so fest, dass der Verfasser sie allein nicht auseinander bringen kann. Erst auf sein Flehen hin eilen einige Schüler herbei, so dass die beiden getrennt werden können. In der Nacht darauf träumt der Verfasser von einem Feuer, das im Klassenzimmer plötzlich auflodert.
* D. platzt plötzlich mit folgender Äußerung im Unterricht heraus: „Der hat keinen Schwanz." Damit meint er den Verfasser, der in seinen Augen nicht Macho genug ist, um sich in der Klasse „durchzusetzen" und zu bestimmen, wo es lang geht. Anstatt dass der Verfasser die ihm anvertraute Meute führt, lässt er sich von dieser zerfressen. Der Verfasser gilt als Schwächling. S., sein Banknachbar, bringt seine Überraschung zum Ausdruck, dass D. auf diese grobe Weise den Lehrer beleidigt. Darauf D.: „Am Anfang dachte ich, ist gut, dass die Frau [seine Klassenlehrerin in Klasse 5 und 6] weg ist, aber der hier bringt gar nichts."

## Der Amerikanische Präsident

Der Bayerische Lehrplan sieht vor, dass verschiedene Berufe erläutert und in eine Tabelle mit den Spalten „Tätigkeit – innen" oder „außen" eingetragen werden sollen. Nachdem Berufe wie Gärtner, Zimmermann, Fliesenleger, Bäcker vorgestellt worden waren, richtet der Verfasser die Frage an die Klasse, wer welchen Beruf ergreifen möchte. Diese Frage kann aus mehrerer Hinsicht von den Ler-

117

nenden als Hohn interpretiert werden: Siebtklässler befinden sich in der anstrengendsten Phase der Pubertät, aus der heraus ein Berufswunsch kaum abgeleitet werden kann. Noch dazu ist die Perspektive auf einen Ausbildungsplatz schwach, dessen Wichtigkeit sie ohnehin noch nicht einsehen können, gerade als (mögliche) Hauptschulabsolventen, die im Bewusstsein des Restschülers leben, der tiefer kaum sinken kann, weil er schon ganz unten angekommen ist. Antworten lauten dann: „Zuhälter", „Dealer", „Popstar".

Ein ansonsten unauffälliger Schüler meldet sich vorbildlich und äußert seinen Wunsch, *Amerikanischer Präsident* zu werden, worauf die Klasse hämisch und laut lacht. Dem Witzbold ist ein großer Schlag gegen den feindlichen General gelungen – das Lachen ist hier anerkennend. Und der General ist ein Idiot, der sich anhören muss, dass jemand Amerikanischer Präsident werden wollen kann – das Lachen ist hier spöttisch. Die Provokation ist herrlich und elegant gelungen, denn der edle Nimbus des „Berufs" des Amerikanischen Präsidenten immunisiert gegen Regelverletzungen, die zugleich begangen werden. Der Witzbold sagt dem Verfasser: „Du bist nicht mein König, denn du schüchterst mich nicht ein. Ich kann dich lächerlich machen und im Klassenzimmer herumschleifen. Und du kannst mich nicht daran hindern." Der Verfasser als de facto gestürzter General will seine angegriffene Würde bewahren und geht mit gezogenem Säbel auf den Herausforderer als Provokateur zu. Nachdem Argumente wie Sprache als Englischkenntnisse, Geburt auf dem entsprechenden Staatsgebiet und gewisse Wertlosigkeit des Hauptschulabschlusses am Schüler verpuffen und dieser nach wie vor frech den Berufswunsch „Amerikanischer Präsident" für sich beansprucht, zieht der Verfasser eine letzte Waffe mit ungesicherter Wirkung: Er kündigt an, wegen dieser Frechheiten umgehend einen Brief als Verweis seinen Erziehungsberechtigten zu senden. Der „Amerikanische Präsident" fällt darauf in sich zusammen und beginnt, bitter zu weinen. Der Grund hierfür wird bald verständlich. Einige Schüler wenden sich mitleidsvoll an ihn, weil sie wissen, dass seine Mutter ihn verprügeln wird. Der Verfasser kann aber seinen erfolgreichen Angriff nicht mehr zurücknehmen: Das Weinen signalisiert vollendete Fakten, und die ohnehin schwache Position des Verfassers in der Klasse würde einen weiteren Verlust erleiden. Er muss den Groll einiger Schüler in Kauf nehmen; der Verfasser erscheint aus der Sicht der von den Eltern (gelegentlich) Verprügelten (die sich gerade auf Grund der eigenen Erfahrung des Verprügeltwerdens in die nun davon bedrohten Mitschüler versetzen können) als Auslöser der Prügelei, der sich der Eltern als verlängerten Arm bedient, um das Verprügeln nicht selbst vollziehen zu müssen, was ohnehin illegal wäre. Man könnte von einem Supertrick der praktischen Pädagogik sprechen, von einem juristischen Paradox oder ethischen Skandal: Dass Gesetze (Erzwingen der Aufmerksamkeit im Unterricht) durch das öffentlich geduldete Brechen höherer kosmischer Gesetze durchgesetzt werden. (De facto ist der Staat – bei zerrütteten Familienverhältnissen – hilflos, weil sich Liebe gesetzlich nicht vorschreiben lässt.) Der Angriff des Lernenden auf den Lehrenden kommt nun als Bumerang mit derselben List und Tücke auf den Lernenden zurückgeflogen.

Allerdings ist der Sieg des verwundeten Generals von geringer Dauer. Die Mutter des Herausforderers erscheint umgehend, ohne ihren Sohn verprügelt zu haben. Sie erklärt ihre mangelnde Bereitschaft, das ihr zugestellte Schriftstück zu unterschreiben. Vielmehr sieht sie im Verfasser einen pädagogischen Idioten, der nicht unterrichten kann und noch dazu am ungeeigneten Objekt in Gestalt ihres Sohnes seine Wut auslässt und den durchaus akzeptablen Wunsch, Amerikanischer Präsident sein zu wollen, untergräbt, zumal dieser anständiger sei als der des Zuhälters oder Dealers etwa. Weitere pädagogische Fehler sieht sie im Unvermögen des Verfassers, die „Klasse im Griff" zu haben und noch dazu von schlechten Berufsaussichten von Hauptschülern zu reden. Da die Mutter allerdings versteht, dass der Verfasser sich als widerspenstig erweist, den von ihr vorgesehenen Prügel einzustecken, meldet sie bei nächster Gelegenheit den Vorfall der Rektorin. Beim darauf folgenden Treffen mit seiner Vorgesetzten erinnert der Verfasser diese an ihre eigene Bemerkung, dass nämlich Hauptschüler wohl keine Chancen hätten, am Fließband bei einem Autohersteller zu arbeiten. Natürlich ist dies eine ungeheuerliche Beleidigung, die das Schul- als Auslesesystem selbst vorgibt – die Beleidigung, sich Haupt- als Restschüler (und so Abfall) nennen zu dürfen. Diese darf inoffiziell erwähnt, muss aber amtlich verleugnet werden. Die Rektorin: „Vor den Eltern sage ich, wie wunderbar es bei uns ist und welche glanzvollen Möglichkeit ein (qualifizierter) Hauptschulabschluss eröffnet." Der Verfasser als Kyniker hat die Maske als *Loyalität* (s. EG, Abb. 11) fallen lassen, beruft sich aber dabei ausgerechnet auf seine Vorgesetzte, die einfach mal geplaudert hat. Er schützt sich, indem er für den Inhalt der Aussage kein geistiges Eigentum beansprucht, sondern vielmehr ein rektorales und so mächtiges *Zitat* ins Spiel bringt – der Tricks und Windungen im kranken Beziehungsgeschehen kein Ende!

Zwar sind diese Erfahrungen belastend, aber vor allen Dingen sind sie ungemein lehrreich. Die Wechselwirkung zwischen Medusa und Ares wird offenbar, als wären sie die beiden Seiten derselben Medaille, genannt Herrschaft. Die Dynamik gleicht der einer Wippe, bei der nur einer oben sein kann. Will er *ganz* oben sein, muss der andere von *ganz* unten nach oben herauf blicken. Ist die Wippe ausgeglichen, sind beide auf derselben Höhe. Aber das geht nur, *wenn beide zugleich verzichten, ganz oben sein zu wollen.* (Demokratie versteht sich als die Kunst der Ausbalancierung von Macht.) Hier hingegen sind die Parameter „oben – unten" festgezurrt, und nur sie geben die Richtungen des Denkens und Handelns vor.

Ares lässt sich von Medusa durchaus versteinern. Lässt aber ihre Wirkung nach, wird sie von Ares zertrümmert. Die Mechanik ist simpel, primitiv: Erschlaffung erwacht zur Raserei, die von Medusas Blick wiederum niedergehalten wird. Das Leben gerät so zum bloßen Maskenwechsel zwischen Eingeschüchtertem und Einschüchterer. Erscheint Medusa während Ares wütet, so ist der Spuk augenblicklich vorbei. Die Lernenden huschen an ihre Plätze und lächeln Medusa teilnahmslos an, als seien sie Immunität genießende Engel. Strenge legitimiert sich so zirkelartig: Gerade vor diesem Erfahrungshintergrund wird vor Verlust der Herrschaft als Sicherung der Ordnung mit Hinweis auf zu vermeidende Sach- und Personenbeschädigung gewarnt. Diese Ordnung als Sicherheit wird mit dem Preis der Erhebung der Heuchelei zum allgemeingültigen (eben schizophrenen) Lebensmuster erkauft. Der Maskenwechsel (von Ares zu Medusa) als Springen von Gestalt zu Gestalt wird eingeübt. *Lernen im Sinne der Persönlichkeitsentwicklung kann so nicht stattfinden, weil das mechanische Erzeugen von Masken als Heuchelei im Vordergrund steht.*

Die Heuchelei ist Vertreterin zweier Seiten, wobei die eine die andere verbergen soll. Sie ist schizoide Janusköpfigkeit. Man tut betroffen, schamvoll, reuig, einsichtig, leise, gehemmt unter dem Druck der Lebensangst, man spürt die Schwere der Ketten, die an der freien Bewegung hindern. Aber befreit von ihnen zeigt sich, was unterdrückt wurde: Wut, Hass, enthemmte Raserei. Hierbei ist der Lernende genauso wenig „selbstbestimmt", wie er es schon unter den Ketten war, denn er ist rasend, also besinnungslos, nicht bei sich.

Es lassen sich, entgegen dem Einwand, dass so prekäre Situationen wie die berichteten an ein Milieu gebunden werden könnten, das mit Begriffen wie „Brennpunktschule", „Unterschicht" bezeichnet wird, zahlreiche Beispiele durchweg aus allen Schularten berichten. Die Schüler lassen dann „die Sau heraus", wüten, zerstören und benutzen den Lehrenden als Clown, dem sie bei der nächsten von ihnen erarbeiten Chance eine Tracht Prügel zukommen lassen. Ist der eine Wolf von seinen Attacken auf den Lehrer-Hund erschöpft, oder ist er gerade dabei sich einzugestehen, dass der Hund bislang bereits genug Blut lassen musste, und sich zu fragen, ob nicht seine Schonung angesagt sei, so bedarf es nur eines weiteren Angriffs eines Mit-Wolfs, der den Hund quietschen lässt, um selbst erneut Blut zu lecken und den nächsten Einfall mit einem kräftigen Biss auf den Hundeleib[80] zu feiern. Ein Hund kann gegen ein Rudel sich gegenseitig pushender Wölfe nichts ausrichten. Laut muss es dabei nicht zugehen, wie das folgende Beispiel zeigt:

**Lehrer ohne Hose**
Ein Schüler einer achten Klasse (HS) zeigt dem Verfasser vertrauensvoll ein Video auf seinem Handy, das ihm zugespielt worden war. Auf dem Videoclip ist zu sehen: Der Lehrer dreht sich zur Tafel und beginnt, etwas aufzuschreiben. Rasch wie eine Raubkatze erhebt sich ein Schüler, stürmt nach vorn, zieht die Hose des schreibenden Lehrers aus und eilt zurück an den Platz. Der Lehrer, baff, zieht seine Hose, noch zur Tafel gekehrt, hoch und dreht sich dann mit Ausfallschritt zur Klasse, um den Schuldigen zu suchen. Aber der Schuldige ist in der Masse ausdrucksloser Gesichter untergetaucht. Der Lehrer kann noch von Glück reden, weil seine Unterwäsche den Angriff übersteht und den Hintern vor Blicken schützt. Das ist nur ein halber Trost, weil seine Unterwäsche weiß, schlabbrig und unmodern ist.

Das Ausziehen der Lehrerhose ist symbolisch gedeutet ein Akt der Tötung. Verbale Feindseligkeiten als Beleidigungen bereiten als Vorspiel die bevorstehende Schlacht vor, d.h. verbaler „Schlagabtausch" wird zum körperlichen. Diese heiße Atmosphäre wirkt wie ein Magnet auf die Auseinandersetzung. Zwei Schüler werfen sich Hässlichkeiten an den Kopf, beleidigen ihre Mütter, schreien immer lauter, kochen innerlich mehr. Es bildet sich eine Menschentraube um sie, nicht um zu vermitteln, sondern, um der Eskalation mit der Aussicht auf besondere Befriedigung beizuwohnen[81]. Es ist die Situation einer *Sensation*, die die Sinne

---

[80] Schulbiografische Erinnerungen eines solchen Wolfes wurden 2008, gut 15 Jahre nach den Ereignissen, aufgezeichnet. Ein Highlight bildete z.B. die Lieferung einer Pizza während des Religionsunterrichts an vier Wölfe als Lernende.
[81] Gladiatorenspiele und Talk Shows leben von Gaffern, deren innere Zerstörung lustvolle Entsprechung in der äußeren findet. Unfälle auf der Autobahn lösen auf der Gegenseite Staus aus, weil die vorbeifahrenden Gaffer sich möglichst lange am Unglück der anderen weiden wollen. Ein Lehramtsstudierender berichtet von seiner Erfahrung als Sanitäter, dass die neuzeitlichen Gaffer das Unfallgeschehen mit ihren Handys festhalten. Mit primitiven, die Sensationsgier bedienenden Szenarien lässt sich viel Geld verdienen.

in besonderer Weise erregt. Der (blutige) Kampf auf dem Pausenhof wird von den Umstehenden angeheizt, die sich an den Schmerzensschreien und dem spritzenden Blut weiden. Die Sensation erzeugt einen Kreis, dessen Betrieb viel Energie kostet, ohne geistigen Gewinn zu erbringen. Eher wird Verschleiß in Form konkreter Kränkungen und (letaler) Verletzungen produziert (s. EG, Abb. 12), die die Grundlage für Rachegelüste bilden:

Amoklauf als Fantasie
Das Thema „Sterben" wird vom Lehrplan für Ethik in der neunten Klasse vorgeschrieben. In diesem Zusammenhang stellt der Verfasser an die Lernenden die Frage, was sie tun würden, hätten sie nur noch sechs Monate Zeit zu leben. Die Antworten waren Variationen des Themas „die Sau herauslassen": eine Bank überfallen und das Geld sinnlos ausgeben, mit einem teuren Auto über die Autobahn rasen, die ganze Zeit nur feiern usw. Lauthals verkündet dann einer: „Ich würde mir ein Maschinengewehr kaufen und alle Lehrer umbringen!" Und dann an den Verfasser gewandt: „Nur Sie nicht!"

Für die Auseinandersetzung mit Tötungswünschen und Todesängsten Lernender zeigt sich die Schule weder willens noch fähig. Die Schule trägt nur so weit „Verantwortung" für die Lernenden, als dass sie lehrplankonformes Lernen sicherstellt[82]. Mit dem letzten Klingelzeichen wird die Schule laut Anweisung rasch verlassen, „die Türe wird abgesperrt" und die formale Verantwortung bei der Pforte abgegeben. Ob die Lernenden nach Unterrichtsschluss sich blutig schlagen, interessiert die für sie nicht mehr zuständige Institution nicht[83]. „Was Schüler außerhalb des Unterrichts treiben, interessiert nicht, da es exterritoriales Geschehen darstellt" (Zinnecker 1978, 44). Das Interesse erwacht erneut um 7.45 Uhr; es gilt nicht der inneren Welt Lernender, sondern den Englischvokabeln und der Prozentrechnung laut Plan: Innere Probleme, Haltungen werden auf Eis gelegt. Das gilt sogar für radikale Überzeugungen als Sympathien für die Anschläge auf World Trade Center I & II (s. EG, Abb. 13).

---

[82] Das funktioniert über strenge Kontrolle von oben nach unten. Das konservative Schulsystem Bayerns verlangt vom Lehrenden umfassende Dokumentationen der „pädagogischen" Arbeit, die vom Schulleiter und Schulrat überprüft wird: Wochenpläne, Jahrespläne, Schülerbeobachtungsbögen, Notenlisten, Zeugnislisten … Der Schulrat kann auch Hefte von Lernenden auf die Anzahl der erfolgten Einträge und ihre „Überwachung" durch die Lehrkraft überprüfen. Die vom Lehrenden ins Schülerheft gesetzten Häkchen und Namenskürzel als Symbole der Kontrolle des „Lernprozesses" und als Hoheitszeichen werden dann von der höher stehenden Instanz begutachtet. Der Schulrat des Verfassers verlangt, dass der Wochenplan mit genauen Angaben zu Themen, Zeiten und Lerngruppen nicht nur vom Lehrenden für jede Woche erstellt, sondern auch im Rahmen einer Selbstkontrolle freitags auf seine Erfüllung hin durchgesehen wird. Wurden Themen oder Aufgaben nicht im beabsichtigten Umfang auf Grund aktueller Ereignisse realisiert, so sei genau zu kennzeichnen, an welcher Stelle diese dann nachgeholt werden. Bei Feststellung der plangemäßen Erledigung der Stoffe hat der Lehrende seine eigene Ausarbeitung mit Datum und Ort rot zu unterschreiben.

[83] Wörtlich heißt es auf rektoraler Ebene: „Was nach dem Unterricht passiert, ist nicht mein Bier."

Der Pflege einer zynischen Grundhaltung steht so nichts im Wege. Betrug, Heuchelei, Intrige erscheinen als legitime Mittel zur Erreichung beliebiger Zwecke. Leben findet statt als mechanische Bewegung zwischen Omnipotenz und (gespielter) Insuffizienz, zwischen Ares und Medusa, als bloßer Spielball der Kräfte, als Maske, die ihre Authentizität nahe legen will. Ares, als Ausdruck blinden, tödlichen Hasses, wird von Medusa leidlich niedergehalten, bis er wieder ausbricht, um vom Neuen nieder gehalten zu werden: destruktive Mechanik. Sie erreicht weitaus subtilere Formen als die bislang in dieser Arbeit entwickelten. Die Schul-Geschichte „K.s Kündigung" zeigt die Demaskierung der beflissenen Willfährigkeit auf, die sich, einmal entfesselt, in brutaler Lust an der Tortur auflöst. Die Maskierung kennt aber viele Gesichter, die je nach Bedarf aufgezogen werden, auch solche der Freundlichkeit. Es scheint, immerhin, den pädagogisch taktvoll handelnden Lehrer zu geben, der „gerecht" ist und den Lernenden zu angemessenen Lernfortschritten verhilft. Der Typus des „korrekt" auftretenden Lehrenden erscheint, phänomenanalytisch gesehen, als eine Art Gentleman-Krieger, der sich selbst an die Regeln des Völkerrechts hält und fair zu kämpfen scheint, wenigstens so fair, wie die Umstände Fairness zulassen.

## 4.3 Zur Phänomenologie der Atmosphären III
## Strategien: Verwandlungen als Maskierungen

Der gemeine Pädagoge
Von der ersten Reihe flüstert eine Siebtklässlerin dem Verfasser während seines Unterrichts zu: „Sie sind so gemein, Herr E. Sie sind sogar noch viel gemeiner als ich, und dabei bin ich schon gemein genug." Der Verfasser beantwortet diese plötzliche Mitteilung mit süffisantem Lächeln, nach dem Motto: „Also, dann pass auf, dass du dich mit mir nicht anlegst."

Die Hintergründe der Schlussfolgerung der Lernenden sind unklar. Vielleicht registriert sie einige Manöver des Verfassers, mit deren Hilfe er seine Herrschaft im Klassenzimmer erhalten will: Er entwickelt Tagespläne, die die Lernenden innerhalb einer Doppelstunde bearbeiten müssen. Diese werden anschließend eingesammelt und benotet. Der Verfasser führt eine Strichliste, die „Störer" erfasst. Der erste Strich dient nur der Verwarnung – nach dem Motto: einmal ist kein Mal. Jeder weitere Strich aber reduziert die Endzensur um eine halbe Note. Die Striche wirken wie Schreckgespenster für einige wenige. Aus ihrer Perspektive gilt: Da führt eine höhere Macht Buch über dich und ordnet deinem Namen Zeichen zu, die Unheil ankündigen und so Angst erzeugen. Der Strafengel überwacht die Handlungen der Insassen und protokolliert sie, um zum geeigneten Zeitpunkt abzurechnen (s. EG, Abb. 14). Angst vor dieser Abrechnung ist dann gegeben, wenn der Lernende über ein relativ stark ausgeprägtes Über-Ich als verinnerlichte Kontrollinstanz verfügt und/oder er von den Eltern besondere Bedrohung erwartet.

Die Position des Lehrenden verbessert sich auf Kosten der Position des Lernenden. Gelingt es dem Lehrenden beispielsweise, einen „unterrichtsfremden" Gegenstand wie Handy zu konfiszieren und verlangt er noch dazu, dass die Erziehungsberechtigte diesen Gegenstand von der Schule abholen soll, so hat man eine mächtige Waffe in der Hand, mit der sich Unterwürfigkeit seitens der Handybesitzerin erzeugen lässt (s. EG, Abb. 15). Noch brisanter können sich Fälle gestalten, in denen die disziplinarische Maßnahme des Schulverweises wie ein Damoklesschwert über dem Delinquenten schwebt. Ein solcher Fall gestattet das Studium des Sich-Einschleimens als Interaktion mit den Akteuren „Schleimer" und „Beschleimter".

### Das Projekt „Sich-Einschleimen"

Der Typus des Schleimers wurde bereits durch die Schul-Geschichte „K.s Kündigung" eingeführt. Der Schleimer ist bereitwilliger Kollaborateur der Herrschaft. Durch vorauseilenden Gehorsam versucht er, den guten Draht zur Herrschaft zu pflegen, zugleich davon in besonderer Weise zu profitieren und Privilegien zu erwerben. Weitere ihm zugeschriebene Attribute lauten „Arschkriecher" oder „Streber" – sie zeugen von allgemeiner Antipathie des Publikums gegenüber dem Schleimer. Schleim (etwa in Form der Schleimspur einer Schnecke) wird als eklig empfunden. Assoziiert werden Eigenschaften wie „glitschig" oder „klebrig" – man wird den Schleim schlecht los. Der Volksmund sagt aber auch: „Jemandem Honig um den Mund schmieren", womit angenehmere Vorstellungen ausgelöst werden, da der Vorgang diesmal positiv konnotiert wird. Der mit Honig Beschmierte soll an der Süße des Lebens naschen, auf diese Weise milde gestimmt und so freundlich ermuntert werden, im Sinne des Schleimers zu handeln.

Im pädagogischen Kontext erwartet der Schleimer gute Noten, gute Zeugnisse. Seine Kalkulation geht dahin, durch seine guten Noten an ein „gutes" Studium zu kommen, das ihm eine „guten" Job und so „gutes" Geld beschert, mit dem sich „gut" leben lässt. Seine widerstandlose Kooperation mit der Herrschaft wird von der sozialen Umgebung registriert und als unmoralisch abgelehnt, weil Herrschaft per se Widerstand herausfordert, durch den die letzten Züge einer sich in Agonie befindenden Autonomie aufleben. Das Beurteilen der fehlenden moralischen Integrität erfolgt durch Beobachtung der Handlungen des Schleimers und ihre (automatische) Reflexion[84]. Handlungen, die einen als „Arschkriecher" kennzeichnen, zeigen ihn als der eigenen Würde beraubte Per-

---

[84] Das moralische Empfinden gilt nach Hauser (2006) als angeboren.

son, die bereit ist, für Abfall zuständige Räume eines anderen zu betreten. Denn der Arsch ist „wie der Clochard unter den Körperteilen. Er ist der wirkliche Idiot der Familie" (Sloterdijk 2007, 282).

Die Lernende in „K.s Kündigung" ist Dauerschleimer, weil hier das Sich-einschleimen eine durchgängig praktizierte Verhaltenskategorie darstellt. Weitaus häufiger kommt der Typus des Gelegenheitsschleimers vor, der nur zu bestimmten Anlässen zu dieser Strategie greift. Studierende etwa, die sich wegen ihres bevorstehenden Ersten Staatsexamens in Erziehungswissenschaft mit dem Dozenten in Verbindung setzen, zeigen sich dann charmant, höflich, zurückhaltend. Ihr zartes Lächeln soll dem Dozenten freundliche Ergebenheit signalisieren, so dass dieser unter dem Eindruck scheinender Sonne, duftender Blumen und hüpfender Häschen ein für sie günstiges Urteil fällt. Denn der Prüfer ist qua Amt Inquisitor, der, sanft gestimmt, auf harte Urteile zu verzichten vermag.

Auf welche ausgefeilten Strategien Lernende zuweilen zurückgreifen, um sich aus einer von ihnen als misslich empfundenen Situation wieder heraus zu manövrieren, lässt sich gut am Fall Z. beobachten:

Der Gelegenheitsschleimer
Z., Schüler der neunten Hauptschulklasse, soll nach dem Willen des Klassenlehrers wegen Fehlverhaltens der Schule verwiesen werden. Aber er gewährt ihm die Möglichkeit, doch noch an der Schule zu bleiben, sollte er von allen Lehrenden, deren Unterricht Z. besucht, eine Unterschrift bekommen, mit der sie bekunden, dass sie bereit sind, Z. weiterhin zu unterrichten. Der Verfasser gehört zu diesen Lehrenden. Er wird so Augenzeuge eines von Z. breit angelegten Versuches, diese Unterschriften zu gewinnen. Eingeleitet wird diese Aktion mit den selbstreflexiven Worten: „Ich habe nur noch diese Woche Zeit, um mich bei den Lehrern einzuschleimen", die der Verfasser, dicht hinter ihm hergehend, mitbekommt. In der Folge erhält der Verfasser einige Unterlagen von Z. (s. EG, Abb. 16, 17 und 18). Mehrmals sucht er den Verfasser auf und überschüttet ihn mit weiteren Bitten.

Z., ansonsten ein Grobian, tritt nun als freundlich-höflicher Gentleman auf, der vorgibt, endlich einsichtsvoll geworden zu sein. Er übernimmt mit klarem Konzept die strategisch wichtige Aufgabe des Sich-Einschleimens und macht sie zu einem groß angelegten Projekt, das er in der Schule realisiert und dessen Technik er so einübt. Gäbe es ein Fach „Einschleimen", so müsste ihm die Note „sehr gut" erteilt werden. Allein die Argumentationsanalyse seiner Bittschrift (s. EG, Abb. 17 & 18) fordert Z.s hohes Reflexionsvermögen zutage. Er versteht es, eine schlüssige und zugleich relativ komplexe Argumentation aufzubauen, die folgender Dramaturgie folgt (s. EG, Abb. 17):

*1. Schuldbekenntnis*: Im ersten Akt erfolgt das Eingeständnis von Schuld als Verletzung der unantastbaren Regel: „Beleidige niemanden". Der Sachverhalt ist klar, der Delinquent bekennt sich schuldig, ohne dass der Ankläger ihm Beweise für seine Gesetzesübertretung liefern muss.

*2. Bitte um Nachsicht auf Grund „mildernder Umstände":* Im zweiten Akt erfolgt unscheinbar ein kleines „Aber", das die Genese des eigenen schlechten Verhaltens erklären können will: „strenge Erziehung nach islamischer Tradition". Die für sich in Anspruch genommenen mildernden Umstände verweisen auf eine harte, leidvolle Kindheit, die Z. selbst nicht verantworten kann.

*3. Bekenntnis zum unschuldig-schuldigen Aggressor:* Jetzt wird sich auf eine Situation bezogen, die juristisch doch noch aufzuarbeiten ist: Wer hat wann was gesagt und warum. Die Dinge werden komplizierter. Dadurch wird subtil-genial das anfangs noch uneingeschränkte Schuldbekenntnis nun doch in Frage gestellt. Beide Akteure erweisen sich als unschuldig-schuldig, weil sie sich gegenseitig verletzt haben, ohne es wirklich zu wollen. Z.s Ausraster blickt auf eine Ursache zurück, die aktuelles Handeln erklärt und zugleich relativiert, wenn nicht gar entschuldigt.

*4. Perspektivübernahme als demonstrierte Fähigkeit zur Einsicht:* Z. versucht, die Kränkung beim Verfasser empathisch zu erfassen. Er bleibt dabei diplomatisch-formal korrekt: Z. schreibt den Begriff „Scheiße" nicht aus, sondern verschlüsselt ihn gemäß der Regeln des bürgerlichen Anstands. Im Vordergrund steht die angeblich erfolgte Einsicht, die aus ihm nunmehr hat einen anderen Menschen werden lassen, nämlich einen verständnisvollen, reifen, gütigen. Gerade deshalb soll „Mitleid" als Motiv für ein günstiges Urteil beim Verfasser ausgeschlossen werden. Z. präsentiert sich Held, der keines Mitleids bedarf, ohne darauf zu verzichten, auf eine gewisse Berechtigung zum Bemitleidetwerden zu verweisen.

*5. Demonstration von Entschlossenheit:* Der angeblich geläuterte Held verkündet Entschlossenheit, die einer nun an ihren Erfahrungen gereiften Person gut ansteht, die endlich den richtigen Pfad gefunden hat und sich deshalb nicht mehr verirren kann. Das geht nicht ohne Schönheitsfehler, die auf fehlerhafte Maskierung hinweisen: Der Begriff „Scheiße" dringt in voller Gestalt durch: „[…] lassen Sie mich beweisen, das ich mehr kann als nur Scheiße bauen", während er einige Sätze früher diskret eingeführt wird: „schei**".

*6. Kulmination – dramatischer Appell:* Der Begriff „bitte" taucht dreimal kurz nacheinander auf, und es erfolgen Beteuerungen der eigenen durch Einsicht gewonnenen Verlässlichkeit. Es ist, als kniete der Delinquent mit bittend erhobenen Händen vor dem Inquisitor, auf dass sich das Schwert nicht senke.

Bei aller argumentativen Geschicklichkeit wird eine relativ flache Vorstellung von der Gefühlswelt deutlich. Gesellt sich noch dazu die blumig-stolpernde Sprache, die Verbindlichkeit durch imitierte Eloquenz vermitteln soll, so steht man vor einem Gesamtprodukt, das als Kitsch bezeichnet werden darf (s. EG, Abb. 16, 17 & 18). Liebe, Verständigung und Harmonie durchdringen den Raum mit billiger, künstlicher Süße als Reue, der man so recht trauen nicht kann. Die Heuchelei hat sich als Sich-einschleimen verselbständigt. Sie kommt unscheinbar daher, gibt sich kleinlaut, blickt nach oben und windet sich vor dem Sterben. Das ist das Verhaltensrepertoire, das dieser Lernende an dieser Stelle in seiner Biografie abspielen muss, als wäre eine bestimmte Szenerie als Theaterstück (das nur mit höherem Grad an Engagement umsetzbar ist) als mechanische Reaktion auf einen bestimmten Auslöser glaubwürdig aufzuführen.

Die Frage nach dem Lernen hier stellt sich gewissermaßen neu: Die ministeriellen Vorgaben als Lehrpläne berühren ihn recht wenig. Wegen des drohenden Rauswurfs – ein von ihm als schrecklich empfundenes Szenario – in Panik geraten, mobilisiert Z. all seine Energien und Potentiale, um diese seine Herausforderung zu meistern. Realiter übt er sich in der Kunst der Täuschung, die glaubwürdig ausfallen muss. Das Projekt „Sich-Einschleimen" ist ein grandioses Theaterstück, in dem Z. zahlreiche Rollen als tragischer Held, Regisseur und Dramaturg ausfüllt. Hier findet sich Größe, die eingesteht, klein zu sein und dennoch zugleich groß sein will[85]. Z. lernt hier, wie er die Herrschaft für seine Zwecke einspannen kann: Nämlich durch Einlullen, das sich als Anwendung geschickter Strategien versteht. – „Ein jeder Schmeichler mästet sich vom Fette des, der willig auf ihn hört"[86], heißt es bei Jean de la Fontaine. Und auf folgende kurze Formel bringt Friedrich Nietzsche die Psychologie des Sich-Einschleimens zum Ausdruck: „Schmeichelei. – Personen, welche unsere Vorsicht im Verkehr mit ihnen durch Schmeicheleien betäuben wollen, wenden ein gefährliches Mittel an, gleichsam einen Schlaftrunk, welcher, wenn er nicht einschläfert, nur um so mehr wach erhält" (Menschliches I, 318).

Der Fall Z. bildet insofern keine Ausnahme im täglichen Schulbetrieb, als dass Lernende in unterschiedlichen Kontexten versuchen, den Lehrenden als *Mittel* zur Erreichung eigener strategischer Ziele zu *gebrauchen*. Er dient als Figur auf dem Schachbrett, die für einen gerade nötigen Zug auf ein anderes Feld

---

[85] Die bei Z. ausgeprägte narzisstische Störung wird von Z.s Mitschülern im Rahmen einer Gruppendiskussion über ihn registriert: Er wird als penetrant, aggressiv und widersprüchlich charakterisiert: „Er tut religiös und friedlich, aber provoziert andauernd." „Er kennt seine Grenzen nicht." Z. ist während dieser Diskussion anwesend, merkt die Ablehnung seiner Mitschüler und versucht, sich zu rechtfertigen oder Gegenoffensiven zu starten. In der Folge gerät er dermaßen unter Beschuss, dass er schließlich, leicht dekompensiert, den Klassenraum verlässt.

[86] „Der Rabe und der Fuchs" in: Jean de la Fontaine: Sämtliche Fabeln. Düsseldorf und Zürich 2002. (zuerst 1668)

bewegt wird. Diesem Akt geht meistens Denunziation eines Mitschülers beim Lehrenden voraus. Weitere oft zu beobachtende Handlungen sind Lüge, Betrug und Scherz.

### Denunziation, Lüge, Betrug und Scherz

Alles ist eine Frage der Darstellung. Die hohe Kunst der Intrige besteht darin, Sachverhalte anders nuanciert vorzutragen, andere wohlweislich zu verschweigen und so auf subtile Weise eine andere Realität beim anderen entstehen zu lassen als die tatsächlich erlebte. Einige Mittel der Intrige sind: Denunziation, Lüge, Betrug und Scherz, die nah beieinander liegen, näher als man vermutet. Die Denunziation stellt scheinheilig illegales Handeln fest, das sie mit Hilfe der Herrschaft, die die zu verletzende Regel als Gesetz etabliert hat, verfolgt. Die Denunziation kümmert sich nicht um die Frage der Moralität bestehender Gesetze, sondern benutzt sie als Fakt, der dem Gegner einen Schlag versetzen kann und wird. Brisant wird der Vorgang der Denunziation besonders in totalitären Regimes. Besagt das Gesetz, dass Juden als Bazillen der Gesellschaft auszurotten sind, so braucht der Denunziant seinen Nachbarn nicht einmal persönlich zu töten. Ein Anruf genügt. Wie viele Fälle wie den von Anne Frank würde man zählen, sammelte man sie?

Lassen sich bestehende Gesetze für die eigenen Zwecke nicht einsetzen, so müssen Wirklichkeitsauffassungen gegeneinander ausgespielt werden: Die Lüge versteht sich als Darstellung einer anderen Realität entgegen ihrer erlebten Faktizität. Zwei Welten leben im Lügner – die faktische und die erlogene: „Man lügt wohl mit dem Munde, aber mit dem Maule, das man dabei macht, sagt man doch noch die Wahrheit" (Jenseits 166). Die Funktionalisierung der Lüge erfolgt als Betrug, der sich ihrer bedient und sich dabei noch unrechtmäßig bereichert, also (materiellen) Gewinn aus der Situation zieht.

Der Scherz fungiert als Mittel, die Dinge auf den Kopf zu stellen, sie um 180° zu drehen: Wenn alles nicht so gemeint war, dann ist so gut wie nichts geschehen. Der Scherz präsentiert sich als elegante Lüge, die im Nachhinein die Faktizität provokant anerkennt: Ha-ha-ha, die Dinge verhalten sich ganz anders als zunächst behauptet. Das Lachen bleibt aber einem bald im Halse stecken: „Wie ein Unsinniger, der mit Geschoss und Pfeilen schießt und tötet, so ist ein Mensch, der seinen Nächsten betrügt und spricht: ‚Ich habe nur gescherzt'" (Sprüche 26.18).

Lernende verwickeln sich in Auseinandersetzungen, die von den soeben eingeführten Kategorien getragen werden. Sie geraten in Clinch miteinander und eröffnen Angriffe auf den Feind. Ihm ist Schaden zuzufügen, er ist zu unterwerfen. Ihm ist mitzuteilen, dass er ein Idiot ist, der die Freundschaft als Beziehung durch sein eigenes Verhalten gefährdet. Eine relativ harmlose Äußerung solcher

Kriegshandlungen ist die Beschädigung und/oder Inbesitznahme von Gegenständen des Gegners. Solche Gegenstände können sein: Stift, Heft, Zettel, Etui, Mütze. Kann der Kontrahent den Besitz seines Gegenstandes nicht wieder erlangen, weil er gut bewacht wird und seine Angriffe nicht fruchten, so zahlt er es seinem Widersacher heim, indem er seinerseits sich einiger seiner Gegenstände bemächtigt. Die Verhandlungsposition wird auf diese Weise entscheidend verändert, weil nun jeder in der Hand was hat, was der andere begehrt, so dass Verhandlungen nötig werden.

### Der Lehrende als Friedensvermittler
Zwei Mädchen aus der siebten Klasse befinden sich vor Unterrichtsbeginn in einer solchen Patt-Situation. Die Freundinnen stehen kriegsbereit voreinander, die eine hält einen Stift in der Hand, die andere zwei Zettel. Sie können die Übergabe dieser Gegenstände allein nicht regeln, weil jede fürchtet, von der anderen Seite betrogen zu werden. Der Verfasser tritt als neutrale Instanz hinzu, nimmt selbst die Gegenstände und übergibt sie zeitgleich den Besitzern, womit der Konflikt beendet ist.

Eine so elegante Konfliktlösung gelingt nicht immer. Offene Rechnungen[87] wollen beglichen werden; abgewartet wird der hierzu geeignete Zeitpunkt. Will man jemandem „ans Bein pinkeln", vermutlich weil man zuvor von dieser Person selbst angepinkelt worden und deshalb „angepisst" war (s. Teil I, 5), so bedarf es eines Mittels, um einen Racheplan umzusetzen. Dieses Mittel stellt der Lehrende dar, der als Polizist die Einhaltung schulischer Regeln überwacht und seinerseits über Mittel zu ihrer Durchsetzung zu verfügen scheint. Wird ihm eine Regelverletzung von einem Lernenden gemeldet, so wird er veranlasst, Strafaktionen gegen den an ihn verratenen Delinquenten im Sinne der Gleichbehandlung zu starten. Ist es den im Konflikt Verstrickten nicht möglich, Rache zu üben, so wird Kontakt mit der Herrschaft gesucht, die dann dem Widersacher ans Bein pinkeln soll – stellvertretend für den Auftraggeber. Zwei Schul-Geschichten dienen der Verdeutlichung:

### Ärger bekommen I
M. und L. (7. Klasse) suchen gegen Ende des Fußballturniers zwischen einigen Schulen den Verfasser auf. Sie fragen ihn zuckersüß, ob sie denn nach Hause gehen dürfen. Nachdem er den Antrag genehmigt, stellt M. heraus, dass R. sich bereits davongemacht habe und es ungerecht sei, wenn sie deswegen keinen Ärger bekomme. M. und L. fordern die Herrschaft zur Intervention auf, die umso nahe liegender erscheint, als dass die Auftraggeber ihr vorbildliches Verhalten demonstrativ zur Schau stellen. So wird ein eindeutiger Kontrast zum Fehlverhalten R.s erzeugt, deren Bestrafung so nur konsequent und angebracht erscheint.

### Ärger bekommen II
In der Hofpause schreiben drei Neuntklässler auf der Tischtennisplatte eine Hausaufgabe emsig ab. Ein Mädchen (wohl aus derselben Klasse) hält sich missmutig in der Nähe auf. Sie verlangt vom

---

[87] S. hierzu EG, Abb. 19.

hinzugetretenen Verfasser, dass dieser den vor seinen Augen stattfindenden Vorgang wenigstens unterbricht, wenn nicht gar sanktioniert, indem er beispielsweise seinem Kollegen die Namen der Abschreiber nennt, so dass der Kollege wenigstens fehlende Hausaufgaben registriert oder gar wegen Betrugs zu ermitteln beginnt. Nachfragen ergeben, dass das Mädchen das Vorhandensein der Hausaufgaben der drei missgönnt – sie sollen ruhig eins auf den Deckel bekommen, gibt die Denunziantin unumwunden zu.

Der Denunziant empfindet sich als leidend – noch dazu leidet er am Leiden. Er schaut auf die Welt aus seinem Zustand des Leidens heraus. Er berechnet das Ausmaß an Leid bei sich und anderen, vergleicht es, stellt bei sich zu viel Leid fest und gerät deshalb in eine finstere Stimmung, die nach Rache als Ausgleich sinnt (s. EG, Abb. 20). Wenn man schon leidet, dann sollen *alle* leiden – das versteht der Denunziant als Gerechtigkeit. Die Mechanik der Psyche signalisiert Genugtuung, sobald registriert wird, dass der andere mehr leidet. Pathogener Zustand: Das eigene Leiden relativiert sich angesichts des anderen, größeren Unglücks – darin findet sich der Ursprung der Missgunst. Missgünstige Lernende verfolgen sehr genau das Durchsetzen von vom Lehrenden erhängten Strafen und übernehmen zuweilen von selbst die Aufgabe der Mahner, die auf ihr Recht der Bestrafung des anderen pochen. Dieser Zusammenhang wird im folgenden bulgarischen Witz veranschaulicht: Beim Besuch der bulgarischen Hölle wundern sich ausländische Gäste darüber, dass die Töpfe, in denen die schuldigen Seelen gekocht werden, nicht bewacht werden. Man sagt den Gästen: Die Bulgaren brauchen keinen Teufel, der sie bewacht – sie drücken sich gegenseitig den Kopf nach unten. Dieses Bild ließ sich im Klassenzimmer finden:

Bulgarische Hölle I
Als Fachlehrer einer achten Hauptschulklasse findet der Verfasser jeden Montag eine neue Sitzordnung vor. Ö. will mit G. und D. mit M. sitzen. In diesem Fall müssen nur zwei Lernende den Platz wechseln. Einer Genehmigung des Antrags steht nach Auffassung des Verfassers nichts im Wege, da in diesem Fall nur wenig Bewegung als Wechsel des Sitzplatzes entsteht. Er bewilligt den Antrag, und die Betroffenen ziehen im Nu um. Der Rest der Klasse reagiert darauf ungehalten: Das sei ungerecht. Obwohl die Beschwerdeführer für sich ebenfalls das Recht beanspruchen, umziehen zu dürfen, haben sie, konkreter befragt, nicht einmal eine Vorstellung davon, wer dann mit wem sitzen will. Das Thema der Auseinandersetzung lautet also gerade nicht „wie kann es *mir* besser gehen", sondern „wie kann es dem *anderen* mindestens so *schlecht* wie mir gehen". Das ist die Sprache der Bitternis, die nur Schlechtigkeit und Härte kennt und für Milde und Großzügigkeit blind ist.

Bulgarische Hölle II
Als Klassenlehrer einer siebten Hauptschulklasse erlaubt der Verfasser einem Lernenden, während des Deutschunterrichts am Computer eine Geschichte aufzuschreiben. Das löst heftigen Protest aus: „Warum darf er und wir müssen Unterricht machen?" – Unterricht ist ein im Ganzen unangenehmes Geschäft, dem man nach Möglichkeit zu entkommen trachtet.

Diese Protestler, die scheinheilig gleiche Rechte für alle einfordern, haben überhaupt keine Skrupel, sich als Denunzianten und zugleich bei anderen Gelegenheiten als Regelbrecher zu betätigen, sind realiter zynische Heuchler, die dem Lehrenden in die Augen schauen und ihn dümmlich anlügen:

Lüge I
E., Schülerin einer siebten Klasse, behauptet, M. sei im Klassenraum hinter dem Vorhang. Während sie dem Verfasser diesen Sachverhalt darstellt, sieht er M. an der Tür vorüberlaufen. Er verwickelt nun E. in ein Gespräch, in dem er sie darauf aufmerksam macht, dass M. aus dem Vorhang nicht hervorkommen wird, da sie sich nicht dort, sondern im Gang befindet. E. beharrt auf ihrer Meinung, variiert allerdings den angeblichen Aufenthaltsort M.s: Unter dem letzten Tisch, im Schrank... Der Verfasser erblickt während dieser Ausführungen wieder die an der Tür, diesmal in die andere Richtung, vorbeilaufende M. Die Verhandlungen werden fortgesetzt, bis nach kurzer Zeit M. selbst zu den Akteuren tritt und sich nach dem Gegenstand des Gesprächs erkundigt. „Wir reden gerade über dich", erwidert der Verfasser und richtet folgende Frage an sie: „Du bist doch gerade hereingekommen, oder?" M. bejaht es unschuldig. E. ist überführt, wird wütend und geht verbal auf M. los.

Lüge II
Der Verfasser konfisziert das Handy eines Mädchens. Daraufhin behaupten mehrere Schüler, dass das Handy ihnen gehöre. Diese Behauptung ist widersprüchlich in sich, weil das Handy nur einer Person gehören kann. Die Gemeinschaftslüge zerfällt schon während ihrer Verbalisierung, was die Antragsteller nicht stört, weil in diesem Augenblick jeder denken muss, dass das eine Handy nur ihm gehören kann. Die Einbildung verselbständigt sich zu einer Art Realität, in der sich alles besitzen lässt. In einer vom Besitz bestimmten Gesellschaft ist es legitim, Anspruch auf „sein" Eigentum zu erheben.

Umgeben von täglichen Lügen, Anschuldigungen, Beleidigungen und lauten Aufregungen entwickelt der Lehrende eine skeptisch-ablehnende Haltung gegenüber Anträgen von Lernenden. Er sieht in ihnen den Versuch der Lernenden, vom Unterricht okkupierte Zeit zurückzugewinnen, zumeist durch die Anmeldung physiologischer Bedürfnisse oder körperlicher Beschwerden wie Kopf- und Bauchschmerzen oder allgemeine Übelkeit (s. EG, Abb. 21), die sich oft schwer überprüfen lassen und dennoch restriktiv zu behandeln sind. Das offizielle Protokoll der Schuljahresanfangskonferenz (s. EG, Abb. 11) weist unmissverständlich darauf hin: „Toilettenbesuch möglichst einschränken und die Aufsicht verstärken – Rauchen und Vandalismus!" Die Toilette fungiert seit langem als Not-Ventil im Drucksystem „Schule", sichtbar an dort verübten Verwüstungen. Die praktische Pädagogik bewertet diese Zerstörungen nicht als Zeichen eines unglücklich ausgedrückten Protests, sondern als Angriff seitens der Lernenden, den die Institution zurückschlagen muss: Die Toiletten werden abgeschlossen, und eine Rolle Toilettenpapier findet sich auf dem Lehrerpult, um so die Überwachung der mit Toilettenbesuch zusammenhängenden Vorgänge zu gewährleisten.

130

Es wird eine Atmosphäre sichtbar, die glaubt, auf physiologische Bedürfnisse weitestgehend verzichten zu müssen.[88]

Physiologisches Bedürfnis: Sich-übergeben
E. verkündet zu Beginn der Englischstunde, dass es ihm schlecht gehe und er herausgehen müsse. Der Verfasser lehnt den Antrag ab. E. windet sich, flucht und nennt unterschiedliche Symptome. Sodann meldet er: „Lassen Sie mich auf Toilette gehen, mir ist schlecht, ich muss mich übergeben." Der Verfasser lehnt auch diesen Antrag ab, zumal er die Aufwertung der ins Feld geführten Symptomatik bemerkt. E. wiederum versucht hartnäckig, die Gegenwehr des Lehrenden mit einer Drohung zu brechen: E. würde sich auf dem Boden des Klassenzimmers übergeben und in diesem Fall hätte nicht er, sondern hätte der Verfasser zu wischen. Diese Ankündigungen lassen dem Verfasser kaum eine andere Chance, als „hart" zu bleiben. Eigenmächtig geht E. dann ans Fenster, das er öffnet. Er beginnt, frische Luft mit tieferen Zügen einzuatmen. Im nächsten Schritt hängt er sich über die Fensterbank und hustet. Inzwischen beginnen Lernende, für E. Partei zu ergreifen und fordern vom Verfasser E.s Freilassung. Der Verfasser kann aber seine ablehnende Haltung mit der aktuellen Situation in Einklang bringen, indem er auf den bereits versorgten E. verweist, der nicht nur die Möglichkeit genießt, frische Luft zu atmen, sondern auch in der glücklichen Lage ist, sich tatsächlich zu übergeben, falls er nicht simuliert. Die Lernenden sehen es als moralisch angebracht, E. auf die Toilette gehen zu lassen und fordern dies vom Lehrenden. Während dieser Verhandlungen geht E. zum Waschbecken im Klassenzimmer und hinterlässt dort einen wallnussgroßen Auswurf. Dieser grau-grüne Schleim wird nun von der Klasse als weiteres Argument für E.s Sache aufgeführt.

Diese Schul-Geschichte zeigt eine Atmosphäre des Misstrauens und gestörter Kommunikation. Man kann dem nicht trauen, der das Herannahen von Wölfen behauptet, um dann diese Meldung als Scherz aufzulösen. Die Atmosphäre ist mit Lüge, Betrug und Vorwurf hochgradig verseucht – einige wenige Beispiele sollen diesen Zusammenhang verdeutlichen:

Der große Rülpser
B. ist auf dem Weg zum Nachmittagsunterricht und befindet sich im Gang. Der Verfasser folgt ihm, ohne dass er von B. bemerkt wird. B. erzeugt dann einen gigantischen Rülpser, der an Lautstärke, Ausdauer und Saftigkeit kaum überboten werden kann. Lernende reagieren amüsiert und anerkennend. Der Verfasser stellt B. zur Rede. Dieser richtet seinen Zeigefinger auf den nächst besten Mitschüler und erklärt reflexartig: „Er war's!" Gegenseitige Schuldzuweisung ist ein fester Mechanismus in der täglichen Interaktion (s. EG, Abb. 22).

Klassenarbeit verschieben
S. verhandelt mit dem Verfasser die Verschiebung der angekündigten Ethik-Klassenarbeit auf einen Termin, an dem die Klasse abwesend sein wird, wovon der Verfasser keine Kenntnis hat. Die falschen Argumente für die Aufschiebung lauten: Man brauche mehr Zeit zum Lernen – in Wirklichkeit wird man nie „gelernt" haben. Dem Lehrer wird unterstellt, Dinge angekündigt oder gar versprochen zu haben, die er nun einhalten müsse. Die betrügerische Absicht verwandelt sich beliebig in ver-

---

[88] Ein gefürchteter Geschichtslehrer aus der bulgarischen Schulzeit des Verfassers erklärte damals: „Ich weiß, dass es physiologische Bedürfnisse wie Rülpsen oder Furzen gibt ... aber nicht in meinem Unterricht!"

schiedene Gestalten und lockt in verschiedene Fallen, die hitzig, eilig und dämlich nacheinander aufgestellt werden.

### Fehlendes Buch vorschützen

Eigentlich wird das Fehlen von Arbeitsunterlagen wie Buch, Heft, Arbeitsheft sanktioniert, weil dadurch der „Lernprozess" behindert werde. Es entsteht aber für den Lehrenden das Problem, den Lernenden mit fehlenden Arbeitsunterlagen in den Unterricht, der auf diese angewiesen ist, einzubinden. Umsetzungen erweisen sich grundsätzlich als günstig: Der Lernende mit fehlenden Arbeitsunterlagen wird zu einem Lernenden mit vorhandenen Unterlagen gesetzt, so dass sie sich das Unterrichtsmedium teilen können. Nun aber kann das Fehlen des Lehrbuches behauptet werden, um zu einem Lernenden gesetzt zu werden, dessen Nachbarschaft angestrebt wird. Der Verfasser lehnt einen solchen Antrag eines Mädchens ab. In der Folge zeigt sich, dass das Buch doch noch „gefunden" wird.

### Fremde Arbeit als die eigene ausgeben

T. legt dem Verfasser eine Arbeit vor, deren Handschrift nicht die seinige ist. Das hindert ihn nicht daran, hartnäckig zu behaupten, dies sei seine Ausarbeitung, für die er nun eine gute Note sehen wolle. Der Verfasser bezichtigt ihn des Betrugs und droht mit einem Schreiben an seine Eltern. Der freche Betrüger ändert seinen Ton augenblicklich und fleht den Verfasser an, ihm eine andere Strafe zu erteilen. Im Übrigen sind Betrugsversuche dieser Art häufig zu beobachten.

### Höhere Sphären organisierten Verbrechens

In einer siebten Hauptschulklasse will der Verfasser eine Speisekarte auf Englisch gestalten lassen. Um zur Arbeit zu „motivieren" und demokratische Prozesse zu initiieren, soll die beste Speisekarte von der ganzen Klasse als Jury bestimmt und mit einem Ü-Ei prämiert werden. Es entwickeln sich vielfältige Aktivitäten. Der Verfasser wird gewarnt, dass R. das Ü-Ei „linken" will. Falls die Geheimdienstinformation richtig ist, so fragt sich der Verfasser, wie dieser Vorgang des angekündigten Diebstahls vonstatten gehen soll. Er behält vorsorglich das Ü-Ei und seinen potentiellen Räuber im Auge. R. fertigt ein marodes Werk an, das sich von K. nicht wesentlich aufbessern lässt. Wie R. K. für die Bearbeitung seiner Speisekarte gewinnt, bleibt unklar. Später, bei der Bewertungsrunde, gewinnt A.s Kritzelei. Weitaus bessere Arbeiten bekommen nur wenige Stimmen. A. seinerseits hat seinen gewonnenen Preis R. versprochen und übergibt ihm ihn. Sprachlos betrachtet der Verfasser, wie R. das nun „gelinkte" Ü-Ei triumphal auspackt. Viele Vorgänge, die zu R.s Sieg führen, bleiben unklar, aber ein Fakt tritt unübersehbar an die Oberfläche: *In dieser Klasse herrscht organisierte Kriminalität mit den klassischen Strukturen der Mafia.* (In einer anderen Lerngruppe konfisziert der Verfasser ein Papier, das Absprachen zur Klassensprecherwahl beweist und als Ansatz organisierter Kriminalität angesehen werden kann (s. EG, Abb. 23).)

Glücklicherweise wird betrügerisches Handeln Lernender zuweilen als Scherz ausgegeben, der aber wenigstens dann fragwürdig ist, wenn sich auf Kosten eines Menschen und seines durch den Scherz ausgelösten Leidens amüsiert wird. Das ist etwa dann der Fall, wenn Lernende dem ein Schreibzeug suchenden Lehrenden einen Kugelschreiber geben, der dem Lehrenden, sobald er auf den Knopf drückt, einen kleinen, aber effektvollen Elektroschock versetzt. Der Lehrende als Verfasser erschrickt sich, ruft überrascht und wirft das gemeine Gerät aus der Hand. „Ha-ha-ha", lachen dann Lernende, „wie schön haben wir ihn hereingelegt." Die Scherze Lernender sind dennoch größtenteils harmlos und in vielen Fällen lustvoll, wie schon Zinnecker bemerkt (1978). Der öde Schultag wird mit

Komik unterlegt – man hält das Leben besser aus, wenn man über lustige Sachen lacht. Dann kann auch mal der Lehrende den Spieß umdrehen und selbst scherzen:

### Eigene Staatsmacht
Der Verfasser hat Aufsicht während der großen Pause an einem sonnigen Tag. Zwei Jungs von der siebten treiben sich lustlos herum. Sie benötigen eine Aufgabe. Der Lehrende ist per se Aufgabengeber. Der Verfasser beauftragt deshalb die beiden Machos, ihm X. gefesselt zu überbringen. Er wird ihm vorgeführt. Der Verfasser unterzieht den von seinen Sheriffs Festgenommenen einem kleinen Verhör und lässt ihn dann laufen. Aber die Sheriffs brauchen nun einen weiteren Job. Sie werden beauftragt, diesmal Y. zu erhängen. Auch das wird erledigt.

### M&Ms
K. ist gerade dabei, sich eine Handvoll M&Ms in den Mund mit weit ausholender Bewegung zu werfen. Der Verfasser beobachtet den Vorgang, während K. selbst registriert, bemerkt worden zu sein. Sie zögert. Was fängt sie jetzt mit den Pillen im Mund und den anderen Pillen in der Hand an? Der Verfasser nutzt ihre Verunsicherung, erreicht ihren Aufenthaltsort, beugt sich zu ihr herunter und flüstert ihr ins Ohr: „Ah, waren das SMS oder MDM? Oder war's C&A oder KLM?" Sie lacht so, dass ihr die verschleimten bunten Pillen aus dem Mund zu tropfen beginnen, die sie dann vom Tisch ohne Taschentuch wischt. Der Verfasser startet eine weitere Welle heftigen Lachens, indem er sich freien Reimspielen hingibt: „Oder Panini mit Bikini? Weiße Pomodini?" Sie fleht den Verfasser um Gnade. Dieser, unbeeindruckt und kühl, denn er rächt gerade ein schulisches Verbrechen, M&Ms während des Unterrichts zu essen, beugt sich noch etwas tiefer zu ihr, um die letzte Welle an Lachattacken zu feuern: „Oder sind es Bananen mit Pomaden? Oder Gurken mit Essig? – Magst du Gurken mit Essig?" Triumphal verlässt der Verfasser das Schlachtfeld und fährt mit seinem Unterricht fort.

### Schauspiel, Liebesbekenntnis und Verarsche
Die Lernenden einer achten Klasse sind bei der „Stillarbeit". Ein Lernender fragt spontan nach dem Ursprung der Epilepsie. Der Verfasser beginnt nachzudenken und verwickelt sich mit mehreren Lernenden in ein Gespräch über Krankheiten. Ein Lernender bemerkt dann amüsiert: „Hä-hä, der Lehrer redet selber!", womit er den Verfasser charmant darauf hinweist, dass er selbst das von ihm überwachte Gesetz verletzt. „Au ja", gibt er sich geschlagen, „das stimmt. Das ist unerhört. Sofort! Schreiben! Schweigen! Und du? Warum schreibst du nicht?" Hierauf ist B., der den Lehrenden ohnehin mag, so entzückt, dass es ihm entfährt: „Hey Euder! Ihr könnt sagen, was ihr wollt, aber *ich liebe diesen Lehrer!"* Während die Klasse diese Nachricht verdaut, sagt der Verfasser, gut platziert: „B., du bist schwul." B., der gerade zum Schreiben angesetzt hat, ist für einen kurzen Moment verwirrt. Dann erfolgt der Gegenangriff: „Das kann nicht sein. Ich bin doch mit Gerda zusammen." Hierauf der Verfasser, wieder souverän: „Wäre es so, ich wüsste es." B. findet keinen Ausweg aus dieser Falle und ruft aus: „Ey, Mann, Euder, der hat mich gelinkt."

Der Scherz versteht sich als das Sich-mitteilen durch die Sprache der Intimität, er ist zärtliche Zuwendung, und in diesem seinen Licht öffnet er sich der Freundlichkeit.

## Freundlichkeit – der maskenlose Anblick des maskenlosen anderen als herzliche Mitmenschlichkeit[89]

Freundlichkeit ist sympathisch, weil sie am Wohlsein orientiert ist. Freundlichkeit lässt keine offenen Rechnungen entstehen, weil sie erst gar nicht rechnet. Sie ist außerhalb der Grenzen des Beziehungshandels angesiedelt – das missversteht man als Absichtslosigkeit: Die Freundlichkeit will sich keinen Vorteil verschaffen, wenn sie in Erscheinung tritt, weil ihre einzige Absicht darin besteht, den Augenblick zu würdigen und in ästhetischer, harmonischer Weise zu genießen. Freundlichkeit ist heiter, sie ist das Vorzimmer des Paradieses. Jeder ist willkommen, der sich traut, der Einladung zur Heiterkeit als Freundlichkeit zu folgen. *Freundlichkeit ist Wohlwollen*. In ihrem tiefsten Sinne ist Freundlichkeit kosmisches Lächeln. Friedrich Nietzsche hat diese Erscheinung so umrissen:

> Unter den kleinen, aber zahllos häufigen und deshalb wirkungsvollen Dinge, auf welche die Wissenschaft mehr acht zu geben hat als auf die großen seltenen Dinge, ist auch das Wohlwollen zu rechnen; [...] es ist die fortwährende Betätigung der Menschlichkeit, gleichsam die Wellen ihres Lichts, in denen Alles wächst; [...] Die Gutmütigkeit, die Freundlichkeit, die Höflichkeit des Herzens sind immerquellende Ausflüsse des unegoistischen Triebes und haben viel mächtiger an der Kultur gebaut, als jene berühmteren Äußerungen desselben, die man Mitleiden, Barmherzigkeit und Aufopferung nennt" (Menschliches 49).

In der Freundlichkeit öffnen sich Welten einander, die sich warm begegnen. In dieser Begegnung ist herzliche Anteilnahme als praktizierte Menschlichkeit aufgehoben, die am Wohlergehen des anderen interessiert ist:

Eine rettende Warnung
Als der Verfasser mit einer siebten Klasse einmal auf den Spielplatz geht, spaltet sich die Klasse in mehrere Gruppen, deren gleichzeitige Überwachung durch eine Person sich als schwierig gestaltete. Einige Lernende belagern bereits die Rutsche, als Y. den Verfasser unauffällig warnt, dass jene Gruppe rauchen wolle. „Aber das haben Sie nicht von mir", fügt Y. hinzu. Kurze Zeit später nähert sich der Verfasser gerade dieser Gruppe und stellt Beobachtungen an, die die Warnung verifizieren: Zigaretten und Feuerzeuge werden weggepackt. Der Verfasser hält durch seine Anwesenheit diese Gruppe in Schach, bis der „Unterrichtsgang" beendet ist. Es wird ihm warm ums Herz, dass Y., vielleicht weil ihr der Verfasser sympathisch war, ihm Wissen anvertraut, das die Gruppensteuerung, die er betreibt, erleichtert.

Zur erlebten Freundlichkeit gehören auch anerkennende Äußerungen Lernender, die sie spontan nach dem Unterricht tätigen: „Guter Unterricht!", „Ich freue mich auf das nächste Mal!", „Wieso verging die Stunde so schnell?", „Sie sind ein cooler Lehrer!" usw. Denn die Qualität des Abschieds oder des unerwarteten

---

[89] Vgl. Teil I, 2; Solidarität als leuchtende.

Wiedersehens verdichtet die erinnerte Freundlichkeit untereinander zu einem Fest der Herzlichkeit. Muss sich die Freundlichkeit verabschieden, so hinterlässt sie die Aussicht auf die gewohnte Wüste alltäglicher Gleichgültigkeit, die das Ende des Paradieses markiert und sich bitter auf die Akteure legt, die sie traurig stimmt:

**Das große Abschiedsfest**
Die pädagogischen Erfahrungen des Verfassers finden ihre Kulmination in einem von seinen Kindern organisierten Abschiedsfest. Er unterrichtet im Rahmen einer Vertretungstätigkeit eine vierte Klasse als Klassenlehrer etwa drei Monate. Da er eine andere Stelle annimmt, ist die auch ihn bereichernde und ausgesprochen angenehme Zeit zu Ende. Dem Abschied ist Folgendes vorausgegangen: Herzliche Zusammenarbeit mit den Eltern; Anerkennung des Verfassers als Schulmeister neben dem Pfarrer, Arzt und Bürgermeister. Die Tochter des Pfarrers befindet sich in der Klasse des Verfassers, und der Pfarrer berichtet, wie *gern* sie *wieder* zur Schule geht. Bis heute sieht der Verfasser die Aufgabe des Pädagogen darin, dass er die Lust der Lernenden, die Schule aufzusuchen, nicht verkümmern lässt, sondern – durch die Gestaltung einer anregenden Beziehung noch entfacht.
Nun zum Abschiedsfest: Schon die Tür unseres Klassenzimmers ist festlich und mit liebevoll zusammengesuchten Blättern, Zweigen und Federn geschmückt. Die Kinder haben Kuchen gebacken, Getränke besorgt, Musik, und überall war Schmuck in Form von Lametta, Luftballons und Ähnlichem angeboten worden. Als die Zeit zum Abschied gekommen ist, weint die halbe Klasse. Es weinen sogar Kinder, die ansonsten als „cool" galten (s. EG, Abb. 24). Der Verfasser erhält zahlreiche Briefe, Karten und Geschenke. Als er in der großen Pause gehen will, organisieren die Kinder Wachen, die dafür sorgen, dass der Verfasser das Schulgelände nicht verlassen kann. Er muss, innerlich aufgewühlt, die Schule heimlich durch ein der Straße zugewandtes Fenster verlassen.

Das herzliche Interesse des Lehrenden an seinen Lernenden ist mit Unterrichtsschluss gerade nicht erloschen (vgl. Fußnote 83), als hätte jemand auf den Aus-Knopf gedrückt, sondern gilt lebenslang: Solange ein Wiedersehen durch den Tod des einen nicht blockiert wird:

**Drugarkata Tatschewa**
Hält sich der Verfasser in seiner bulgarischen Heimat auf, so versäumt er es nicht, seine alte Schule zu besuchen und seine schon lange pensionierte Klassenlehrerin Tatschewa aus seiner Grundschulzeit anzurufen. Dreißig Jahre liegen jene Ereignisse zurück, und seine Lehrerin hatte viele Generationen Heranwachsender betreut. Dennoch ist sie immer bestens informiert, welches Schicksal diesen oder jenen Mitschüler ereilt hat. Bei unserem letzten Treffen sagt sie: „Der Mensch braucht Unterstützung, um sich realisieren zu können, und sie es eine kleine Geste."

Es kann gerade am Wenigen mangeln, das so verzweifelt gebraucht wird. Dieser Mangel zeigt sich als dramatisch, weil das Fehlen jener „kleinen Geste" großes Unglück nach sich ziehen kann. Das Ungeheuerliche ist in der Tat: Mit geringstem Einsatz lassen sich entscheidende Weichen stellen, durch die „kleine" Hilfe des Lehrer-Freundes. Freundlichkeit heißt miteinander befreundet sein, sich als Freund der Dinge verstehen. Der Kosmos lächelt milde und taucht die innere Welt in warmes, griechisches Licht ein. Freundlichkeit ist erhaben, weil sie das

Ich, den Thymos weit in den Hintergrund treten lässt. Die Hülle des Ichs, der Begierde und Eitelkeit wird abgestreift, und in seiner Selbstlosigkeit wird der Mensch Mensch, indem er sich im Menschen anschaut. Freundlichkeit als Vertrauen ist unvereinbar mit Kontrolle als Härte. Freundlichkeit ist weich, leise (s. EG, Abb. 25) und versöhnlich (s. EG, Abb. 26 & 27). Der freundliche Augen-Blick ist selten, und noch dazu legt sich leicht über ihn der kühle Schatten der Kalkulation, deren Handwerk darin besteht, dem Lebendigen das Leben zu nehmen, es als Profit erzeugenden Wert einzusetzen und so zu verdinglichen. Thymos als Lernender sagt: „Ich will." Und die pädagogische Praxis befriedigt diese seine Begierde, indem sie ihn mit Punkten und Noten füttert und ihm Stoffe zuteilt, deren Wert durch Noten angegeben wird, als befände man sich auf der Bühne einer unglücklichen Parodie der Aktienbörse.

**Gegenseitige Verdinglichung – der pädagogische Marktplatz**
Die in der Schule gültige Währung heißt „Schulnote", mit der Schul-Stoffe gehandelt werden. Die Verdinglichung ergreift alle Akteure als Börsianer sowie ihr Zubehör und ihre Requisiten. Herrenzynisches Wissen betrachtet sich in der Gestalt eines abzählbaren Wertes, der wiederum dem Tauschzynismus zum Opfer fällt: Du gibst mir diesen Test, und ich gebe dir eine Note. Die Inhalte als Waren in diesem Handel sind größtenteils flüchtige, für die Subjekte irrelevante Gebilde, beinahe Phantome. Es bleibt zu großen Teilen unklar, *worüber* verhandelt und *was* ge-handelt wird. Der schulische Stoff hockt als bedrohliche Sphinx am Ausgang des Grauens, das Abitur, Real- oder Hauptschulabschluss genannt wird, und es gilt jedesmal, einen Drachen in einer strikt festgelegten Dramaturgie zu besiegen, will der Lernende ihm nicht selbst zum Opfer fallen. Willkommen im pädagogischen Jahrmarkt der Illusionen!

Die Schulnote als Zensur erscheint in einer Gestalt, die erfreuen, betrüben, ärgern kann. Sie kommt zuweilen als Gespenst daher, dessen Anblick erschrickt: So ging es A., der seine Note in Erfahrung bringen will. Der Verfasser zeigt ihm seine „6". Daraufhin schließt A. die Augen und fleht den Verfasser an, die Note wegzunehmen, weil ihn die Augen schmerzen. Noten können darüber hinaus sogar physisch töten, wenn sie ihre verheerendste Wirkung entfalten. Breidenstein (2006) berichtet von Lernenden, die ihre Klassenarbeiten rasch im Ranzen verschwinden lassen, ohne auf ihre Note zu schauen[90]. Denn Noten im unteren Bereich beschämen – man verzichtet darauf, in ihr hässliches Gesicht zu sehen. Die Note spricht als Botschaft zu ihrem Empfänger.

Die Botschaft der „6" lautet: „Du bist und bleibst nichts." Die „5" sagt: „Du bist ein Idiot, aber aus dir kann vielleicht was werden." Die „4" markiert eine

---

[90] Auf diesen Zusammenhang in einer erziehungswissenschaftlichen Veranstaltung aufmerksam gemacht, reagieren einige Studierende als Betroffene.

rote Linie, die besser nicht unterschritten werden sollte. Deshalb ist das „Ausreichend" ambivalent: Es bestätigt die noch erfolgreiche, aber schon gefährdete Teilnahme. Die „3" kommt rundlich daher und verkündet, dass die Dinge nicht gut, aber auch nicht schlecht stehen, und dass der Durchschnitt recht unbesorgt mit schwimmen kann, wohin es auch immer geht. Die „2" bestätigt nicht nur den Erfolg, sondern ermuntert auch zu weiteren Erfolgen, die eine etwas spitzere Zahl nach sich ziehen können und die die Krönung schlechthin darstellt: Der Champion bekommt die „1"!

### Das Drama der 5

Was für eine dramatische Zeit ist die Prüfungszeit! Sie examiniert und exekutiert, in vielen Fällen lässt sie leben. Die Delinquenten[91] kommen nacheinander in den Raum, nach Atem ringend, mit roten Flecken im Gesicht und Hals, reden wie in Trance von „primären" und „sekundären" „Erfahrungen", von Schülern, die aufstehen und irgendwohin gehen, um ihren Lernprozess selbständig zu gestalten, oder von einem Lehrer, der vor einer hysterischen Mädchenhorde steht, weil eine summende Wespe ihre Kreise im Klassenzimmer zieht und der Lehrer als pädagogische Maßnahme den Körperbau von Wespen zu erklären beginnt (während die Mädchen schrill schreien und zwei-drei Jungen schon mit eingerollten Heften auf Wespenjagd gehen). Andere sind mit der Aussprache der Begriffe Piagets über die Prüfungsdauer von 15 Minuten befasst, wie Assimilation, Akkomodation, Äquilibrationsprinzip, was dann dazu führt, dass die Examinatorin selbst bald Unsinn zu reden beginnt, die Begriffe durcheinander bringt, ihrerseits die Orientierung im geistigen Raum verliert und ihre Sprache mit einigen unverständlichen Lauten auslaufen lässt. Der hier beschriebene Effekt auf die Examinatorin ist vergleichbar mit dem, der sich einstellt, wenn Lehrende Diktate korrigieren: Ihr orthografisches Verständnis reagiert empfindlich auf die zahlreichen Verstöße, die es kennzeichnen muss, und beginnt zu zerfallen. Damit es nicht so weit kommt, bietet der Verfasser ausführliche Beratungen bei seinen Kandidaten an. Zärtliche Winde umschmeicheln ihn, fragend: „Darf ich auch so?" Beispielsweise empfiehlt der Verfasser dann zwei Wörter unten und oben gegeneinander auszutauschen und er malt einen Strich mit zwei Pfeilen an den entsprechenden Stellen. Wo auch immer der Examinator auf dem Campus auftaucht, von allen Seiten umgarnen ihn freundliche Sirenen, ihren verlockenden Gesang vor sich hin summend. Rote Teppiche werden ausgerollt und Rosen darauf geworfen, damit der Examinator auf dem Weg zur Mensa es leichter hat. Nach so vielen angenehmen Eindrücken wird es Tage vor der Schlacht als Erstem Staatsexamen in Erziehungswissenschaft leise und still. Der Kandidat zieht sich zurück in seine Burg, wo er Papiere hin- und herwälzt, Phrasen vor sich her spricht, an Lerngruppen teilnimmt, nicht schlafen kann, seine soziale Umgebung mit seinen Agonien terrorisiert, kurz: völlig außer sich ist. Warum ist die Kandidatin außer sich und verrückt geworden? *Weil sie Todesängste durchlebt.* Denn eine 5 bedeutet: „Du bist durchgefallen." Die Note „Mangelhaft" vermag es, ein virtuelles schwarzes Loch sich unter den Füßen des Examinierten öffnen zu lassen, in welches er augenblicklich hinabgleitet, durch einen finsteren Kanal zu fallen beginnt und noch einmal stirbt. Die Götter als Examinatoren haben ihm gesagt: „Du bist nichts – schäme dich!" Fairerhalber gestatten sie einen zweiten Versuch, in dessen Verlauf das Nichts den Beweis antreten soll, dass es wenigstens ein kleines Häufchen ist. Die Botschaft „Du bist nichts, ‚raus hier!" löst beim Examinierten einen (heftigen) Schock aus. Er fällt umso deutlicher aus, je mehr sich der Examinierte überschätzt hat: Er dachte, er sei wenigstens eine Drei wert, jetzt kriegt er eine Fünf. Was ist los? Ein Kandidat legt in einer Prüfung im Grunde lediglich dar, dass er keine zwei Verknüpfungen vornehmen kann, um nach Bekanntgabe des Ergebnisses entsetzt zu sein. Hier

---

[91] So bezeichnet von einem Erziehungswissenschaftler im inoffiziellen Kontext.

die Tränen, dort die Fratze; der Blick verrät hier den Horror, da die Leere. Der Boden unter den Füßen des Examinierten ist weggezogen worden – das steht in der kosmischen Macht der Götter des akademischen Olymps. Sie können töten, indem sie nur zwei Wörter sagen: *„nicht bestanden"*. Die Sphinx frisst dich jetzt auf – du hast ihr Rätsel nicht gelöst. Du wirst an deinen Wunden lecken, während andere Sekt trinken und ausgelassen lachen. Denn sie haben eine Schlacht gegen die Sphinx gewonnen, indem sie ihr die Auskunft gaben, die sie begehrte.

Die Schulnote ist gewissermaßen die Banknote der Schule, die die Bürokratie ihrer Abläufe nährt. Arbeiten Lernender werden korrigiert und mit einer Note versehen (s. EG, Abb. 8). Diese teilt dem Lernenden seinen Kontostand mit. Solange keine roten Zahlen geschrieben werden, der Wert also nicht unter „4" sinkt, ist die Welt in diesem Fach noch in Ordnung. Schulnoten unterliegen der Eigengesetzlichkeit der Inflation: Die übermäßige Vergabe guter Kontostände lässt die Währung nicht mehr ernst nehmen und damit auch das Fach[92], das sie ausgibt.

Die nur sechs Niveaus beinhaltende Notenskala wird zu einer sechszehnstufigen in der gymnasialen Oberstufe ausdifferenziert, so dass Lernende einen genaueren Bericht ihrer Kontodaten in Form von Punkten erhalten, die die Zahlenreihe von Null bis Fünfzehn umfassen. Die Landesministerien erlassen die gesetzliche Grundlage dieser Schulwährung (s. EG. Abb. 28 & 29), die sie manchmal selbst nicht mehr verstehen:

Teilnahme an einem bundesweiten Wettbewerb als Ersatzleistung für einen Teil der schriftlichen Abiturprüfung?
Zwei Zwölftklässlerinnen eines ernährungswissenschaftlichen Gymnasiums erkundigen sich bei ihrem Lehrer nach dem obigen Sachverhalt. Dieser als Fachlehrer kann keine Auskunft erteilen. Die beiden wenden sich an die Oberstufenbeauftragte, bei der es sich um die Mathe-Lehrerin der Klasse handelt. Sie setzt sich gern mit den ministeriellen Vorschriften auseinander, nicht zuletzt, weil sie als Mathematikerin Spaß an Definitionen, Berechnungen und juristisch klaren Aussagen hat. Sie nimmt sich bereitwillig des Problems an, berichtet jedoch auf Nachfrage der beiden Schülerinnen, dass das Ministerium der Fragestellung ahnungslos gegenübersteht. Nach mehreren Telefonaten wird die Sache etwas klarer, aber doch nicht klar genug im Sinne eines Ja oder Nein.

Eine Währung besteht aber nur solange an sie geglaubt wird. Besonders an der Hauptschule, aber auch bei etlichen Lernenden in anderen Schularten, ist die Schulnote einem ständigen Verfall ausgesetzt. Die Note wird dem Lernenden im Verlaufe seiner schulischen Sozialisation gleichgültig, da er ihrer unerfreulichen Gestalt hat oft genug begegnen müssen: Desensibilisierung lässt als Reaktion der Psyche grüßen, die für gewisse Reize unempfindlich wird. Lehrende konstatieren diesen Zustand mit dem Ausdruck „Die Note zieht nicht". Ungeachtet ihrer Geringschätzung durch die Lernenden bestimmt die Note den Schul- und Unter-

---

[92] Der inflationäre Gebrauch guter Schulnoten ließe sich vermutlich im Kunst- und Religionsunterricht nachweisen.

richtsrhythmus, ihr ist kein Entkommen. Besonders „vor den Zeugnissen" entsteht oftmals eine Spannung, weil die Note vielleicht noch rechtzeitig „verbessert" werden könnte, wenn diese letzte Arbeit vor den Zeugnissen gut ausfällt. Sind aber die Zeugnisse geschrieben, lässt die Arbeitsmoral augenblicklich nach, und Lehrende lassen sich dann auf Spielstunden ein, damit „die Zeit herumgeht".

Die Note als Schulwährung ist Politikum und Sache des Lehrenden. Er ist von Amts wegen mit dem Hoheitsrecht ausgestattet, Noten als Zahlen zu erteilen, die juristisch gültig sind. Die Note fungiert als offiziell-staatliches Ergebnis des Lernprozesses und besiegelt so den amtlichen Akt der „Leistungsfeststellung". Sie wird Eltern und Lernenden mitgeteilt. Die Note dient ihnen der Berechnung der eigenen Chancen: Aufstieg oder Niedergang. Denn bei einem vom Ministerium vorgeschriebenen Notendurchschnitt[93] darf man „nach oben", also in die nächst höhere Schulart. Damit dieser Fall nicht eintritt, werden Noten dann entsprechend dieser politischen Vorgabe vergeben. Eher tritt deshalb der Fall ein, in dem Realschüler eine Stufe sinken und sich auf der Hauptschule wiederfinden.[94] Begründet wird dieser Fall „nach unten" mit Noten im unteren Bereich und nachlassender Leistungsbereitschaft. Noten sind starke Argumente, die mal für, mal gegen den Lernenden sprechen.

Deshalb empfiehlt es sich aus der Perspektive des Lehrenden, die Noten strategisch einzusetzen. Der Lehrende als Noten Erteilender ist Politiker. Er vergibt Punkte für einzelne Aufgaben-„Blöcke", die beispielsweise in Englisch das Einsetzen bestimmter Vokabeln oder Wortformen oder in Geschichte die Gründe für das Ausbrechen des Zweiten Weltkrieges erfragen. Je nach dem, wie viele Vokabeln oder Gründe richtig oder halbrichtig vom Lernenden eingetragen worden sind, ermittelt der Korrektor eine Punktzahl. Waren für jenen Aufgabenblock 5 Punkte vorgesehen, so prüft er nun, ob er 2,5 Punkte für ein paar richtige Ergebnisse vergeben kann, was ungefähr die Hälfte des eigentlich Geforderten darstellt. Aufgabenblöcke, die vom Lernenden gar nicht bearbeitet worden sind, zeichnen sich durch leichte und zügige Kontrollierbarkeit aus, weil der Korrekturaufwand erheblich sinkt: Der Korrektor versieht das leer gebliebene Feld mit rotem Strich und trägt eine runde Null als Punktzahl ein. Offensichtlich falsche Darstellungen werden mit einem Kreuz versehen (wie EG, Abb. 30) und damit vernichtet: „Was ist das für ein Blödsinn", heißt es dann.

Nun werden die ermittelten Punkte wie Erbsen zusammengezählt und der erreichbaren Höchstpunktzahl gegenüber gestellt. Der politisch handelnde Korrektor ist aber beispielsweise daran interessiert, dass die Arbeit „durchschnitt-

---

[93] Wobei „Kernfächer" wie Mathe und Deutsch besonders herausgehoben werden.
[94] Der Verfasser erlebte zwei solche Fälle. Es handelte sich um Lernende, die dann in der Hauptschule hoffnungslos unterfordert waren.

lich" ausfällt, nicht zu gut, nicht zu schlecht, denn in diesen Fällen wäre grundsätzlich mit einem Rattenschwanz an Problemen[95] zu rechnen. Der Korrektor kann dann die Grenzen, die als Punktsumme den Übergang zur nächsten Note markieren, leicht verschieben und so einen anderen Klassendurchschnitt erreichen. Dieser Vorgang gewährleistet eine gewisse Flexibilität der Bewertungspraxis, deren Schrauben nach unten oder oben korrigiert werden können. Das eigene Hoheitszeichen besiegelt die nun amtlich festgelegte Note.

Die nun kontrollierte Arbeit selbst entsteht in einer kontrollierten Umgebung: Das Abschreiben vom Nachbarn, von mitgebrachten Materialien wird streng verfolgt und geahndet (s. EG, Abb. 31), während die Lernenden vielfältige Taktiken entwickeln, um die Inhalte der Klassenarbeit nicht im Kurzzeitgedächtnis zwischenspeichern zu müssen. Kurze schulbiografische Äußerungen Studierender hierzu:

Vokabelkenntnis: „sehr gut"
Unsere Französischlehrerin hat jede Stunde eine(n) Schüler(in) an die Tafel geholt, um die Vokabeln abzufragen. Ein Mitschüler von uns hat die Vokabeln jedes Mal ausgedruckt und hinter die Tafel gehängt, so hatten immer alle eine Eins.

Noten selbst schreiben
Bei unserem Geschichtslehrer haben wir immer, nachdem wir die Klausur zurückbekommen haben, Punkte und fehlende Antworten dazugeschrieben und unsere Note so immer um ein oder zwei Noten verbessert. Unser Lehrer hat das nie gemerkt, obwohl jedes Mal die ganze Klasse vorne stand und „reklamiert" hat. Als er einmal sogar sein ganzes Notenbuch auf dem Pult vergessen hat, haben wir alle Noten verbessert, ohne dass er es gemerkt hat.

Anstatt durch strenges Reglement Betrugsversuche zu provozieren, die dann strafrechtlich zu verfolgen sind, schlägt der Verfasser in der Hauptschule eine ganz andere Strategie ein: Legalisieren und so den Wind aus den Segeln nehmen:

Hilfsmittel erwünscht
Die restriktive Umgebung während der Anfertigung der Klassenarbeit veranlasst den Verfasser zu experimentieren. Er erlaubt in einigen Klassen die Benutzung aller den Lernenden zur Verfügung stehenden Unterlagen wie Buch und Heft. Die Lernenden reagieren erfreut. Sie meinen, dass die Einsen fortan nur so regnen würden. Aber den Lernenden stellt sich ein neues Problem: Wie können sie herausfinden, welche Buchseite oder welcher Hefteintrag die richtige Antwort enthält? Zuweilen schreiben sie ganze Textpassagen ab, ohne dass diese im Geringsten auf die Fragestellung eingehen. Wenigstens aber blättern sie herum und suchen eine passende Stelle. Das Ergebnis verblüfft sie: Der Notendurchschnitt bleibt derselbe, unabhängig davon, ob ohne oder mit Hilfsmitteln. Das Verfahren wird von den Lernenden trotzdem als angenehm empfunden. Weitere Klassen, in denen der Verfasser unterrichtet, erheben die Forderung, ebenfalls „wie die anderen" Hilfsmittel benutzen zu dürfen. Es

---

[95] Fällt die Arbeit bspw. schlecht aus, so fällt dieser Sachverhalt auf den Lehrenden zurück, der sich fragen muss, ob die Klasse genügend für die Anforderungen dieser Arbeit vorbereitet i.S.v. trainiert worden war. Die Lernenden können genau dies für sich reklamieren.

taucht aber elterlicher Protest auf, angestachelt durch eine durch das Verfahren ausgelöste Beleidigung, deren Argument wie folgt aufzuschlüsseln ist: Stigmatisierte Eltern, die sich als Eltern von Hauptschülern begreifen, müssen irgendwie mit der ihnen staatlich verordneten Idee leben, dass ihr Kind nicht zu den hellsten Köpfen gehört. Erfahren sie aber nun, dass dieses Kind die richtige Antwort in den Unterlagen nicht zu finden vermag, die frei zur Verfügung stehen, so scheint in ihren Augen der Lehrende die Lernenden gewissermaßen vorzuführen. Es wird sich bei der Schulleitung beklagt, die auf diesem Weg zur Kenntnis nehmen muss, dass ein liberaler Lehrender alle Hilfsmittel zulässt. Die Legalisierungskampagne wird von der erzürnten Schulleitung umgehend verboten, und der Verfasser muss das Hilfsmittelverbot wieder einführen. Die Hinfälligkeit in solchen Klassenarbeiten abgefragter Fragmente ist kein Thema, weil davon im Schulgesetz nichts steht. Daraufhin tauchen wieder Spickzettel auf (s. EG, Abb. 32).

Der Spickzettel ist die materialisierte Form des Wissenszynismus. Er wirft Belanglosigkeiten durcheinander und glaubt an ihre ferne Realität. „Der harmloseste unter den Wissenszynismen ist der der Prüflinge, die es verstehen, zu dem, was sie lernen sollen, das äußerlichste und verächtlichste Verhältnis aufzubauen, das der bloßen Paukerei, des Auswendiglernens mit dem festen Vorsatz, es am Tag nach der Prüfung wieder zu vergessen" (Sloterdijk 2007, 545). Die Ware ist wertlos, aber Vorgaben zwingen den Lernenden, diese Ware einzukaufen und noch dazu zu einem möglichst guten Preis (s. EG, Abb. 33). Der Lernende befindet sich auf der Tauschbörse, wo ihm Kurse angeboten werden – manche obligatorisch, andere fakultativ. Der Lernende sucht die für ihn beste Kombination, bei der er sich gute Chancen auf Erfolg in Form guter Noten ausrechnet. Die Lehrenden ihrerseits setzen Handelsstrategien als Steuerungsinstrumente ein. Didaktik erscheint als die Kunst des Andrehens ungewollter Ware. Über den Warenumsatz werden Statistiken geführt[96]. Die Lernenden „erwerben" Wissen und Abitur zugleich. Aber Jahre nach dem Abitur lässt sich aus dem Munde einer Lehramtsexamenskandidatin immer noch vernehmen: „Deutsch habe ich verschissen."

Willkommen im Tartaros, in dem Reich der Schatten, wo man sogar seine eigene Muttersprache „verscheißen" kann, wo Pakete dubiosen Inhalts verschoben werden, wo gehetzt wird, als könnte man irgendwo ankommen, wo der gegenseitige Vorwurf gedeiht, der Betrug selbstverständlich ist und die Akteure beliebig die Kleider wechseln! Wer so viele Masken aufzieht und an so vielen Betrugsaffären beteiligt ist und wird, kennt am Ende sein „wahres" Gesicht nicht mehr. Das Streben nach Autonomie lässt sich zwar bis zur Unkenntlichkeit unterdrücken, aber seine Stimme, sei sie noch so zerbrochen, lebt im Tartaros weiter. Ihre vagen Signale beunruhigen den Rollenspieler auf diffus-ferne Weise und

---

[96] …, die unter dem Stempel der seriösen empirischen Bildungsforschung daher getrampelt kommen und eine nicht zu überbietende Wissenschaftlichkeit suggerieren – man spricht zuweilen, sobald Methoden- und/oder Interpretationsdifferenzen nicht auftreten, von „wissenschaftlich" „gesicherten" „Erkenntnissen".

bewegen ihn dazu, seine Rollenspielerei zu rechtfertigen. Diese Rechtfertigungen, in welcher Gestalt sie auch immer an die Oberfläche treten, bilden den Rahmen einer „Ideologie des Schulischen" (Adorno 2006), deren Struktur im nächsten Schritt aufzuschlüsseln ist.

## 5. Ideologien des Schulischen: Die Sicherung der Herrschaft durch Heteronomie

„Ich möchte nicht wissen", schreibt Adorno (ebd., 85), „wie viel ‚So wird das hier gemacht' die Praxis des Schullebens nach wie vor beherrscht." Die bereits in dieser Phrase sichtbar werdende Ungeheuerlichkeit des stumpf-dumpfen „Watt mutt, datt mutt" ist schon beim ersten Anblick erschreckend genug, und man fragt sich, ob der Anblick des Freizulegenden die Grenzen des „guten Geschmacks" überschreiten könnte. Genau das ist zu riskieren: „Anzugehen wäre gegen die Ideologie des Schulischen, die theoretisch nicht leicht greifbar ist, auch verleugnet würde, aber durch die Schulpraxis [...] hartnäckig hindurchgeht" (ebd., 84).

### 5.1 Pflicht und Zwang als gesetzliche Grundlage der Zusammenarbeit

Bis heute treten Lehrende und Lernende im stillen Einverständnis aufeinander, dass man sich das, was man tut und tun wird, sich eigentlich sparen könnte, zum Glück für beide Parteien. Die Pflicht, in Gestalt der staatlichen Verordnungen erscheinend, verbindet beide Seiten. Pflicht heißt Zwang. Erzwungene Handlungen sind solche, die das Individuum unter Angst bloß ausführt, um seine Existenz zu bewahren. Ein Stereotyp diesbezüglich ist die vorgehaltene Pistole: „Wenn du nicht tust, was ich dir sage, bist du erschossen" – ein sehr anschaulicher Ausdruck der Ausübung von Herrschaft, die – mit Foucault – über den Körper verfügt.

Realiter ist dieser Vorgang bei gleich bleibender Unmündigkeit sehr subtil geworden – man wähnt sich Bürger in einer freiheitlich-demokratischen Grundordnung und ist zugleich unfähig, die Fesseln zu erblicken, die man sich so bereitwillig wie unbewusst hat anlegen lassen, ähnlich wie der Hund, der es kaum erwarten kann, die Leine aufgesetzt zu bekommen und sich seinem Halsband behaglich entgegenstreckt. *Was beim Hund die Leine ist, ist beim Menschen die Ideologie.* Wird der Hund als Leine-bedürftiges Tier verstanden, so eröffnet dieser Ansatz ein anthropologisches Verständnis, nach dem der Mensch nichts weiter als ein Ideologie-bedürftiges Tier ist. Die von keinem anderen Lebewesen geteilte *Gefährlichkeit des Menschen* findet ihren Ursprung in der menschlichen Ideologie-Bedürftigkeit, die per se hörig ist.

Lehrende sichern ihre Existenz, indem sie im subalternen Schuldienst Geld verdienen, und Schüler – indem sie sich regelmäßig zum Unterricht einfinden unter Androhung von Zwangsmaßnahmen in Form von Bußgeldern (s. EG, Abb. 34). Bittere Ironie enthalten die Fälle, in denen der Lernende dem Unterricht zugeführt wird, etwa in Begleitung von Polizeibeamten. Das Fehlen eines Schülers wird zur staatlichen Angelegenheit, die in brutal-deutlicher Weise zeigt: *Du musst lernen! Du musst den ministerialen Sphinxen Antworten geben, und zwar auf Fragen, die sich die Sphinxen ausdenken, nicht auf Fragen, die dich persönlich etwas angehen und dir bedeutsam sind!* Der hiermit gemeinte Lernbegriff ist bereits ideologisch pervertiert und in dieser Form in Schulgesetzen festgeschrieben, wie sich dem Bayerischen Schulgesetz exemplarisch entnehmen lässt:

Schulordnung für die Volksschulen in Bayern (§ 56): Rechte und Pflichten
(4) Alle Schülerinnen und Schüler haben sich so zu verhalten, dass die Aufgabe der Schule erfüllt und das Bildungsziel erreicht werden kann. Sie haben insbesondere die Pflicht, am Unterricht regelmäßig teilzunehmen und die sonstigen verbindlichen Schulveranstaltungen zu besuchen. Die Schülerinnen und Schüler haben alles zu unterlassen, was den Schulbetrieb oder die Ordnung der von ihnen besuchten Schule oder einer anderen Schule stören könnte.

Das Ministerium schreibt tatsächlich roboterhafte Maschinen vor, die sich gemäß einem höheren Auftrag zu verhalten haben, der darin besteht, alle Stoffe zu schlucken. Gemixt werden diese Cocktails im Ministerium, und ihr Schlucken wird verordnet. Die Lernenden erscheinen als Gänse, aus deren Leber Gänseleberpastete werden soll und die deshalb zwangsweise zu füttern sind. Die Schule versucht, bevor sie einen Schulabschluss erteilt, die Leber ihrer Lernenden zu wiegen, um so etwa das Erreichen des „Bildungszieles" feststellen zu können. Aber da diese Verordnung mit Erfolg nicht rechnen kann, weil Heranwachsende eigenwillig sind, wird ihr Fehlverhalten bereits einkalkuliert und zugleich strafrechtlich bekämpft; die Rede ist von Konfiskation:

Schulordnung für die Volksschulen in Bayern (§ 20; Herv. Verf.):
Genuss von Rauschmitteln und Rauchen, Wegnahme störender Gegenstände
(1) Der Genuss von Rauschmitteln und alkoholischen Getränken sowie das Rauchen ist den Schülern innerhalb der Schulanlage sowie bei schulischen Veranstaltungen untersagt.
(2) Das Mitbringen und Mitführen von gefährlichen Gegenständen ist den Schülern untersagt. Die *Schule* hat solche Gegenstände *wegzunehmen* und *sicherzustellen*. In *gleicher Weise* kann die Schule bei *sonstigen* Gegenständen verfahren, die den Unterricht oder die Ordnung der Schule stören können oder stören. [...]

Dieses Gesetz stellt sogar einen bemerkenswerten Zusammenhang her, indem es „Rauschmittelgenuss" und den Unterricht störende Gegenstände gleichstellt, als ob beides gleich schlimm und auf gleiche Weise zu verfolgen wäre. Nach dem

Schulgesetz ist der Lehrende also mit polizeilichen Vollmachten ausgestattet. Er tritt als Drogenfahnder und Zöllner zugleich auf. Allerdings darf er bei der Konfiskation von Gegenständen keine körperliche Gewalt anwenden. Was tun also, wenn seine Razzia gegen unterrichtsfremde Gegenstände nicht optimal getimt ist und er sich im Clinch mit dem Lernenden wiederfindet, wenn also er und der Lernende zugleich das begehrte Material festhalten? Der Lehrende ist die Parodie eines Polizisten, der seine Rolle glaubwürdig zu spielen versucht: Er hat über zwanzig junge Menschen im Klassenzimmer festgenommen und soll ihnen auch noch etwas „beibringen".

Lehrerdienstordnung Bayern (LDO 2005; § 3,3):
Die Lehrkraft überprüft, ob die Lernziele erreicht worden sind und die Schüler den Lehrstoff in der Schule und zu Hause verarbeitet haben. In einer der jeweiligen Altersstufe angemessenen Weise überwacht sie die Heftführung, kontrolliert die Schülerarbeiten und wirkt durch regelmäßige Korrekturen auf die Beseitigung von Mängeln hin.

Der offizielle Lernprozess ist durchzusetzen und „Mängel" sind zu „beseitigen". Die Grobheit dieser Sprache verstößt gegen jede Form von Ästhetik: Der Blick ist auf das Defizit, den Mangel, den Fehler gesetzlich gerichtet, als hätte der praktische Pädagoge es mit Krüppeln zu tun, deren Defekte er „durch regelmäßige Korrekturen" auszubessern versucht, ohne sie jemals ausbessern zu können, weil die Mängel nie endgültig „beseitigt" werden können. Die Rede von „Beseitigen", „Liquidieren", „Ausrotten" ist Ausdruck von verstümmelter Sprache, die in staatlich verordneter Form mit der Sprachverstümmelung Heranwachsender einhergeht, so dass Verstümmelungen sich gegenüberstehen, die einander misstrauen. – Das sind auf keinen Fall die Leitlinien einer zeitgemäßen Pädagogik, sondern jene eines skandalösen Verbrechens, begangen an Heranwachsenden.

Im Zuge gegenseitiger Belagerungen treten Lehrende im hohen Maße als Kontrolleure, Polizisten, Wächter auf. Anlässe zu Kontrollen bestehen reichlich: Die Lernenden *müssen* zu gegebenen Zeiten im Klassenraum, und zu anderen Zeiten *dürfen* sie nicht im Klassenraum[97] sein. Diese Regel muss von den Lehrenden *durchgesetzt* werden, was ihm umso besser gelingt, je strenger er auftritt.

Große Pause im Winter
Die Hauptschule sieht sich mit einem ernsthaften Problem konfrontiert, das Anlass einer Konferenz ist: Die auf den winterlichen Schulhof heraus getriebenen Lernenden versammeln sich nämlich dicht um den Schuleingang; es entsteht Gerangel und Verletzungsgefahr durch eine unkontrolliert auf- und zugehende Tür. Die teilweise ohne Jacke gegen die Tür drückenden Lernenden erklären, dass es ihnen draußen zu kalt sei und sie die Wärme des Klassenzimmers herbeisehnen. Die Lehrenden erwidern, dass die frische kalte Luft die Lernbereitschaft der Lernenden auf physiologischer Basis

---

[97] S. EG, Abb. 11: „Unverzügliches Verlassen des Schulgeländes nach Unterrichtsschluss." Aber: „Verlassen des Schulgeländes während der Unterrichtszeit (Pause!) wird bestraft."

erhöhen werde. Während solcher Verhandlungen auf der Türschwelle sind andere Lehrende mit der Jagd auf Lernende befasst, die die Schulgänge auf- und ablaufen, sich hinter Gardinenvorhängen verstecken und sich andere heimliche Winkel suchen. Die Konferenz fasst auf Grund solcher Daten einen Beschluss, der eine deutliche Erhöhung des Militärbudgets vorsieht: Der Aufenthalt am fraglichen Schuleingang während der Pause wird verboten. Es wird eine Grenze festgelegt, deren Überschreiten gegen das obige Verbot verstößt – die Stufenkante des Eingangsbereiches markiert fortan den Grenzzaun. Die Aufsicht durch die Lehrenden wird von 2 auf 3 Personen verstärkt. Lernende karikieren das neuerliche Verbot, indem sie beispielsweise ein Bein über die Stufenkante in der Luft halten, um wenigstens Ansätze einer Lufthoheit zu demonstrieren und so auf spitzfindige Weise eine von ihnen entdeckte Gesetzeslücke zum Gegenstand ihres Spotts machen. Erscheint ein strenger Lehrender, so räumen die Lernenden das Feld, spätestens nach einer Ermahnung seinerseits. Erscheint hingegen ein nicht so strenger Lehrender, so scheren sich die Lernenden wenig um ihn, balgen, scherzen und reden weiter. Er sagt: „Jetzt los, geht hier von der Platte herunter!" Gelingt es ihm, wenigstens das Interesse der Lernenden auf sich selbst, und das heißt auf das durchzusetzende Verbot, zu lenken, so sieht er sich im nächsten Schritt in ein absurdes Gespräch verwickelt, in dessen Verlauf er durch zahlreiche Argumente und Aufforderungen geringe Geländegewinne mühsam erzielt. Ermuntert durch seinen schwerfälligen Erfolg, verhandelt er weiterhin mit der Menge Lernender und bewegt diese unter großem Materialeinsatz noch einen Meter Richtung verletzte Grenze. Aber immer noch stehen einige Rebellen in der verbotenen Zone. Zum Glück gongt es zwischenzeitlich, die verbotene Zone verwandelt sich augenblicklich zur legalen, und die Lernenden strömen kreischend in die Wärme. Die Absurdität der Bewegungen der Körper Lernender zeigt sich gerade daran, dass diese zuerst in das Klassenzimmer hinein getrieben werden, um sie dann mit dem Gongzeichen „unverzüglich" (s. EG, Abb. 11) wieder heraus zu treiben, um sie dann mit dem nächsten Gongzeichen wieder hinein zu treiben und jedesmal auf zum Teil erheblichen Widerstand zu stoßen, der über den von Schafen und Eseln geäußerten erheblich hinausgeht. Hier zeigt sich der Lehrende als Hirte ohne Hunde, der seine Herde gerade nicht zu saftigen, blühenden Wiesen, sondern von Betonwüste zur Betonwüste in selbstherrlicher Manier treibt.

Die Schule sagt also nicht nur: „Du musst lernen", sondern sie weist auch dem Lernenden einen bestimmten Ort zu, den er mit seinem Körper auszufüllen hat. Der Lernende wird fixiert und gefügig gemacht. Auch wenn er gegen die Zumutung „Unterricht" rebelliert, so übernimmt er Ideologien des Schulischen. Denn das System fixiert ihn, auch wenn er sich windet. Einmal fixiert, ist er für die Parzellierung vorbereitet, der er in den meisten Fällen erliegt. Nur wenige Lernende zeigen sich dann in der Lage, die Ideologien des Schulischen zu durchschauen und zugleich diesem tieferen Blick auf von ihnen erlebte Schulrealität angemessenen Ausdruck verleihen zu können. Das sind Lernende, die ihre Freundlichkeit nicht vergessen haben. Sie sind relativ immun gegen die an ihnen vorgenommene Parzellierung, weil sie diese mit Hilfe ihrer gesunden Anteile als das zu entlarven vermögen, was sie ist: Sinnlosigkeit als inhumane Kategorie, verursacht durch die Parzellierung der Subjekte (s. EG, Abb. 35).

## 5.2 Parzellierung der Lernenden: Lern-, Arbeits- und Leistungsideologie

Eine Lernende (8. Klasse, Hauptschule) blättert im Englischbuch und durchläuft dort die bereits behandelten Lektionen. Sie schätzt die Quantität des „Gehabten" ein und blickt auf das noch zu „Habende" voraus. Das „Wissen" erscheint richtig greifbar, gerade in Form zahlreicher eigener Heft-„Einträge". Dort ist das offiziell gültige Wissen gespeichert, das in der nächsten Arbeit „drankommen" kann und deshalb *wichtig* ist. In dieser kleinen Beobachtung sind bereits wesentliche Annahmen einer weit verbreiteten und gesetzlich verankerten schulischen Ideologie enthalten, deren Weltanschauung unterkomplex ist und zugleich auf Sinnforschung verzichtet (s. auch EG, Abb. 28 & 29):

a) Im Unterricht Gelerntes ist (auch bezüglichen des späteren Eintritts Lernender in die Berufswelt) richtig und wichtig.
b) Lernen ist im Wesentlichen Nachvollzug und Reproduktion didaktisch aufgearbeiteter und abfragbarer, eigentlich beliebiger Fakten.
c) Formale Arbeit hierfür ist notwendig (Ansammeln von Material).
d) Lernen (als verantwortungslos borniert-verkürzter Begriff) unterliegt der staatlichen Kontrolle.
e) Sinnforschung ist nicht Gegenstand des schulischen Interesses.

„Arbeiten" Lernende, so versteht man darunter schreibende, lesende, abschreibende, sich meldende, verstehende, mitgehende Schüler. Diese „Arbeit" trägt, wie zu zeigen sein wird, klare Züge von Formalisierung und Entfremdung, die sich zur *Härte* zusammenfügen, an der die Akteure stumm leiden. Die dumpfe Gewöhnung an Härte desensibilisiert den Menschen, denaturiert ihn und erzeugt Apathie, eine Art Dauerschlaf, der hartnäckig darauf besteht, fortwährend geträumt zu werden und dabei das egoistische Manövrieren um der eigenen sinnlosen Existenz willen einzudrillen.

Die Wichtigkeit des im Unterricht zu Lernenden zu betonen, heißt, es zur Sphinx zu erheben. Der Lehrende verkörpert diese Sphinx selbst. Er gibt Jahre lang Hinweise darauf, was für die Sphinx wichtig ist, was sie hören will, wie ihr Rätsel aufgeht. Was der Lehrermund auch spricht, das ist immer wichtig. Der Lernende soll „aufpassen", um das Wichtige mitzubekommen – eine sehr alte pädagogische Vorstellung. Dieses Richtige und Wichtige begründet die Grundlage der Lehrer-Schüler-Zusammenarbeit, weil ihm gemäß der Regeln der pädagogischen Börse ein gewisser Wert zugesprochen wird, der im Rahmen gewisser Grenzen ausgehandelt werden kann. Der Lernende hat bestimmte Phrasen oder mechanisch zu bedienende Rechenverfahren sich zu „merken", also in einer

146

reproduzierbaren Weise zu speichern, um dann in der Klassenarbeit diese „eingeprägten" Stoffe auszuspeien: „Bulimie-Didaktik".

Was Alltagsunterricht realiter leistet, ist die Etablierung und Festigung der Transportwege der für wichtig gehaltenen Stoffe. Die Schulweisheit erschöpft sich denn in simplen Vorgängen, die rasch zu beschreiben sind: Die „Einführung" und „Erarbeitung" des Stoffes ist Sache der Didaktik als fragend-entwickelndes Vorgehen. Das Schulbuch liefert Daten, die zu Tafelanschrieben und Folien umgearbeitet werden, die sich dann als Hefteinträge bei den Lernenden wiederfinden. Diese bilden die Grundlage des nächsten Abfragens in Form eines „Kurztests" oder einer „Klassenarbeit", die vom Lehrenden so korrigiert wird, dass eine Zahl als Note und „Ergebnis" herausspringt und dabei zugleich an Wichtigkeit zu überzeugen scheint, weil sie in unheimlicher Weise über Zukunftschancen entscheidet.

Der so angebahnte Formalismus findet in der Lernenden seinen Ausdruck, die vom Lehrenden erwartet, mit der Klasse die speziell für die zu schreibende Arbeit wichtigen „Einträge" mit den Lernenden durchzugehen, diese nochmals zu erklären und zugleich von „weniger" wichtigen Einträgen abzugrenzen. Das Futter wird nochmals sortiert und dem Vieh werden spezielle Brocken schulischer Stoffe hingeworfen, die es zuerst schlucken und dann ausspeien soll. Lernende, gleichgültig wie stoffkonform sie sind, finden dies „zum Kotzen". Sie müssen sich übergeben und so die Stoffe als grauen, schmierigen, übel riechenden Brei wieder vor sich ausbreiten (s. Teil I, 5, Die Sau herauslassen). Das Sich-übergeben ist eine von der Sphinx gestellte, unumgängliche Aufgabe. Selbst der gesunde Magen soll sich übergeben und seinen Inhalt der pädagogischen Zensur anbieten.

*Die ideologisch vertretene Wichtigkeit der Stoffe zeigt sich als Beliebigkeit* – als Quizshow, in der nur Fragen nach dem „Gehabten" gestellt werden dürfen[98]. In Lektion 1 finden sich Vokabeln wie „sound", „practice" und „telephone" in friedlicher Koexistenz, als könnten sich Begriffe wie „Geräusch", „Praxis" und „Telefon" auf einer geheimnisvollen Ebene vereinigen. Dieser Unsinn wird als Dialog re-inszeniert: „A: OK. Let's go into Martins Media. We can look at the CDs. B: Oh, yes! Good idea!" Da sitzen in einem Zimmer recht eng beieinander eingeschlossene Lernende, atmen verbrauchte Luft und sollen sich nun für den Kauf von CDs begeistern; und jene Begeisterung hat auch noch in einer zu

---

[98] Das Lernen der Antwort der Sphinx wird vom Großteil der Akteure der pädagogischen Situation unzulässig unterkomplex verstanden: E., achte Klasse, Hauptschule, äußert sich einmal spontan: „Einmal habe ich gelernt, und ich habe das Falsche gelernt." E. hat also nicht wie vorgegeben bspw. Seite 71, sondern 17 „gelernt"; so kann er aus seiner Anstrengung keinen Profit schlagen. E. lacht selbst über seine Dummheit, die es ihm nicht erlaubt, das „Richtige" zu „lernen".

erlernenden Fremdsprache zu erfolgen[99]. Welch ein Hohn! Der sadistische Unterkeller als Sphinx hat sich strake Mittel zueigen gemacht: Sie verlangt: Identifiziere dich mit den jugendlichen Helden in der Geschichte, begeistere dich für CDs bei Martins, und drücke dies auf Englisch aus! Warum nicht auf Chinesisch?, fragt noch der unschuldig Lernende, der die *Beliebigkeit* der Rätsel, die die Sphinx aufgibt, entdeckt hat, weil er über ein Reflexionsniveau verfügt, das diese Schlussfolgerung gestattet.

Fällt allerdings die vom Lehrgang vorgeschriebene Begeisterung nicht überzeugend genug aus, so droht eine schlechte Note, die dir sagt, was für ein Idiot du bist – du kannst deine Begeisterung auf Russisch nicht ausdrücken! Der die Schule aufsuchende, relativ gesunde Mensch wird so durch die *Sphinx systematisch idiotisiert und neurotisiert.* Kultiviert wird Dummheit als Sinnlosigkeit. Dass Ansätze von Vernunft diese unerträgliche, inhumane Atmosphäre überleben, ist beglückend und hoffnungsvoll, weil der Kyniker hier in der Gestalt Lernender daherkommt: Der dickfellige Esel kann sich des Empfindens erinnern und diese reflektieren. Mit seinen gesunden Anteilen rebelliert er gegen die Zumutung der Beliebigkeit, die er erkennt:

Entlarvte Idiotie einer Schulbuchgeschichte
Siebte Klasse, Hauptschule, Englischunterricht, eine Geschichte aus dem Lehrbuch wird gelesen: Sie handelt von einer Gruppe Jugendlicher, die ein Kind unterwegs verliert. Die Jugendlichen vermuten detektivisch, dass der Kleine nur zu dem Süßigkeitenladen in Straße X gelaufen sein kann. Nicht nur, dass sie ihn genau dort finden, sie helfen auch unterwegs in der U-Bahn einem verwirrten Mann, der sich nicht zurechtfindet. Diese Idylle des Helfens und Allwissens wird jäh zerstört vom spontanen Ausruf eines Lernenden: „Das ist doch völlig unlogisch! Solche Jugendlichen gibt es nicht. Wer sucht schon Kinder und hilft verwirrten Männern? Und welches Kind geht in einen Süßigkeitenladen, nachdem es verlorengegangen ist?" Der Zuckerguss schmeckt nicht, er ist des Guten zu viel. Die Sphinx feiert Hochzeit mit der pädagogischen Süße der Illusionen verwirrter und auf die Hilfe junger Robin Hoods angewiesener Männer! Es fragt sich – sind jene verwirrten Männer vielleicht auch Pädagogen, die sich von den Lernenden nicht retten lassen würden?

Wer als Lernender jene Illusionen erkennt, ist Kyniker (s. EG, Abb. 36). Er durchschaut das System, dem er ausgeliefert ist, beharrt aber zugleich auf Möglichkeiten sinnvoller Autonomie. Er erblickt den Lehrenden bei seinen Beschwichtigungsversuchen und lacht über die Not-Lügen, die sich der Pädagoge einfallen lassen muss. Der Kyniker verweigert die von ihm geforderte Bestäti-

---

[99] Dieser Zusammenhang ist auf das gesamte Schulsystem zu generalisieren. Die didaktische Motivation als Zuckerguss und vermeintliche Einlösung des Anspruches an „Lebensweltnähe" zeigt ihre Hilflosigkeit auf allen Ebenen der Klassenstufen: Die Schulgeschichte lautet dann im Spanischunterricht der gymnasialen Oberstufe folgendermaßen: Ein Mädchen stellt fest, dass ihre beste Freundin ihr den Freund ausgespannt hat. Ist das der Text, mit dem die Liebe zu einer Sprache gewonnen werden soll, oder ist das der Text, unter dessen Banner Eifersucht und Betrug sich internationalisieren?

gung jener Not-Lügen und nimmt auch sinkende Kontostände in Form schlechter Noten dafür in Kauf. Er lässt Buch und Heft zu Hause und stemmt sich gegen die Zumutung der Sinnlosigkeit. Die Angepassten aber spielen das von ihnen geforderte Spiel als schlechte Schauspieler in einem öden Stück mit, besonders dann mit besonderem Erfolg, wenn Medusa vor ihnen steht.

Gerade die in der Schul-Geschichte „Verfall einer gut gedrillten Klasse" als barbarisch geschilderte Klasse zeigt in einer vom Verfasser durchgeführten Befragung ausgesprochen affirmative Äußerungen zu Schule. Auf die Frage „Stell dir vor, die Schule brennt und du befindest dich auf dem Schulhof – was denkst du dabei?" sind häufig pragmatische Lösungsvorschläge zu beobachten: Einer will die Feuerwehr mit dem eigenen Handy anrufen, eine andere denkt über die Rettung ihrer Sachen aus dem Brand nach. Ein anderer resümiert: „Das wäre schlecht, denn dann haben wir keine Schule mehr. Und ohne Schule keine Arbeit. Ohne Arbeit kein Geld." Diese simple Mechanik der Herrschaft gilt international und ist universal, wie sich beim amerikanischen Lehrer Frank McCourt (2006, 91f) lesen lässt:

Augie was a nuisance in class, talking back, bothering the girls. I called his mother. Next day the door is thrown open and a man in a black T-shirt with the muscles of a weightlifter yells, Hey, Augie, come 'ere. / You can hear Augie gasp. / Talkin' a yeh, Augie. I haveta go in there you gonna wish you was dead. Come 'ere. / Augie yelps, I didn't do nothin'. / The man lumbers into the room, down the aisle to Augie's seat, lifts Augie into the air, carries him over to the wall, bangs him, repeatedly, against the wall. / I told you – never – bang – never give your teacher – bang – no trouble – bang. I hear you give your teacher trouble – bang – I'm gonna tear your goddam head off – bang – an' stick it up your ass – bang. You hear me – bang? / Hey. Hold on. This is my classroom. I am the teacher. I can't have the world barging in here like this. I'm supposed to be in charge. / Excuse me. / The man ignores me. He is busy banging his son so hard against the wall that Augie hangs limp in his hands. / […] / The man drags Augie back to his seat and turns to me. He gives you trouble again, mister, I kick his ass here to New Jersey. He was brought up to give respect. / He turns to class. This teacher here to learn youse kids. Youse don't lissena the teacher youse don't graduate. Youse don't graduate youse wind up on the piers in some dead-end job. Youse don't lissena teacher youse doin' yourselves no favor. Unnerstand what I'm tellin' youse?"

Der Zusammenhang Schule – Arbeit – Geld fordert zur Unterwerfung auf, die mit dem voraussichtlichen Erhalt der physischen Existenz bezahlt wird. Lernende sind zuweilen von dieser Sphinx so benebelt, dass sie besinnungslos schwache Argumente repetieren, wenn sie selbst die Lernstoffe rechtfertigen sollen: Mathematik sei gut für die Berechnungen für ein Haus, das man mal bauen wolle, heißt es dann. Dieses Haus wird es nie geben und die Berechnungen, die sein Bau erforderte, würden mit den Mitteln des genossenen Mathematikunterrichts ohnehin nicht angestellt werden können. Papageienhaft wird versucht, eine Illusion zu vertreten, die sich nicht überprüfen lässt, weil sie in der Zukunft angesiedelt ist: Man könnte ein Haus bauen wollen, dann wäre der Satz des Pythagoras vielleicht nützlich.

Videografierte Befragungen Lernender zu solchen Themen zeigen eine brav-affirmative Haltung bei den Lernenden: Eine „verbesserte" Schule bedeutet für sie: größere Pausen, späterer Schulbeginn, kein Nachmittagsunterricht, mehr Ausflüge. Die Insassen übersehen dann selbst, dass sie als Mitläufer versteckt die Aufhebung des Unterrichts vorschlagen, dessen Wichtigkeit sie selbst zu betonen nicht müde werden. Wird Ausfall von Stunden gemeldet, so bricht in einer Klasse gewöhnlich Freude statt Trauer aus. Das vermeintlich Bildende als Sphinx ist noch bildender, wenn sie ganz wegbleibt – auf sie als Instanz des Abfragens ist eigentlich zu verzichten. Das im Rahmen einer offiziellen Interviewsituation entstandene Material ist also doppelbödig. Anders, nämlich eindringlich-eindeutig, stellen sich die Ergebnisse dar, wenn sie im inoffiziellen Kontext gewonnen werden. Der Verfasser interviewt zwei Mädchen in einem Cafe und einen Jungen bei McDonald's, beide Klasse acht der Hauptschule. Er fertigt Protokolle an, die folgenden Bericht ergeben, dessen Glaubwürdigkeit vom konfiszierten Schriftverkehr der beiden Mädchen gestützt wird (s. EG, Abb. 37). So unterschiedlich die beiden Fälle auch sind, sie stellen realiter zwei konträre Formen der Verzweiflung dar – die „Selbstmörderparty" (Sloterdijk) findet einmal als Party- und Konsumrausch, einmal als einsame Depressivität statt:

Lifestyle I – Party vor und nach der Schule
A und B sind seit der fünften Klasse beste Freundinnen. Sie veranstalten Trinkpartys und gehen gern ins Einkaufszentrum. Abends bleiben sie in der Gruppe auch bis Mitternacht draußen. Sie trinken Wodka, Bier, Sekt, Säfte und essen Chips und Brötchen. Sie hören auf ihrem MP3-Player Hip-Hop, 50 Cent, Black-Eyed-Peas, Beyond Ce. Es wird getanzt, geküsst und gezüngelt, auch gekuschelt. Der seit sechs Monaten feste Freund ist aber nicht der Richtige. Der Junge, in den sie sich verlieben würden, müsste einfühlsam, treu, empfindsam sein und gut aussehen. Sie telefonieren oft von 22.30 bis 3.00 Uhr und verursachen so hohe Telefonrechnungen. Die höchste belief sich auf 180 Euro, ansonsten schwankt sie zwischen 60 und 80. Sie interessieren sich für Klamotten und dafür, „wie man gut aussieht". Außerdem wollen sie erkunden, was Jungs denken und wie sich Beziehungen gestalten. Kinder allerdings kommen gar nicht in Frage, denn man sei selbst ja ein erschreckendes Beispiel dafür, wie furchtbar der Mensch sein kann. Weitere Argumente gegen Kinder lauten: Sie seien frech und benötigen „lange Jahre Begleitung". Man trage sie 9 Monate im Bauch und müsse eine schwere Geburt befürchten. Und dann noch ist auf Männer kein Verlass: „Ne, ne, dann verpisst sich vielleicht der Mann", denn „Männer sind Schweine und Missgeburte". Kinder seien hinderlich für Partys und verbrauchen Geld, das man selbst für Partys ausgeben wolle. Später einmal wollen sie im Büro arbeiten.
Das Wort „Schule" löst folgende Kommentare aus: „Scheiße, schlimm, Alptraum, Stress, Verweise, Eltern". Und Lernen? „Iiih, das geht nicht!" Sie gehen bloß „wegen Bußgeld" zur Schule. Die Lehrer sollten sie einfach in Ruhe lassen – ständig werden sie bald nach hier, bald nach da gedrängt. Lehrer „erpressen einen"; die Interviewten hassen einige Lehrer. Der Klassenlehrer ist nichts weiter als „böser Opa". Wenn sie könnten, würden sie die Lehrer quälen und ihren Klassenlehrer umbringen.

Lifestyle II – vor und nach der Schule: Scheißleben
C streckt gleich bei seiner Einschulung die Zunge heraus. Er beißt andere grundlos und rammt einmal einen Bleistift in den Bauch einer Schülerin, allerdings „nicht so fest". Nach drei Jahren Grundschule kommt er für weitere drei Jahre auf die Erziehungsschule. Dort kratzt er die Lehrerin. C erinnert weinend das Klassenzimmer verlassende Lehrerinnen. Seine schulischen Leistungen werden besser und er erreicht Zweien. Später kommt er auf die Hauptschule und wird von D „Kannibale" genannt. Inzwischen hat C den gelben Gürtel in Judo und ist seit einiger Zeit ruhig geworden. Er kennt seinen leiblichen Vater nicht und erhält auch keine diesbezüglichen Berichte von seiner Mutter. Sie lässt ihn zur Strafe schreiben und üben, und manchmal „rutscht ihr die Hand aus" – gelegentlich gibt es Ohrfeigen. Das Fazit lautet: „Scheißleben. Ich will nicht mehr." Selbstmord will C dennoch nicht begehen, da ihm seine Mutter leid tue.

Die Prügel gehen dann in der Schule weiter, nur mit anderen Mitteln, unter anderen Bedingungen. Eine Bayerische und sehr erfahrene Rektorin z.b. zeigt umfangreiches Schimpfrepertoire:

Die dumme Nuss
Ein Schüler überschreitet die Turnhalle während eines laufenden Fußballturniers und wird von der zornigen Rektorin empfangen: „Du dumme Nuss! Was rennst du hier rum? Hier fliegen Bälle, Mensch!", wobei sie das Wort „Mensch" zischend, hassend ausspricht, als würde sie gerade die Szenerie heraufbeschwören, deren potentielles Eintreten sie gerade sanktioniert. Mit der Beschimpfung „Ferkel!" besiegelt sie ihren Herrschaftsanspruch.

Beklagte Dummheit
Noch am letzten Schultag muss sich ein Lernender anhören: „Vor so viel Blödheit kriegt man ja Angst!"

Alliteration als Geheimwaffe
Die Rektorin eröffnet das Feuer auf einen Lernenden: „Du bist cool und blöd!" Coolness soll mit Blödheit gleichgesetzt und so verunreinigt werden, denn an sich stellt Coolness keine Untugend dar. Insofern ist nicht ganz klar, ob das Attribut „cool" überhaupt eine Beleidigung sein kann, aber Eindeutigkeit bringt dann das nachfolgende „Blöd". Die Rektorin gibt also einen Schuss ab, der gewissermaßen über sich selbst stolpert und den Adressaten kaum zu erreichen scheint. „Hat sie mich jetzt beleidigt, oder was?", fragt sich der Empfänger der Botschaft. Und er entgegnet: „Bei mir ist es anders rum. Ich bin cool und klug." Er betont dabei das entstehende Lautspiel „kul-klu" als stilistisches Element. Gelassen erklärt er ihr, als hätte er sie nach einer leichten Bewegung an der Gurgel: „Hör mal, wir stellen jetzt eins klar: Ich bin der kluge König, und wer du bist, das ist eine andere Frage. Verpiss dich jetzt, bevor ich anfange, deine Person zu untersuchen!" Und genau das tut die Rektorin. Sie räumt das Feld, einige Flüche zur Gesichtswahrung ausstoßend, wie ein flüchtender und zugleich bellender Hund, ein Hund, der de facto geschlagen ist, aber selbst noch auf der Flucht durch feindselige Äußerungen sich als widerständig und so nicht ganz geschlagen zeigt – unter Umständen entwickelt er gar Siegesfantasien.

Rektoraler Rassismus I
Ein Lernender aus Brasilien erscheint zu spät. Im Verlaufe der Zurechtweisung heißt es dann: „Geh doch zurück in deinen Urwald!"

**Rektoraler Rassismus II**

Der Klassenlehrerin einer achten Hauptschulklasse wird es bunt. Sie verlässt den Raum und erscheint mit der Rektorin wieder. Ihnen bietet sich das Bild einer nur teilweise „arbeitenden" Klasse. Lernende nicht-deutscher Herkunft zeigen sich in wenig günstigem Licht: Einer hat die Beine auf der Bank, ein anderer schaut aus dem Fenster, ein anderer ruht sich auf dem Tisch aus, ohne Arbeitsunterlagen dabei zu haben, andere unterhalten sich angeregt. Die beiden Lehrkräfte verfallen in Selbstmitleid und Rassismus: „Und diese Leute wohnen in unserem Land!"

Es finden sich weitere extreme Formen der Abwertung und Verletzung der Lernenden. Eine besonders krasse und sicher nicht alltägliche Geschichte wird Rassismus und Sexismus vereinen:

**Im masochistischen Keller**

Eine achte Hauptschulklasse öffnet sich in einer Doppelstunde dem Verfasser. Nur wenige Lernende nehmen an der Diskussion nicht teil, die sehr „emotional" geführt wird. Man empört sich über den Klassenlehrer. Er führt die Klasse mit eiserner Hand, bestraft kleinste Vergehen. Er erlässt eine Pausengangverordnung, nach der die Laufrichtung vom Zimmer zum Pausenhof mit Pfeilen festgelegt ist; durch diese Verordnung erzeugte „Geisterfahrer" werden gejagt, gefangen, zurechtgewiesen, und es erfolgt eine Mitteilung an die Eltern. Sein straffer Unterricht zeigt nach Einschätzung einiger Lernender nicht den versprochenen Effekt. Wenige Lernende, die mit ihm aus Opportunität kooperieren, werden in die Ecke gedrängt. Voller Empörung werden sexistische, diskriminierende und krass abwertende Szenen berichtet:

- Der Lehrer spielt mit einem Schreibzeug, das er in den Mund führt und gegen die Innenbacke fährt, ein türkisches Mädchen betrachtend und schmatzend. Mit deutlichem „Plopp" lässt er das Schreibzeug aus dem Mund gleiten.
- Eine Lernende spielt die Szene vor, deren Akteur ihr Lehrer zuvor war: Sie stützt sich auf die Tischkante und führt in lasziver Pose Friktionsbewegungen aus.
- Der Lehrer weist die Lernenden an, Kappen abzulegen und Schuhe anzuziehen, denn „wir sind hier nicht in der Moschee."
- Der Lehrer, an die Klasse gewandt: „Irgendein Arschloch stört meinen Unterricht."

Der Lehrer scheut sich nicht vor offener Kriegsmetaphorik: Vermutlich auf Grund eines Disziplinverstoßes verkündet er der Klasse drohend: „Ihr wollt Krieg? Ihr könnt ihn haben. Gewinnen werde ich, denn in diesem Spiel bin ich der Teufel." Oh, ein Teufel im Gewande eines Bayerischen Lebenszeitbeamten im Schuldienst! Dieser Teufel hat sich einmal in eine Tätlichkeit mit einem Lernenden, der sich ihm wohl nicht ohne Weiteres unterwerfen wollte, verwickelt, in deren Verlauf der Teufel sich den Schwanz einklemmt und das Feld, verletzt, vorerst räumt. Der Verfasser erlebt ihn einmal Stirn an Stirn mit einem Lernenden auf dem Pausenhof, die Akteure vor Wut schnaubend. Das Bild wird komplettiert durch die Schul-Geschichte „im türkischen Puff", wo Rassismus, Gewalt und Sexismus sich die Hand reichen, um dem Teufel zu dienen. Dieser Lehrer begegnet seinen Lernenden als Klienten mit Hass und Todeswünschen, und sein Unterricht ist offenbar vergleichbar mit einem gut eingerichteten Keller des Masochismus. – Diese Geschichte ist vermutlich eine noch krassere Variation der Geschichte vom Mathematischen Tyrannen und der verzweifelten Rebellin.

Jede Form von Ideologie birgt Gewalt und ihre reale Erfahrung in sich. Ideologie sagt: „Hier lang, das ist der Weg, lauf auf ihm. Weigerst du dich, so brauche ich Gewalt." Gewalt ist wirkungsvoll, weil ihre Energie in Stücke reißt, was zuvor Einheit war. Sie ist der Schlag auf eine Vase, die in hunderte Teile auseinanderbricht. Die Einheit fällt auseinander und verfällt in polare Kategorien: hier das private, dort das öffentliche Leben, hier der kalte Verstand, dort das heiße Gefühl. Pädagogik ist unter diesen Bedingungen im Stande, vielleicht einige Mechaniken bei den Lernenden einzudrillen, deren sich andere später bedienen sollen und so de facto über das Subjekt verfügen können. Die Parzellierung Lernender wird durch die nacheinander zu absolvierenden Unterrichtsfächer vorangetrieben: Hier die Winkelsumme eines Dreiecks, dort Vulkane und Erdbeben. Die schulische Definition von „richtig" und „falsch" zwingt zum papageienhaften Nachplappern beliebiger Sachverhalte, deren Sinn sich nicht erschließen will, weil in der Schule nur das als „Sinn" ausgegeben wird, was bloß formale Anforderung des Kultusministeriums ist. Das Sinnsuche behindernde Mittel heißt „Drill", der sich zu replizieren weiß.

### 5.3 Dressur als Mittel der Ideologie

„Ein ungeduldiger Tierlehrer will von den Tieren etwas erzwingen, was die Tiere noch gar nicht verstanden haben. Er treibt sie mit der Peitsche, mit der Gabel immer wieder zum Podest, ohne dass das Tier weiß: es soll da hinauf. [...] Ein anderer, der den Tiger erst auf dem Podest mit Fleisch anfüttert [...], erreicht dasselbe Ziel manchmal fast mühelos ohne jede Schramme" (Grzimek 1980, 16). Das Tier führt *leere* Handlungen aus, zu denen es durch Futter als Lockmittel verleitet wird. Es würde das, was es tut, nicht tun, wenn das Futter nicht wäre. Es wird ver-führt zu Handlungen, die es sonst nicht ausgeführt hätte. Die Peitsche dient als Armverlängerung (und unempfindliche Waffe) der Sicherung der eigenen Superiorität durch Einschüchterung der Tiere. Diese tierpsychologischen Grundlagen sind pädagogisch bedeutsam. Hierzu liefert die Schul-Geschichte „Verfall einer gut gedrillten Klasse" einige Zusammenhänge. Merkmale des „guten Drills" schlagen dann nämlich durch, wenn die gut gedrillte Klasse auf einen neuen Lehrenden stößt. Die Parallelen im Verhalten der Tiere und der als Tiere in Bildungseinrichtungen gehaltenen Menschen sind so verblüffend, dass der Bezug auf Ethologie als Tierpsychologie angebracht ist (und künstlerischen Ausdruck in Gestalt des 22-minütigen Filmes Pädagogische Panik (s. EG, Abb. 48) ermöglicht).

*1. Die Übergabe der Gruppe:* Übergibt ein Dompteur seine Gruppe einem Nachfolger, so gibt der erstere einige Tipps. Diese verkörpern Erfahrungen mit den Dressierten, die den Aufmerksamkeitsfokus des Dompteurs in bestimmter Weise dirigieren. Lehrende geben sich dann folgende Hinweise: Dem kannst du gut mit seinem Vater drohen, bei der musst du mit ihrer Mutter kommen, und lass den und den nicht nebeneinander sitzen. Bei Dompteuren klingt das dann so: „Vor ihr muß man sich in acht nehmen, [...], sie ist ein Tier, das sich selber nicht leiden kann. Sie hat schon einen ausgewachsenen anderen Tiger im Laufgang totgebissen. Achttausend Mark Schaden waren das im Handumdrehen! Die müssen Sie immer im Auge behalten, während Sie sich mit den anderen beschäftigen und ihr den Rücken zudrehen!" (Grzimek 1980, 10). Es ist sehr vorteilhaft, die vom Vorgänger eingeführten Spuren wieder aufzunehmen und sachlich zur Tat zu schreiten, andernfalls zeigen sich Auflösungserscheinungen.

*2. Beschnuppern: Behauptung von Superiorität:* In den ersten Tagen mit dem neuen Lehrenden will die Klasse wissen, „wie weit sie gehen können". Lehrende nennen dieses Verhalten „Austesten von Grenzen". Lernende übergeben bspw. Gegenstände aneinander, ohne dass eine Übergabe-Genehmigung vorliegt. Der das Geschehen überwachende Lehrende wird, ist er streng, diese Grenzverletzung nicht nur registrieren, sondern auch noch zum Anlass eines Belehrungsfeldzuges nutzen. Medusas Blick versteinert; sie lässt Bewegungen einfrieren. Im Verlaufe des Sich-beschnupperns hat der Nachfolger unmittelbar die alten Spuren einzurichten. „Der Berufsdompteur prägt seinen Tieren die Gewöhnung an stets gleiche Gesten und Befehle, gleiche Peitschenberührungen, je nach den Umständen an diesem oder jenem Körperteil, ein, indem er jahraus, jahrein mit ihnen arbeitet. Er hält sie rücksichtslos im Trott der gleichen Gewohnheiten, wodurch ihnen seine Überlegenheit unantastbar erscheint. Selbst wenn er eine Auflehnung bei ihnen unterdrücken will, muß der Dompteur die Tiger in seiner Stimme die unversöhnliche Festigkeit spüren lassen, die sie niederhält, nicht aber aufreizende Drohungen, ja nicht einmal ein ungewohntes Wort zu viel" (Grzimek 1980, 48). Es empfiehlt sich, die alten Gewohnheiten als Trott zu übernehmen. Denn: „Tiere sind gräßliche Pedanten. Eine Dressurvorstellung klappt nur darum, weil alles peinlich und genauso wiederholt wird, wie sie es gestern und vorgestern und all die Wochen und Monate gewohnt sind. *Die Tiere arbeiten wie im Traum,* so wie unsereins zu Hause nach der zwölften Stufe den Fuß nicht mehr hebt, weil die Treppe zu Ende ist. Auch wir würden unfehlbar stolpern, wenn über Nacht eine dreizehnte dazugebaut wäre" (ebd., 39; Herv. Verf.). Kann der Lehrende in dieser Phase seine Superiorität den Lernenden glaubwürdig vermitteln, indem er ihren Schlaf als Trott nicht stört, so übernimmt er die Herrschaft, deren Erhaltung er zugleich bewacht. „Peinlichste Sorgfalt bis zur Pedanterie ist überhaupt das A und O im Raubtierkäfig" (ebd.). Andernfalls kommt es zum Verfall der Ordnung.

*3. Bleibende Abhängigkeit Lernender gegenüber dem Lehrenden und v.v.:* Der Lehrende als Dompteur muss darauf achten, dass seine Anordnung in zügigem Tempo umgesetzt wird. Er ist „Chef", „Boss" im Rudel; wer nicht tut, was der

Boss sagt, riskiert sein Leben. Läuft es nicht so, läuft der pädagogische Dompteur Gefahr, dass er als solcher in Frage gestellt wird und nun sein Leben auf dem Spiel steht. In diesem Fall verliert der Lehrende zunehmend Möglichkeiten, auf das Geschehen Einfluss zu nehmen, seine Herrschaft wird zunehmend ignoriert oder rebellisch provoziert. Hatten die Lernenden anfangs seine Anweisungen befolgt, so werden es immer weniger, bis „jeder macht, was er will".

Solche Anweisungen als Befehle lauten dann etwa: „Arbeitsunterlagen wie Buch, Heft, Schreibzeug herausholen!", „Jetzt bitte schreibt das auf!" Gegen Ende der Stunde heißt es: „Alles einpacken, Stühle hochstellen, Ordnungsdienst kehrt den Raum!" Eine gut gedrillte Klasse macht das alles wie im Traum, in Trance – das Hamsterrad hat sich wieder einmal gedreht, weil ein Tag vergangenen ist, an dem die Akteure dubiose Sphinxen einfliegen haben lassen, ohne dass etwas passiert wäre. „Wie war die Schule?", fragen Eltern den Lernenden. Er hüllt sich in Schweigen und antwortet: *„Gut."* „Und was habt ihr gemacht?" – *„Nichts."* Willkommen! Willkommen Leere mit zweifelhafter Wärme!

Das Nichts ist Kind der Sinnlosigkeit, die mit der Dressur eine verhängnisvolle Ehe eingeht. Die Dressur verfügt über zwei wohl bekannte Mittel: Zuckerbrot und Peitsche. Interessanterweise verwenden Lehrende dieses Begriffspaar häufig, wenn sie ihr pädagogisches Tun reflektieren. Die klassische Konditionierung ist heute immer noch die Königin der eigentlich lebenstüchtigen Methode: Mit der Peitsche erzwingt man die Unterordnung, mit dem Zuckerbrot lockt man zu vermeintlich neuen Schritten, die aus der Perspektive der Lernenden oft gerade nicht neu, sondern banal, belanglos, merkwürdig fremd und fern, dennoch als Sphinx unvermeidlich sind. Der Lehrende als Dompteur muss gewissen Regeln gehorchen, will er erfolgreich sein, d.i. erreichen, dass die ihm Untergebenen „auf ihn hören", „gehorsam" sind, als könnte man Hunde mit Zöglingen verwechseln. Der Dompteur hat mit „Bestimmtheit"[100] aufzutreten, mit der er seinen selbstverständlichen Anspruch auf Dominanz zur Geltung bringt – er muss glaubwürdig streng sein. Denn:

> Die Tiger in einer Dressurgruppe bilden eine Art Rudel, das eine feste soziale Rangordnung hat wie jede Hundemeute und jeder Hühnerhof. [...] Der Dompteur ist als Meutenführer in diese Rangordnung eingegliedert. Er kann sich nur behaupten, wenn er jeden Augenblick rücksichtslos seine Herrschaft wahrt. Denn in jeder Meute ist jedes Tier geradezu erpicht auf eine Äußerung von Schwäche beim Ranghöheren, es will sofort aufrücken. Glücklicherweise entscheiden auch die Tiere untereinander sehr selten durch wirkliche Kämpfe, wer sich wem fügen muss. Meist genügt ein entschiedenes Auftreten, um den Gegner einzuschüchtern. Nur deswegen kann sich der Tierlehrer zum Chef aufschwingen. Wenn er auch körperlich ein Schwächling ist, so muß er doch den größten Mut von allen

---

[100] Die Schul-Geschichte „Der tyrannische Mathelehrer und die verzweifelte Rebellin" beschreibt eindringlich das Auftreten mit Bestimmtheit, nach Kounin „Entschlossenheit".

im Käfig haben, das ist wirklich unerläßlich. Bloße Gesten, bloßes Knallen nützt wenig; ich glaube, Tiere haben ein feineres Gefühl für die Schauspielerei als die meisten Menschen, eben weil Tiere von Natur aus nach Schwächezeichen suchen. Schon Zahnschmerzen beim Dompteur spiegeln sich im Benehmen seiner Löwen und Tiger wider!" (Grzimek 1980, 25).

Der Dompteur muss also absolut seriös wirken. Diese Forderung schließt bspw. clowneske Einlagen aus, mit denen der Dompteur signalisierte, dass er auf den eigenen Beinen stehen nicht kann, dass er schwach ist. Die rohe Natur im Menschen und Tier wartet nur auf die Schwäche des Gegners – sie bedeutet die Möglichkeit maximaler Schädigung bei geringstem Einsatz. Deshalb: „Stolpern oder Stürzen im Raubtierkäfig soll zu den Dingen gehören, die man vermeiden muß" (Grzimek 1980, 11). Ein Beispiel aus dem pädagogischen Raubtierkäfig:

Verhängnisvolle Clownerie
Eine inkonsequente Lehrerin erfreut sich einer still arbeitenden Klasse. Aber die Ruhe langweilt die Lehrerin, die, hinter dem Vorhang verhüllt, dann anfängt, Zeichen zu geben, zu kaspern und die Lernenden als Clown zu unterhalten. Die Lernenden stellen daraufhin nicht nur ihre Tätigkeiten ein, sondern verwickeln sich untereinander zunehmend in zunächst lustige Auseinandersetzungen, die aber bald zu eskalieren drohen.

*4. Zunehmende Unabhängigkeit Lernender gegenüber dem Lehrenden:* Dressur ist keinesfalls so grob, wie man aus dem Alltagsverständnis heraus vermutet. Ihr Ergebnis ist dürftig, aber ihre Kommunikation komplex, weil die Akteure scharfe Beobachter als Schwächen-Sucher sind (s. Teil I, 6). Bei der Dressur muss der Lehrende mit den Dressierten einen monströsen Tanz der Schatten entwickeln und festigen – Bewegungen lassen sich beobachten, aber sie dienen keinem Gesamtzusammenhang, sie sind isoliert und mechanisch, Ausdruck der Spaltung, des Auseinanderfallens beim Lernenden. Ein Erschrecken würde die Lernenden wachrütteln, ohne sie zu erwecken. Der Erschrockene tobt wie Ares – aggressive Angst. Das Erschrecken der Raubtiere ist deshalb zu vermeiden. Erschrickt sich ein Tier bspw. wegen eines umkippenden Stuhles, so könnten auch die anderen „aus ihrem Trott gerissen" werden, „es würde Krach, Aufregung und womöglich einen Aufstand geben" (ebd. 39). Vor diesem Hintergrund ließe sich die obige Schul-Geschichte „Verhängnisvolle Clownerie" deuten. Die Clownerie verwirrt den auf dem vorgesehenen Pfad Laufenden, so dass dieser besinnungslos hin- und herzurennen beginnt:

So kleine Hilfen – etwa, daß man die Peitsche hochschwingt oder einen Schritt beiseite geht, das Tier zurücktreibt – sind Angewohnheiten des betreffenden Dompteurs und ihm selbst oft gar nicht einmal richtig bewußt. Und doch können sie eine Nummer völlig zunichte machen, wenn die Tiere in andere Hände übergehen. Besonders große Pferdedressuren, wo fünfzehn, zwanzig Tiere auf einmal in der Manege ihre Figuren bilden, durcheinanderlaufen und sich wieder in Reihen finden, sind schon oft bei solcher Gelegenheit restlos verdorben worden. Die ersten ein, zwei Male beim neuen Vorführer arbeiten die Tiere noch richtig, bald gibt es aber Fehler, und schließlich klappt gar nichts mehr. In manchen Zirkussen wird daher über jede Tierdressur sorgsam Buch geführt, jeder Schritt, jedes Armheben, jede unbemerkte Hilfe eines Stallburschen zum rechten Augenblick genau verzeichnet. Denn wie oft hat man schon böse Erfahrungen gemacht, wenn ein Tierlehrer plötzlich krank wurde, starb oder, was nicht selten ist, sich mit dem Direktor verkrachte (ebd., 37).

Auch diese tierpsychologischen Ausführungen lassen sich etwa auf die Schul-Geschichte „Verfall einer gut gedrillten Klasse" (s. Teil II, 4.2) übertragen. Die Krise wird vom Verfasser als Klassenlehrer ausgelöst, der sich weigert, als Dresseur der eigenen Dressur gleichsam zu erliegen. Denn die verordnete Einschränkung der Bewegung schränkt zugleich den Dompteur ein, der den Arm heben und jene Worte sagen muss, so dass er den Mechanismus zwar reguliert, aber als Bestandteil der Maschinerie seiner Starre selbst nicht entweichen kann. Denn seine Sprache verarmt, sie schrumpft zusammen zu Phrasen wie „Hefte herausholen!" – „Schreib das endlich auf!" – „Gib mir das Heft!" – „Wo ist das Heft?" Aus Stimmungen heraus, die in diesem Milieu entstehen, fragen sich dann Lehrende, ob sie sich im Irrenhaus befinden; sie verleihen ihrer Befürchtung Ausdruck, selbst durchzudrehen. Die eigene Dressur konfrontiert den Lehrenden mit den noch lebendigen eigenen Anteilen, die gegen ihre Mechanisierung demonstrieren. In der Regel bleibt es bei einem schwachen Aufbäumen gegen die Zumutung der Entfremdung, die dem Subjekt irgendwie doch gegenwärtig ist. Denn der Witz der Dressur besteht gerade darin, dass sie mit der Frage spielt: Dressiert der Dresseur die Tiere, oder dressieren sie ihn?

### 5.4 Pseudokommunikation als Ausdruck der Ideologie

Kommunikation dient im Sinne Deweys der Erweiterung des eigenen Erkenntnishorizontes; sie wird verstanden als Mittel der gegenseitigen Anregung. Wenn sich aber dieselben Szenen, fast wörtlich, jeden Tag wiederholen, so ist Starre in die Beziehung eingetreten: Das Theater wirkt merkwürdig hölzern, abgehackt, maschinell. Denn die Äußerungen der Akteure folgen einem unterkomplexen Reiz-Reaktion-Schema, das Unmündigkeit zementiert. In einem real-irrealen Gefängnis begegnen sich Programme, losgelöst voneinander, und bedienen die gegenseitigen Anschlüsse durch das vorgegebene Schema. Die Räder drehen sich zwar, aber sie erzeugen keinen geistigen Gewinn, kein anspruchsvolles Ergebnis, nichts. Die Maschine wird am Laufen gehalten, aber sie bewegt sich kein Stück voran. Denn die beobachtete Bewegung ist realiter Pseudobewegung als Stillstand. Die Pseudobewegung ist ein künstliches Gebilde, das sich selbst dadurch am Laufen hält, dass es seinen Pseudo-Charakter als seinen wahren herausgeben will.

Die Ideologie legt die Spuren fest und Scheuklappen an. Sie drückt sich durch Pseudokommunikation aus, die ein ernsthaft-intimes Beziehungsverhältnis desavouiert. Pseudokommunikation lässt sich darstellen als die Gesamtheit aller leeren, sinnentleerten Handlungen, die die pathogene Basis der Nicht-Entwicklung bilden. Insofern sind die Mechanismen der Pseudokommunikation destruktiv und inhuman: Sie tun weh, weil sie geistiges Wachstum behindern und zementieren, was zu überwinden ist – das Machtgefälle unter den Akteuren. Unter diesen Bedingungen der Pseudokommunikation wächst so manch seltsame Blüte: Die Schülerin, die nach der Größe der Überschrift im Unterricht fragt[101] (13. Klasse, Gymnasium) und unablässig sich als borniert Vokabelschluckerin und Vokabelkotzerin zeigt, schließt das Abitur mir einer Durchschnittsnote von 1,5 ab! Papageien, die verständnislos Dinge nachplappern, werden herangezüchtet – dies ist ein Skandal, auf den sich der Schleier des dumpfen Alltags gelegt hat. Der ministerielle Zynismus geht hier so weit, Papageien Studierfähigkeit zu bescheinigen, die sich sogar im oberen Rahmen der Notenskala bewegt. Aber hat nicht Studierfähigkeit eher mit Hingabe, Aufgeschlossenheit gegenüber Neuem zu tun?

Typisch für Pseudokommunikation sind ihr Wiederholungszwang und ihr Bedürfnis nach einem Pseudoführer; denn sie lebt in der Welt des Tun-als-ob. Ihre Ausdrucksformen sind Beschimpfungen, Wortgefechte, unverbindliches Gerede über das Wetter u.Ä., man „klopft Sprüche", erzählt Witze, wälzt Stoffe, labert, äfft andere nach, tratscht. Im Folgenden werden die Kategorie des Wiederholungszwanges und das Wesen des Pseudoführers eingeführt, um dann einige Formen der Pseudokommunikation als im Klassenzimmer konkretisierte zu analysieren.

*Der Wiederholungszwang*

Zuerst erfolgt eine Fixierung durch erlittene Verlassenheit, verursacht durch das Fehlen eines Selbstobjektes (Vater oder Mutter). Situationen, die vom Subjekt als besonders ab- und zurückweisend erlebt werden, können dem ohnehin ausgeprägten Gefühl der Verlassenheit existenziell-traumatischen Gehalt vermitteln. Fortan besteht die Fixierung in Gestalt einer Frage, die sich die eigene schmerzvoll erlittene Verlassenheit vors Gesicht hält und den Schuldigen für diesen Zustand sucht. Schuldig ist dann der andere, ob in Gestalt des Vaters oder der Mutter. Zeichnet sich der Vater bspw. gegenüber seiner Tochter durch seine ferne

---

[101] Dieses Motiv des Erfragens der Sinnlosigkeit kennt viele Formen, etwa: Wechselt der Lehrende die Farbe der Kreide, mit der er die Tafel beschriftet, weil z.B. die weiße Kreide ausgegangen ist, so fragen gelegentlich Lernende, ob sie ebenfalls mit unterschiedlichen Farben schreiben müssen.

Neutralität aus, erlebt sie ihn als einen, der zwar zuhört, aber auf sie nicht näher eingeht, so öffnet sich jedes Mal aufs Neue die alte Wunde der Verlassenheit in der jungen Frau.

Verlassenheit bestärkt sich selbst sowohl durch das reale Erlebnis des Verlassenseins als auch durch die Befürchtung des Verlassenwerdens, die sich wiederum bestätigt: Man wusste, dass es so schlimm werden würde. Das Erlebnis, dass man selbst Botschaften an das Selbstobjekt richtet, während dieses nicht adäquat, im Grunde nur schweigend, also neutral-abwesend reagiert, prägt im Selbst die Dramaturgie eines Beziehungsmusters, in dem die Rollen der Beteiligten schon „einstudiert" worden sind und weiterhin einstudiert werden: Die Tochter setzt sich wiederum derselben Situation aus, um sie wieder mit demselben Ergebnis zu verlassen: Sie fühlt sich unverstanden und einsam – „Der eigene Vater interessiert sich nicht für mich", sagt sie. Ihre Welt ist die der notwendig enttäuschten Hoffnungen. „Hoffnung" wird dann mit „Scheitern" verbunden – so entsteht nicht nur das Verbot des Gelingens, sondern die Kategorie der Hoffnung erfährt zugleich eine tiefe Perversion, nämlich als Hoffnung, die hoffen nicht darf und dennoch nicht aufhören kann, hoffen zu wollen.

Die Ferne des anwesend-passiven Vaters wird von der Tochter als eine Art Gummiwand erlebt, die keinen Widerstand bietet, nicht herausfordert, aber auch selbst nicht kränkbar erscheint. Solche Gleichgültigkeit als Empathielosigkeit lässt das Subjekt sich als nicht-gespiegelt, geschweige denn anerkannt, als verlassen, als eigentlich nicht existent, erleben. Darin besteht das Trauma: eine tief empfundene Bedrohung des eigenen Lebens, die die Möglichkeit der eigenen Nicht-Existenz als real gegebene zum Lebensmotto macht.

Von hier aus ist ein Wechsel dieser ausgezeichnet einstudierten Rollen möglich: „Identifikation mit dem Aggressor", heißt hier der Schlüsselbegriff nach Anna Freud. Der Gefolterte hat die Foltermethode seines ihn peinigenden Selbstobjekts durch zahlreiche Wiederholungen und möglicherweise Dramatisierungen des Vorganges (Erzeugen von Verlassenheit) so gut gelernt, dass er nun ungewollt zum Meister ihrer Anwendung geworden ist. In seinen sozialen Kontakten ist dann die Inszenierung der Verlassenheit das Thema. Er verlässt nun aktiv andere, so, wie er früher von den Selbstobjekten verlassen worden war. Die Personen und Orte ändern sich, aber das Schauspiel wiederholt sich in recht stereotyper Weise. Das ist Wiederholungszwang. Er steht für Erstarrung, blinde Wiederholung, die die Erstarrung noch weiter erstarren lässt. Seine Mechanik reagiert auf das vertraute, bekannte Verhaltensmuster, das sich selbst bestätigt, und sie verselbständigt sich durch sich wiederholende Wiederholungen. Diese autopoetische Mechanik lebt in Pseudowelten, weil sie, selbst zynisch angelegt, unterscheiden nicht will und kann.

*Demokratischer Führer, Pseudoführer und die Pseudowelt des Als-ob*[102]
Der moralisch integere Führer legitimiert seine Führung durch seine bessere Kenntnis der Sache – er wird auch von der Gruppe legitimiert, die seinen Vorsprung anerkennt und ihm folgt, um diesen Vorsprung einzuholen. Durch die Führung des genuinen Führers gewinnt er selbst, aber es gewinnen auch die Gruppenmitglieder – jeder auf seine Weise. Führer und Gruppe sind aufeinander angewiesen, eigentlich voneinander abhängig. Denn der Führer kann die Sache nur mit Hilfe der Geführten realisieren, die wiederum ihre Sache als gemeinsame materialisieren. Der moralisch integere Führer ist das wahre Kind der Demokratie als praktizierten Aufklärung. Sein Gegenpart ist der Pseudoführer.

Dieser ist am eigenen Profit interessiert, der möglichst hoch auf Kosten der für ihn Arbeitenden ausfallen soll. Der Pseudoführer benötigt Schwächere, die er abwertet und zu Idioten werden lässt; es wird eine Oben-unten-Beziehung zementiert. Seine geringe Sachkenntnis gleicht er mit seiner Maske moralischer Integrität aus. Er kennt selbst die Wege nicht und täuscht die Gruppe darüber, dass sie geführt werden muss. Realiter ist diese für ihn Mittel zum Zweck. Er ist Führer, weil er führen *will*, nicht, weil er dazu berufen ist. Seine Unfähigkeit, mit anderen ein auf Empathie begründetes Verhältnis zu gestalten, lässt ihn zu primitiven Mitteln der Herrschaftsausübung greifen: Gewalt und Verführung. Der Pseudoführer ist realiter Drillmeister, seine unübertroffene Form der Radikalisierung findet sich in der Gestalt des „Drill-Instructors" in amerikanischen Umerziehungslagern[103]. Er erzeugt mit seinen Geführten eine soziale Welt, in der jede Aktion nach Befehl und mathematisch präzise erfolgt, weil Gehorsam bloß ausführt.

Dieser bloß funktionierenden Welt wird die privat-verzweifelte Welt der Entfremdung gegenübergestellt, die sich selbst keine Entscheidungsinstanz sein kann, weil sie unmündig ist und unmündig gehalten wird, während sie gerade aus ihrer Unmündigkeit heraus ihre Mündigkeit behauptet, für die sie keinen Begriff hat. Die soziale Welt des Als-ob verstrickt sich so sehr in sich, dass sie sich als reale und einzig mögliche erlebt, ohne ihren Pseudo-Status erkennen zu können. Hierzu werden nun einige Beispiele aus der pädagogischen Praxis vorgestellt:

Respektlosigkeiten
Zum festen Repertoire von Hauptschülern gehört ein kleines Wortspiel, das stereotyp auf passende Situationen angewendet wird. Ermahnt bspw. der Lehrende einen Lernenden, indem er seinen Namen auffordernd nennt, so wird ihm entgegengehalten: „So heiß ich." Diese Taktik der Verhöhnung und

---

[102] Bobby Bontschew danke ich für das Gespräch, in dessen Verlauf Teile des hier dargestellten Arguments entwickelt wurden.
[103] Department of Correction(s) – eine in allen amerikanischen Bundesstaaten vertretene Haft-Behörde.

Provokation kennt einige Steigerungsformen. T., ein türkischer Lernender bspw., der sich ohne Erlaubnis umgesetzt hat, beklagt sich lautstark, nachdem er vom Lehrenden zum Hinsetzen auf den richtigen Platz aufgefordert worden ist. Er sagt: „Nur weil ich Deutscher bin", womit er mit dem Vorwurf der Diskrimination unverbindlich spielt.

### H.s Provokationen gegenüber Y.

Der Verfasser wird von Y. gefragt, ob er das Lied von den Beatles „Let it be" kenne, was er bejaht. Sie erklärt ihm, dass sie sehr traurig wird, wenn sie dieses Lied hört, weil ihr Onkel mit diesem Lied beerdigt wurde. Irgendwie ist ein Mitschüler, H., ebenfalls in den Besitz dieses Wissens gelangt. Über wenigstens zwei Wochen hinweg drangsaliert er Y., indem er in unschuldiger Miene „Let it be" anstimmt und dabei sicherstellt, dass seine Handlung von Y. registriert wird. Ihre Beschwerden und Appelle werden von H. verhöhnt. H. weiß, dass er Aggressor ist, was ihn nicht daran hindert, gerade das Gegenteil zu behaupten: Er habe schließlich ein Recht darauf, fröhlich zu singen.

### Tun, als ob: wegen der Teilhabe an Sensation

Während der Verfasser in einer achten Hauptschulklasse unterrichtet, ertönt draußen das fürchterliche Geschrei der Rektorin, die offenbar gerade ein Kind ausschimpft, das etwas verbrochen hat und deshalb eigentlich ins Gefängnis gehört. Stattdessen erleidet der Lernende seine symbolische Erschießung, die umso heftiger ausfällt, je mehr Beleidigungen als Erniedrigungen abgefeuert worden sind. Die Sensationsgeilheit lässt sich üblicherweise an schrecklichen Autounfällen beobachten, bei denen Leichenteile herumliegen, so dass der Gegenverkehr es plötzlich nicht mehr eilig hat, weil er sich am Unglück des anderen weidet und sich mit dem Stolz versorgt, selbst am Leben zu sein, überlebt und nicht so geendet zu haben, wie die zerrissene Gestalt da drüben. Diese Sensationsgeilheit erfasst die Lernenden, die rasch einen Plan entwickeln, wie sie dieser begehrten Situation, bei der einer erschossen wird, beiwohnen können. Sie erfinden eine Strafmaßnahme des Lehrenden, die just in dem Augenblick verhängt wird und sofort umgesetzt werden muss. Sie besteht darin, dass die Lernenden ihre Sportbeutel herauszutragen haben. Diese erfundene Lehrer-Anweisung liefert den Vorwand, der als legitime offizielle Handlung anzuerkennen und deshalb gegen Angriffe selbst immun wäre. Bald eröffnen sich vier Lernende, mit ihren Sportbeuteln beladen, den Weg nach außen. Aber diese offensive, invasive Strategie erzielt durch ihre Plumpheit keinen Erfolg: Als die Zeugen erscheinen, begnügt sich die Rektorin mit wenigen, schwächeren Schüsschen, ihren Rückzug vorbereitend. Sie geht des Weges, und die vier Lernenden kehren enttäuscht zurück: Vor ihren Augen ist kein Blut geflossen. Dafür lassen sich vielleicht jetzt ein paar englische Vokabeln lernen.

Pseudokommunikation ist als dumpfe Erfahrung der Leere, der Belanglosigkeit zugleich destruktiv. Sie ist das Medium von Platons Hölle, wo die Schatten Bewegungen ausführen, ohne Besinnung, Zögern, Bewusstwerdung. Die Uhr tickt illusionslos und kalt, ohne auf heiße nichtige Ausbrüche zu verzichten. Ares, der griechische Kriegsgott, ist ein primitiver Haudegen, dem die höhere Kunst des ästhetischen Empfindens verwehrt bleibt. Animalisch gibt er sich diesem Reiz hin und jenem, von seinem Jähzorn getrieben. Er weidet sich am Blut anderer und krümmt sich vor Schmerzen, fällt er einmal auf die Nase. Das ist die emotionelle Basis der psychischen Mechanik, die sich vom Zuckerbrot und von der Peitsche steuern lässt und dabei ihre Reproduktion sicherstellt.

## 5.5 Die warmen Fesseln der Sirenen: Ideologie als Rettungsring: Zur Reproduktion der Unmündigkeit

„Der zwölfte Gesang der Odyssee berichtet von der Vorbeifahrt an den Sirenen. Ihre Lockung ist die des sich Verlierens im Vergangenen. Der Held aber, an den sie ergeht, ist im Leiden mündig geworden. In der Vielfalt der Todesgefahren, in denen er sich durchhalten mußte, hat sich ihm die Einheit des eigenen Lebens, die Identität der Person gehärtet. Wie Wasser, Erde und Luft scheiden sich ihm die Bereiche der Zeit. Ihm ist die Flut dessen, was war, vom Felsen der Gegenwart zurückgetreten, und die Zukunft lagert wolkig am Horizont. Was Odysseus hinter sich ließ, tritt in die Schattenwelt" (Adorno 1969, 39). Die Unmündigkeit lebt in der Vergangenheit, die abzustreifen ist, soll Persönlichkeitsentwicklung voranschreiten. Die Vergangenheit ist das Gefängnis desjenigen, der sich in ihm verliert. Aber die Verlockung, sich im Vergangenen zu wühlen, ist groß, weil sie wärmt, wenn auch zweifelhaft. Sie sagt:

„Komm zurück in den Hafen, in den Schoß deiner Mama!" Aber im Schoß der Mama regrediert der Mensch zum Baby. Es wird dort versorgt, aber es bezahlt diese Versorgung mit dem Preis des Verlustes an schon gewonnener Autonomie. Die Sirenen versprechen die Befriedigungen aller Bedürfnisse, die sie zugleich wecken – aber sie verschlingen denjenigen sofort und rücksichtslos, der sich einmal in ihrer Reichweite aufhält und so in ihre Falle gelaufen ist. Wer auf die Sirenen hört, verkauft sich dem Teufel als der besitzen und befriedigen wollenden Instanz – und muss diesen Handel mit dem Tod bezahlen. Die Sirenen versprechen die Illusion der Befriedigung aller Bedürfnisse, und sie halten das Versprechen in gewisser Weise sogar ein: Im Tod gibt es keine Bedürfnisse, die auf ihre Befriedigung warteten.

Die Aporie der Mündigkeit tritt jetzt erst richtig hervor, nämlich als die Frage, wie ein Sklave einen Zustand außerhalb des Sklave-seins anstreben können soll. Denn seine Erfahrung lehrt ihn, einem anderen zu dienen und sich als Instrument für die Zwecke anderer gebrauchen zu lassen. In die Hand, die einen ernährt, wird man nicht beißen. Was ist von der Freiheit zu halten, wenn sie nicht imstande ist, die leeren Töpfe zu füllen? Der Auszug der Israeliten aus Ägypten ist hierfür ein passendes Beispiel: „Und es murrte die ganze Gemeinde der Israeliten wider Mose und Aaron in der Wüste. Und sie sprachen: Wollte Gott, wir wären in Ägypten gestorben durch des Herren Hand, als wir bei den Fleischtöpfen saßen und hatten Brot die Fülle zu essen. Denn ihr habt uns dazu herausgeführt in diese Wüste, dass ihr diese ganze Gemeinde an Hunger sterben lasst" (2. Mose, 16).

Eigentlich ist diese Geschichte eine schöne Metapher der Bildung als Herausführung aus Verhältnissen der Unmündigkeit. Bloß kann Mündigkeit keine vollen Fleischtöpfe garantieren; sie ist vielmehr ein Wagnis mit scheinbar nur geringer Hoffnung auf einen günstigen Ausgang des Unternehmens. Der Himmel geht bereits auf, ein Licht schiebt sich zwischen den Wolken. Es stellt den Hinausgeführten vor die Frage, ob er denn vom Licht allein leben kann. Er weiß noch nicht, dass er selbst Licht ist; er denkt an die Brote in Fülle unter den angenehm warmen Fesseln der Sklaverei. Wäre er mündig, würde er eine solche Klage gegen Mose und Aaron nicht erheben – allein der Gedanke an sie wäre unsinnig. Aber das Volk folgt nicht der höheren Idee der Autonomie als Standhaftigkeit, sondern will seine infantilen Bedürfnisse befriedigt haben. Die schlichte Lebensphilosophie eines unbekannten Verfassers sagt hierzu: „Gib den Leuten was zu saufen, fressen und zu ficken, dann hören sie auf zu denken, sollten sie jemals die Sache mit dem Denken als Mündigwerden angefangen haben." Hingegen ist Odysseus der Prototyp des Suchenden, der mündig werden will und wird.

Wenn es richtig ist, dass Lernende unter den heute gegebenen Umständen einen pervers-mechanischen Begriff von Lernen übernehmen und Lernen mit so was wie Pflicht assoziieren, so stellt sich die Frage, was mit diesem Begriff in der akademischen Phase der Lehrerausbildung passiert, ob er überhaupt eine Veränderung erfährt. Eine Minderheit stellen diejenigen Studierenden dar, die sich nachdenkend in eine Sache vertiefen und zugleich bereit sind, auf Gegenleistungen wie Scheinerwerb zu verzichten, und die noch dazu mit angenehmen Umgangsformen ihrer Existenz eine gewisse Würde verleihen. Vielleicht ist ungefähr die Hälfte der Studierenden auch inhaltlich interessiert. Das inhaltliche Interesse an Gegenständen hat es wiederum unter der Modularisierung der Studiengänge schwer, sich für sich zu entscheiden, sondern weicht den Vorschriften der Module. Der Semesterbeginn wird auch deshalb als „hektisch" beschrieben, weil die Studierenden wie aufgescheuchte Hühner herumrennen, um ihren Stundenplan zu basteln und zu schauen, was wo passt.

Diese Phase ist gekennzeichnet von einer Dominanz der Logistik, die Inhalte verschiebt, ohne sich für sie zu interessieren: Die Studienordnung ist guter Nährboden des Wissenszynismus. Sie ist der Verschiebebahnhof der modularisierten Waggons zersplitterter Wissensladungen. Der Bologna-Prozess legt seinen grauen Mantel um das Wissen, schneidet es in Stücke, zerstört Zusammenhänge, formalisiert und parzelliert. Die Universität fungiert heute als verlängerter Arm der Schule. Sie ist zweifelhafte Alma Mater, die ihre Insassen an die Gräuel des Alltags als das Schlucken von Belanglosigkeiten gewöhnt, für deren Vermeidung sie vielfältige Strategien entwickeln:

Abfrage statt Problemorientierung – Schule der Beliebigkeit
Eine Ringvorlesung soll neu organisiert und die einzelnen Beiträge aufeinander besser bezogen werden. Entsprechend sollen die Klausurfragen der jeweils Vortragenden keinen Abfrage-, sondern problemorientierten Charakter bekommen. Ein Professor für Pädagogische Psychologie sendet aber seine alten, auf bloße Reproduktion zielenden Fragen ein. Er wird gebeten, das Prinzip der Problemorientierung zu beachten. In seiner Antwortmail heißt es dann: Die „beigefügten Fragen halte ich für einen fokussierten (und nicht ausufernden) Aufsatz für geeignet. Da es hinreichend Belege dafür gibt, dass reine Essayformen diagnostisch problematisch sind, halte ich diese Fragen für einen guten Kompromiss." Die Unverbindlichkeit auf studentischer Seite lässt auf sich nicht warten – vom Verfasser zur Pünktlichkeit ermahnt, trägt eine Studentin in einer E-Mail zahlreiche Gründe vor, die Unpünktlichkeit zu rechtfertigen scheinen. Sie komme oft zu spät, „weil ich morgens erst meine zweijährige Tochter in die Kita bringe, kein Auto habe, und in XY wohne. Dadurch bieten sich morgens wahnsinnig viele Möglichkeiten zu spät zu kommen."

Der Insasse als Esel ist konditioniert worden, sich vor den Karren spannen zu lassen und jede beliebige Ladung in jede beliebige Richtung zu bewegen, wobei es sich empfiehlt, sich der modularisierten Last gelegentlich unter Angabe von Hindernissen privater Natur zu entziehen: „Im modernen Bildungssystem verfällt die Idee der verkörperten Erkenntnis in den Lehrenden wie in den Studierenden. Die Professoren sind wirklich keine ,Bekenner', sondern Trainingsleiter in Kursen eines lebensfernen Wissenserwerbs. Die Universitäten und Schulen üben eine schizoide Rollenspielerei, in der eine demotivierte, aussichtslos-intelligente Jugend es lernt, die allgemeinen Standards der Sinnlosigkeit einzuholen" (Sloterdijk 2007, 172). Aus der Perspektive der Studierenden stellt sich der Sachverhalt dann so dar:

Der Studienordnung genügen
Das für alle Studierenden verbindliche Seminar „Unterrichtsplanung" findet schon zum vierten Mal statt. Verspätet tritt ein studentisches Paar in den Raum, im Begriff, sich niederzulassen. Der Dozent als Verfasser erklärt, dass der Zug längst abgefahren sei und die beiden Personen als Seminarteilnehmende nicht zugelassen werden. Hierauf erhält der Verfasser folgende E-Mail: „Nachdem sie meinem Kommilitonen letzten Montag sagten, und auch mir, da ich im Eingang stand, dass man ich ihrer Veranstaltung nicht mehr teilnehmen kann, versuchte ich durch eine Stundenplanänderung an einer anderen Unterrichtsplanung teilzunehmen. / Das gelang mir, allerdings führte das zur Vernachlässigung eines anderen Faches. / Mein Problem ist, dass ich Unterrichtsplanung in diesem Semester noch nicht vorgesehen hatte, und daher so in Verzug bin. / Ich war am Ende meines ersten Semesters und in meinem 2. Semester zwar an der PH eingeschrieben, aus persönlichen Gründen war es mir allerdings nicht möglich dem Studium nachzukommen. Ich bin also nun in meinem 3. Semester und habe viel nachzuholen. Die Studienberatung sagte mir letzte Woche, dass ich Unterrichtsplanung aufgrund meines am Ende des Semesters zu absolvierenden Blockpraktikums besuchen müsse. Was mich zugegebenermaßen etwas aus den Bahn warf. /Ich wollte sie daher auf diesem Wege nocheinmal fragen, ob es möglich wäre an ihrem Seminar teilzunehmen. Selbstverständlich würde ich Besprochenes nacharbeiten und durch eine wenn sie es wünschen Extraarbeit, nachholen. Das Material könnte ich mir durch eine ihr seminar besuchende Kommilitonin organisieren. / Sehr gerne könnte ich ihnen geschildertes Problem nocheinmal in einem Gespräch verdeutlichen."
Neben dem Druck, den dieses Schreiben (und ein weiterer Anruf) erzeugen, ist die Identifikation der Studierenden mit dem Schema ihres Studiums bemerkenswert: Sie verinnerlicht die Anzahl der

studierten Fachsemester (*mein* erstes, zweites, drittes Semester) und weitere Erfordernisse, die aus der Studienordnung hervorgehen (*mein* Blockpraktikum) und sieht einen zu bewältigenden Berg, nicht eine zu erschließende Erkenntnis. Jetzt geht es ihr darum, den bislang auf Grund persönlicher Hindernisse vernachlässigten Schutt aufzuräumen.

## Modularisierte Ware als akademisches Wissen[104]

Der pädagogische Marktplatz der Besorgungen lässt grüßen! Das elektronische System der wissenschaftlichen Einrichtung spuckt dem Studierenden einen Seminarplatz aus, der daraufhin schreibt: „Ich habe heute das Seminar XY erhalten." Der Empfang der Ware wird bestätigt. Nicht immer geht der Handel so leicht vonstatten – manch komplizierter Fall braucht eine individuelle Lösung: „Ich habe ein Problem und zwar fokgendes. Ich bin für ihre Veranstaltung XY auf Wartelistenplatz 8. Ich bräuchte diese Veranstalzung jedoch dringend, da ich schon im 2. Semester bin und auch im 1. Semester nicht in die Veranstaltung hineingekommen bin. Eigentlich wollte ich letzten Montag direkt zu Ihnen in die Veranstaltung kommen, um mit ihnen zu reden. Leider ist jedoch meine Oma letzten Sonntag verstorben, sodass ich am Montag leider nicht da sein konnte. Ich hoffe es besteht die Chance vllt doch noch einen Platz in ihrer Vorlesung zu ergattern, *dies wäre sehr wichtig für mich* (Herv. Verf.)."

Beobachtungen der pädagogischen Szene zeigen gerade die Bereitschaft zur Anpassung und Erfüllung von Vorgaben – der Sklaventreiber will nur wissen, in welche Ecke er seine Sklaven zu treiben hat und wie viele Steine diese zu heben haben. Lehramtsstudierende wechseln bloß das Lager: Von den Getriebenen zu den Treibern. Die Bereitschaft zum selbständigen Nachdenken ist selten, hingegen ist die Erwartung, mit rezeptartigen Anweisungen ausgestattet zu werden, groß. Das Training zum Sklaventreiber gibt sich als Training zur Freiheit aus und lässt so eine schwer zu durchbrechende schizophrene Haltung entstehen: Lippenbekenntnisse zu „offenen" Unterrichtsformen leben einträchtig neben den Vorgaben zur Auslese. Aus braven Sklaven werden „gute" Sklaventreiber, und die Reproduktion der Systeme scheint gesichert. So heißt es in einem „Lerntagebuch" einer Studierenden im Blockpraktikum:

---

[104] Zahlreiche Beispiele ließen sich angeben, die allesamt belegen, dass die Inhalte der akademischen Waren belanglos sind: A. beklagt ihre Pechsträhne, vom elektronischen Anmeldesystem fortwährend kaum ausgelost worden zu sein, so dass sie den zeitlichen Vorgaben des Studiums hinterherhinkt. B. hat sich hier ausgetragen, um sich dort einzutragen, wurde aber dort nicht angenommen, und als sie sich wieder zurück hier eintragen wollte, wo sie sich ausgetragen hatte, da war die Frist plötzlich vorbei – und nun hat sie nichts mehr in der Hand: Kann der Dozent hier helfen? C. hat auf Grund eines Todesfalles völlig vergessen sich einzutragen – ob man sie diesem speziellen Fall als Härtefall berücksichtigen könne? D. scheitert an der Elektronik und bittet den Dozenten um Hilfe. E. möchte Berücksichtigung als Härtefall, weil er schon im achten Semester ist und es ungerecht findet, dass „wer zuerst kommt auch zuerst mahlt", zumal das Studium auf Grund der Studiengebühren teuer sei. F. habe „mit Schrecken festgestellt", dass ihr „noch ein paar Kurse aus Pädagogik fehlen." Da sie ihr Studium selbst finanziert und zugleich der Tag, an dem die fragliche Veranstaltung stattfindet, „einer der wenigen freien Tage" sei, möchte sie in den „Kurs" zwei Wochen nach Semesterbeginn aufgenommen werden.

Hüpfender Schüler braucht Konsequenz als Strenge

Heute war ich nach 5-tägiger „Pause" wieder an der Schule. Nach WE und Feiertagen musste ich mich erst wieder hineindenken. / In der ersten h hatte die 3./4. Klasse Mathe. Die h hat mich richtig begeistert, die Aufgaben wurden gut erklärt und vor allem wurden gute Instruktionen gegeben, so dass allen klar war, was zu tun war. / Ich habe besonders auf die Interaktionen geachtet. / Die Lehrerin in Klasse 1./2 hat ein Montessori-Diplom und arbeitet oft in Freiarbeit. Da mich die Montessori-Arbeit sehr interessiert, bin ich froh in den Unterricht von Frau S. gehen zu dürfen. Aufgefallen ist mir heute, dass in ihrem Unterricht, wenn sie Klassen- oder Frontalunterricht hält, nicht viel Disziplin herrscht. / Die Schüler werden zwar ermahnt, aber sie drängt nicht darauf, dass etwas getan oder beendet wird. / Belohnung und Bestrafung erfolgt mithilfe einer Perlenkette an der Wäscheklammern, auf denen die Namen der Schüler stehen, entweder eine Perle nach oben oder nach unten versetzt werden. Ziel ist nach oben zu gelangen und eine kleine Belohnung in Form von etwas Süßem zu erhalten. / In der Stunde sollten sie Arbeitsblätter ausschneiden und aufkleben. Ein Schüler war schneller fertig und hüpfte in der Klasse herum. Ich wartete nur darauf, dass er ermahnt wird, was auch geschah: „Lass das! Setz dich bitte!" Damit war die Lehrerin auch wieder mit anderen Schülern beschäftigt und klein XY sprang wieder weiter herum. / Irgendwann fiel er Frau S. wieder auf und sie schickte ihn auf seinen Platz, wo er aber sich nicht hinsetzte, sondern vor dem Pult der Nachbarn herumtanzte. / Ich denke, hier wäre Nachdruck wichtig gewesen. Frau S. hat nicht überprüft, ob getan wurde, was sie angeordnet hatte. Ich glaube, jmd zu ermahnen ist keine einfache Sache. Aber umso notwendiger, wenn andere durch ein Verhalten gestört werden. / Gegebene Anweisungen müssen konsequent auch eingefordert werden. Wie im Studium bei Herrn W. gelernt: „Eine Störung hat Vorrang", muss zuerst festgestellt werden, ob die Störung beseitigt wurde, bevor man sich mit anderen Aufgaben beschäftigt.

Bemerkenswert ist der Fokus der Berichtenden, den sie mit der Mehrheit der Studierenden teilt: Es geht um Ausübung von Herrschaft und Sicherung des Wichtigen, der Schulstoffe. Ruth Cohns These des Vorrangs der Störung wird offensiv umgebogen, sodann von „Beseitigung" als Vernichtung gesprochen, um den Bericht beim belanglosen Sich-beschäftigen mit etwas zu beenden. Andere Berichte benennen das Problem der Herrschaftssicherung noch deutlicher, indem sie sich der gängigen Phraseologie bedienen: „gegen die Klasse durchsetzen", „die Lage im Griff haben", „gegen die Klasse behaupten" und „Fehlverhalten nicht durchgehen lässt". So hangelt man sich von Modul zu Modul durch: Hier etwas Piaget, dort etwas Didaktik, hier ein bisschen Reformpädagogik, dort Steuerungsinstrumente im Bildungswesen.

Und schließlich, gegen Ende der Studienzeit, haben dann alle Studierenden der Studienordnung genügt und sind folglich zur Prüfung zugelassen worden. Sie blicken auf ihre vollen Ordner zahlreicher Veranstaltungen und bitten ihren Prüfer, ihnen Themen zu nennen, weil sie in ihren Unterlagen unter den hunderten behandelten keines finden. Das Produkt des eigenen Nachdenkens über das schulpädagogische Thema im Rahmen des Ersten Staatsexamens sieht dann in extremeren Fällen so aus: „Ich habe mich letzt endlich für das Thema ‚Reformpedagogische Konzepte an Schulen-Molpessori und Freelep[105] im Vergleich'

---

[105] Offensichtlich meint die Kandidatin Montessori und Freinet.

entschieden. Ich wollte fragen, was sie dazu sagen und ob ich dieses Thema so definieren kann."

Sich selbst genügende Unmündigkeit vermag es, sich für ein Thema zu entscheiden, als sei das Thema vergleichbar mit einem Stück Käse oder Fisch. Die Unmündigkeit sagt: „Ich nehme mal den Käse", ohne dass sie den Unterschied zwischen Fisch und Käse zu kennen braucht. Der Esel folgt seinem Trott, beschränkt durch die Scheuklappen, die, einmal abgenommen, Verwirrung auslösen. Er ist diesen breiten Horizont nicht gewohnt. Er muss sich erschrecken, wenn er realisiert, wie beschränkt er ist und wie weit sein Horizont sein könnte. Zumeist aber wird die alte Spur als Besitz beansprucht – ohne Scheuklappen geht es nicht. „Lehrer", bittet der Esel, „sag mir bitte: Links, rechts, geradeaus!" „Ich habe Beine", sagt die Unmündigkeit, „aber ihre Benutzung überlasse ich einem beliebig Anderen." Deutliche Hinweise hierauf gibt es aus der akademischen Ausbildung Lehrender:

Schema statt Entwicklung
Am Ende einer Veranstaltung zur Unterrichtsplanung gibt der Verfasser folgenden Brief an die Teilnehmenden: „In den ersten Sitzungen des von mir geleiteten Seminars vergaß ich fast, dass ich es vorwiegend mit Erstsemestern zu tun hatte, deren Erwartung sich dahingehend beschreiben lässt, dass man nun erfahren möchte, wie *man* Unterricht *macht*, als sei der Vorgang des Unterricht-Vorbereitens und –Durchführens etwa vergleichbar mit dem Bau eines Schrankes, so, als sei Unterricht auf rein Technisches, Handwerkliches reduzierbar. Den Schwung jener Sitzungen, der sich mir unvergesslich eingebrannt hat, erkläre ich mir durch die *gelungene Kontaktaufnahme* mit den TN. Begierig herauszufinden, welche Wege die TN einschlagen und wie ich diese angemessen weiterführen kann, um mich dann wieder von den TN führen zu lassen, so dass Form und Inhalt zu einer Einheit der Schönheit verschmelzen könnten, ging ich in die erste Stunde und kam aus dieser und den nachfolgenden beschwingt heraus: Nicht ermüdet ob der vielen Eindrücke, nicht belastet von der geleisteten „Arbeit", sondern erholt fühlte ich mich, getragen von den inspirierenden Fragen und Beiträgen der TN. Zuweilen war ich fast schon etwas beunruhigt, ob es „mit rechten Dingen zugehe", dass ich die Sitzungen als so angenehm empfand.
Die Nachfrage bspw., welche „Last" ich denn meine, als das Thema „Hunde als Kind-Ersatz" diskutiert wurde, forderte mich heraus, möglichst knapp und verständlich eine Antwort darauf zu finden, ohne psychoanalytische Übungen durchführen zu müssen, die den Rahmen der LV sprengen würden. Die Antwort fand sich in jenem englischen Gedicht, das ich dann zu Beginn der nächsten Sitzung vortrug, und dieses Gedicht führte zu Kants Begründung der Idee der Pädagogik, die im Utopischen angesiedelt ist: Jede Generation würde der nachfolgenden weniger Fehler weitergeben, so dass die Menschheit als ganze immer glücklicher, d.h. leidensfreier werden könne. Diese „Ausflüge" in die Bildungstheorie verstand ich gerade als „Einflüge" in die Unterrichtsplanung, die, um begründbar zu werden, über Methodik, Didaktik und die Formulierung von Stundenzielen hinausgehen sollte. Die Versorgung der „nachfolgenden Generationen" mit Wissen ist nämlich allenfalls die halbe Miete, steht doch eigentlich die Persönlichkeitsentwicklung im Vordergrund, wie in den Präambeln der Lehrpläne dargestellt. Die Diskussion um Kant und Schiller konnte nur als Andeutung einer Idealvorstellung verstanden werden, die aber das konkrete Planen und Handeln der Lehrperson beeinflussen können müsste. Und diese ist, jedenfalls nach dem großen Herbart, nicht bloß Handwerker, sondern *Künstler*. Ach, Unterrichtsplanung und –durchführung als Kunst? Und braucht die rechte Kunst nicht zuallererst eine Idee, um dann die Mittel zu ihrer Verwirklichung zu finden?

Nach meiner Beobachtung färbte die Idee durchaus auf die TN ab, aber der Elan/Dialog der ersten Stunden bröckelte allmählich. Es fand wohl kein Übergang von der Idee zur gemeinsamen Suche der Mittel statt, wie es mir vorschwebte, sondern – so mein Eindruck – die TN schienen eher Instruktionen zu erwarten. Das, was als *Märchen* (als reale Utopie) angefangen hatte, sollte nun als *Sachbuch* weiter geschrieben werden?"

Im Verlauf dieser hier geschilderten Veranstaltung zeigte sich eine Polarisierung der Teilnehmenden deutlich: Weniger als ihre Hälfte wollte sich anregen lassen, nachdenken, entwickeln. Ein Studierender kommentiert den Dozenten als Verfasser dahingehend, dass dieser „viel zu viel" von den Studierenden wolle. Dieses Zuviel-Wollen findet sich im Anspruch wieder, *verkörperte Erkenntnis zu pflegen*. Dem Esel wird dann gesagt, dass er seine Fühler nach allen Richtungen ausfahren solle, während dieser bezweifelt, ob er denn überhaupt so etwas wie „Fühler" habe. Der Esel kümmert sich nicht um seine angeblichen „Fühler", sondern will nur wissen: links, rechts, los und stopp. In der Tat ist der Esel durch grundsätzliche Spracharmut gekennzeichnet, die er mit Prothesen zu versehen versucht und damit einen Lernprozess assoziiert. Das Problem der Reproduktion der Unmündigkeit besteht also darin, dass der Esel als unmündiger Schulabsolvent seine Mündigkeit etwa auf Grund seiner Volljährigkeit behauptet.

Der Esel sagt: „Ich bin mündig. Deshalb erscheine ich in dieser Veranstaltung mit dem festen Vorsatz, um xy Uhr zu gehen und sich vorher den Stempel zu besorgen. Pünktlichkeit ist kein Thema, ich suche Veranstaltungen 10-15 Minuten nach Beginn auf und verlasse diese wieder 20 Minuten früher. Ich entscheide selbst, was ich mitnehme und was nicht!" Der im Gefängnis sitzende Esel proklamiert für sich das Recht, frei zu sein; er übersieht den Käfig, in dem er mit seiner kleinen ängstlichen Innenwelt gefangen ist. Er rebelliert gegen seine eigene Befreiung und interpretiert selbst diesen Akt als Wahrung seiner Ehre und als Schutz der eigenen „Mündigkeit" gegen angeblich illegale Übergriffe. Zur Illustration:

Verseuchte Intimsphäre – falsche Hygienevorstellungen
Zu Beginn einer Veranstaltung an der Hochschule bittet der Dozent die Studierenden, sich nach vorn umzusetzen. Die zerstreut im großen Raum sitzenden Studierenden kommen der Bitte Zähne knirschend und so halbherzig nach. Der Dozent hakt nach und verstärkt sogar seine Forderung: Die Studierenden sollen sich noch weiter nach vorn bewegen, vielleicht ließe sich sogar eine kreisartige Sitzordnung bilden, die als Rahmen für die vorgesehene Interpretation eines wissenschaftlichen Textes wohl günstig sei. Das Drängen des Leiters der Veranstaltung beantworten die Studierenden mit dem schrillen Geräusch, das entsteht, wenn die Stühle wie Schubkarren vor sich hergeschoben werden. Einige halten sich die Ohren zu, und die Stimmung kippt um. Nun veranstaltet der Dozent ein Blitzlicht, in welchem die Hälfte der Teilnehmenden sich zu der Umsetzsituation äußern sollte. Es kamen größtenteils neutrale bis positive Äußerungen wie „Jetzt kann ich besser sehen" oder „Ich fühle mich pudelwohl." Aber die Veranstaltung vergeht etwas zäh, etliche Studierende zeigen sich – zum Teil demonstrativ – als verweigernd; man schleppt sich durch. Am Ende der Veranstaltung thematisiert der Dozent die eigene Unzufriedenheit mit dem Verlauf der Sitzung. Die Studierenden

sind nun deutlich kritischer: „Mit dem Umsetzen wurde Zeit verplempert." Insgesamt wird der Misserfolg der Veranstaltung auf das Eingangsereignis zurückgeführt. Das ist richtig. Aber was genau ist da geschehen, was seinen Schatten auf die Veranstaltung legte?

Der Schlüsselbegriff zur Beleuchtung dieses Ereignisses lautet: *Intimsphäre*. „Intim" ist, wovon keine offizielle Person etwas zu wissen braucht: Sexpraktiken, Waschvorgänge des eigenen Körpers, Klogänge. Die Intimsphäre fungiert als Grenze zwischen Innen- und Außenwelt. Man darf dann nicht „intim" i.S.v. „persönlich" werden. Der Dozent aber verletzt massiv die Intimsphäre etlicher Studierender: Im ersten Schritt verfügt er über ihre Körper, deren Änderung der Position im Raum er verlangt. Eine solche Anweisung stößt auf Ablehnung u.a. auch deshalb, weil am Montagmorgen um 8.30 Uhr so mancher mit dem falschen Fuß aufgestanden ist, nicht gefrühstückt und die Toilette auch nicht aufgesucht hat und nun gereizt ist, an das warme Bett noch denkend. Vor allem wird aber die Anweisung des Sich-Nähersetzens von den Studierenden vor dem Hintergrund ihres Status als Kränkung, Demütigung gedeutet:

Denn: Schüler brauchen eine vom Lehrer festgelegte Sitzordnung, Studierende nicht. Der Dozent durchbricht dann noch einmal ihre Intimsphäre, die die selbst ausgesuchte Position im Raum als Privileg und zugleich als Beweis für so etwas wie „Selbstbestimmung" betrachtet, indem er nachsetzt und seine Forderung bekräftigt. An dieser Stelle werden die Studierenden handgreiflich und versetzen dem Dozenten durch das laute Schieben von Stühlen ein hohes Maß an Dezibel, die sich als kurzes, kräftiges Bombardement interpretieren lassen. Diese Aktion ist Ausdruck der eigenen Abwehr gegen eine als aggressiv-zudringlich empfundene Grenzverletzung. Es ist unbestritten, dass Menschen auch eine Intimsphäre brauchen, die vor Verletzungen geschützt sein will. Was aber, wenn diese Intimsphäre auf das schwerste verseucht ist, ohne dass die Verseuchung als Angriff gegen ebendiese Intimsphäre entdeckt worden wäre?

Die verseuchte Intimsphäre hat sich mit jenem Zustand des Soseins *abgefunden*, der Zeit ununterscheidbar macht, den Tag trist bemalt und sich wiederholt. Die verseuchte Intimsphäre lebt im Hades, wo ein Schattendasein gefristet und das Leiden festgeschrieben wird. Die verseuchte Intimsphäre ist ein Lasten schleppender und mit Scheuklappen versehener Esel, der sich nicht einmal Oskar Negts Konzept der Selbstregulierung anhören kann. Er schaut dann einfach nicht auf die liebevoll gestalteten Folien der Powerpoint-Präsentation, starrt vor sich hin oder verschafft sich Erleichterung vor der Zumutung der Freiheit, indem er pinkeln geht. „Wir sind eben Esel", sagt er sinngemäß, „und wir mögen unsere Scheuklappen, mit denen wir so verwachsen sind, dass wir sie wie ein eigenes Organ betrachten, dessen Entfernung wir nicht dulden werden. Wir ahnen schon, was Sie da vor uns ausbreiten wollen, wir ahnen, wie glänzend der Horizont sich zeigen kann. Aber wir fürchten uns vor dem Licht, das uns blendet, wir fürchten uns vor Erneuerung, vor Aufbruch, vor *wirklicher* Veränderung. Sie gefährden die Ruhe und Behaglichkeit unserer Enge, und wir fürchten uns vor der Weite, die Sie uns zumuten wollen."

Der Ausdruck „stur wie ein Esel" findet seine Herkunft in der Beobachtung, dass Esel, Gewöhnung hin, Gewöhnung her, plötzlich zu streiken pflegen. Er bleibt dann einfach stehen. Der Bauer weiß, er kann mit der Peitsche knallen, mit Roggen locken, den Esel verprügeln, aber dieser Esel wird sein Weitergehen nicht von seinem Führer abhängig machen. Also, der Bauer steckt sich die Pfeife an, kocht sich Kaffee, und plötzlich geht der Esel einfach los. Der überraschte Bauer verbrennt sich an seiner Pfeife und noch mehr am heißen Kaffee, ist von der Kutsche gefallen und muss auch noch den Esel einholen, der es plötzlich so eilig hat und davonrennt. Dieser Esel ist der Nicht-Sucher. Er lagert bereits atomaren Müll mitten in seiner Intimsphäre und verwendet seine Ressourcen nur zur Erzeugung eines Scheins, der sich sauber gibt. Der Nicht-Sucher schleppt seine Lasten hin und her; er läuft, gebeugt unter der Last des scheinhaften Seins und ist davon überzeugt, dass das Leben *bitter* sei. Er hilft sich, indem er jenen bitteren Kern mit Zucker ummantelt und zur Ideologie erhebt, dass die Welt betrogen sein will.

# Teil III: Konturen autonomen Lernens

Wurden im vorangegangenen Teil atmosphärische Störungen im Klassenzimmer registriert und analysiert, so soll nun zuerst diskutiert werden, welche äußeren Strukturen eine unerlässliche Voraussetzung für die Revitalisierung der Atmosphäre im Sinne einer „Aufheiterung" (Sloterdijk 2007, 247) bilden. Glücklicherweise findet sich ein bemerkenswertes Beispiel für staatlich geförderte Heiterkeit in der neueren Geschichte Europas: in Bulgarien.

## 1. Zur Notwendigkeit von aufklärerischen, von oben initiierten Reformen
### 1.1 Staatliche Initiative „Einheit, Schöpfertum, Schönheit" 1978-1981

Das Bulgarische Ministerium für Kultur begann 1978, dank verwickelter und einmaliger Umstände, ein aufwändiges Projekt, das das geistige Niveau an Kultur bei Kindern und Erwachsenen, also bei allen, durch ihre Teilhabe am kosmopolitischen Geist heben sollte. Es hieß: „Assemblee des Friedens". Im Jahre 2007 treffe ich mich mit meiner bulgarischen Grundschullehrerin. Folgende Zusammenhänge bezüglich der Assemblee lassen sich auf Grund meiner Notizen rekonstruieren:

Der Bericht von Frau Tatschewa
Der Eingang meiner bulgarischen Schule, die ich nach 30 Jahren wieder aufsuche, ist geschmückt mit einem kosmischen Bild, das mit folgendem Slogan versehen ist: „Der zarte, grüne Halm trägt den Atem des Universums." Im Lehrerzimmer liest man: „Der Erzieher muss erzogen sein!" Genossin Tatschewa spricht in diesem Zusammenhang über die Vorbildfunktion des Lehrers und holistische Sichtweisen. Die Assemblee des Friedens mit dem Motto „Einheit, Schöpfertum, Schönheit" war komplex angelegt:
1978 gibt es ein Kinderdorf bei Sofia, in dem 2-3000 Kinder für drei-vier Wochen aus der ganzen Welt aufeinander treffen, um miteinander schöpferisch tätig zu sein. Die Kinder tragen Glocken, schreiben Verse – zum Beispiel darüber, wer seine Heimat wie liebt, sie malen, singen, spielen Theater. Ihre Werke werden in einer Zeitschrift gedruckt, die kostenlos alle Kinder erreichen soll. Die Massenmedien, Ausstellungshallen und Theater sind für etwa 10 Tage in den Händen der Kinder. Es gibt aber überhaupt keine Preise, keine Auszeichnungen, keine „Gewinne"; die Werke sollen für sich sprechen und die schöpferischen Potenziale anderer anregen. Die Kinder bilden auch demokratische Organe wie eine Volksversammlung der Kinder aus der ganzen Welt, und ein Kind fungiert als Bürgermeister.
Künstlerische Auftritte aller Art finden statt und bilden die Grundlage für anspruchsvolle Unterhaltungen, deren Kern um *Kunst* und das *Schöne* kreist. Dichter, Schriftsteller und Maler werden eingeladen, Künstler, die gerade nicht dem Diktat der kommunistischen Staatskunst folgen. Sie können sich in Ausstellungen, Lesungen, Besprechungen präsentieren. Die zahlreichen ungewöhnlichen

Impulse führen zur Entwicklung eines „reichen Kulturlebens", das sich in einer *Hebung* des Anspruchsniveaus der Alltagsgespräche ausdrückt. Das Ziel der Initiative besteht ja gerade in „der *geistigen Erhöhung* eines jeden Menschen". Die Philosophie der Initiative lautet: Schönheit wird verstanden als eine „zauberhafte Kraft", die jeden berührt. Wenn der Mensch in sich die Liebe zum Frieden, zur Schönheit und Güte trägt, so wird er für Verführungen des Pathogenen unempfindlich. Die Güte berührt den anderen mit der Güte in ihm. Für den Erzieher heißt das konkret: Er muss das Feuer in sich tragen, um das Kind anzuzünden und so Verbindung zu ihm aufzunehmen. Der Erzieher berührt das Kind mit Zärtlichkeit, Güte und Liebe.

Die Initiatorin dieser großen Veranstaltung ist Ljudmila Jiwkowa[106], Tochter des langjährigen bulgarischen Ministerpräsidenten Todor Jiwkow. Sie umgibt sich mit avantgardistischen Künstlern, interessiert sich für indische Religionen und Philosophien und ist akademisch vielfach ausgebildet. Ihr Interesse gilt auch den Ausgrabungen thrakischer Gräber[107]. Sie liebt Bulgarien als Land mit reicher Geschichte und großen kulturellen Leistungen – das Land der Thraker, Slawen und Bulgaren. Aber ihr Kurs unterwandert die Linie der herrschenden Bulgarischen Kommunistischen Partei, der sie selbst angehört. Die Ministerin ist unbequem, gerade in den Reihen der Partei. Ihre Führungsetage verfolgt vielmehr einen Konfrontationskurs mit dem „von Fäulnis durchsetzten Kapitalismus". Mitten in dieser aggressiven Atmosphäre redet die Ministerin vom Weltfrieden!

Ljudmila Jiwkowa kann (politisch) nur überleben, weil ihr mächtiger Vater sie großzügig gewähren lässt und beschützt. Diese Konstellation ist singulär: Die Ministerin veranlasst zahlreiche Vorgänge, die die Billigung der Partei gerade nicht genießen, und die Parteifunktionäre müssen nun Dinge verwalten und organisieren, für die sie sich eigentlich, parteijuristisch gesehen, strafbar machen. Beispielsweise war ein jedes Jahr einer großen Persönlichkeit zu widmen. Das Jahr 1978 wurde Swetolsaw Nikolaewitsch Rörich gewidmet, einem spirituell inspirierten Maler aus der damaligen UdSSR, der nach der offiziellen Meinung als verdächtige Person galt, da er über eine „stabile Reputation als Idealist und Mystiker" (Sidorow 1995, 11) verfügte. Das Jahr 1979 wurde dann Leonardo da Vinci und das darauf folgende – Wladimir Ilitsch Lenin gewidmet. Es wird übereinstimmend von einer Aufbruchsstimmung berichtet: „In Bulgarien herrschte in diesen Tagen eine bemerkenswert festliche Atmosphäre" (ebd., 16). Aber 1981 stirbt die Ministerin plötzlich – politisch begründeter Mord wird von der breiten Bevölkerung vermutet[108], während die offizielle Seite von einem „tragischen Unfall" spricht. Sehr viele Künstler, die sich um Jiwkowa geschart hatten, trauern um sie. Mit dem Tod der Ministerin läuft die Initiative aus, und der graue Schleier des Gewohnt-Stumpfen legt sich erneut über das Land. Aber zuvor hatte die Ministerin sich so geäußert: *„Die geistigen Samen der Zukunft sind nun gesät, und sie werden irgendwann aufgehen"* (ebd., 12; Herv. AE).

---

[106] Das „J" wird wie das zweite „g" in „Garage" ausgesprochen.

[107] Hierzu etwa: Orachev & Handschijski 2006.

[108] (insbesondere Tätigkeiten des bulgarischen und/oder sowjetischen Geheimdienstes)

Die Initiative fand ihre Symbolik in einem Monument „Banner des Friedens", an dem damals sieben große Glocken hingen, die heute ausgeraubt sind. Das Monument selbst ist heute halb zerstört. Es sollte einen Pfeil symbolisieren, der dem Kosmos entgegen strebt (vgl. ebd., 15). Weiter heißt es in dieser Quelle (Herv. und Übersetzung AE):

> Ljudmila Jiwkowas Rede an die Teilnehmenden der Assemblee war herausfordernd ehrlich. Sie hatte die Vorsicht vergessen, die für öffentliche Auftritte angemessen ist. Und das sagte sie: „Liebe Kinder, Schöpfer der neuen Welt! Mutige Helden, denkt an die Wahrheit, junge Erbauer, denkt daran, dass das *Gefühl für Schönheit die Türen der Zukunft* öffnen wird... lasst das Symbol der Glocken sauber bleiben. / Jeden Tag, jede Stunde, jeden Augenblick sollen eure Bruderschaft, Einheit und Solidarität den Weg des Krieges vereiteln. Entschlossen, mutig und auf dem Gipfel des Heroismus, sagt NEIN der Antihumanität, Zerstörung, Ungerechtigkeit und lasst los die Last des Egoismus, Unwissens und der Angst. Empfangt würdevoll die endlosen Wellen im Leben. [...] / Architekten der neuen Welt! Habt keine Angst davor, das Wort SCHÖPFER mit großen Buchstaben zu schreiben! Haltet die heiligen Worte rein:
>
> *Einheit, Schöpfertum, Schönheit."*

Die herausragende Bedeutung dieses Beispiels kann nicht genug betont werden. Es führt praktisch auf, wie *geistige Reformen* vorangetrieben werden können. Es zeigt, dass der Staat Entwicklungen *von oben* voranbringen kann, die das Individuum mit seinen Möglichkeiten des Sich-Ausdrückens ernst nehmen. Vielleicht lassen sich vier Prinzipien hochhalten, die die kurz beschriebene Initiative kennzeichnen:

- *Die schöpferische Tätigkeit* eines jeden Menschen steht im Vordergrund – Schöpfertum wird vom Ministerium ausdrücklich gefördert
- Verzicht auf einen Wettbewerbscharakter der Veranstaltungen: Es gibt *weder Gewinner noch Verlierer*
- *Bühne für alle*: Für die Verwirklichung schöpferischer Pläne notwendige Mittel werden vom Staat bereit gestellt: Ausstellungshallen, Theater, Publikationsorgane, Medien wie Fernsehen und Radio etc.
- Die absolute Wertvorstellung lautet: *Hinwendung zum Schönen.*

Diese vier Prinzipien erzeugen ein warmes Klima der Anregung, das für geistiges Wachstum notwendig ist. Andernfalls bleibt es dem Zufall überlassen, ob Keime der Schönheit hier und da die widrigen Bedingungen überleben, die der graue und anspruchslose Alltag stellt. Im Verzicht auf Belohnungen als Ehrungen ist Weisheit aufgehoben. Die Psychologie der Preisverleihung als Auszeichnung fördert Mechanismen zutage, die eigenartige Spannungen und Ambivalenzen enthalten, die durchaus fragwürdig produktive Leistungen nach sich ziehen können, aber einer Erziehung zur Weisheit entgegenstehen, weil sie Vertrauen unterminieren und der Heteronomie entgegenarbeiten. Thymos ernährt sich von erbaulichen Reden – je satter er wird, umso mehr schwindet die Chance, dass Eros als belebende und die Menschen miteinander verbindende Kraft überlebt.

Die Erneuerung des Staates und der Gesellschaft bleibt eine staatliche Angelegenheit, die ähnlich antinomisch angelegt ist wie Erziehung überhaupt. Der Staat wird als Institution angesehen, die sich selbst, um ihrer eigentlichen Aufgabe ernsthaft Folge zu leisten, zunehmend überflüssig machen können soll: Ein höheres Ausmaß an Mündigkeit bei den einzelnen Bürgern würde weniger staatlicher Interventionen bedürfen, denn „die Pflicht nötigt nicht mehr, sobald die Neigung zieht" (Schiller 1997, 61). Damit ist aber grundsätzlich nicht zu rechnen, denn „der Staat, […], anstatt diese bessere Menschheit begründen zu können, müßte selbst erst darauf gegründet werden" (ebd., 26). Diese Dialektik will sagen: *Reformen von oben sind zwar unerlässlich, aber eben dialektisch auf Reformbestrebungen von unten angewiesen.* Der avantgardistische Staat dürfte dann die Schlechtigkeit seiner Bürger nicht auf einer hierarchisch höheren Ebene bloß spiegeln und so „Herrenzynismus" (Sloterdijk) zementieren, sondern sich selbst der Schönheit öffnen, warm und weise werden und selbst einen anspruchsvollen Lernbegriff entwickeln, der auf Ganzheit zielt. Der avantgardistische Staat würde in einen Dialog mit den Menschen treten, in dessen Verlauf sowohl er als auch seine Bürger Formen geistiger Erhöhung finden würden. Dies war Ljudmilas Anliegen – die Fürstin des Schönen sah *die Lebensaufgabe eines jeden Menschen* sehr deutlich: Die Spaltung zu überwinden und ganz zu werden.

## 1.2 Ganzheit vs. Parzellierung

Der Psychoanalytiker Horst-Eberhard Richter sieht Möglichkeiten der Erneuerung gesellschaftlicher Strukturen ebenfalls in einem Zusammenwirken der Kräfte von oben nach unten *und* umgekehrt. Seine These lautet: „Wir brauchen mehr gemeinschaftliche, ganzheitlichere und spontanere Arbeit. Initiativen von unten sind notwendig, unterstützende strukturelle Reformen unumgänglich" (1997, 231). Richters Argumentation ist polar aufgezogen; sie pendelt zwischen der „Ganzheitlichkeit" und – mindestens implizit – der Parzellierung des Menschen. „Ganzheitlichkeit" versteht er als ein der Parzellierung des bspw. in einer Institution arbeitenden Menschen entgegengesetzter Begriff. Gemeint ist etwa der Sachverhalt, dass Menschen durchaus weitaus höhere Kompetenzen einzubringen imstande sind, als etwa von ihrer Arbeitsplatzbeschreibung gefordert wird. Das Herrschaftssystem aber verzichtet als hierarchisches auf den humanitären

Gewinn, der durch die Überschreitung der von oben gesetzten Grenzen hätte erzielt werden können:

> Hierarchische Systeme, die [...] zu einer stafettenförmigen Weitergabe schwächender und isolierender Manipulationen von oben nach unten tendieren, erzeugen am Ende *rein defensives Denken*. Auf jeder Stufe versucht jede Gruppe, ihre Privilegien bzw. ihre Manipulationsmittel nach unten hin zu verteidigen. Diese defensive Grundeinstellung blockiert die Erkenntnis, daß überall auch die Mächtigeren zu ihrer Selbstentfremdung beitragen und sich spezifische Ängstigungen bereiten, indem sie sich krampfhaft an ihre Macht- „Vorteile" klammern (Richter 1997, 234).

Richter listet einige Beispiele auf, die zeigen, wie „Menschen sich eines Tages nicht mehr an bestimmte einengende Tätigkeitsvorschriften oder Rituale halten, sondern von sich aus ihren Arbeitshorizont erweitern" (ebd., 249). Hierzu bedarf es des Mutes, sich seines eigenen Verstandes ohne Anleitung eines anderen zu bedienen. Kants berühmte Formel geht von einem gesunden Verstand aus, der gerade aus seinem Zustand des Aufgeklärtseins heraus autonom zu entscheiden in der Lage ist. Intellektuelle Kapazität und moralische Integrität, die der Idee des Schönen folgen, müssen aber unter den heute gegebenen Umständen *mutig* agieren, weil sie grundsätzlich mit Widerständen zu rechnen haben, die ihnen der unaufgeklärte Verstand entgegenstellt.

Widerstände solcher Art gehen nach Immanuel Kant von Eltern und Fürsten aus. Der Fürst als Herrscher ist an Stabilität des von ihm errichteten Systems interessiert, und dieses Interesse schließt das Bedürfnis nach Erneuerung aus, weil gerade diese hierarchische Bedingungen überwinden könnte. Eltern wiederum sind ebenfalls am Bestehenden interessiert, in dessen Rahmen ihre Kinder sich einrichten sollen, indem sie die vom Fürsten gestellten Anforderungen zu seiner Zufriedenheit erfüllen, sich so zwar zu seinem Werkzeug machen, aber diesen Sachverhalt zugunsten der Sicherung eigener Vorteile „übersehen":

> Eltern sorgen für das Haus, Fürsten für den Staat. Beide haben nicht das Weltbeste und die Vollkommenheit, dazu die Menschheit bestimmt ist, und wozu sie auch die Anlage hat, zum Endzwecke. Die Anlage zu einem Erziehungsplane muß aber kosmopolitisch gemacht werden. Und ist dann das Weltbeste eine Idee, die uns in unserm Privatbesten kann schädlich werden? Niemals! Denn wenn es gleich scheint, daß man bei ihr etwas aufopfern müsse. So befördert man doch nichtsdestoweniger durch sie immer auch das Beste seines gegenwärtigen Zustandes. Und dann, welche herrlichen Folgen begleiten sie! Gute Erziehung gerade ist das, woraus alles Gute in der Welt entspringt. Die Keime, die im Menschen liegen, müssen nur immer mehr entwickelt werden. Denn die Gründe zum Bösen findet man nicht in den Naturanlagen des Menschen. Das nur ist die Ursache des Bösen, daß die Natur nicht unter Regeln gebracht wird. Im Menschen liegen nur Keime zum Guten (Kant 1974, 34).

Gefangen in Angst, zeigen sich sowohl Gesetzgeber als auch Gesetzeshörige als konservativ, unkritisch, zynisch[109]. Der so Angepasste beschränkt sich ängstlich auf seine offiziellen Tätigkeiten, weil er sich sonst am Ende strafbar macht, während er sauber bleiben möchte. Übersehen wird, dass das höhere Gesetz der universellen Moral eine weitaus differenziertere Sprache spricht als die sperrigen Klauseln der Strafgesetzbücher der Welt. Die Verdrehung der Moral geht dann so weit, dass moralisch integere Menschen sich heute noch der Verfolgung durch die Justiz ausgesetzt sehen, während der moralisch Verfallene vom Gesetz nicht belangt werden kann, weil er es zynischer Weise versteht, sich i.S. der Strafgesetzbücher der Welt nicht strafbar zu machen.

Zuweilen müssen aber Gesetze gebrochen werden, um dem höheren kosmischen Gesetz[110] dienen zu können. Das Gefängnis erschrickt denjenigen nicht mehr, dem die Idee des Schönen mehr bedeutet als seine bloße physische Existenz: Nelson Mandela saß einige Jahrzehnte im Gefängnis – die Anhänger der Apartheid verbrachten keinen einzigen Tag darin. – Es ist bemerkenswert, dass zuweilen auf höchster Regierungsebene das Gesetz gebrochen werden muss: Während der Kubakrise etwa sagte ein Pilot falsch aus, dass er während seines Fluges über Kuba nicht beschossen worden sei. Hätte er vor den Militärs wahrheitsgemäß ausgesagt, so hätten die Hardliner darin einen weiteren Anlass gesehen, den Konflikt zwischen den USA und der damaligen UdSSR kriegerisch auszutragen, womöglich mit Einsatz von Atomwaffen!

Die Pointe dieser Überlegungen besteht darin, dass auf Parzellierung der Subjekte beruhende Systeme sich zwar durch Kontrollierbarkeit auszeichnen, gleichzeitig aber für die in ihm tätigen Akteure eine Zumutung bedeuten. Denn der vorgeschriebene Aufgabenbereich reduziert den Menschen oft zu einem maschinell-mechanischen Wesen, das als Befehlsempfänger bloßes Werkzeug zum Ausführen fremder Anweisungen ist. Als parzelliertes ist das Subjekt entfremdet und verdinglicht. Es gewöhnt sich an die selbst auferlegte Härte, auch wenn es an ihrer Kälte in stumpfer, ausdrucksloser Weise leidet. Hier tritt die Gestalt des verdinglichten Esels hervor, der als unmündiger (und Marcuse: „eindimensionaler Mensch") von seiner eigenen Entfremdung nichts weiß. Um sie zu überwinden, müsste er eine innere und äußere Einheit seiner Existenz entwickeln. Vorerst aber bleibt es bei der Kälte:

---

[109] Ein kürzlich vom Verfasser erlebtes Ereignis zeigt mechanische Hörigkeit auf erlassene Vorschriften als Verbote: Die Besatzung eines Streifenwagens fordert per Megafon einen Radfahrer auf, die Fahrbahn zu verlassen und sich wegen eines gefährlichen Schwertransportes auf den Gehweg zu begeben. Der Radfahrer ruft aber zurück, dass er diese Anweisung nicht befolgen kann, weil besagter Gehweg für Radfahrer verboten sei. Diese Regel gilt als starre, und selbst die Staatsmacht, die auf Grund besonderer Umstände zur Übertretung der eigenen Gesetze auffordert, sieht sich mit ängstlicher Borniertheit als Regelhörigkeit konfrontiert.

[110] Immanuel Kant spricht vom „Sittengesetz".

Die Gesellschaft [...] beruht nicht, wie seit Aristoteles ideologisch unterstellt wurde, auf Anziehung, Attraktion, sondern auf der Verfolgung des je eigenen Interesses gegen die Interessen aller anderen. Das hat im Charakter der Menschen bis in ihr Innerstes hinein sich niedergeschlagen. Was dem widerspricht, der Herdentrieb der sogenannten *lonely crowd*, der einsamen Menge, ist eine Reaktion darauf, ein Sich-Zusammenrotten von Erkalteten, die die eigene Kälte nicht ertragen, aber auch nicht sie ändern können. Jeder Mensch heute, ohne jede Ausnahme, fühlt sich zuwenig geliebt, weil jeder zuwenig lieben kann. Unfähigkeit zur Identifikation war fraglos die wichtigste psychologische Bedingung dafür, daß so etwas wie Auschwitz sich inmitten von einigermaßen gesitteten und harmlosen Menschen hat abspielen können. Was man so „Mitläufertum" nennt, war primär Geschäftsinteresse: daß man seinen eigenen Vorteil vor allem anderen wahrnimmt und, um nur ja nicht sich zu gefährden, sich nicht den Mund verbrennt. Das ist ein allgemeines Gesetz des Bestehenden. Das Schweigen unter dem Terror war nur dessen Konsequenz. (Adorno 2006, 101; Herv. Orig.)

Adorno postuliert einen grundsätzlichen Mangel an Liebe als Lieben und Geliebtwerden außerhalb der Kalkulation und Besitznahme des anderen. Die Diagnose des kranken Eros lässt sich übersetzen als allgemeine *Lieblosigkeit*, die alle Bereiche des gesellschaftlichen Lebens durchzieht und durch vorgegebene Parzellierung der täglich auszuübenden Tätigkeiten eine Normalität formiert, die als kranke (i.S.v. „zuwenig liebende") gesund zu sein behauptet, indem sie einen falschen Gesundheitsbegriff zugrunde legt. Eine Entwicklung hin zur Ganzheitlichkeit ist aber nicht denkbar ohne Eros als vitalisierende, aufstrebende Energie, die der Idee der Vervollkommnung der Menschheit folgt und die Verschmelzung mit dem Kosmos sucht.

Der von Richter eingebrachte Begriff der Ganzheitlichkeit erfordert einen neuen Blick, eine umfassendere, komplexere Sicht- und Denkweise: „Das Kind muß indessen für den Lehrer mehr sein als ein Bündel von schulisch zu entwickelnden Leistungsdispositionen, der Patient für den Arzt mehr als ein wandelnder physikalisch-chemisch bestimmbarer Organismus" (242). Und: „Dabei geht es nicht nur um die Chance, daß jeder einzelne durch die Zusammenarbeit seine äußere Effektivität steigern bzw. qualitativ erweitern kann, sondern daß er zugleich auch innerlich seine Ganzheit in dem Grade wiederzugewinnen vermag, in dem seine Arbeitsperspektive an Vollständigkeit gewinnt" (ebd., 255). Hierzu bedarf es eines Suchers, dem Halbheiten nicht genügen und der bereit ist, die Pforten des Himmels aufzustoßen. Dieser Sucher tritt nun abermals in der Gestalt von Friedrich Nietzsche auf:

## 2. Erkenntnis: Der Ausbruch aus dem eigenen geistigen Gefängnis

Im Gefängnis –
Mein Auge, wie stark oder schwach es nun ist, sieht nur ein Stück weit, und in diesem Stück webe und lebe ich, diese Horizont-Linie ist mein nächstes großes und kleines Verhängnis, dem ich nicht entlaufen kann. Um jedes Wesen legt sich derart ein konzentrischer Kreis, der einen Mittelpunkt hat und der ihm eigentümlich ist. Ähnlich schließt uns das Ohr in einen kleinen Raum ein, ähnlich das Getast. Nach diesen Horizonten, in welche, wie in Gefängnismauern, jeden von uns unsere Sinne einschließen, messen wir nun die Welt, wir nennen dieses nah und jenes fern, dieses groß und jenes klein, dieses hart und jenes weich: dieses Messen nennen wir Empfinden – es sind alles, alles Irrtümer an sich! Nach der Menge von Erlebnissen und Erregungen, die uns durchschnittlich in einem Zeitpunkte möglich sind, mißt man sein Leben, als kurz oder lang, arm oder reich, voll oder leer: und nach dem durchschnittlichen menschlichen Leben mißt man das aller andern Geschöpfe – es sind alles, alles Irrtümer an sich! Hätten wir hundertfach schärfere Augen für die Nähe, so würde uns der Mensch ungeheuer lang erscheinen; ja es sind Organe denkbar, vermöge deren er als unermeßlich empfunden würde. Andererseits könnten Organe so beschaffen sein, daß ganze Sonnensysteme verengt und zusammengeschnürt gleich einer einzigen Zelle empfunden werden: und vor Wesen entgegengesetzter Ordnung könnte eine Zelle des menschlichen Leibes sich als ein Sonnensystem in Bewegung, Bau und Harmonie darstellen. Die Gewohnheiten unserer Sinne haben uns in Lug und Trug der Empfindung eingesponnen: diese wieder sind die Grundlagen aller unserer Urteile und »Erkenntnisse« - es gibt durchaus kein Entrinnen, keine Schlupf- und Schleichwege in die *wirkliche Welt!* Wir sind in unserem Netze, wir Spinnen, und was wir auch darin fangen, wir können gar nichts fangen, als was sich eben in *unserem* Netze fangen läßt (Morgenröte 117).

Nach Nietzsche lebt der Mensch gerade in einer nicht-wirklichen Welt als geistigem Gefängnis, aus dem es sich nicht ausbrechen lässt. Diese pessimistische Sichtweise ist so lange berechtigt, so lange die Sichtweise der Spinne sich selbst aufzuheben nicht vermag. Die Spinne müsste auf sich als Spinne schauen und so ihre ihr eigene Beschränkung (des Spinnenseins) erkennen können. Der Wechsel ihrer Position ist das Ergebnis des Vermögens, das Allgemeine ihrer singulären Existenz zum Standpunkt der Betrachtung zu erheben und zugleich den Entschluss zu fassen, diesen neuen Standpunkt, von dem aus das Ganze auf Ganzes trifft, zu leben. In der Welterkenntnis ist dann Selbsterkenntnis aufgehoben, und eigentlich kulminiert die Dialektik der Selbst- und Welterkenntnis in der Erkenntnis des kosmischen Seins als zeitloses.

Nietzsches Bild der im eigenen Netz gefangenen Spinne ist ein realistisches, dem Alltag und der Alltagserfahrung verpflichtetes, aber zugleich auch ein kritisches. In dieser Kritik ist der Alltagszustand als erkannter aufgehoben, aber kann er als erkannt gelten, dann muss zugleich die Möglichkeit seiner Überwindung mitgegeben sein. Insofern stellt sich „Erkenntnis" als existenzielle Kategorie dar, die an den Autonomieanspruch des beschädigten – da in heteronomen Verhältnissen sich befindenden – Selbst gekoppelt ist. Erkenntnis registriert die Schranke nicht nur, sondern überschreitet sie auch. Die Bedingungen zu ihrer Genese lassen sich von staatlicher Seite positiv gestalten, wie das Beispiel aus Bulgarien zeigt, weil eine stimulierende Umgebung, so die These, die Wahrscheinlichkeit gelingender Erkenntnis erhöht.

Insofern ist schulische, administrativ verordnete „Erkenntnis" als Lernziel eine tragische Perversion, die das Lebendige verdinglicht. Wenn von „Lernergebnis" die Rede ist, das auch noch zu „sichern" sei, von „dauerhaftem Erwerb von Fähigkeiten und Fertigkeiten", von „sozialen Kompetenzen" u.s.f., so ist mit dieser ausdruckslosen Begrifflichkeit nicht einmal an der Oberfläche gekratzt. *Erkenntnis nämlich ist die Bejahung der Frage, ob man bereit wäre, für dies neue Stück Weltsicht seinen Kopf tatsächlich und buchstäblich hinzuhalten und hinhalten zu wollen. Würde der Erkennende weinen, wenn seine Bücher verbrannt werden würden?* Unterdrückung der Erkenntnis wiederum bedeutet große Schande für den Gewaltherrscher, wie er seine Konkretisierung im Faschismus oder in der Inquisition fand oder heute in weitaus subtileren Formen gegenwärtig ist. Der Gewaltherrscher *tötet* Ideen, er *tötet* Geist, er *tötet* gerade das zutiefst Humane im Menschen: Das ist der Drang nach gelebter Erkenntnis, Hingabe an Welt und Du, das Streben nach Harmonie, Einheit, Schönheit. Ohne dieses Streben kann der Mensch nicht Mensch werden, er kann über sein bloß tierisches Dasein nicht *hinaus*-gehen. Dies ist der Anspruch, an dem sich Erkenntnis zu messen hat. Hierin keimt Weisheit, die unerschütterlich ist gegenüber der Unterdrückung und Verlockung, weil sie Autonomie erlangt hat.

Nietzsches Metapher der Spinne vermag den Prozess der Autonomie nicht aufzuzeigen, weil erfahrungsgemäß die Spinne ihr Spinnensein nicht überwinden kann. Autonomie ist auf eine andere Metapher als Metamorphose angewiesen – auf die Entwicklung der Raupe zum Schmetterling etwa. Julia Butterfly Hill (s. EG, Abb. 38) schildert die Metamorphose psychologisch-animistisch folgendermaßen:

> Eine Raupe führt ein überaus bequemes Leben und gewöhnt sich an diese Bequemlichkeit. Aber sie ist nicht wirklich frei, und sie ist nicht wirklich schön. Schließlich, weil sie spürt, dass da noch etwas auf sie wartet – nicht weil irgendjemand ihr das sagt, sondern aus einem tiefen intuitiven Wissen heraus –, verzichtet sie auf die Bequemlichkeit, die sie an die Erde fesselt, und spinnt einen Kokon um sich herum. Dieser Kokon kommt aus dem Inneren der Raupe, so wie unsere Bereitschaft loszulassen aus unserem Inneren kommen muss. / Die Raupe schließt sich in sich selbst ein und ist nun in einem kleinen dunklen Raum gefangen, wo sie durch nichts abgelenkt werden kann. Weder Sonne noch Regen haben Zugang zu dieser Welt. Sie ist alleine in der Dunkelheit, eingehüllt in das, was sie aus ihrem Inneren hervorgebracht hat, und vor allen Ablenkungen geschützt. / So geht es auch uns. Echte Transformation geschieht nur, wenn wir uns ungestört der Selbstbetrachtung hingeben und uns unbeeinflusst von materiellen Begehrlichkeiten und scheinbaren gesellschaftlichen Zwängen mit unseren Abhängigkeiten und inneren Dämonen auseinander setzen

können. Wir müssen uns in unseren eigenen Kokon zurückziehen und uns selbst ins Gesicht sehen. Wir müssen uns unserer eigenen Dunkelheit zuwenden. Nur indem sie sich von ihren Abhängigkeiten befreit und sich in die Dunkelheit zurückzieht, kann die Raupe ihren Körper verändern, und nur so können ihre zarten, schönen Flügel wachsen. / Anschließend muss die Raupe sich noch von ihrer letzten Abhängigkeit befreien – von der dunklen, engen Höhle, an die sie sich gewöhnt hat und die die eine neue Art von Bequemlichkeit darstellte -, und sie muss beginnen, den Käfig des Selbst zu durchbrechen, in den sie sich eingesperrt hatte. Sie hat nicht die geringste Ahnung, was dahinter liegt, aber sie reagiert in jedem Fall auf einen höheren Ruf. Diese letzte Anstrengung führt zur endgültigen Transformation. Wenn ein Mensch dem Schmetterling hilft, sich aus dem Kokon zu befreien, wird er niemals fliegen (Hill 2002, 128ff).

Hills Argument entwickelt die Psychologie des Erlangens von Autonomie, die als Phasenmodell verstanden wird:

*1. Gewöhnung an die nicht-wirkliche Welt:* Die Lebensform führt ein träges, bequemes Leben, in dessen Verlauf sie sich an Unfreiheit und Unschönheit gewöhnt hat. Jeden Tag dieselben Handlungen, alles bleibt gleich, nur dass die Zeit scheinbar voranschreitet. Das ist Platons Höhle, das ist der kalte Tanz der Schatten, das ist der Tartaros.

*2. Initiation eines inneren Prozesses:* Die Lebensform baut sich ein Gefängnis mit Material, das sie aus ihrem Inneren erzeugt. Sie ist von der Umwelt abgeschottet, sie hat sich sich nur selbst zugewandt und beginnt, sich auf sich selbst zu besinnen. Diese Besinnung erfolgt unter der Bedingung des Losgelöst-seins von Reizen jeder Art.

*3. Sich-erschrecken durch inneres Rütteln:* Die Lebensform sieht sich selbst ins Gesicht und muss sich dabei erschrecken, denn sie entdeckt sich als existierende, und sie fragt sich: „Ach, das bin ich?" Sie stolpert gewissermaßen über sich, weil sie umdenken muss: Die innere Vorstellung von der äußeren Welt ist wohl korrekturbedürftig. Das Sich-erschrecken markiert die Notwendigkeit der Korrektur, die einen Umbau des inneren Gefängnisses (nach Nietzsche) veranlassen will. Das Erschrecken resultiert aus unbewussten Prozessen, die von Menschen als „Rütteln" somatisch erlebt werden: Man wird gar durchgeschüttelt. Der Effekt des Affekts des Sich-erschreckens muss aber nicht zu einer dauerhaften Vitalisierung führen; vielmehr pflegt der Mensch die alten Strukturen wiederherzustellen und diese gar noch fester anzuschrauben. Wahrscheinliche Nebenwirkungen des Sich-erschreckens sind Formen von Aggression, Erstarrungen (wie das Kaninchen vor der (inneren) Schlange) und Fixierungen[111]

---

[111] Narziss' Geschichte ist die der Fixierung. Narziss' Blick fällt auf das Wasser. Er sieht sich zum ersten Mal an und erliegt augenblicklich seiner eigenen Schönheit. Er verliebt sich in sich, bleibt am

*4. Erkenntnis als Überwindung der Schranke*: Die Lebensform muss nun eine (ihr auferlegte) Anstrengung leisten, um in höhere Sphären des Kosmos aufzusteigen. Jetzt erst macht der Mensch von seinen Sinnen und Körperorganen *wirklich* Gebrauch: Er weiß, sich selbst zu verwenden, sich selbst eine Lebensaufgabe zu geben und seine Stellung zum Kosmos zu definieren. Im Mündigwerden erlebt der Mensch seine *zweite Geburt* als autonomes Wesen: Er kann nun fliegen. Er ist aus der Dunkelheit ausgebrochen und in das Licht gegangen. Er musste selbst durch die Tür gehen und sich hinausführen – denn das meint „educatio". Der Mensch blickt auf sich und stellt sich die Frage „*Wer* bin ich?", eine Frage, an deren Antwort er lebenslang arbeitet. Denn: „Erkenne dich selbst!" war der Spruch, mit dem die Ratsuchenden vom Orakel von Delphi begrüßt wurden.

Soll Erkenntnis als Ausgang aus dem eigenen geistigen Gefängnis verstanden werden, so stellt sich nun die Frage nach einer neuen pädagogischen Vision, die die Abstraktion mit Konkretem verbindet. Konkrete Handlungen im schulischen Kontext werden vor dem Hintergrund erkenntnistheoretischer Überlegungen deutbar, die auf antike Überzeugungen zurückgehen.

## 3. Zur Begründung einer neuen Bildungsperspektive
### 3.1 Die Erkenntnis als anregungsbedürftige

Eine neuere empirische Studie von Marc Hauser (2006) legt die Einsicht nahe, dass Moral ähnlich wie Sprache im Menschen angelegt ist. Hausers These lässt sich dahingehend beschreiben „that jugdments are mediated by an unconscious process, a hidden grammar that evaluates the causes and consequences of our own and others' actions" (2006, 2). Diese "innere Grammatik" zeigt sich in den konkreten Handlungen der Akteure, die jeden anderen an der Interaktion Beteiligten *scharf beobachten*, um aus diesen Beobachtungen heraus die Konsequenzen für das eigene konkrete Handeln abzuleiten. Menschen beobachten einander genauso scharf, wie etwa Hunde dies tun. Jeder weiß alles über den anderen, aber dieses Wissen bleibt vorerst verborgen, im Dunkeln, da es unbewusst ist: *Es* beobachtet und *es* handelt.

Wenn der Schritt erlaubt ist, die schönste Moral mit Schönheit gleichzusetzen, dann ließe sich nach Hauser schlussfolgern, dass das Gefühl für Schönheit im Menschen universell angelegt ist. Im Grunde bedarf es keiner so aufwändigen Untersuchungen, wie sie Hauser betreibt, weil wir darauf vertrauen können, dass

---

Ufer sitzen und schmilzt allmählich dahin, weil er sich von sich nicht zu trennen vermag. (Die Narzisse, zu der er wurde, erinnert noch heute daran, wie folgenreich Narzissmus sich äußern kann.)

jeder zwischen moralisch richtig oder falsch entscheiden kann: Der Lügner weiß, dass er lügt, der Betrüger, dass er betrügt, der Heuchler, dass er heuchelt. Oft weiß auch das Gegenüber, dass es gerade belogen, betrogen und ihm etwas vorgeheuchelt wird oder es wird es bald bitter erfahren. Lügen, Betrügereien und Heucheleien sind unschön, unmoralisch. Ihnen gegenüber steht Aufrichtigkeit, deren Ästhetik jedem zugänglich ist.

Die alte Idee der Mäeutik besteht darin, das im Menschen bereit liegende Wissen wach zu klopfen, auszulösen, anzuregen. Jenseits des künstlichen Dualismus einer „intrinsischen" oder „extrinsischen" Motivation ist Lernen nach antiker Vorstellung ein Akt des inneren Leuchtens und Beleuchtens einer innerlich angelegten, noch dunklen Landschaft: „Es täuschen sich freilich die Leute, so dass sie diejenigen ‚Lehrer' nennen, die gar keine sind, weil sehr häufig zwischen dem Zeitpunkt des Sprechens und dem des Erkennens keine Zeit verstreicht, und da sie […] rasch innerlich lernen, sind sie der Meinung, sie hätten draußen von dem, der sie aufgefordert hat, gelernt" (Augustinus, De magistro 14). Winfried Böhm umschreibt Augustinus These so: „Lernen ist nicht passives Empfangen, sondern ein aktives Fürwahrhalten, Fürwerthalten und Fürschönhalten; Lehren ist nicht Vermitteln von Kenntnissen und Inhalten, sondern nur der Anstoß zum Selberglauben und zu selbst gewonnenen Einsichten" (2004, 38).

Während das pädagogische, besonders fachdidaktische, Denken heute immer noch in großen Teilen von der Möglichkeit des „Beibringens" ausgeht, einem Akt, in dem der sichere Transportweg eines Inhaltes vom Sender zum Empfänger unterstellt wird, zeigt sich hier der Erkenntnisprozess als innere Angelegenheit auf, die von außen nur angeregt werden kann. Insofern erscheint Lernen als das Erblicken eines neuen inneren Bildes, das nur erblickt werden konnte, weil es als angelegt existentes *schon* vorhanden war. Es „musste" bis zu seinem Erblickt-werden „warten".

Die Genese der Erkenntnis wird heute gern mit dem Äquilibrationsprinzip Piagets, der kognitiven Dissonanz, dem kognitiven Konflikt, der Induktion, Deduktion und Abduktion zu erklären versucht. Weit reichen diese Erklärungsmodelle nicht, weil sie idealtypisch gefasste und simpel gedachte Vorgänge konzipieren, die Komplexität zu erfassen nicht wirklich vermögen. Sie können nicht erklären, warum in einem Fall induktiv, im anderen aber deduktiv gedacht, warum in einem Fall assimiliert, im anderen aber akkomodiert wird.

Albert Einsteins Erkenntnistheorie hingegen beginnt bei der Alltagssprache[112], so dass das Postulat dann lautet: „Alle Wissenschaft ist nur eine Verfeinerung des Denkens des Alltags (1993, 63)." Aber jene „Verfeinerung" ist den Individuen in höchst unterschiedlicher Qualität möglich – nicht jeder kann Phy-

---

[112] Die Sprache des Alltags ist wiederum Ausdruck genetischer Disposition.

siker, Musiker, Handwerker werden, nicht jeder kann sich in den entsprechenden Wissensbereichen ausbilden. Spezifisch auf abstraktere Wissenssysteme bezogen heißt es dann: Die Begrifflichkeit des „'sekundäre[n] [wissenschaftlichen] System[s]' erkauft die gewonnene höhere logische Einheitlichkeit mit dem Umstande, daß [ihre] an den Anfang gestellten Begriffe [...] nicht mehr unmittelbar mit Komplexen von Sinneserlebnissen verbunden sind" (ebd., 68). Thematisiert wird der *Bruch beim Erkenntnisprozess*, der darin besteht, dass das wissenschaftliche Denken mit einer eigenen Begrifflichkeit arbeitet, die keinen unmittelbaren Rückschluss auf die von ihr untersuchten Phänomene erlaubt. M.a.W.: Sinneserlebnisse lösen etwas aus, was sich auf sie eigentlich nicht bezieht. Das Ausgelöste ist stets eine innere Gestalt, die plötzlich angestrahlt und deshalb im Inneren sichtbar wird.

Das Frappierende an diesen Überlegungen besteht darin, dass *beinahe Beliebiges eine neue Erkenntnis auslösen kann*. Berichtet werden plötzliche Eingebungen, Einfälle und Aha-Erlebnisse. Galilei erblickt im Schwung des Weihrauchgefäßes während des Gottesdienstes das Pendelgesetz, Kekule sieht im Traum eine Schlange, die das Ende ihres Schwanzes mit dem Kopf berührt und dazu einen Kreis bildet – die kreisförmige Struktur des Benzolringes war geboren; Newton fällt ein Apfel auf den Kopf, und er findet das Fallgesetz. „Intuition" ist einer der Begriffe, mit denen versucht wird, diesen Vorgang zu erklären. Er fungiert als Brücke des Bruchs: „Die Begriffe und Sätze erhalten ‚Sinn' bzw. ‚Inhalt' nur durch ihre Beziehung zu Sinneserlebnissen. Die Verbindung der letzteren mit den ersteren ist rein intuitiv, nicht selbst von logischer Natur" (Einstein 1983, 4). Der Genese der Erkenntnis ist also mit streng-logischen Operationen nicht beizukommen; sie folgt einem intuitiven Weg, dessen Nachvollziehbarkeit oft nicht gegeben ist, weil er Regeln gehorcht, die bei weitem nicht so klar und evident sind wie der einfache Vorgang der Induktion etwa. Diese Regeln brechen mit der Forderung nach Nachvollziehbarkeit als wissenschaftlichem Gütekriterium, weil nicht erwartet werden kann, dass jeder alles Nachvollziehbare nachvollzieht, weil die Bildung von Assoziationen als Ausdruck der geistigen Bewegung höchst unterschiedlich ausfällt. Die Wege dieser Bewegung lassen sich mit der klassischen Methode der Assoziationsbildung nachvollziehen, auch im Selbstexperiment. Folgende Assoziationskette habe ich zum Stichwort „Kissen" aufgeschrieben:

Kissen I
Ich liege abends im Bett und fühle, wie das Kissen meinen Kopf angenehm stützt. Als Nächstes kommt mir in den Sinn, die Wohnung mit Kissen zu füllen, brauche aber, um das zu tun, wohl einen LKW voller Kissen. In diesem LKW voller Kissen bleibe ich liegen, und glücklicherweise hat der LKW kein Dach, so dass ich auf den Sternenhimmel schauen kann. Der „bestirnte Himmel über mir" zeigt mir im Kantischen Sinne den winzigen Punkt, der für meine Existenz im Kosmos steht. Ich

werde vom Friedensgedanken durchdrungen. Aber der Sternenhimmel in meiner Heimat, Bulgarien, ist doch sehr viel intensiver, dunkler und heller. Jetzt rieche ich Gerüche, die ich aus meiner Kindheit kenne – typische Gerüche in Haushalten und Restaurants. Ich bekomme Lust, dahin zu reisen. Aber mein Konto ist leer, da ich eine halbe Stelle als Akademischer Mitarbeiter an einer deutschen Hochschuleinrichtung habe und mein Sohn, gemessen am geringen Einkommen seines Vaters, Unterhalt benötigt. Usw.

Nun bat ich zwei junge Frauen um ihre Assoziationen zum Kissen. (Übrigens musste ich die eine Lady recht lange von der Harmlosigkeit meines Vorhabens überzeugen; sie hatte mich nämlich im Verdacht, dass ich mich, getarnt als Psychologe, an sie heranmachen wolle.)

Kissen II & III
A. besitzt fünf Kissen. Bei einem Kissen denkt sie an Federn, Daunen, Gänse, von denen die Federn und Daunen kommen, an die Beschaffenheit der bei der Kissenherstellung verwendeten Materialien, aus welcher Art Baumwolle der Bezug etwa hergestellt, wie weich, wie hart, wie groß, wie klein das Kissen ist. // B. besitzt zwei Kissen. *Keine* andere Person darf auf diesem Kissen schlafen, ist ihr erster Einfall. Dieses Kissen sei etwas Besonderes, sehr Privates. Das zweite Kissen dient eher als Einrichtungsgegenstand, „zum Anschauen". Sie betrachtet also das Kissen als Heiligtum, als einen ihr geweihten Tempel.

Ein Alltagsgegenstand, das Kissen, erscheint in völlig unterschiedlichen Perspektiven. Die Assoziation ist prinzipiell unabschließbar, weil der letzte Einfall zugleich die Vorlage für den nächsten liefert. Es entsteht ein individueller Weg des Denkens, dessen Stationen *willkürlich* zu sein scheinen; man vergleiche nur die drei Wege:

- A.E.: Kissen; LKW; Sternenhimmel; Sternenhimmel in Bulgarien
- A.: Kissen; Federn; Gänse; Kissenhersteller
- B.: Kissen; absoluter Besitz; Nimbus der Exklusivität; ästhetischer Wert

Was sich als *Beliebigkeit* präsentiert, ist aus individueller Perspektive *Notwendigkeit*, weil die geistige Bewegung den Weg nimmt, den sie nimmt. Was der Beobachter als *Sprunghaftigkeit* registriert, ist realiter das Mittel, das geistige Bewegung ermöglicht. *Kohärenz* wiederum sorgt dafür, dass die einzelnen Sprünge in einem *geordneten* Rahmen stattfinden und daher ihre Plausibilität beziehen. Die Kohärenz konstituiert den Blickwinkel, die Blickrichtung der geistigen Bewegung. In die Assoziation fließen alle bisherigen Erfahrungen ein, innere Bilder, Haltungen, Fixierungen, Emotionen. Die Assoziation ist Indikator für geistige Entwicklung. Wird sie reicher und vielschichtiger, so hat Entwicklung i.S.v. Wachstum durch reflektierte Erfahrung stattgefunden.

Die Assoziationskette stellt also eine empirische Basis dar, an deren Qualität sich überprüfen lässt, inwiefern Entwicklung stattfindet. Fehlende Entwicklung ist Starre, mechanische Wiederholung des alten Musters. Da nach John Dewey Leben beständige Entwicklung zur Voraussetzung hat, kann in diesem Fall von einem pathologischen Zustand ausgegangen werden. Dieser liegt dann bspw. vor, wenn ältere Menschen mit ihren immer gleichen Geschichten (als erstarrte Assoziationen) ihre soziale Umgebung langweilen. Es findet keine Kommunikation statt, die wechselseitig zur Bildung von Assoziationen anregt, sondern stereotype Muster werden bloß abgespielt, einer zerkratzten Schallplatte gleich. Wenn A. und B. nach einigen Jahren durch weitere Verknüpfungen und auf der Basis von Verarbeitung von weiteren Erfahrungen umfangreichere, interessantere, ergiebigere Assoziationen bildeten, so hätten sie sich entwickelt. Ein dichteres Assoziationsfeld entsteht durch die beständige Erweiterung des Erfahrungsschatzes einerseits. Andererseits erhöhen sich gerade dadurch auch die Möglichkeiten, weitere Verknüpfungen bestehender Inhalte vorzunehmen. Geistiges Wachstum bestünde, so gesehen, im Entstehen *neuer* Assoziationen, also im Begehen von *neuen* Denk-Wegen, die nur darauf gewartet hatten, begangen zu werden.

Das bis hier entwickelte Argument erlaubt folgende Schlussfolgerung: *Es kommt wohl in gewisser Weise weniger auf die Qualität des Auslösers an, sondern vielmehr auf die Qualität des Auszulösenden, Bereitliegenden.* Dies ist nun ein gewöhnungsbedürftiger Befund. Betont wird – im Gegensatz zu einer heute weit verbreiteten Auffassung, die an bloßen Input- Output-Sachverhalten interessiert ist – *das Potenzial, das Anregung erwartet.* Der Auslöser der Anregung scheint beliebig, er ist es aber nicht. Die – sich implizit bei John Dewey findenden – Kategorien zur Gestaltung der Anregung sind *Prozessoffenheit* und *Empathie.* Denn: „A primary responsibility of educators is that they not only be aware of the general principle of the shaping of actual experience by environing conditions, but they also recognize in the concrete what surroundings are conducive to having experiences that lead to growth" (Dewey 1997, 40). Einem solchen Ansinnen stehen aber, das sei nochmals betont, pathogene Strukturen entgegen:

Ein verhängnisvoller Kaffee oder wie das pathogene System die Krankheit nährt
Ich befinde mich in einem für Studierende zugänglichen Raum, in dem ich an einem Computer mich mit einer reizvollen Tätigkeit befasse. Eine Studentin tritt von hinten an mich heran und erklärt ohne Begrüßung barsch: „Ich muss hier etwas brennen." Bedrängt von dieser Unfreundlichkeit und im Bemühen, selbst freundlich-heiter zu bleiben, verlange ich, halb im Scherz, halb im Ernst, von ihr einen Kaffee, mit dem sie meine Gunst erwerben könnte. Die ohnehin gestörte Kommunikation zieht sich auf diesem Niveau noch etwas hin, bis die Studentin letztlich zustimmt. Inzwischen habe ich aber selbst die Lust an diesem Deal verloren und erhöhe die Forderungen, damit er nicht mehr zustande kommt, indem ich nun zum Kaffee noch ein Stück Kuchen bestelle. Wie erhofft, bricht die Studentin die Verhandlungen ab und verschwindet, wütend geworden.
Zwei Wochen später höre ich, dass sie sich bei einem Kollegen beschwert hat. Ich erkläre meine Bereitschaft, mit ihr und dem Kollegen die Angelegenheit zu besprechen, um miteinander ins Reine

zu kommen. Wieder zwei Wochen später bekomme ich eine Einladung zum Gespräch mit dem Institutsleiter und der Gleichstellungsbeauftragten auf Grund der studentischen Beschwerde über mein Verhalten. Zuerst wird mir die Möglichkeit eingeräumt, meine Version des „Vorfalls" zu berichten. Während ich dies tue, betrachtet mich die Gleichstellungsbeauftragte (GSB) triumphal, als würde sie sagen: „Ha-ha, du Schuft, jetzt haben wir dich gleich im Kittchen." Der Institutsleiter hingegen übt sich in akademisch-vornehmer Zurückhaltung, sich Notizen anfertigend. Er ergreift denn als erster das Wort und erläutert die Notwendigkeit der Unterscheidung der Sachebene von der persönlichen. Ich betone, dass es bedauerlicherweise zu einer Störung gekommen sei, die Watzlawicks Kommunikationstheorie folge. Der Institutsdirektor (ID) greift den akademischen Happen bereitwillig auf und findet ihn passend platziert. Im weiteren Verlauf schaltet sich die GSB ein, die sich weniger für wissenschaftliche Auseinandersetzungen interessiert, sondern den Delinquenten zurechtzuweisen bestrebt ist. Beide vermissen bei mir professionelles Handeln, gekennzeichnet durch Distanz, die sich auf Grund des in der Hochschuleinrichtung gegebenen Hierarchieverhältnisses erkläre. Ich werde von beiden belehrt, dass ich als Dozent in der Hierarchie höher stehe als Studierende, was sich in meinem Hoheitsrecht ausdrücke, zu prüfen und den Untergebenen Noten zu erteilen, die sie dann in der Folge zu schlucken hätten. Meine höhere Stellung erfordere Distanz, so dass es unzulässig sei, mich den Studierenden durch Kumpanei anzubiedern und mit ihnen Kaffee trinken zu wollen. Mit einer mir gleichgestellten Kollegin sei dies Ansinnen im Übrigen unproblematisch. Ich meinerseits führe aus, dass freundliche Umgangsformen unverzichtbar sind, verschweige, dass jene bei etlichen Studierenden als künftigen Lehrenden sich nicht vorfinden lassen und gehe auf das antike Beispiel für Gastfreundschaft ein, wie es sich bei den Phäaken findet, einem griechischen Stamm, der der GSB nichts sagt, aber den ID an seiner wissenschaftlichen Eitelkeit packt und er halblaut feststellt, dass ihm der Begriff doch etwas sagt. Ich erläutere, dass ich die Innenwelt einiger Studierender durchaus verstehe, die inadäquat reagieren, weil sie mit der Zumutung an Freundlichkeit zuweilen überfordert sind. Ich verschweige eine kleine Situation, in der ich ohnehin gerade dabei bin, mir Tee zu kochen und aus einem Affekt an Güte und Gastfreundschaft heraus der hereingekommenen Studentin ebenfalls eine Tasse anbiete, woraufhin diese unverrichteter Dinge das Feld räumt. Es setzt nun eine zweite Belehrungsschleife ein, die die Begriffe „Hierarchie", „benoten" und „Distanz" enthält. Hierauf platziere ich nun in Kürze das Konzept des Neosokratischen Gespräches nach Nelson, in dem jenes hierarchische Verhältnis zugunsten der Sache aufgehoben wird und erkläre dieses für einen erstrebenswerten Höhepunkt der pädagogischen Wissenschaft. Der ID fühlt sich wieder herausgefordert, sich hierzu fachlich zu äußern, wonach die GSB, inzwischen etwas lockerer in ihrer Haltung geworden, die dritte Schleife mit den nun bekannten Begriffen einleitet. Hierauf beteuere ich erneut mein Bedauern und mein Verständnis und führe nun eine weitere wissenschaftliche Raffinesse in Gestalt des Pädagogischen Taktes nach Jakob Muth ein, dessen genaue Bestimmung unmöglich sei, weil jede genuine Situation einen genuinen Grad auf der Skala zwischen Distanz und Nähe erfordere, der sich der vorherigen Festlegung entziehe. Auch diese Idee findet die Zustimmung des ID, und ihm gelingt die Überleitung zur Formulierung der Aufgabe Dozierender, die in der wachsenden Professionalisierung Studierender bestehe. Ich verschweige, dass freundliche Verhaltensweisen, erfüllt vom Geist der Empathie, zu nicht unerheblichen Teilen die Lehrerprofessionalität ausmachen sollte. Die GSB bringt sich jetzt wieder ins Spiel, der wissenschaftlichen Erhebungen zwischen dem ID und mir überdrüssig geworden, ohne darauf zu verzichten, mich ausdrücklich vor Wiederholung zu warnen, weil so eine Beschwerde eine große, schlimme Sache sei. Die Dunkelziffer, so sie, sei um ein Vielfaches höher als die tatsächlich gemeldeten Fälle, weil viele aus Angst vor Repressalien durch die Höhergestellten als Dozenten schweigen würden. Es gehöre, so sie, sehr viel Mut dazu, solche Vorfälle zu melden. Sie vermittelt den Eindruck, als befänden wir uns in den Fängen der Sex-Mafia, gesteuert von dunklen Mächten und als führte sie selbst, die GSB, den endlosen, verzweifelten, aber hehren Kampf einer Alice Schwarzer, die andere befreien will, anstatt sich selbst. Dieser „Vorfall" werde nun auf dieser Ebene verbleiben, aber im Wiederholungsfalle werde er der Personalabteilung gemeldet. Auf meine Nachfrage hin, was dann diese Stelle tun würde,

186

entsteht bei den beiden Unsicherheit – es würde wohl einen Vermerk in meine Personalakte geben, mit einer Entlassung sei allerdings kaum zu rechnen, zumal meine Stelle ohnehin befristet sei und in Kürze auslaufe.

Ich räume freimütig ein, dass der gegen mich erhobene Vorwurf mangelnder Professionalität in diesem Fall zutrifft und ich, gefangen in der Situation, nicht empathisch, nicht weise habe handeln können. Gleichwohl offenbart diese Geschichte wenigstens *zwei Aspekte*, die innerhalb der berichteten Szenerie tabuisiert waren und gerade deshalb die kynische Neugier wecken. *Diese zwei Aspekte finden sich in der Koppelung einer kranken Innenwelt mit einem pathogenen System als Umgebung.* In den Fokus der Betrachtung rückt die Innenwelt der Studentin. Diese Innenwelt bewohnt einen Körper, der das innere Unglück nach außen trägt. Offensichtlich in einer Empathie-armen Umgebung aufgewachsen, ist sie im extremen Maße angstvoll und (sexuell) gehemmt. Ihr korpulenter Körper verweist auf unbefriedigte orale Bedürfnisse, die sie gerade aus dem Gefühl fortwährender Insuffizienz dazu zwingen, Dinge zu vereinnahmen, als hätten die frühen Zeiten des Mangels ihr das Recht hierzu verliehen. Die Erfahrung der Deprivation lässt eine fordernde Haltung entstehen, die der Sicherung ihrer physischen Existenz dienen soll. Beauftragt, ein offenbar auf dem von mir benutzten Computer hinterlegtes Medium zu brennen, sieht sie nur diese ihre Aufgabe, die neben anderen im Tagesverlauf abgehakt werden soll. Sie hat sich in ihre Aufgabe wie ein Hund verbissen, der sein Spielzeug niemals loslassen wird; sie ist daher zu einer flexiblen Handhabung künftiger Ereignisse kaum fähig. Aus ihrer Wahrnehmung stelle ich nichts weiter als ein übles Hindernis dar.

Meine Gegenforderung nach einem Kaffee irritiert die starre Innenwelt, die stur an ihrer Forderung festhält, was mich dazu bewegt, wiederum meine Forderung zu erneuern – es entsteht eine Art Patt-Situation. Meinen Schachzug aus ihrer Perspektive als Irritation zu bezeichnen, gleicht vielleicht sogar einem Euphemismus – er ist wohl eher eine unerhörte Provokation, eine dramatische Demütigung: Erstens ist ein solcher Handel „Computer gegen Kaffee" in der sozialen Situation Hochschule illegal, weil kein Gesetz mich als Dozenten dazu autorisiert, Leistungen dieser Art zu verlangen. Zweitens ist ihre Innenwelt nicht auf Freigiebigkeit und Humor eingerichtet, sondern gewohnt, Zeichen der Außenwelt buchstäblich zu nehmen. Und drittens öffnet sich in dieser Innenwelt eine kantig-schneidende Ambivalenz, die auf den unterdrückten Liebeswunsch zurückzuführen ist. Nachdem die Patt-Situation ihre Spannung hat anwachsen lassen und sie die Möglichkeit ins Auge fasst, das unerwartete Hindernis mit einem realen Kaffee zu überwinden, gibt sie bei. Dieser Entschluss reduziert augenblicklich ihre Anspannung, weil sie nun damit rechnet, doch noch ihre Aufgabe erledigen zu können.

Aber jetzt wird die Gegenforderung mit dem Verlangen von Kuchen noch höher geschraubt. Aus ihrer Sicht wirkt nun eine gefährliche Psychologie des Weckens von Hoffnungen, um diese, sobald sie aufgehen, brutal zu enttäuschen. Zudem erfolgt eine Art Vertragsbruch, weil das Hindernis, anstatt, wie vereinbart, sich bei der Zusicherung eines Kaffees aufzuheben, sich im Gegenteil noch dicker und schwerer macht. Das Hindernis lacht sie aus und sagt: „April, April". Es erscheint nun übermächtig, weil es seine Forderungen beliebig vom Kuchen über Mittagessen bis hin zur fantasierten Vergewaltigung steigern kann und dabei absolut maßlos zu werden droht. In ihrer Fantasie wächst es wohl zu einem Monster heran, an dem sie scheitern muss. Sie muss ihre Niederlage einsehen und ergreift folglich die Flucht. Sie dekompensiert, weil ihre Angst vor dem Monster gefährliche Ausmaße annimmt. Sie ist geschockt. Sie will bloß sich eine DVD brennen, erlebt stattdessen die Rocky-Horror-Picture-Show und muss dabei auch noch die Hauptrolle spielen!

Etwa zwei Wochen lang begleiten sie Angsterlebnisse, die sie durchschütteln und nicht schlafen lassen. Die Ursache dieser inneren Stürme ist der Dozent, der Kaffee und Kuchen verlangt hatte. Wird er durch eine Anzeige ausgeschaltet, so scheint damit auch die Ursache der nicht enden wollenden Stürme beseitigt zu werden. Eine höhere Instanz ist anzurufen, die über ihn richtet und ihn verurteilt – ein dem Petzen analoger Vorgang. Hierzu ist eine E-Mail mit der Schilderung des „Vorfalls" und der Behauptung der eigenen Rolle als Opfer zu verfassen und an das Gleichstellungsbüro zu richten, das in den Gängen des öffentlichen Gebäudes vor „mulmigen Gefühlen", „bösen Blicken" und „Belästigungen" warnt und zugleich „Hilfe" anbietet. Mit dem Drücken auf „Senden" stellt sich sogleich eine merkliche Erleichterung der inneren Anspannung ein. *Vor diesem Hintergrund ist die Behauptung der GSB absolut absurd, dass man Mut brauche, um eine Anzeige zu erstatten. Vielmehr ist Angst Voraussetzung, Angst, die sich aus dem ungelösten psychotischen Konflikt speist, auf pathogenem Boden gedeiht und ihre Energie in Rache umleiten will.*

Dieser pathogene Boden, der jene Anzeige der Krankheit bereitwillig aufnimmt, geradezu auffordert, tritt in Gestalt des Gleichstellungsbüros oder anderer solcher Einrichtungen in Erscheinung, die die Interessen vermeintlich Unterdrückter und Zu-kurz-Gekommener wahrzunehmen sich anstrengen. *Realiter solidarisiert sich eine solche Einrichtung mit der Krankheit und Schwäche, bestätigt sie in ihrer vermeintlichen Normalität und sinnt in projektiver Abwehr auf Rache.* Diese Einrichtung leistet Pseudo-Hilfe durch Wiederherstellung und Stabilisierung des psychischen Gleichgewichts; sie beruhigt den inneren Sturm, indem sie mit Drogen den Schmerz betäubt, anstatt auf seine Botschaft zu hören und diese entziffern zu wollen. *Sie verhindert Wachstum,* weil sie dem Status quo das Etikett des Gesunden verleiht, ohne dazu befugt zu sein. Sie stellt eine

Umgebung dar, die einlullt, die Beschwerdeführerin auf den Schemel des Vergessens setzt und es ihr recht macht, ohne sie aus ihrem Schlaf wecken zu wollen[113]. Der Begriff der Hilfe müsste auf den Kopf gestellt werden, um erst Hilfe zu werden, nämlich als Auseinandersetzung mit der Genese der eigenen Stürme und ihrer Verarbeitung im Verlaufe etwa einer Psychotherapie, die die Versteinerung als Fixierung wieder zu verflüssigen und Energien anzuregen vermag.

### 3.2 Die die Erkenntnis anregende Umgebung als empathisch-prozessoffene

Der Pädagoge steht vor seiner eigentlichen Aufgabe: *der Einrichtung einer anregenden Umgebung*. Bekannter Weise löste Rousseau diese Aufgabe durch die Erzeugung der Illusion einer Wirklichkeit, in der der Zögling von seinem Erzieher gefangen ist. Dewey aber schwebt keine künstliche, eigens für Emil erzeugte Welt vor. Zumal: „Wir erziehen niemals unmittelbar, sondern mittelbar, und zwar durch das Mittel der Umgebung" (2000, 37). Deshalb sollte der Pädagoge wissen „how to utilize the surroundings, physical and social, that exist so as to extract from them all that they have to contribute to building up experiences that are worth while" (1997, 40). Der Pädagoge sollte also den Lernenden so anregen, dass er sein Erlebnis zu einer Erfahrung erfolgreich verarbeiten kann, einer bereichernden, befruchtenden Erfahrung, die wiederum es gestattet, eine noch höhere Verarbeitungskapazität auszubilden. Dieser Vorgang ermöglicht nach Dewey weiteres geistiges Wachstum – eine nach oben offene Spirale, deren Motor zugleich die Erfahrung selbst ist: „Every experience is a moving force" (Dewey 1997, 38). Das ist ein neues Verständnis von lebenslangem Lernen, denn hier gilt die Devise: „Wir sind auf die Erde gekommen, um zu lernen" (Danow 1994).

Dewey unterscheidet die das weitere körperliche, intellektuelle, moralische Wachstum ermöglichende Erfahrung von ihrer Kehrseite: the mis-educative experience (vgl. 1997, 37): „Any experience is mis-educative that has the effect of arresting or distorting the growth of further experience" (ebd., 25). So gesehen, lässt sich die im Teil II beschriebene Pathologie auch als Systematisierung der Effekte von „mis-educative experiences" sehen. Ihre Zusammenfassung könnte durchaus in Form eines siebzig Jahre älteren Textes erfolgen (26f):

---

[113] Ganz ähnlich gestrickt ist ein Beispiel aus einer psychosomatischen Klinik: Eine im besonderen Maße psychotisch Erkrankte beschwert sich bei der Oberärztin und der Stelle für Brandschutz, dass eine liebevoll angebrachte Dekoration, erstellt von einer Patientengruppe, die Vorschriften der Brandschutzordnung verletze. Die verantwortliche Therapeutin muss sich vor ihrer Vorgesetzten rechtfertigen und schließlich das Objekt entfernen. Auch hier richten sich Entscheidungsträger nach dem, „der am lautesten schreit", weil ja Beschwerden so groß und schlimm und daher grundsätzlich zu vermeiden seien. Nachdem der Beschwerdeführerin nach einiger Zeit die Objekte ausgehen, auf die sie ihren unverarbeiteten Konflikt projizieren kann, begeht sie Selbstmord.

How many students [...] were rendered callous to ideas, and how many lost the impetus to learn because of the way in which learning was experienced by them? How many acquired special skills by means of automatic drill so that their power of judgment and capacity to act intelligently in new situations was limited? How many came to associate the learning process with ennui and boredom? How many found what they did learn so foreign to the situations of life outside the school as to give them no power of control over the latter? How many came to associate books with dull drudgery, so that they were "conditioned" to all but flashy reading matter?

Der von Dewey beklagte Zustand ist noch immer aktuell, während seine Schulkritik heute häufig unter historischem Aspekt verstanden wird, als sei das Leiden an der Schule nun überwunden. Vertreter dieser These würden besonders auf die Grundschule und ihre Reformfreudigkeit hinweisen: angenehm eingerichtete Klassenzimmer, Konzeptionen zur Förderung der Selbständigkeit wie Freie Arbeit, Wochenplan, Morgenkreis usw. Aber diese Arbeitsformen stehen auf pathogener Basis, deren Ziel der Erwerb eines formalen Abschlusses ist. – „Der verständliche Wunsch, seine Zukunft zu sichern, verführt zur Konformität in der als unsicher empfundenen Gegenwart. Dabei schwindet seitens der Eltern und vieler Schüler, die ihren Eltern blindgläubig folgen, jedwede Kritik an einer Ausbildung, die dazu anhält, Fachmann für Leistung schlechthin zu werden, abstrakt zu bleiben und der Scheinautorität vorgegebener Lernziele mehr Glauben zu schenken als den eigenen, lebendigen Erfahrungen" (Bracht 1978, 99).

Weg weisend für „educative experiences" ist hingegen die Basis der Heiterkeit und Freundlichkeit, der erfüllten Gegenwart: „Das wichtigste Motiv zur Leistung in der Schule und im Leben ist die Freude an der Arbeit, die Freude an ihrem Ergebnis und das Bewußtsein vom Werte des Arbeitsergebnisses für die Gemeinschaft. In der Erweckung und Stärkung dieser psychischen Kräfte im jungen Menschen sehe ich die wichtigste Aufgabe der Schulerziehung. Eine solche psychische Grundlage allein führt zum freudigen Streben nach den höchsten Gütern des Menschen: Erkenntnis und künstlerische Gestaltung" (Einstein 1993, 25). In einer anregenden Umgebung, die dem Motto „Erkenntnis und künstlerische Gestaltung für alle" folgt, wird eine der heutigen Schule doch fremde Kategorie zur Gewohnheit: das Selbstdenken als Ausdruck autonomen Lernens. Die Fähigkeit zum Selbstdenken ist vor dem Hintergrund geeigneter Inhaltlichkeit zu fördern, nicht die Fähigkeit, Unverstandenes daherzureden und papageienhaft zu repetieren, reproduzieren. Ein guter Nährboden für diese zu entwickelnde Fähigkeit bildet eine Atmosphäre als Umgebung, die durchdrungen von *Empathie* und Prozessoffenheit ist. Was heißt das?

John Dewey spricht von der Notwendigkeit, innere Vorgänge bei den Heranwachsenden beobachten und analysieren zu können. Es geht um „the internal factors which also decide what kind of experience is had" (1997, 42). Dewey impliziert einen gelingenden Fall von Empathie, die den Erzieher auszeichnen sollte. Denn Empathie ist nötig, um *eigentlich fremde* Erfahrungen nachzuvollziehen, zu strukturieren und so zu systematisieren, dass eine Rückmeldung an das Gegenüber in für es geeigneter Form interagiert wird. Diese Rückmeldung sollte den Heranwachsenden so anregen, dass er seine Erfahrungen und sein Denken ordnen, konzentrieren, wachsen lassen kann. Der Empathische[114] ist der weniger Leidende, der den fremden Schmerz als den eigenen erlebt und zugleich dem Gegenüber spiegelt. Er solidarisiert sich mit dem anderen und sagt ihm: „Ich *fühle* mit dir. Aber ich leide weniger als du." Der Empathische nimmt so das fremde Leiden ernst, deutet aber zugleich die Möglichkeit seiner Überwindung an durch das Weniger-leiden, Weniger-betroffen-sein. Darüber hinaus kennt der Empathische die innere Welt des anderen so gut, dass er den Konflikt des Heranwachsenden versteht. Er könnte seine Erkenntnis dem Betroffenen mitteilen, etwa: „Du hast deinen Mutterkonflikt noch nicht gelöst." Inhaltlich wäre das Ergebnis richtig, und auch der Heranwachsende sähe es so. Und was nun? Der Lehrer hat gesprochen, der Junge hat gehört und verstanden, aber ein Lernprozess hat nicht angefangen. Das ist nicht das Vorgehen des Empathischen.

Bemerkt der Empathische beispielsweise, dass A. bei der Massage eines anderen sich übermäßig anstrengt und viel Energie verschleudert (wie ein hochtourig laufender Motor), so sagt der Empathische nur zwei Wörter: *„Du schwitzt."* Die ganze Lektion besteht in der Feststellung, dass A. in dieser konkreten Situation, unter diesen konkreten Umständen, schwitzt. Was für eine ultrakurze Unterrichtsstunde! Und welche Hausaufgabe erwächst aus diesem pädagogischen Setting nun für die Lernende? Sie erwartet eigentlich Lob für ihren Einsatz, den sie leistet, um auf sich in ihrer endlosen Güte aufmerksam zu machen. Sie schaut sich irritiert an und stellt fest, dass die Feststellung des Schwitzens richtig ist. Sie rekonstruiert die Ereignisse: Zehn Minuten Einsatz ist verbunden mit einer Anstrengung, die weit über den erforderlichen Rahmen hinausgeht. Bald blickt sie auf tausende selbst erlebte Geschichten, in denen dieses Verhalten sich findet. Beträchtliches lässt sich lernen: *Ich neige zur Angeberei, ich mache mich bei anderen schön und will alle beglücken, weil ich unbewusst meine Mutter milde stimmen will, weil meine Sehnsucht nach Liebe endlos ist und ich immer noch glaube, Zuwendung mir hart erarbeiten zu müssen. Gefangen in diesem Muster[115], lebe ich mein Leben nicht, und ich leide. Ich kann mich davon befreien, ich kann es auch lassen.*

Empathie ist *mitfühlende Beobachtung*. Der Empathische muss, um empathisch zu sein, *verlässlich* sein. Andernfalls ist er nur insofern „empathisch", wie

---

[114] Vgl. hierzu Ilien 1986.
[115] Das Szenische Verstehen nach Lorenzer lässt abermals grüßen!

ihm nützlich erscheint, um etwa Schwachstellen beim Gegner ausfindig zu machen, ihm Schaden zuzufügen und sich selbst dabei materiell zu bereichern oder schadenfroh zu sein. Die Manöver des unverlässlich- Empathischen müssen nicht – gleichwohl sie zur Seite des „Mis-Educative" gehören – in jedem Fall Wachstum hemmen, sondern können durchaus – entgegen der Intention – dieses ungemein fördern:

Du fette Sau!
Ein Jugendlicher ist recht dick, phlegmatisch, uninteressant. Eines Tages ruft ein Mitschüler ihm zu: „Du fette Sau!" Zuerst reagiert der Jugendliche gekränkt. Allmählich muss er sich eingestehen, dass sein Widersacher eigentlich mit seiner Diagnose recht hat. Diese Einsicht verhilft ihm zu gewaltigen Fortschritten: Er reduziert das Essen gegen den Widerstand seiner Mutter und entwickelt zahlreiche Interessen, u.a. Sport.

Dieses Beispiel illustriert die Vielzahl möglicher Anregungen. Zugleich wird deutlich, dass prinzipiell zu jedem Zeitpunkt sich in der Interaktion Wendepunkte ergeben können, denen der Empathische prozessoffen begegnet. Die Kategorie der *Prozessoffenheit* entnehme ich dem Konzept der *Selbstregulierung*: „Eine autonome Konfliktregulierung unter den Kindern hat zur Bedingung, daß der Lehrer den Konflikt selbst als einen ‚kollektiven Wert' anerkennt, d.h., daß er die Kinder erst einmal beobachtet, um von ihnen zu lernen und nicht den eigenen Lernprozeß verhindert, indem er eine individualistische Lösung anstrebt" (Weigelt & Reißmann 1979, 102). Selbstregulierung verzichtet auf „die Konditionierung der Kinder über ‚positive Verstärker' (Lob) bzw. ‚aversive Reize' (Beeinflussung durch Strafe)" (ebd.). Denn Zuckerbrot und Peitsche sind die klassischen Mittel zur Ausübung von Herrschaft, die überwunden werden soll, soll der Demokratisierungsprozess voranschreiten dürfen.

Prozessoffenheit verträgt sich also nicht mit der Verordnung von oben, sondern beharrt darauf, dass Moral sich im Zusammenwirken der an der Interaktion beteiligten Kräfte und geschickt gesetzter Impulse[116] seitens des Meisters entwickelt. Denn: Die „gültige Moral entsteht nicht durch *disziplinierenden Zwang*, sondern entfaltet sich aus *erfahrener Zuwendung*, und die richtige Erkenntnis wird nicht garantiert durch die säuberliche Trennung des einsamen Subjekts von dem fremden Objekt, sondern durch die *Empathie*, die den Anderen in sich und sich in dem Anderen erkennt. Erst von daher erschließt sich die Welt der Objekte als *bedeutungsvolle* und ihre Erkenntnis als Sinnkonstitution (Jürgensmeier 1986, 119; Herv. AE). Dieses bildungstheoretische Argument lässt sich psychoanalytisch erweitern, wenn die volle Bedeutung der Empathie im zwischenmenschlichen Umgang verstanden wird:

---

[116] Wie z.B. die simplen Worte: „Du schwitzt."

Der Mensch kann „in einem psychologischen Milieu, das nicht empathisch auf ihn reagiert, ebensowenig psychologisch überleben wie physisch in einer Atmosphäre, die keinen Sauerstoff enthält. Mangel an emotionalem Widerhall, Schweigen und ein Verhalten, als sei der Analytiker eine computerähnliche, nicht-menschliche Maschine, die Daten sammelt und Deutungen auswirft, liefern ebensowenig das psychologische Milieu zur möglichst verzerrungsfreien Abzeichnung der normalen und abnormalen Züge der psychologischen Ausstattung eines Analysanden, wie eine Atmosphäre ohne Sauerstoff und eine Temperatur nahe dem Nullpunkt das physikalische Milieu liefern, in dem man die physiologischen Reaktionen eines Menschen am genauesten messen kann. [...] Das Verhalten des Analytikers dem Patienten gegenüber sollte das erwartete durchschnittliche sein – d.h. das Verhalten eines psychologisch feinfühligen Menschen gegenüber einem anderen Menschen, der leidet und der sich ihm anvertraut hat, um Hilfe zu finden" (Kohut 2006, 255).

In einer empathischen Umgebung können Kategorien wie Druck, Hetze, Stress, Zwang, Strafe keinen Platz haben. Die Erfahrungen aus dem Schulversuch Glocksee in Hannover zeigen: „Durch Zurücknahme des Erziehungszwanges entwickeln die Kinder selbst eine Moral, die aber nicht eine bloße Reproduktion der Moral der Erwachsenen ist. Der Eingriff der Erwachsenen bestätigt und *verfestigt* Aggressivität, während die moralische Intervention der Kindergruppen die aggressiven Rollen auch *verändert*. Das ist der Unterschied zwischen Kindermoral und Erwachsenenmoral. / Das Eingreifen des Lehrers in den Konfliktverlauf würde die Kinder zwingen, die moralische Frage – was nun gut oder böse ist, richtig und falsch – zu *personalisieren*. Damit wären sie auch gezwungen, an ihrer alten Ohnmachtserfahrung anzuknüpfen; denn ein entscheidendes Merkmal ihrer Unfreiheit lag ja gerade in der ausschließlichen Abhängigkeit vom Lohn-/Strafmonopol des Erwachsenen" (Weigelt & Reißmann 1979, 104; Herv. Orig.).

Prozesse, die zu einer Erfahrung gerinnen können sollen, müssen durchlaufen, erlebt, gestaltet werden dürfen. Diese Prozesse benötigen ihre bestimmte Zeit – sie richten sich nicht nach vorgegebenen Maßstäben von außen, sondern sind an eigene Zeiten gebunden, die der Empathische erkennt und begleitet – er ist geduldig. Durch seine Geduld drückt er seine Verlässlichkeit aus: „Du kannst mit mir rechnen", sagt er. Geduld ist tiefster Respekt vor dem anderen, denn sie weiß, dass der andere Zeit benötigt, um seine Erfahrungen reifen und seinen „Assoziationshorizont" (Negt 1979, 36) wachsen zu lassen. In diesem Sinne bezeichnet die Selbstregulierung „einen Prozeß, der im Aufbrechen von Blockierungen des Verhaltens und des Bewußtseins zugleich seinen Zielinhalt realisiert: die Erweiterung der Erfahrungsfähigkeit des Kindes und der Bildung von Autonomie" (ebd., 33), die des Selbstdenkens müde nicht wird, das angeregt sein will.

Das Selbstdenken ist in der Regel gerade keine Gewohnheit etwa Lehramtsstudierender geworden. Es ist in Ansätzen hier und da zu erblicken, aber die Schulabgänger kommen in erziehungswissenschaftliche Seminare kaum, um denken zu lernen, sondern, um gesagt zu bekommen, was *wichtig* sei und *was* sie zu „lernen" hätten (vgl. Teil II, 5.2 & 5.5). Hier schlägt wohl das durch, was Oskar Negt für die Schule formulierte: „Das, was den Kindern als ausgewiesene wissenschaftliche Erkenntnis über die Gegenstände, auseinandergerissen in Disziplinen entgegengebracht wird, führt ihren Interessen- und kognitiven Assoziationshorizont in der Regel nicht weiter, sondern zerstört, fragmentiert ihn; damit wird auch das zu Grunde liegende Erkenntnisinteresse ausgetrieben, häufig für immer" (1979, 36).

Die Frage ist nun: Lässt sich diese Trägheit überwinden und wie? Kann der Tanz dieser matten Silhouetten verlebendigt, inspiriert werden? Kann der Tanz aus der Mechanik erlösen und zugleich philosophischen Geist ausströmen? „[...] ich wüßte nicht, was der Geist eines Philosophen mehr zu sein wünschte, als ein guter Tänzer. Der Tanz ist nämlich sein Ideal, auch seine Kunst, zuletzt auch seine einzige Frömmigkeit, sein ‚Gottesdienst'" (Fröhliche 381). Ein von Studierenden und mir erstelltes Medium zeigt, wie die Anfänge für einen vitalen Tanz konkret aussehen können, wie eine anregende Umgebung entstehen kann, gegen die unterschiedliche Formen an Widerstand bei einigen Betrachtern deutlich werden. (Das Medium kann über www.vs-verlag.de heruntergeladen werden.)

### 3.3 Die kindliche Neugier – ein Pilotprojekt zur Förderung der Lebendigkeit

**Zur Entstehung des Mediums „Kindliche Neugier"**

Im Rahmen eines Seminars mit dem Titel: „Die kindliche Neugier und ihre Pflege in der Grundschule" entstand 2007 ein Medium in Form einer DVD. Dieses Medium versucht, Unterrichtsgeschehen mit ästhetischen Mitteln darzustellen, wobei sie Pathogenes und Gesundes in den Blick nimmt. Das Seminar bot Studierenden zuerst die Möglichkeit, das Thema theoretisch zu fundieren, um sodann eigene schulbiografische Erfahrungen[117] zu reflektieren. Hierbei zeigte sich ein gewaltiges Ausmaß an *Sinnlosigkeit* und *Lieblosigkeit* und *mangelnde Pflege der Neugier* im schulischen Kontext. Im dritten Schritt wurden Ideen entwickelt und Material (Texte, Bilder, Kurzfilme) erstellt und zusammengetragen. So wurde mit etwa 12 Studierenden eine DVD (von gut 30 Minuten Dauer) entwickelt, die einen *multimedialen Lehrgang* zum Thema „Neugier und ihre Pflege" enthält. Dieser versteht sich als Spiegel gängiger, aber ignorierter Schulrealität, ein Spiegel, der von jedem an Erziehungsfragen Interessierten benutzt werden kann. Der Grundgedanke lautet: Die kindliche Neugier (als „natürlich" gegebene Aufmerksamkeit) ist zu pflegen. Um ihn zu entfalten, gelangen Ideen bspw. der Lieblosigkeit, des Respekts, der Schönheit/Hässlichkeit, der Sinnlosigkeit, der

---

[117] Eine Teilnehmerin, deren Schulzeit etwas weiter zurücklag, *erinnert* sich erst durch die Schulbücherverbrennungsberichte anderer daran, wie sie selbst mit Erleichterung Bücher und Mappen verbrannt hatte.

Angst durch Impulse, Bilder, Musik, Symbole und die dramatische Handlung zu ihrem Ausdruck im Rahmen einer Gesamtdramaturgie. Hierbei werden vielfältige Bezüge hergestellt und verschiedene Verstehensebenen ermöglicht. Wenngleich das Seminar zur Zufriedenheit der Teilnehmenden endete, sorgte es anfangs für gewisse Irritationen. Man ist es gewohnt, dass der Dozent mit Schlips den Raum betritt, die wissenschaftlich abgesicherte Wahrheit verkündet und hierzu mit einem Plan ausgestattet erscheint, der jede einzelne Sitzung mit Datum und das dazugehörige Thema enthält. Referate werden für den Scheinerwerb übernommen, man diskutiert, lacht auch mal. Die Sache scheint solide und findet in einer staatlichen Einrichtung statt. Und so landet man, getrieben von Modul zu Modul, unversehens in einem Seminar, geleitet von einem Dozenten, bei dem die Dinge etwas anders laufen. Der Begriff „Neugier" steht am Ausgang der weiteren Überlegungen, die *persönlich* sein müssen, wenn überhaupt Entwicklung stattfinden können soll. Der Begriff bleibt leer, solange er nicht eine die eigene Existenz unmittelbar betreffende Kategorie darstellt. Mit diesem Anspruch konfrontiert, wächst in einer Teilnehmerin die Fantasie, der Dozent sei verrückt. Denn aus ihrer Perspektive ist sie es gewohnt, sich am Tauschhandel zu beteiligen – und nun sitzt sie hier, hat noch keine einzige Abhandlung über Neugier gelesen, und der Dozent verkündet, dass diese hier zusammengewürfelte Gruppe ein wunderbares Projekt durchführen und ein herrliches Ergebnis erzielen werde, das nicht ungehört bleiben könne, und sie denkt sich nur, dass der Mensch-Dozent, der vor ihr steht, nicht weiß, wovon er redet: Er muss verrückt sein[118]. Die Krönung besteht aber gerade in der Entdeckung, dass die vermeintliche Verrücktheit nur so verrückt sein kann, wie der Hund verrückt ist, weil er das ist, was er ist, nämlich ein mit dem Schwanz wedelnder Hund.

Diese Entdeckung birgt, für die Teilnehmenden unerwartet, ein schöpferisches Reservoir, durch dessen Gebrauch Stoffe sich verflüssigen, weil es persönlich-warm, persönlich-unruhig wird. Hier öffnen sich die Herzen und mit ihm die Türen einer noch unbekannten inneren Welt[119]. Die Person öffnet sich der anderen gegenüber im warmen Beziehungsgeflecht. Es gibt echten Kontakt, Berührung, Beziehung[120]. Der Mensch erblickt im Gegenüber die *Zartheit der Seele,*

---

[118] Lachend berichtet sie am Ende des Seminars und auch später über diese ihre Erlebnisse.

[119] Diese Türen schließen sich mit zunehmender Abkühlung und das Terrain wird den Dämonen wie Habgier und Rachsucht überlassen, die um Terrain miteinander im Clinch liegen.

[120] Ein Augenblick tiefster Mitmenschlichkeit: Regen, Dunkelheit, Kälte irgendwo in Bulgarien vor langer Zeit – und meine Mutter musste, umgeben von zahlreichen Alltagssorgen, an einen anderen Ort reisen. Sie lässt sich von einem Auto mitnehmen, das von einer Frau gesteuert wird. Das Schweigen während der ganzen Fahrt wird nur von folgendem kurzen Dialog unterbrochen – meine Mutter:

*die als zärtliche zerbrechlich ist.* Schöpferische Prozesse sind aber auf offene innere Türen angewiesen, auf die Gunst der Stunde, den fruchtbaren Augenblick, die zärtliche Berührung als Anregung, Wärmequelle.

Die Entfaltung schöpferischer Prozesse in einer empathisch-prozessoffenen Umgebung lässt sich am Beispiel der Szene „Zwangsspeisung" so beschreiben: Der Lernprozess wird oft mit Essensaufnahme assoziiert – auch Ausdrücke wie „das muss man erst einmal verdauen" oder „das muss sich erst setzen" weisen darauf hin. Reformpädagogische Texte, wie etwa bei Ellen Key, sind voll solcher Metaphern, in denen der Lehrende als Koch erscheint, der dann das Essen für die Lernenden didaktisch portioniert. Während die schöpferische Gruppe noch frühstückt, erzähle ich solche Zusammenhänge. Die Teilnehmenden prüfen bei sich, ob sie auf Grund ihrer Schulbiografie solche Bilder nachvollziehen können und wie sie ausgedrückt werden können. Ihr Blick fällt auf den Käse, die Lauchzwiebeln, das Brot, die Gummibärchen. Es entsteht die Idee, einzelne Schulfächer mit solchen Lebensmitteln zu symbolisieren. Für Latein bspw. wäre wohl die Lauchzwiebel passend, für Kunst – die Gummibärchen. Ein Schultag, bestehend aus sechs Stunden, würde dann mit sechs Lebensmitteln dargestellt werden können. Der öde Schultag, an dem Stunde für Stunde eine Lehrende erscheint, um jeweils zu behaupten, dass ihr Fach das Wichtigste sei und die Schülerin das für sie Vorgesehene zu essen, zu schlucken hat, könnte so dargestellt werden. Auch der Widerstand der Schülerin gegen die Zumutung, beliebige Dinge sich einverleiben zu müssen, wird gezeigt. Die Pointe der Gesamtaussage wird durch einen weiteren schöpferischen Einfall ermöglicht: Eine Teilnehmerin habe eine vertrocknete Sonnenblume bei ihrer Mitbewohnerin gesehen. Tatsächlich wird dann die Szene mit der vertrockneten Sonnenblume aufgelöst, die für die zerstörte innere Landschaft der Schülerin steht. Den ganzen lieben Tag wird sie mit Dingen gefüttert, die zumeist ihren Widerwillen, ja Ekel auslösen – mit letalem Ergebnis. Ein anregendes Medium verfügt also über eine Struktur, die sich über folgende Merkmale beschreiben lässt:

- *Offenheit* i.S.v. Nicht-Abgeschlossenheit der Struktur der Inhaltlichkeit, die sich als locker konstruiertes System zeigt, das
- den Betrachter zu inneren Auseinandersetzungen herausfordert und er an es, emotional involviert, andocken kann, weil das Medium viele Möglichkeiten bietet, angedockt zu werden; hierin wird die *subjektive Relevanz* des Mediums deutlich.

---

„Warum haben Sie mich mitgenommen?" Antwort: „Weil wir nicht genug Zeit haben, um all die guten Dinge zu tun, die wir so dringend brauchen."

- Grundlage der Inhaltlichkeit sind real-empirische Situationen und Begebenheiten, die *jeder* aus eigener Erfahrung nachvollziehen kann und die geeignet sind, als exemplarisch gewählte Symbole eine *Weite der Perspektive* zu eröffnen, die auf den kaum abschließbaren Prozess der *Sinnsuche* verweist.

Die sonst übliche, im Wissenschaftsbetrieb gängige, den Betrachter erdrückende Pseudo-Objektivität mit ihren lebensfernen Konstruktionen, Modellen und Berechnungen ist diesen Merkmalen nach kaum anregend. Vor dem Hintergrund des Postulats, dass Moral sich aus eigenem subjektiven Erleben entwickeln können soll, offenbaren sich psychologische Untersuchungen auch über Moral als ihren Gegenstand verfehlend, schon seit Kohlberg. Denn sie erzeugen Dilemmata, die so im Alltag kaum vorkommen. Ein Beispiel aus der neueren Forschung lautet dann (vgl. Hauser 2006, 114f): Eine Person beobachtet, dass ein aus der Kontrolle geratener Zug auf fünf Menschen zusteuert. Der Beobachter könnte aber durch einen Hebel den Zug auf ein anderes Gleis umlenken, wo nur ein Mensch steht. Der Proband muss nun entscheiden, ob er den Hebel betätigt und so einen Menschen indirekt tötet, aber dafür fünf andere rettet. In der brutaleren Variante dieser Geschichte können dann fünf Menschen gerettet werden, wenn der Beobachter einen Menschen auf die Gleise wirft und so den Weg des Zuges blockiert.

Solche absurden Geschichten spiegeln rationale Erwägungen wider, die unsinnige Konstruktionen mit fragwürdigen Wirklichkeitsabbildungen nach sich ziehen. Auch der Proband unterwirft sich dieser Rationalisierung der Moral und betreibt, angeleitet vom Psychologen, belanglose, beinahe unverbindliche Spielereien. Solche Untersuchungen produzieren dann Ergebnisse, die als Lehrbuchwissen bloßen Lernstoff darstellen, ohne geistiges Wachstum beim Lernenden anregen zu können. Das Künstliche wird dem Lernenden als aufregende Sensation dargeboten, und er muss es dann „für die Prüfung lernen". Der Lernende wird gezwungen, seinen Kopf mit unzusammenhängenden Sachverhalten zu stopfen, so dass dem Zufall überlassen bleibt, ob seine gesunden Anteile die pathogene Schulumgebung überleben. Bis heute gilt Friedrich Nietzsches Diagnose: *„Unsere moderne Bildung ist [...] nichts Lebendiges [...]: sie ist gar keine wirkliche Bildung, sondern nur eine Art Wissen um die Bildung, es bleibt in ihr bei dem Bildungs-Gedanken, bei dem Bildungs-Gefühl, es wird kein Bildungs-Entschluß daraus"* (Historie 4). Und: *„Der moderne Mensch schleppt zuletzt eine ungeheure Menge von unverdaulichen Wissenssteinen mit sich herum, die dann bei Gelegenheit auch ordentlich im Leibe rumpeln, wie es im Märchen heißt"* (ebd.). Diese „Wissenssteine" kommen mit der Selbstverständlichkeit einer *rationalen Weltsicht* daher, die sich als einzig richtige gibt und als die neue große Gottheit der Neuzeit erscheint. Das Symbolbildungsvermögen des Menschen kann sich aber auf dieser rein rationalen Basis nicht ausbilden, weil an der Moral- als Charakterbildung per se *gesamtpsychische* Vorgänge beteiligt sind.

Mit Alfred Lorenzer ist daher vom „Zerfall der ‚Einheit des Sprachspiels'" (1995, 198) auszugehen, der mit dem Begriff der *Desymbolisierung* gleichgesetzt werden kann (vgl. Teil II, 2.4). Die „Einheit des Sprachspiels" wird verstanden als die „Teilnahme an einem gemeinsamen Sprachspiel *mit übereinstimmenden Symbolen*" (ebd.), während ihr Zerfall mit dem Verlust einer gemeinsamen Symbolwelt, mit einem „zerrissenen und verfälschten Zusammenhang der Sprache" (ebd.), einhergeht. Die Rekonstruktion etwa schulbiografischer Erfahrungen dient in diesem Sinne der Verlebendigung des verstümmelten Symbolspiels, indem die Teilnehmenden sich in der Position (ohn-)mächtiger Lernender wiederfinden, diesbezügliche Empfindungen aktualisieren und diese mit der Wahl entsprechender Symbole als Medium gemeinsamen Ausdrucks fundieren. Das skizzierte Seminar ermöglicht die *ansatzweise* „Wiederherstellung des gemeinsamen Sprachspiels" – aber es ist kaum mehr als ein Mauerblümchen in der Wüste der Module, Verordnungen und Verstörungen.

## Zur Rezeption des Mediums

Das Medium ist so konzipiert, dass es in 90 Minuten mit einer Gruppe Studierender oder im Rahmen von pädagogischen Weiterbildungsangeboten bearbeitet werden kann. Jeder Impuls des Mediums wird mit einer konkreten Frage abgeschlossen. Bei der jeweiligen Frage wird das Medium angehalten, und die Betrachter bekommen 3-4 Minuten Zeit, um ihre Antworten aufzuschreiben. Das so entstandene Material kann vom Leiter ausgewertet und erneut etwa unter dem Aspekt der Empathiefähigkeit eingesetzt werden. Erste Analysen des so entstandenen Materials ergeben bei streuenden Ergebnissen ein bei Studierenden relativ geringes Reflexionsniveau, geringe Fähigkeit, Dinge (originell) miteinander zu verknüpfen und geringe Empathiefähigkeit. Ein Auszug aus dem Material soll für sich sprechen:

Der Schmetterling
Ein Impuls besteht darin, die Metamorphose eines Schmetterlings in Form eines gezeichneten Bildes zu zeigen. Die anschließende Frage darauf lautet: „Wie stellen Sie sich die Entfaltung des Menschen in der Schule vor?" In einer Antwort heißt es: „Es gibt verschiedene Entfaltungen, aber die Häufigste ist wirklich so ähnlich wie beim Schmetterling, zuerst kommt man in die Schule, ist total lieb, vielleicht fügt man sich auch recht dem was Lehrer sagen und fühlt sich behütet. Mit der Zeit will man immer mehr selber in die Hand nehmen + sein eigenes Leben durchführen mit Zielen. Für die Ziele spielt die Schule eine entscheidende Rolle. Nach der Schule wird man in ein neues Leben „freigelassen" > man lernt fliegen. Man könnte jedoch in der Schule „gezähmt" werden > jedoch sehr selten."

Diese unkritische Haltung kommt bei Lehramtsstudierenden überaus häufig vor: Schule bereite auf das Leben vor und sei daher unersetzlich, lautet das Argument. Unterschlagen wird dabei, dass ein Großteil des in der Schule Gelernten für das Leben nach der Schule gerade irrelevant ist und sich bald nach der Abiturprüfung ohnehin auflöst[121]. Dennoch löst das Medium bei Studierenden einen Prozess aus, der als „anregend und anstrengend" bezeichnet wird. Das Ziel, den Betrachter zum Nachdenken anzuregen und emotional zu involvieren, wird erreicht. Interessanterweise aber regt sich Widerstand gegen das Medium, und zwar ausgerechnet von Erziehungswissenschaftlern. Dieses Ergebnis ist frappierend, besonders, wenn man ihm die Äußerungen eines Elfjährigen voranstellt, die er spontan nach dem Betrachten des Mediums aufschrieb:

Romans Assoziationen
Wozu müssen wir wissen, was Cquadrat – Bquadrat ist, wen wir die deutsche Sprache und Rechtschreibung und Erdkunde perfekt beherrschen. Wieso muss man dies rein gezwängt kriegen, wenn man es abweißt und alle Bundesstaaten und Hauptstädte auswendig kann oder auch ein Chemiegenie ist. Wozu muss man lernen, was man schon kann. Wozu muss man lernen, was man nicht will. Wozu soll ein Ausländer perfekt deutsch können und nicht etwas anderes beherrschen dürfen. Warum stellt sich ein Lehrer vor Schüler ohne Ohren, bzw. mit verbundenen Augen, wie im Film von Dr. Alexander Engelbrecht –Kindliche Neugier-, womit er einen Meilenstein in der Filmgeschichte setzte gezeigt wird.

Die Frage ist, warum ein Elfjähriger das Anliegen des Mediums auf Anhieb versteht, während einige professionelle Erziehungswissenschaftler und Lehrende sich damit schwer tun und zugleich deutlichen Widerstand zeigen, dessen Kern in zwei Vorwürfen festgemacht wird: Das Medium sei (etwa filmisch-dramaturgisch) unprofessionell und unwissenschaftlich.

Widerstand I: Unprofessionalität
Kurz nach seiner Erstellung wird das Medium drei in der Verwaltung tätigen Personen von mir gezeigt. A. findet das Medium sehr anregend, B. findet es auf hohem Niveau mit wissenschaftlichem Hintergrund angesiedelt, aber bei C. stellt sich die Sache ganz anders: Bei ihr entsteht eine Anspannung während des Betrachtens, die ich registriere. Im weiteren Verlauf geht C. eisern und rücksichtslos auf Fehlersuche. Einem inneren Drang folgend krittelt sie an kleinen filmtechnischen Ungenauigkeiten, wie z.B. an einer Stelle leicht versetzter Ton, an anderer ein leicht hopsendes Bild, was dann gleich als Schnittfehler vermerkt wird. Auch die schauspielerische Leistung genügt C., die selbst Lehrerin ist, nicht. Eine Darstellerin gebraucht in einer Szene den Imperativ „ess" anstatt „iss" und begeht so einen sprachlichen Fehler, den C. sofort triumphierend und zugleich verachtend benennt, nach dem Motto: Wer einen Film machen will, sollte erst einmal richtig Deutsch sprechen. Nach diesem Waffengang läuft C. allerdings in eine *Falle*. Der Film endet mit einem Text, der in unterschiedlichen Takes platziert ist. Die erste Sequenz heißt „Der neugierig gebliebene" und die darauf

---

[121] Lehrende an Hochschulen können ein Lied von der Orthografie Lehramtsstudierender singen – dennoch wird vorgeschlagen, bei orthografisch erschreckend mangelhaften Examensarbeiten bloß „Abzüge" zu berechnen.

folgende „Mensch ist". Sofort eilt C. herbei, um das substantiviert scheinende Wort „geblieben" großzuschreiben. C. kann sich beim nächsten Take gerade noch beherrschen: „Freundlich und Heiter" sind als Adjektive großgeschrieben – immerhin scheint C. hier zu verstehen, dass die Eigenschaft des Freundlich- und Heiterseins durch die Großschreibung herausgehoben werden soll. Die fortlaufende Abwertung des Mediums kulminiert in der diffusen Äußerung: „Und das hast du das ganze Semester gemacht", direkter ausgedrückt: „Und mit solchen dilettantischen Geschichten vergeudest du deine Arbeitszeit!"

Widerstand II: Unwissenschaftlichkeit
Einige erziehungswissenschaftlich Tätige erleben die Begegnung mit dem Medium mindestens als ein großes Fragezeichen, das dann in aggressive Regungen sich ausweitet. Allein schon Harmlosigkeiten wie zwei schnuppernde Hunde als Videomaterial verbunden mit dem Impuls „Warum schnuppern diese Hunde?" provoziert. Es taucht dann ein Pferd auf, das zum Trinken gezwungen werden nicht kann. Denn: „while we may lead a horse to water we cannot make him drink" (Dewey). Auch ich trete auf, als rot angemalter Teufel mit kleinen schwarzen Hörnern; dieser Teufel brüllt herum und amüsiert sich über das Gelingen seiner Geschäfte. Kritisiert wird hieran eigentlich alles, was sich wissenschaftlich kritisieren lässt. Es sei keine „sachliche und informative Darstellung", es sei keine „theoretische und fachliche Fundierung" erkennbar, die Inhalte laufen auf Schwarz-weiß-Malerei hinaus, es werde festes apodiktisches Wissen eingebracht, während doch Wissenschaft sich mit Unsicherheiten, Differenzierungen und schwankenden Befunden auseinander setzen müsse, das Ganze sei doch nur eine Karikatur und schließlich, wenn es sich bei dem Medium um ein Projekt handle, sei nicht erkennbar, an welche Zielgruppe es sich wendet. Interessant in diesem Zusammenhang ist folgende Bemerkung aus einer E-Mail: „Ich bin neugierig geworden, was eigentlich Neugier ist und musste erneut feststellen, dass mir der Film trotz seines Titels mögliche Antworten darauf schuldig bleibt …" Der Erziehungswissenschaftler erwartet „Antworten", obwohl der Vorspann bereits ankündigt, dass das Medium „anregen, nicht einfüllen" will.

Diese Widerstandsformen zeigen, dass das Medium erregt, aufregt, aufbringt. Die geäußerte Kritik betrifft nicht so sehr das Medium selbst, sondern fällt auf den Produzenten der Kritik zurück. Die filmtechnische Kritik macht deutlich, wie versucht wird, Fehlerhaftigkeit an unbedeutenden Kleinlichkeiten nachzuweisen. Der hierfür betriebene hohe Aufwand steht in keinem Verhältnis zum Ertrag. Es wird ein *wütender Rachefeldzug* sichtbar, der unmittelbar auf kleinste Anzeichen von Schwäche reagiert, um dort vernichtende Energie abzuladen. *Die Heftigkeit der Ablehnung des Mediums drückt im Sinne der Reaktionsbildung* nach Anna Freud *unterdrückte heftige Zustimmung aus.* Die vorfindbaren filmtechnischen Ungenauigkeiten sind insofern kein Mangel, sondern dienen als *Projektionsfläche für aggressive Impulse.* Die vom Medium ausgelöste Aggressivität im Betrachter zeigt das *Ausmaß an Verdrängung* an, die im Keller bleiben soll, anstatt eine Inhaltlichkeit zu bilden, an der der Betrachter mit sich ins Gericht geht. Die Aggressivität fungiert als Wachhund, eine Art Argos, der dafür sorgen können soll, dass die Versteinerung als Fixierung sich nicht verflüssigen darf. Widerstand gegen Wachstum wird geäußert. Während die Kategorie des

Widerstandes im pädagogischen Diskurs arg vernachlässigt wird[122], ist sie seit jeher in der Psychoanalyse eine fest etablierte Größe. Ihre Genese erklärt Sigmund Freud so (1993, 45):

> Wer den Kranken gesund machen will, stößt dann zu seinem Erstaunen auf einen großen Widerstand, der ihn belehrt, daß es dem Kranken mit der Absicht, das Leiden aufzugeben, nicht so ganz, so voll ernst ist. Man stelle sich einen Arbeiter, etwa einen Dachdecker vor, der sich zum Krüppel gefallen hat und nun an der Straßenecke bettelnd sein Leben fristet. Man komme nun als Wundertäter und verspreche ihm, das krumme Bein gerade und gehfähig herzustellen. Ich meine, man darf sich nicht auf den Ausdruck besonderer Seligkeit in seiner Miene gefaßt machen. Gewiß fühlte er sich äußerst unglücklich, als er die Verletzung erlitt, merkte, er werde nie wieder arbeiten können und müsse verhungern oder von Almosen leben. Aber seither ist, was ihn zunächst erwerbslos machte, seine Einnahmequelle geworden; er lebt von seiner Krüppelhaftigkeit. Nimmt man ihm die, so macht man ihn vielleicht ganz hilflos; er hat sein Handwerk unterdessen vergessen, seine Arbeitsgewohnheiten verloren, hat sich an den Müßiggang, vielleicht auch ans Trinken gewöhnt. / Die Motive zum Kranksein beginnen sich häufig schon in der Kindheit zu regen. Das liebeshungrige Kind, welches die Zärtlichkeit der Eltern ungern mit seinen Geschwistern teilt, bemerkt, daß diese ihm voll wieder zuströmt, wenn die Eltern durch seine Erkrankung in Sorge versetzt werden. Es kennt jetzt ein Mittel, die Liebe seiner Eltern hervorzulocken, und wird sich dessen bedienen, sobald ihm das psychische Material zu Gebote steht, um Kranksein zu produzieren. Wenn das Kind dann Frau geworden und ganz im Widerspruch zu den Anforderungen seiner Kinderzeit mit einem wenig rücksichtsvollen Manne verheiratet ist, der […] weder Zärtlichkeit noch Ausgaben an sie wendet, so wird das Kranksein ihre einzige Waffe in der Lebensbehauptung. Es verschafft ihr die ersehnte Schonung, es zwingt den Mann zu Opfern an Geld und Rücksicht, die er der Gesunden nicht gebracht hätte, […]. Das anscheinend Objektive, Ungewollte des Krankheitszustandes […] ermöglicht ihr ohne bewußte Vorwürfe diese zweckmäßige Verwendung eines Mittels, das sie in den Kinderjahren wirksam gefunden hat.

Das Symptom scheint einen Gewinn abzuwerfen, auf den der Betroffene Verzicht üben nicht will. Eine Variante dieses Mechanismus besteht darin, so zu tun, als *könnte* Verzicht geleistet werden – man übt sich in Desensibilisierung. Die Seele legt sich, als fragile, einen festen Schutzmantel an, der der als rau und vorwurfsvoll erlebten Umgebung trotzen können soll. Der Preis dieses Schutzes ist hoch: Denn die Seele hat sich ein Korsett angezogen, aus dem heraus wachsen sie nicht kann – sie lebt im eigenen Panzer; erstarrt blickt sie sehnsuchtsvoll auf das Leben, das ihr fremd geworden ist und das sie wollen kaum mehr kann. Das „dicke Fell", von dem man dann spricht, symbolisiert den Kern des eigentlichen Dramas: Denn der Schutz besteht in der *zunehmenden Unempfindlichkeit* nicht nur den pathogenen Einflüssen, sondern der gesamten bunten Umgebung gegenüber. Die Seele ist erhärtet, devitalisiert; sie schließt sich ein und bricht

---

[122] Es finden sich hierzu nur einige Quellen, die auch noch eher in der Erwachsenenbildung verortet sind (etwa Häcker 1999, Faulstich u.a. 2005)

entzwei: *Sie verleugnet ihr Bedürfnis nach Liebe, das sie aufgeben nicht kann.* Der Beatnik Allen Ginsberg (1954, 50) drückt dies so aus:

Song:
The weight of the world / is love. / Under the burden / of solitude, / under the burden / of dissatisfaction // the weight, / the weight we carry / is love. // Who can deny? / In dreams / it touches / the body, / in thought / constructs / a miracle, / in imagination / anguishes / till born / in human– / looks out of the heart / burning with purity– / for the burden of life / is love, // but we carry the weight / wearily, / and so must rest / in the arms of love / at last, / must rest in the arms / of love. // No rest / without love, / no sleep / without dreams / of love– / be mad or chill / obsessed with angels / or machines, / the final wish / is love / –cannot be bitter, cannot deny, / cannot withhold / if denied: // the weight is too heavy // –must give / for no return / as thought / is given / in solitude / in all the excellence / of its excess. // The warm bodies / shine together / in the darkness, / the hand moves / to the center / of the flesh, / the skin trembles / in happiness / and the soul comes / joyful to the eye– // yes, yes / that's what / I wanted, / I always wanted, / I always wanted, / to return / to the body / where I was born.

Das Verleugnen der Sehnsucht nach Liebe führt zu inneren Verstrickungen und Widersprüchen, die im inneren Rütteln, im Aufgebrachtsein zum Ausdruck kommen. Diese inneren Stürme gefährden den Schutz, den das dicke Fell zu bieten scheint, weil hier (heftige) Bewegung auf Starre trifft – die Seele fühlt sich angesprochen und regt sich, aber Instanzen des Über-Ich bewerten den Aufruhr als Gefahr. Eigentlich eigene innere Konflikte werden an die Außenwelt verlagert (projiziert), wo dann Schuldzuschreibungen erfolgen: Dann ist das Medium verkehrt und unwissenschaftlich, während die Weste des Kritikers weiß zu sein scheint[123]. Es bleibt nicht aus, dass das Verleugnen des Nicht-zu-Verleugnenden im Verhaltensmuster der Person Spuren als Widersprüche, Inkonsistenzen, Ungereimtheiten hinterlässt. Diese zeigen sich etwa im folgenden Sachverhalt:

Pädagogischer Pseudo-Pazifismus
Ein Erziehungswissenschaftler kritisiert u.a. die Maschinengewehrsalven, die bei einigen Szenen des Mediums zu hören sind, um z.B. das Zurechtweisen als Auf-jemanden-Feuern zu versinnbildlichen, in der Weise, dass Waffen unpädagogisch und gefährlich seien und zur Gewalt anstiften können[124]. Der Pädagoge als Pazifist distanziert sich entrüstet von jeder Form von Gewalt, Waffen, Krieg, ohne allerdings auf den Symbolgehalt der Maschinengewehrsalven einzugehen. Seine Aufregung besteht ohnehin nur aus Worthülsen, die eher seine eigene psychische Not zum Ausdruck bringen, als dass sie einen sachlich-fachlichen Beitrag zum Friedensdiskurs darstellen könnten. Denn während einer Diskussion sagt er wörtlich: „Da schieße ich aber ganz scharf mit der kritischen Erziehungswissenschaft zurück!"

Der auf seine Erziehungswissenschaft stolze Erziehungswissenschaftler ist realiter Opfer einer von der Empfindung losgelösten, abgespaltenen Sichtweise, die

---

[123] Allerdings verbittet man sich eine eingehendere Untersuchung dieses Sachverhalts.
[124] Ähnliche unterkomplexe Sichtweisen finden sich auch auf rektoraler Schulebene.

sich als bloß rationalistische Irrungen und Wirrungen aussetzt. Hingegen „hört" das elfjährige Kind Roman noch auf seine Intuition, seine ursprüngliche Wahrnehmung, seine Lebendigkeit als Ausdruck von Vitalität, Hingabe, Leidenschaft. Das Medium eröffnet die Perspektive einer *ganzheitlichen* Sichtweise, die Herz und Verstand zu Harmonie, Eleganz und Vergnügen eint, ohne die Augen vor Pathogenem zu verschließen, sondern es vielmehr in den Horizont des Vernehmbaren zu rücken und so vor dem Verdrängen zu retten. Gerade diese Absicht aber ist heikel. Denn jemandem eine ganzheitliche Sichtweise als Spiegel anzubieten, heißt ihm sein Abgetrenntsein von der Lebendigkeit, sein Beschädigtsein, vorzuhalten. Wo das Ganze auseinandergefallen ist, dort entsteht Diskontinuität als Spannung, weil die auseinandergerissenen Teile nicht anders können, als jene Ganzheit (der Symbolwelt) anzustreben, sie wiederherstellen, einen zu wollen. Diesem erotischen Bestreben steht Thymos entgegen.

Das Spieglein an der Wand sagt dann: „Du bist nicht eins mit dir." Dem kantigen und mechanischen Schattentänzer wird in kynischer Absicht seine Tanzweise vorgeführt – und er erblickt sich in diesem Spiegel als gebrochene Gestalt. Der Wissenschaftler hält dem Spieglein, gekränkt, entgegen: „Und du bist nicht wissenschaftlich." So erweist sich das Medium als *Messinstrument für Ganzheit* i.S.v. Kohärenz der Seele. Ist ein hohes Ausmaß an Kohärenz gegeben, so reagiert der Betrachter auf das Medium erstaunt-positiv und betrachtet es mehrere Male hintereinander. Bei einem mittleren Ausmaß an Kohärenz zeigen sich ambivalente Reaktionen auf das Medium: Bei hoher Begeisterung gelingt die Symbolentschlüsselung nur teilweise – die Zustimmung fällt höher aus als die Ablehnung. Ist die Kohärenz wenig entwickelt, so überwiegt Ablehnung als Widerstand. Die Rezipienten (besonders im reiferen Alter) werden gespalten, als ginge es um eine Abstimmung. Gelingt es, dennoch gemeinsame Diskussionen über das Medium zu führen, so könnte das eigene Meinungsbild ausdifferenziert und vielleicht mancher Widerstand überwunden werden. –

Schließlich ist festzuhalten, dass ein Medium allein für Aufheiterung sorgen kaum kann. Den düsteren Himmel aufzuheitern, ist die eigentliche Aufgabe des Staates, der, um dies zu tun, selbst aufgeklärt sein müsste. Deshalb ist mit dem Erscheinen eines Fürsten, der das Schöne zum Staatsziel befördert, grundsätzlich nicht zu rechnen. Aber die Idee des Schönen, der Weisheit und der Liebe aufzugeben, weil ihre Konkretisierung unwahrscheinlich ist, hieße, dem sich realistisch nennenden Zynismus in die Falle zu laufen. Menschsein heißt – eine Utopie haben, die sich mit der Kritik an der Pathologie bestehender Verhältnisse die Hand reicht. Denn: „Ein Entwurf zu einer Theorie der Erziehung ist ein herrliches Ideal, und es schadet nichts, wenn wir auch nicht gleich imstande sind, es zu realisieren. *Man muß nur nicht gleich die Idee für chimärisch halten und sie als einen schönen Traum verrufen,* wenn auch Hindernisse bei ihrer Ausführung eintreten" (Kant 1974, 30; Herv. AE). In diesem aufklärerischen Sinne sollten Immanuel Kants Worte über dem Eingang jeder pädagogischen Einrichtung aufgestellt sein, um jeden Eintretenden zu begrüßen – diese Worte wären das Tor, durch das jeder Erzieher zu gehen hätte, will er Erzieher sein:

> Vielleicht, daß die Erziehung immer besser werden und daß jede folgende Generation einen Schritt näher tun wird zur Vervollkommnung der Menschheit; denn hinter der Edukation steckt das große Geheimnis der Vollkommenheit der menschlichen Natur. Von jetzt an kann dieses geschehen. Denn nun fängt man an, richtig zu urteilen und deutlich einzusehen, was eigentlich zu einer guten Erziehung gehöre. Es ist entzückend, sich vorzustellen, daß die menschliche Natur immer besser durch Erziehung werde entwickelt werden, und daß man diese in eine Form bringen kann, die der Menschheit angemessen ist. Dies eröffnet uns den Prospekt zu einem künftigen glücklicheren Menschengeschlechte. –

## 4. Lernziel Weisheit – ein (scheinbares) Paradox

Das glücklichere Menschengeschlecht müsste die Bereitschaft entwickeln, das Leiden aufzugeben, denn Glück lässt sich als die Abwesenheit von Leid fassen. In Wirklichkeit wird Leid von Generation zu Generation weitergegeben – religiös spricht man von der „Erbsünde", mythologisch schon ausdifferenzierter von verhängnisvollen Entwicklungen in der Eltern-Kind-Beziehung, von Leid, das im Inzest aufgehoben ist: Sisyphos tötet seinen Vater und zeugt mit seiner Mutter Kinder, Elektra rächt ihren Vater an ihrer Mutter Klytämnestra und Myrrha empfängt von ihrem Vater Adonis, ohne dass der Vater es zunächst bemerkt. Wie soll der Teufelskreis „Begierde – Demütigung – Rache" durch Erziehung durchbrochen werden? Wie soll man nach Weisheit streben wollen können? Was meint Weisheit?

Der Weise zeichnet sich zuerst durch seine Besonnenheit aus. Er handelt gerade nicht impulsiv, sondern verwendet seine eigenen Gefühle als Gegenstand der Reflexion und versucht so, sich mit seiner Gefühlswelt in ein Beziehungsnetz zu setzen, in dem er autonom handeln kann. Ironischer Weise scheint sich der Weise gerade aus diesem herauszunehmen, weil er einen ausgesprochenen Hang zur Einsamkeit pflegt. Sie stellt Verarbeitungszeit zur Verfügung, Zeit zur Reflexion der Erfahrungen, Zeit zur Selbstfindung. Es kann nicht ständig *nur* erfahren werden, weil die Aufnahme an Erfahrung, gerade wenn sie pausenlos geschieht, die weitere Aufnahme an Erfahrung blockiert. Der Aufnahme muss die Verdauung als Verarbeitung der Erfahrung folgen.

Diese Forderung meint eine *selbst auferlegte Disziplin*. Sie besteht in der Selbstbeherrschung, in der Beherrschung der eigenen Bedürfnisse und Wünsche, weil nicht wir ihnen, sondern sie uns dienen sollen. Der Weise versteht die trügerische Wirklichkeit der Wünsche, ihre dämonische Herkunft und ihre zerstörerische Kraft. Deshalb verzichtet er auf sie, ohne verzichten zu müssen. Wer nicht verzichtet, gräbt sein Grab tiefer; zu seiner Blindheit gesellt sich mit jedem nicht erfolgten Verzicht weitere hinzu. Der Blinde wütet, der Weise schaut zu und durchschaut. Die Entlarvung der Illusion des Wunsches erfolgt nicht kühlberechnend (weil sie dann keine wäre), sondern warm-mitfühlend. Denn *ein* Wunsch bleibt immer erhalten: Einssein mit mir und meiner Welt; die Erfahrung der Liebe, der eigenen liebenden Hingabe und der liebenden Antwort. Der Weise ist weise, weil er die Erkenntnis liebt, und die Erkenntnis – das ist Liebe. Die Liebe zur Weisheit ist die Liebe zur Liebe. Weisheit als das Streben nach liebender Erkenntnis ist geistige Gesundheit. Weisheit ist die konsequente Vermeidung möglicher Demütigungen des anderen. Man sollte daher die Pflege der Weisheit in unseren Bildungseinrichtungen eigentlich erwarten dürfen, in denen dann die *Liebe* zur Poesie, Mathematik, zu allen Künsten und Wissenschaften gedeihen könnte.

Indessen kann niemand dazu aufgefordert werden, weise zu werden, weil hierzu die Einsicht des Aufgeforderten vorausgesetzt wird, die nicht verfügbar ist. Gleichwohl ist Wachstum als Entwicklung das Merkmal von Leben schlechthin. Bezogen auf den Menschen und mit John Dewey ist damit nicht bloß organisches, sondern *geistiges* Wachstum gemeint, dessen Misslingen aber unter den heute gegebenen Umständen wahrscheinlicher ist als dessen Gelingen. Die anthropologisch gegebene Weltoffenheit des Menschen (Gehlen) erweist sich so als ambivalent. Denn „weigert" sich der Mensch, geistig zu wachsen, so ist die reale Gefahr gegeben, dass er das moralische Niveau des Tieres *unterschreitet*[125]. Friedrich Schiller unterscheidet dabei zwei Verfallsszenarien (1997, 16): „Aus dem Natursohne wird, wenn er ausschweift, ein Rasender; aus dem Zögling der Kunst ein Nichtswürdiger." Die anschließende Diagnose aus dem Jahr 1795 gilt heute noch (ebd., 17): „So sieht man den Geist der Zeit zwischen Verkehrtheit und Rohigkeit, zwischen Unnatur und bloßer Natur, zwischen Superstition und moralischem Unglauben schwanken, und es ist bloß das Gleichgewicht des Schlimmen, was ihm zuweilen noch Grenzen setzt."

*Vor diesem Hintergrund haben wir als Menschen eigentlich keine andere Wahl, als weise (d.i. geistig erwachsen) werden zu wollen.* Andernfalls bleibt der Mensch im Vorwurf fixiert, in der Vergangenheit, die geändert werden ohnehin nicht kann; er klammert sich an die Krankheit und richtet an die Welt seine verbitterte Anklage. Die Anklageschrift bleibt immer dieselbe: „Warum musste mir das passieren? Warum hat der andere mir das angetan?" Sie wird jeden Tag neu erhoben, um das Schweigen des Kosmos zu hören. Der Vorwurf verhallt ungehört und lässt so die Verbitterung wachsen. Man altert in diesem Zustand der

---

[125] Die menschliche Grausamkeit, zu der das Tier unfähig ist, ist treue Freundin der Geschichtsschreibung und heute immer noch allgegenwärtig.

Selbstzerfleischung, erklärt die Welt für schuld an der eigenen Misere, zieht noch andere in seinen Strudel der Finsternis hinein, fürchtet den eigenen Tod, der unumgänglich ist; und der Mensch vergisst, dass im Tod Erlösung wartet. Tantalos lässt grüßen!

Die schlechte Nachricht lautet, dass die Gesellschaft aus Mitgliedern besteht, die ihre infantilen Bedürfnisse nicht haben überwinden können; sie sind ungebildet und unaufgeklärt – ein Tatbestand, den ihre formale Ausbildung nicht bessern kann. Die gute Nachricht aber lautet, dass die tief in jedem Menschen verborgene Sehnsucht nach Sinn unauslöschlich verankert ist, mag sie noch so fest zugeschüttet sein. Bemerkenswert ist ein Fund im Freien (s. EG, Abb. 39 & 40), der die – unvereinbar scheinende – Doppelbödigkeit der menschlichen Existenz offenbart. Auf der einen Seite findet sich eine Liste mit für notwendig erachteten Besorgungen, auf der andern zwei Begriffe ganz anderer Qualität: Gelassenheit – Zufriedenheit. „Ich hetze mich", sagt der Zettel, „aber eigentlich möchte ich gelassen sein."[126]

Dieses Stück Papier ist ein schönes Zeichen für das Auseinanderfallen der Seele, die an ihre irdische Existenz gebunden ist. Sie zerfällt in Yin und Yang, gut und böse, gesund und krank, Eros und Thymos. Sie muss ihre Existenz durch die Vernichtung der Existenz anderer erkaufen[127], einerseits. Sie strebt nach Transzendenz, Reinheit, Vollkommenheit, andererseits. Gefangen in diesem Antagonismus, tritt die Lebensaufgabe des Menschen umso deutlicher hervor: Der zu werden, der man ist (Pindar), Selbsterkenntnis zu betreiben und allen verborgenen Potenzialen zur Geburt zu verhelfen. Damit wird ein Grundsatz hochgespült, der sich pädagogisch als „ressourcenorientiert" bezeichnen lässt. Die Staatspädagogik macht davon wenig Gebrauch, wohl aber die Psychoanalyse, die auf Sonntagsreden verzichtet und konkret dem Patienten hilft, selbst seinen inneren Konflikt, seine Verknotung, durchschauen zu lernen, indem er seine Ressourcen aktiviert und seinen Defiziten Urlaub gewährt. Das Resultat einer gelungenen Psychotherapie resümiert Heinz Kohut (2000, 368) so:

> Das spontane Auftreten einer gewissen Weisheit ist beim Analysanden aber oft vor dem Abschluß einer erfolgreichen Analyse zu beobachten – wenn auch, wie gesagt, in bescheidenem und begrenztem Ausmaß. Jenes Maß von Weisheit, das tatsächlich in den Endabschnitten von Analysen zu beobachten ist […], befähigt den Patienten, sein Selbstwertgefühl trotz Anerkennung seiner Begrenzungen aufrechtzuerhalten und freundliche Achtung und Dankbarkeit für den Analytiker zu empfinden, obwohl er auch dessen Konflikte und Begrenzungen erkennt.

---

[126] Wolfgang von Goethe lässt grüßen: „Fühlst du nicht an meinen Liedern, daß ich eins und doppelt bin?"

[127] Gut Schopenhauersch.

*Wirkliche* Entspannung tritt ein, nachdem ein Stück Selbsterkenntnis vollbracht ist. Man ist nun aufgeklärter, wissender; man ist eher fähig, Dinge fallen zu lassen, gerade solche, die zuvor einen großen Einfluss auf die Unordnung der inneren Welt hatten. Diese Dinge, an denen man zuvor zu kleben pflegte, denen man anhaftete, fallen nun ab; man blickt klarer auf sich und die Welt. Der Mensch hat eine Hülle durchstoßen, die ihn mit Nebel umgeben hatte. Er wirft sie ab und betrachtet sich und die Welt mit *neuem Blick*. Er wird wieder und wieder und wieder neu geboren, weil er gelernt hat, dass es eine endgültige Befreiung als Erlösung auf der Erde geben kaum kann. Aber der Mensch kann diesem seinen Ideal unendlich nah kommen und *beinahe* konkretisiert vor sich finden. Denn: *„Wer ewig strebend sich bemüht, den können wir erlösen.“* Dieses strebende Bemühen findet darin seinen Ausdruck, die kranken Anteile (Defizite, Thymos) abzustreifen und die gesunden (Ressourcen, Eros) zu nähren.

Hierzu bedarf es nicht unbedingt eines psychotherapeutisch vorgebildeten Lehrenden. Die unerlässliche Voraussetzung, Lehrmeister zu sein, besteht in der Fähigkeit zu liebevoller Empathie. Sie entspringt der eigenen Lebensfreude als Empfindsamkeit, die auf entwickelten „Denkgewohnheiten" (Dewey) fußt. Dass die gegenwärtigen Bedingungen einer solchen Ausbildung der Persönlichkeit grundsätzlich entgegenstehen, ist nunmehr kaum zu bestreiten. Glücklicherweise finden sich viele Konzepte und längst beschrittene Praktiken (vgl. etwa Kahl 2006) jenseits der Staatspädagogik, die den Weg in eine leidensfreiere Zukunft weisen. Zu nennen wäre bspw. der Lebensbezogene Ansatz von Norbert Huppertz (2003), dessen holistische Perspektive auf Weltbürgerlichkeit zielt, oder etwa das Konzept der Kreativitätsentwicklung von Gerlinde und Hans-Georg Mehldorn (1985), das die Trennung von privatem und schulischem Lernen aufheben will, oder etwa Ruth Cohns Themenzentrierte Interaktion (TZI), oder Hartmut von Hentigs Konzept der Mathetik, das das Lernen des Kindes in den Vordergrund stellt.

Gerade Heranwachsende, die aus besonders zerrütteten Verhältnissen kommen, finden in der durchschnittlichen Schule das bessere Übel vor, aber nicht wirklich eine Alternativwelt zu ihren häuslichen Erfahrungen. Gelegentlich explodiert eine Bombe, ob in Gestalt eines Amoklaufes oder eines Protestbriefes, der den Dienstweg nicht einhält und die für Lehrende und Lernende unerträglich gewordenen Verhältnisse anprangert (Rütli-Hauptschule in Berlin). Plötzlich gibt es dann Mittel für ein Musikprojekt, bei dem man dann sieht, wie die Null-Bock-Jugend konzentriert zusammen tanzt, musiziert, singt. Zu großen Teilen wird aber die Funktion eines solchen Projektes in der *Motivation* gesehen, die es bei den Lernenden erzeugen können soll, um sich dem entfremdeten Lernen zu fügen – das ist falsch. Kunst ist kein Mittel, sondern Selbstzweck. Künstlerische Projekte sollen für komplexe Aufgaben stehen, zu deren Lösung jeder seinen spezifischen Beitrag leisten kann, so dass das Endergebnis über die bloße Summe der einzelnen Beiträge hinausgeht. Und wenn die Rede von Straßenkindern ist, die dann von engagierten Sozialarbeitern dazu angeregt werden, sich durch künstlerische Formen auszudrücken, so ist die Funktionalisierung dieser ästhetischen Zugänge auch schon deren Tod. Vielmehr geht es darum, dass die Heranwachsenden für sich das Medium entdecken, das ihnen *Selbstausdruck gestattet, so dass sinnvolle Kommunikation zwischen dem empfindsamen Kind und seiner anregenden Umgebung* stattfinden kann. Denn in jener Empfindsamkeit findet die Weisheit ihre Wurzeln, die der Pflege bedürfen, um zu wachsen.

Die Kinderrepublik Benposta im spanischen Galizien, gegründet vom Jesuitenpater Jesus Cesar Silva Mendez, ist ein hervorragendes Beispiel für eine anregende Umgebung, die die Kinder wachsen lässt: durch Zirkus und so sportliche Betätigung; durch Unterricht, in dem der Lehrende den Lernenden seine Ressourcen zur Verfügung stellt; durch handlungsorientierte Angebote; durch den sanften Druck des Erwirtschaftens materieller und ideeller Güter, die die eigene Existenz auf bescheidenem Niveau sichern; durch demokratische Selbstverwaltung als Leben in der Polis, wie sie sich in der Laborschule Bielefeld findet oder im englischen Summerhill, gegründet von dem großen pädagogischen Experimentator Alexander S. Neill, der zeit seines Lebens Kind blieb und des Spiels überdrüssig nicht wurde, als spräche Friedrich Schiller (63; Herv. i. Orig.) aus seinem Herzen: „Denn, um es endlich auf einmal herauszusagen, der Mensch spielt nur, wo er in voller Bedeutung des Worts Mensch ist, und er *ist nur da ganz Mensch, wo er spielt.*"

Was Immanuel Kant vor 200 Jahren forderte, gilt heute uneingeschränkt (1974, 37): „Erst muß man Experimentalschulen errichten, ehe man Normalschulen errichten kann." Das Experiment, die unkonventionelle Herangehensweise, das freudige Ausprobieren – das ist die pädagogische Essenz. „Man bildet sich zwar insgeheim ein, daß Experimente bei der Erziehung nicht nötig wären, und daß man schon aus der Vernunft urteilen könne, ob etwas gut oder nicht gut sein werde. Man irrt hierin aber sehr, und die Erfahrung lehrt, daß sich oft bei unsern Versuchen ganz entgegengesetzte Wirkungen zeigen von denen, die man erwartete. Man sieht also, daß, da es auf Experimente ankommt, kein Menschenalter einen völligen Erziehungsplan darstellen kann" (ebd., 37f). Avantgardistische Schulen wie die Glocksee-Schule in Hannover haben jenen experimentellen Charakter, auf den Pädagogik verzichten nicht kann; diesen Zusammenhang drückt ein Lied von Cole Porter so aus:

Experiment
Before we leave these portals / to meet less fortunate mortals, / there's just one final message I would give to you. / We all have learned reliance / on the sacred teachings of science, / so I hope through life you never will decline, / in spite of philistines, defiance, / to do what all good scientists do. //

Experiment. / Make it your motto day and night. // Experiment. / And it will lead you to the light. // The apple on the top of the tree / is never too high to achieve. / So take an example from me. // Experiment. / Be curious, / though interfering friends may frown. // Get furious, / at each attempt to hold you down. // If this advice you'll always employ, / the future can offer you infinite joy / and merriment. // Experiment, / and you'll see.

Das pädagogische Experiment ist das Kind der Kunst in ihrer Verbindung mit der Wissenschaft. Der Besucher ihrer Hochzeit streckt sich der Spitze des Apfelbaumes entgegen, und in dem Augenblick, in dem Kunst und Wissenschaft sich umarmen und in ihrem tiefen Kuss miteinander verschmelzen, wächst jener Besucher zum Mond heran, zur Sonne, zur Milchstraße, zum Kosmos, der er ist.

# Teil IV: Weisheit und Pädagogik

Jahrtausende vor Adornos „Tabus über dem Lehrerberuf" (1965) scheinen einige Beobachtungen des Wesens des Pädagogen vom Mythos bereits in die Gestalt des Kentauren eingeflossen zu sein. Dieses Zwitterwesen, ein Pferd mit Oberkörper, Armen und Kopf eines Menschen, genießt zweifelhaften Ruf als notorisch lüstern, grob und streitsüchtig. Ein Kentaur namens Chiron aber macht eine Ausnahme: Er gilt als vorbildlicher Pädagoge; er ist einfühlsam, geduldig und fähig, den Zögling „dort abzuholen, wo er ist", d.i. ihm das zu „geben", was er zu diesem Zeitpunkt wirklich braucht. Eine genauere Untersuchung seiner Erziehungspraxis könnte mit einigen Grundzügen einer Erziehung zur Weisheit enden.

Die diffizile Psychologie des Mythos verrät aber durch die so gewählte Gestalt des guten Erziehers seine dennoch grundlegende Zwiespältigkeit, sein Halbwesen, dem das Prinzip „Weder-Fisch-noch-Fleisch" zugesprochen werden muss. Chiron scheint als einziger Kentaur seine zweifelhafte Natur dadurch in Schach gehalten zu haben, dass er für die Entstehung des Guten, Edlen, Erhabenen, Klugen beim anderen durch die *Projektion seines Ideal-Selbst* sorgt. Für diese Idee spricht sein Ende: Chiron verletzt sich aus Versehen an Herakles' vergiftetem Pfeil und erleidet schreckliche Schmerzen. Als Unsterblicher müsste er ewig auf diese Weise leiden. Chiron tauscht seine Unsterblichkeit mit Prometheus' Sterblichkeit, so dass er doch noch sterben und so erlöst werden kann. Chiron verkörpert geradezu die (pädagogische) Ambivalenz: Einerseits ist er unsterblich und weise, er folgt also einer großen und ewigen Idee; er ist andererseits doch unaufmerksam, tollpatschig und so anfällig für Leiden, das er dann doch noch durch erworbene Sterblichkeit beenden kann.

Chiron ist aber davor immun, immerhin, gängige Erziehungsfehler zu begehen, die von der pädagogischen Grundintention[128] herrühren, alle möglichen Inhalte allen möglichen Lernenden „beibringen" zu wollen – wie Herakles' Musiklehrer es tat, dem Chirons Weisheit offenbar fremd war. Er glaubte, demjenigen, der ein Held, Sieger zahlreicher Schlachten mit Gegnern aller Art werden sollte, die schönen Künste „vermitteln" zu müssen. Herakles aber wird es bald zu bunt und er verwendet die Kithara in einem Moment, der einem Impuls der Befreiung folgt, gemäß seiner Begabung – er erschlägt seinen wohlmeinenden Leh-

---

[128] Seit Comenius hält sich die falsche Forderung hartnäckig und mit gravierenden Folgen: Omnes, omnia, omnino.

rer mit ihr. Denn: „Seine Finger waren zum Umschließen einer Keule gemacht und nicht zum Streichen über Saiten" (Köhlmeier 2006, 271). Der Sachverhalt scheint recht einfach zu sein: Der Fisch soll im Wasser leben, der Vogel in der Luft, und vom Rind kann kein Schweinefleisch gefordert werden, weil es sich beim Rind um ein Rind handelt, dessen Tötung Rindfleisch zur Verfügung stellt.

Dessen ungeachtet sind die Anforderungen bspw. zum Erlangen der Hochschulzugangsberechtigung immer noch zu starr, besonders in traditionell konservativ geführten Bundesländern, als könnte aus einer heterogenen Population ein standardisiertes Produkt hergestellt werden. In Baden-Württemberg und Bayern ist Mathematik ein Abiturpflichtfach, als gehörte die Kurvendiskussion zu dem, was dann als „Bildung" ausgegeben werden könnte. Solche gesetzlich verankerten Verbindlichkeiten werden mit der Notwendigkeit nach „absoluten Maßstäben"[129] begründet, womit die inhaltlichen ministeriellen Festlegungen gemeint sind. Übersehen wird, dass das Absolute nur die *Hinwendung zur Schönheit* sein kann und gerade nicht der verpflichtende Umgang mit Belanglosigkeiten, die der Sicherung der Herrschaft dienen und so Kategorien wie Verbindlichkeit, Verlässlichkeit und Pünktlichkeit pervertieren. Unter solchen Voraussetzungen gedeiht der Zynismus – jene Kategorie der Spaltung, die in der Krawatte mal das dienstliche Schmuckstück, mal die private Peitsche erblickt, von der die Öffentlichkeit, selbst zynisch und auf das „korrekte Äußere" aus, nichts erfahren wird. „Solange diese Schule [...] die Anstiftung zu Egoismus, Geiz und Konkurrenz betreibt, solange lernen die Schüler tatsächlich fürs ‚Leben'. Solange aber auch steht die Behauptung, diese Erziehungspraxis ist krank und kränkend" (Bracht 1978, 100), begleitet von einer ebenfalls kranken Erziehungswissenschaft, die pathogene Verhältnisse reproduziert und sich dabei stolz dünkt.

Die pädagogische Wissenschaft wird nicht müde, den Begriff des Lernens hin- und herzudrehen, sogleich den der Leistung hinzuzugesellen und diese zwei Begriffe irgendeinem Fach, einem „wichtigen" Inhalt, anzuhängen. Sie vermag es kaum, selbst lieblos, kalt und kriegerisch, Lerninhalte auf Frieden hin, Liebe, auszurichten. Aber „alle Dinge, die wir jetzt lieben, [haben wir] *lieben gelernt*", so spricht Friedrich Nietzsche als Pädagoge: „Wir werden schließlich für immer für unseren guten Willen, unsere Geduld, Billigkeit, Sanftmütigkeit gegen das Fremde belohnt, indem das Fremde langsam seinen Schleier abwirft und sich als neue unsägliche Schönheit darstellt: - es ist sein *Dank* für unsere Gastfreundschaft. Auch wer sich selber liebt, wird es auf diesem Weg gelernt haben: Es gibt keinen anderen Weg. Auch die Liebe muss man lernen" (Fröhliche 334). Das Lernziel „Lieben Lernen" *allein* ist zu fordern, weil *jeder* Mensch fragil, verletzlich und als liebesbedürftiger zugleich liebesfähig ist.

---

[129] So die wörtliche Aussage eines Bayerischen Schulrates.

Zu fordern ist des Weiteren das, was vom Zögling geleistet werden kann, und was er leisten kann, das zeigt die Empathie des Pädagogen an. Ein Weiser als Pädagoge ist ohne die Fähigkeit zur Empathie nicht denkbar. Empathie lässt sich zunächst schlagwortartig als „Einfühlung in den anderen" bezeichnen, aber eine solche „Definition" gibt als rationale nur ein schwaches Licht auf diese Kategorie – soll sie zum Leben erwachen, muss sie hunderte Male durch Herz und Verstand gehen, sie muss erlebt, erlitten, reflektiert und so schließlich erfahren werden. Diese Anforderung lässt keine geradlinige, Schneisen schlagende, Argumentation zu, sondern verlangt organisches Wachsen, Entwickeln, Verweben, so dass sich eine gewisse Redundanz nicht vermeiden lässt. Die Grundstruktur der vorliegenden Schrift wird von einem Lied von Adriano Celentano gespiegelt:

Il re degli ignoranti (Der König der Dummen)
Tu non studi più! / Facendo cosa tu stai? / Perché ti agiti cosi? / Se non sai cosa vuoi tu ...
Du lernst nicht mehr! / Was du hier tun? / Was regst du dich so auf? / Wenn du nicht weißt, was du willst... *Professore* ... Was ist das für ein Schaukampf, / bei dem ihr Tüten knallt, / um die Langeweile zu bekämpfen, / die euer Hirn zerfrisst? / *Senti ve, non ci rompere i coglioni! / Cazzo vuole questo? Ey, Mann, geh mir nicht auf den Sack! Was labert der?*/ Ich weiß: Den Scheiß denkt ihr euch nur so aus, / um euch was vorzumachen, / nachdem die Schule euch zermalmt hat.
*Vá a fanculo! / Fick dich!*
Ihr habt keine Ahnung, was ihr tut und / ihr verstrickt euch im Nichts. / Aber mir, dem König der Unwissenden, / ist das klar! / Mentre invece voi / a furia di studiar / solo con la mente / avete tutti smarrito la via del cuor, / Restando li / a scavar nel vuoto / mentre i vostri padri / con la scure in mano / distruggevano / la saggezza dei vostri nonni.
Ihr hingegen lernt wie die Furien nur mit dem Kopf, / und ihr alle habt die Straße des Herzens verlassen, / und nun tut ihr nichts, / während eure Eltern mit der Axt in der Hand / die Weisheit eurer Großeltern zerstören! / Wollt ihr heute wachsen, / dann öffnet eure Sinne für das Gestern, / hört das Stöhnen der antiken Steine, / gefangen im stehenden Fluss. / Atmet aus und hört sie (g)rollen! / Was ihr braucht, ist: / Kunst ... die wahre Idee der Schönheit, / bevor eure Eltern sie zerstörten, / um euch einen Ferrari zu schenken... (dell'arte ... dell'arte di tutto ciò che era bello, prima che i vostri padri la distruggessero per regalarvi una Ferrari ...)
Früher, als wir noch unwissender waren, war alles schöner: / Die Straßen von den Autos noch nicht versklavt, / das Wasser des Meeres noch sauber und blau, / die Luft in der Stadt noch leicht und heiter, / die Stadt, die ihr wieder aufbauen müsst ...
*Die Studierenden werden gebeten, ihre Fähigkeiten daraufhin zu organisieren, den fälligen Protest zu konkretisieren, indem sich ihre Repräsentanten zusammenschließen, um die Anweisungen von unten umzusetzen.*
Fangt an, bevor es zu spät ist, / mit dem Herzen zu lernen / und mit dem Körper, / nicht nur mit dem Kopf! / Gründet eine Bewegung / der Wissenschaftler und Handwerker!
Hei! Und die Architekten! Maurer und Tischler, / und alle werden dazugehören, / zum Cafe der Kunst! / Und die einzige Gewalttat von euch Studenten, / ist, die ungerechten Gesetze zu verändern, / bis zur schönen Stille!

Die Argumentationsstruktur enthält als grundlegende Bausteine a) das Setzen eines früher erreichten höheren kulturell-geistigen Niveaus, das b) dann verlorengegangen ist und c) gerade aus der gegenwärtigen humanen Krise heraus neu gewonnen werden muss. Dies ist das typische Argument des (klassischen) Bildungsdenkens: Die Diagnose der gegenwärtigen Krise geht mit der rückblickenden Versicherung einher, dass in der Antike die Griechen bereits das erreicht hatten, was heute neu zu erreichen, wenigstens anzustreben, ist. Gewiss wurden die Griechen auch von einem Friedrich Schiller idealisiert. Der Idealbildung tut dies keinen Abbruch. Denn das damals erreichte hohe Reflexionsniveau, der ausgeprägte Sinn für das Schöne, das Hochhalten der Weisheit als Wert – das sind Kategorien, die nicht aufgegeben werden dürfen, will der Mensch wahrhaft Mensch sein.

Die Psychoanalyse erscheint vor diesem Hintergrund als westliche Form der Weisheitspflege, denn ihre Denkfiguren sind zugleich Gestalten der Empfindung, die zur Auseinandersetzung mit sich selbst anhalten und das Subjekt dazu befähigen, sich selbst zu erkennen, empfinden und denken zu lernen. Die Rahmenbedingungen hierzu sind gegenwärtig nicht gegeben. Die medial inszenierte Betroffenheit über Klimawandel, Ressourcenverschwendung und PISA-Schock zieht Reformen nach sich, die ihre Bezeichnung nicht verdienen, weil sie an beliebigen Schrauben drehen – sie sind weit davon entfernt, *wirkliche tiefgreifende geistige Reformen* zu sein. Wenigstens sind hier und da Stimmen vernehmbar, die sich dem verhängnisvollen Trend entgegenstellen und das Zurückfallen hinter einen einst erreichten Kenntnisstand bemerken, wie etwa Julian Nida-Rümelin[130]:

> Der große Erfolg der Humboldtschen Reformen bestand darin, dass die traditionelle Ausbildungsorientierung durch eine Bildungs- und Forschungsorientierung ersetzt und – paradoxerweise – damit nicht nur eine wissenschaftliche Dynamik ausgelöst wurde, die in einer raschen Etablierung neuer Forschungsrichtungen ihren Ausdruck fand, sondern die Studierenden befähigte, selbstständig zu denken und zu urteilen, und sie erst damit für ein wachsendes Berufsspektrum qualifizierte. Die Abkehr von der bloßen Vermittlung von Lehrbuchwissen und die Konfrontation mit der Forschung formen Persönlichkeiten, die von Urteilskraft und Entscheidungsstärke geprägt sind. Dem größeren Teil der Studierenden kanonisiertes Bildungswissen zu vermitteln – in Modulbeschreibungen festgelegt – und den kleineren Teil zum wissenschaftlichen Nachwuchs auszubilden, das wäre der falsche Weg.

Die Hoffnung, dass ein wirklich neuer, not-wendiger Weg beschritten wird, ist dünn, während die Verstrickungen des Bestehenden zahlreich und mächtig sind. Zunächst wird es also heißen müssen: Aushalten der Pathologie auf allen Ebenen und Pflegen der zarten Blümchen in Gestalt nicht-staatlicher Initiativen, die der Pathologie trotzen. Ein großes Fest der Versöhnung, wie Schillers „Bürgschaft"

---

[130] In: DIE ZEIT Nr. 10 vom 3.3.2005, S. 48.

es vorsieht, ist eine Utopie, die vollendete Schönheit verkörpert: *„In einer schönen Seele ist es also, wo Sinnlichkeit und Vernunft, Pflicht und Neigung harmonieren, und Grazie ist ihr Ausdruck in der Erscheinung"* (Schiller 2006, 111). Dieser Idee folgend, zeigt sich diese sich ihrem Ende nähernde Arbeit als holistisch – sie entwickelt Gegensätze, um sie zu vereinen. Die Idee des Schönen ist nur als Einheit denkbar, die sich aus unterschiedlichen, aber keinesfalls beliebigen Strängen zusammensetzt. Wer das Ganze im Blick hat, betrachtet das Leben als eines, das sich nicht nach von Menschen geschaffenen Kategorien und Fächern richtet. Wo gerade Fragen zur Erziehung zur Sprache kommen sollen, dort macht es keinen Sinn, säuberlich, am Ende hygienisch-steril, zwischen Pädagogen, Psychoanalytikern, Psychologen, Sozialarbeitern zu unterscheiden, zu trennen, wo der Geist sich einen und seiner Aufgabe öffnen will, nämlich jener Utopie, die sich nicht abstrakt „in der" Gesellschaft, „in der" Menschheit, verortet sieht, sondern meine eigene persönliche Suche anleitet, die sich dem „objektiv-distanzierten-wissenschaftlichen" Geist querstellt, der mit seiner Distanz als Empathielosigkeit destruktive Belanglosigkeit erzeugt, deren Überwindung heute umso dringender erscheint, da die Spuren der Verwahrlosung, Verwüstung, Vernichtung unübersehbar geworden sind. Wo parzelliert wird, dort ist der Betrug als Selbstbetrug sicher erscheinender Gast.

Die vorliegende Arbeit lässt sich denn lesen als persönliche Selbstreflexion meiner eigenen pädagogischen Praxis im Sinne Pestalozzis. Ich habe nichts zu verbergen, ich trage meine Höhen und Tiefen zur Schau und versuche, das Allgemeine meiner realen Erfahrungen herauszustellen und zugleich durch diese Reflexion für mich und die Allgemeinheit Erträge festzuhalten, die bereichern können. Der so angeschlagene Diskurs eröffnet eine neue Qualität, die die Nähe zum Leser sucht, um eine dialogische Basis zu etablieren, die der beständigen Weiterentwicklung der Dialogpartner dient, die sich in ihrer zunehmenden De-Maskierung ausdrückt. Denn die schöne Seele öffnet ihr Innerstes, das Herz[131], das für die Empfindsamkeit steht, die der Bildung, Formung bedarf – die Naturanlage wird erst durch ihre Gestaltung ihrer Vollendung entgegengeführt. Diese Charakterbildung voranzutreiben, ist die Aufgabe der Erziehung, die Aufgabe, die *im und durch das Medium der Beziehung* bearbeitet wird. Es zeigen sich zwei Säulen des pädagogischen Tempels: *Handlungsorientierung* und *Selbstregulierung* verstanden als das Prinzip der grazilen Geste in warmer Atmosphäre.

Die *Liebenswürdigkeit*, die du ihm mitteilen willst, erfährt er dadurch, dass du selbst *liebenswürdig* bist. Jedes Wort zu viel würde die Sache verfälschen.

---

[131] Das ist das Thema meines Films „Pädagogische Panik" (s. EG, Abb. 48), in dem Friedrich Schillers ästhetische Theorie mit eben ästhetischen – nicht sprachlichen – Mitteln dargestellt wird. Dem kalten, engen und harten Herzen (vgl. 6. Brief), das den durchschnittlichen Charakter heute so oft kennzeichnet, wäre das *warme, weite und weiche Herz* als reale Utopie entgegenzustellen.

Willst du Liebenswürdigkeit vom Lernenden, ohne selbst liebenswürdig zu sein, so erziehst du heuchlerische Charaktere, deren Begrifflichkeit als Sprache – in einer pathogenen Umgebung – zerstört ist. Der weise Erzieher selbst ist den pathogenen Verhältnissen entwachsen und lebt aber als Genesener in ihnen. Dieser Spagat ist sein selbst gewählter; er kann nur ausgehalten werden, ohne die Möglichkeit seiner unwahrscheinlichen Überwindung als eigene, kostbare Morgenröte jemals aufzugeben. Das ist Pädagogik. *Weise zu sein, ohne lehren zu wollen, ist ein Widerspruch in sich. Lehren zu wollen, ohne weise zu sein, ebenfalls.* Die Geduld weiß als weise, dass die Morgenröten als grazile Erscheinungen an der kantigen, kalten, harten, ministeriellen Verordnung oft genug zerbrechen, weil jede einzelne ihren eigenen Augenblick, ihre eigene Zeit, ihr eigenes Glück hat, die sich nur begünstigen und nicht erzwingen lassen. Die Morgenröte ist das Kind der wärmenden Pflege, der nährenden Geste, der sanften Berührung.

Dies ist der Ertrag der so begründeten kynischen Pädagogik, die als philosophische Weisheits-Liebende und als solche Liebende ist; als Kind der Kunst ist sie künstlerisch, weil sie dich berühren will, wie nur die Kunst es vermag, weil sie das Schöne in dir vibrieren lässt; ihr Ursprung ist die Straße als Ort der Begegnung. Nichts macht der wissenschaftliche Hund lieber, als neugierig sich umzusehen und dem Beachtung zu schenken, das andere achtlos weggeworfen und so der Straße anvertraut haben. Eine Straße in Krefeld barg Ende Dezember 2008 in ihrem Schoß einen DIN-A4-Zettel[132], der nun in der Ethnografischen Galerie gewürdigt wird (Abb. 47), nicht zuletzt, weil er als Papierflieger gefaltet in die Welt entlassen worden war, um hier, an diesem Ort, als mahnendes Zeugnis eines Unbekannten, an den Himmel geheftet zu werden. Dieser heute mächtige Gott namens „Ich-darf-nicht" wird, der Sphinx gleich, sich auflösen und in Asche zerfallen, sobald auch *der letzte Mensch seine eigene Morgenröte erlebt* hat. Du brauchst hierzu eine winzige Bewegung, zart wie einen Hauch: Du drehst dich leicht zur Seite und bist nun geistesgegenwärtig, denn du vereinst alles, weil du eins bist mit dem, was du tust und lässt.

\*\*\*

---

[132] Schönen Dank meinem Kollegen, der diesen Zettel fand und mir brachte.

# Ethnografische Galerie

Die im Folgenden gezeigten Fundstücke aus dem schulischen Feld wie Spickzettel, inoffizielle Briefe während des Unterrichts, Hefteinträge usw., also alle möglichen Fixierungen als Spuren der Tätigkeit Lernender, stellen nur eine Auswahl dar. Wollte man bspw. alle in Deutschland entstehenden Spickzettel, die den Transport der schulischen Stoffe vom Papier zum Papier ermöglichen können sollen, um den Umweg über den Kopf nicht nehmen zu müssen, sammeln, und könnte man die hierzu nötige Logistik bewerkstelligen, so würden jährlich Tonnen an Material anfallen, deren Lagerung die Anmietung großer Hallen erforderte. Die Qualität einer Schule aber, in der keine Spickzettel produziert werden würden, wäre als hoch zu vermuten. Die Auswahl des Materials erfolgt nach der Höhe seines Mitteilungswertes, d.i. nach seiner Beitragsfähigkeit zur Rekonstruktion von real erfahrenen Schul-Geschichten und damit seiner analytischen Ergiebigkeit.

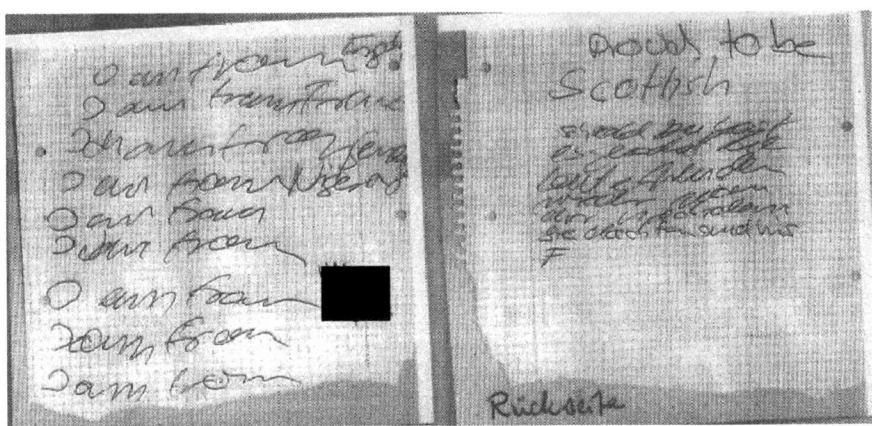

**Abbildung 1: 2006; Klasse 7; Englisch; Drill nach den Vorgaben des Lehrbuches.**

Der Lehrer hatte darauf insistiert, dass Q. seinem Job als Schüler nachkommt, indem er die offiziellen Aufgaben „bearbeitet". Q. gilt als „schwieriger" Schüler, Klassenclown, Rebell. Er ist farbig. Deshalb taucht in der Aufzählung der Länder „England, France, Germany" als viertes Land „*Nigeria*" auf. Die anderen Sätze sind unvollständig: „I am from …" Q. hatte diese Fragmente eilig gekritzelt, um dem Lehrenden dann trotzig zeigen zu können, dass er doch schreibe. Realiter parodiert Q. hier das schulisch geforderte Schreiben. Das Fragment „proud to be Scottish" auf der Rückseite erzeugt mit seiner munteren Künstlich-

216

keit eine Absurdität, die durch die nachfolgende Kritzelei verstärkt wird. Q. distanziert sich von den schulischen Vorgaben durch den verbissenen Versuch, sie zu karikieren. Der Zustand des Zettels als zerstörter stützt die Vermutung einer aggressiven Abwehr schulischer Anordnungen seitens dieses Lernenden.

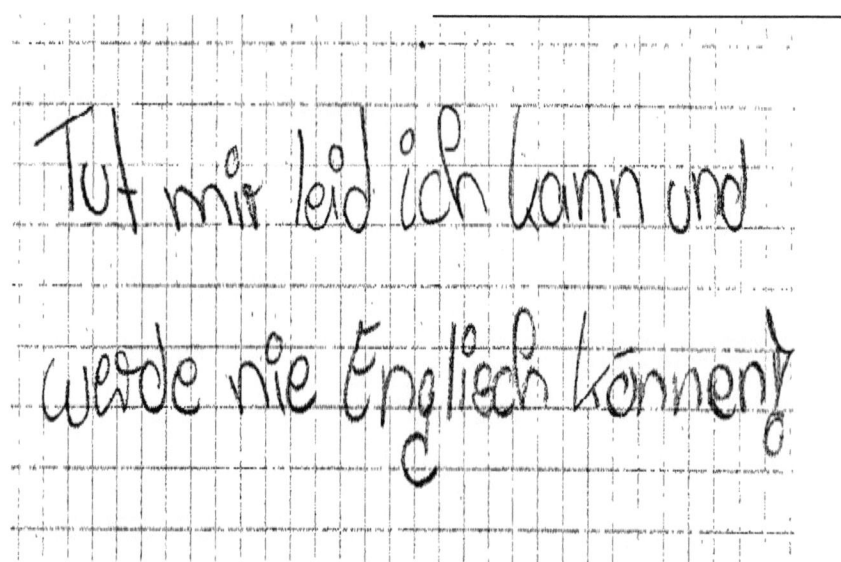

**Abbildung 2: 2006; Klasse 7; Hauptschule; Englisch; Mitteilung einer Schülerin an den Lehrer, aufgeschrieben auf ihrer Klassenarbeit, die mit „6" bewertet wird.**

M. entschuldigt sich sogar für ihr Nichtkönnen. Aber eigentlich müsste sich das Kultusministerium bei ihr dafür entschuldigen, unsinnige Forderungen, nämlich Englisch lernen zu müssen, an sie heranzutragen. Es sind Lernforderungen, die kostenintensiv und zugleich kontraproduktiv sind, weil ein subjektiver Bildungsgehalt nicht ersichtlich werden kann. Was hochtrabend als „Sprachkompetenz" in Lehrplänen und wissenschaftlichen Diskussionen ausgegeben wird, entpuppt sich in Wirklichkeit als staatlich verursachte subjektive Verstörung, die sich schultäglich wiederholt.

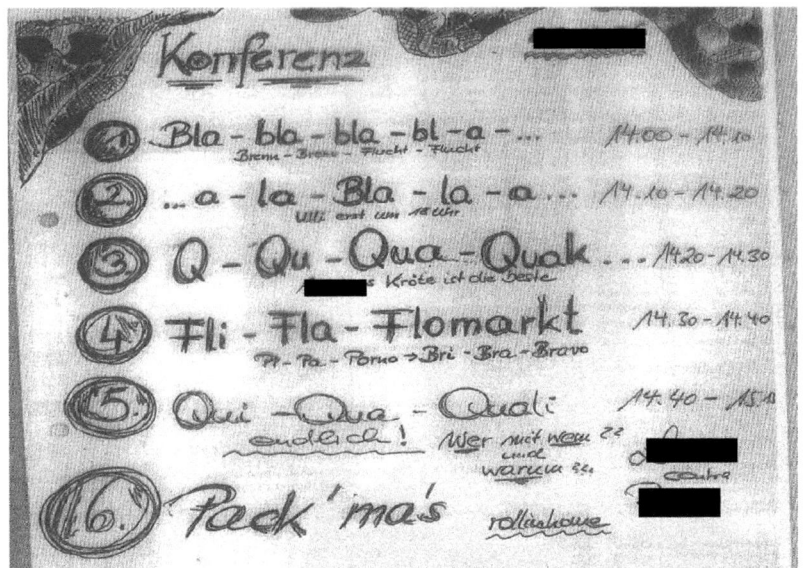

**Abbildung 3: 2006; Konferenz; Der Produzent dieses Werkes bewirbt sich einige Monate später um die Position des Konrektors und reagiert mit Enttäuschung, nachdem er den Zuschlag nicht bekommt.**

Diese formschöne Kritzelei erlaubt folgende psychoanalytische Skizze: Die Arbeit entsteht in einem meditativen Zustand, in dem der Kritzelnde das Konferenzgeschehen zwar wahrnimmt, aber sich dennoch entspannt-spontan eigenen Assoziationen hingibt. Sexuelle Lust ist das tragende Motiv, begleitet von leidlich beherrschten Wünschen nach einer Flucht aus dem „Brenn – Brenn" in Gestalt der Dienstverpflichtung genannt „Konferenz". Die eigentlich stets interessante, da sensationelle Frage lautet „Wer *mit* wem und warum?". Ihr Gegenpol „X *contra* Y" behandelt eigentlich dieselbe Ebene des Sexuellen, nur scheinbar ins Gegenteil gewendet. Tiefe Sehnsucht nach Erlösung aus der Entfremdung, die als Normalität zugleich geschluckt wird, ist die wesentliche Aussage. Befreiung als Befriedigung wird erwartet: „Pack ‚ma's – rollin' home". Die Stärke des Affektes vermag es, den Blick für die bedauerliche Tatsache zu trüben, dass nach dem „rollin' home" es bald wieder heißen muss: „Rollin' school", wobei das „Rollen" sich dann eher als „Schleppen" offenbart.

Ich verwende keine groben ausdrücke

1 Ich verwende keine groben ausdrücke in der Schule
2 Ich verwende keine groben ausdrücke in der Schule
3 Ich verwende keine groben ausdrücke in der Schule
4 Ich verwende keine groben ausdrücke in der Schule
5 Ich verwende keine groben ausdrücke in der Schule
6 Ich verwende keine groben ausdrücke in der Schule
7 Ich verwende keine groben ausdrücke in der Schule
8 Ich verwende keine groben ausdrück in der Schule
9 Ich verwende keine groben ausdrücke in der Schule
10 Ich verwende keine groben ausdrücke in der Schule
11 Ich verwende keine groben ausdrücke in der Schule
12 Ich verwende keine groben ausdrücke in der Schule
13 Ich verwende keine groben ausdrücke in der Schule
14 Ich verwende keine groben ausdrücke in der Schule
15 Ich verwende keine groben ausdrücke in der Schule
16 Ich verwende keine groben ausdrücke in der Schule
17 Ich verwende keine groben ausdrücke in der Schule
18 Ich verwende keine groben ausdrücke in der Schule
19 Ich verwende keine groben ausdrücke in der Schule
20 Ich verwende keine groben ausdrücke in der Schule
21 Ich verwende keine groben ausdrücke in der Schule
22 Ich verwende keine groben ausdrücke in der Schule
23 Ich verwende keine groben ausdrücke in der Schule
24 Ich verwende keine groben ausdrücke in der Schule
25 Ich verwende keine groben ausdrücke in der Schule
26 Ich verwende keine keine groben ausdrücke in der Schule
27 Ich verwende keine groben ausdrücke in der Schule
28 Ich verwende keine groben ausdrücke in der Schule

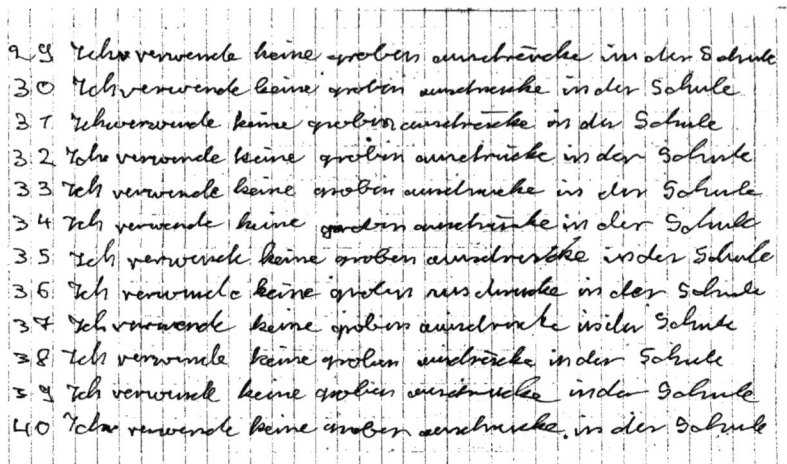

**Abbildung 4:** 2006; Klasse 7; Hauptschule; Deutsch-Förderunterricht; Nach dem Gebrauch eines derben Ausdruckes muss ein Lernender diese Strafarbeit anfertigen.

Heute noch finden Strafarbeiten dieser Art in manchen deutschen Schulen Anwendung. Die öde Wiederholung desselben vom Lehrer diktierten Mustersatzes soll vom Lernenden als schmerzvoll empfunden werden. Der vom Lehrenden ausgehende Bestrafungsimpuls gibt sich gern als Fürsorge aus oder tarnt sich als pädagogische Pflicht, den Heranwachsenden „bessern" zu wollen. Realiter kreist die Entstehung solcher „Strafzettel" um den Begriff der *Schuld*. Um eine Wiedergutmachung zu erlangen, muss der sich als schuldig Bekennende (wobei das Bekenntnis nicht die eigene Überzeugung widerspiegeln muss) vor der nächst höheren Instanz niederknien, sich „klein" machen, also Zeichen der Demut äußern, die den Herrscher besänftigen können sollen. Ein solcher „Strafzettel" ist also das Produkt eines Unterwerfungsrituals und hat die Funktion eines Ablassbriefes. Nur wer „Chef im Haus" ist, kann ein solches Ritual verlangen. Kann ein Lehrer das Schreiben eines solchen Zettels nicht durchsetzen, so fehlt es ihm an Mitteln zur Herrschaftssicherung. Die von Kounin festgestellte „Entschlossenheit" beim Zurechtweisen bildet die Kategorie, die seitens des Lehrenden *wie* des Lernenden als Verhandlungsmasse eingesetzt wird. Es ist daher lohnend, die Prozesse zu analysieren, die zur Anfertigung eines solchen Dokumentes führen.

**Abbildung 5: um 2005; Fundort: Parkbank; ein liegen gelassenes, selbst gestaltetes Hausaufgabenheft – hier: seine Rückseite.**

Interessanterweise wird „Schule" zugleich mit „Stress" assoziiert, von dem Erholungsbedarf besteht und welcher zugleich angekündigt wird. Die Frau-Verführerin, mit Teufelshörnern versehen, ist umringt von wohlgeformten männlichen Körpern, die sich „für ein paar rosane Momente" mit der Sirene vereinigen wollen. Nach diesen „rosanen Momenten" wird „Entspannung" versprochen. Eros schwingt auf dieser selbst gestalteten Seite seine Flügel, der sich von einer gestörten syntaktischen Struktur nicht stören lässt. Das Hausaufgabenheft hat sehr wohl mit Schule etwas zu tun, weil jede seiner Seiten immer neue Ankündigungen und Hausaufgaben enthält, die merkwürdig spröde daherkommen. Erleichterung, Befreiung, „Entspannung" als erfüllte Erotik tut Not, aber sie findet sich, abgetrennt vom „Schulischen" – mit betonter Distanz (!), im Keller, in der Umkleide, auf der Hinterbühne, auf der Rückseite eben. Die Rückseite eines Heftes lässt sich deuten als eine Art Hinter-Tür, Not-Ventil, durch das das Es als das Unbewusste schlechthin spricht.

**Abbildung 6: 2008; Autoheckscheibe als Werbefläche für den anonymen Abiturienten**

Grundsätzlich stellt sich die Frage, warum die Nachricht vom Erwerb der Hochschulzugangsberechtigung Verbreitung in der Welt durch das Anbringen des „Abi"-Slogans auf eine öffentlich sichtbare Fläche in Gestalt der Heckscheibe des zur Benutzung überlassenen Wagens finden muss. Der Abiturient sollte mit einer an seinem „Erfolg" nicht interessierten Öffentlichkeit rechnen, so dass er vom Rezipienten seiner Botschaft weder Anerkennung noch irgendwelchen materiellen Gewinn erwarten darf. Der Abiturient hingegen investiert Mittel im größeren Rahmen, um ein solches Motiv zu produzieren und anzubringen. Er selbst wird beim Fahren durch es behindert, weil der Rückspiegel zu großen Teilen unbenutzbar wird. Der anonyme Abiturient würde, gesetzt, man könnte ihn befragen, in der Regel sich nur wenig differenziert zu seinen Beweggründen äußern. Diese lassen sich psychoanalytisch aufschlüsseln.

222

**Abbildung 7: 2006; Nachtlokal; Anspannung, die sich im zerstörten Bierdeckel manifestiert hat.**

Zerstörte Gegenstände lassen auf aggressive Handlungen schließen, die oft als „Triebabfuhr" klassifiziert werden. Dieser Bierdeckel erinnert an einen Durchschuss. Sein Loch ist aber im Verlaufe von etwa zwei Stunden entstanden. Vermutlich ist zuerst mit den Fingernägeln eine Vertiefung in der Mitte des Deckels eingearbeitet worden, die dann allmählich zu einem immer größer werdenden *Loch* ausgebaut wurde. Dieser Bierdeckel wurde während eines Gespräches bearbeitet, das die Person des Bierdeckelzerstörers zum Gegenstand hatte. Seine Handlungsimpulse wurden auf der Grundlage eines soeben entwickelten psychoanalytischen Dreiecks erklärt: *Arroganz* (ihr seid nichts, ich stehe über euch), *Schuld* (das Gefühl, etwas verbrochen zu haben) und *Rechtfertigung* (die in Erwartung von vermuteten Vorwürfen erfolgt).

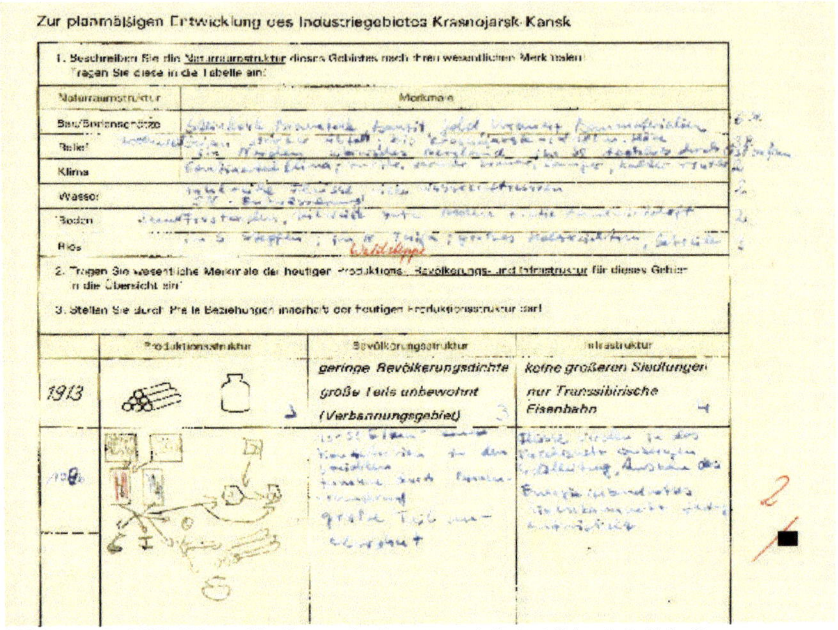

Zur planmäßigen Entwicklung des Industriegebietes Krasnojarsk-Kansk

1. Beschreiben Sie die Naturraumstruktur dieses Gebietes nach ihren wesentlichen Merkmalen!
   Tragen Sie diese in die Tabelle ein!

| Naturraumstruktur | Merkmale |
|---|---|
| Bau/Bodenschätze | |
| Relief | |
| Klima | |
| Wasser | |
| Boden | |
| Flora | |

2. Tragen Sie wesentliche Merkmale der heutigen Produktions-, Bevölkerungs- und Infrastruktur für dieses Gebiet in die Übersicht ein!

3. Stellen Sie durch Pfeile Beziehungen innerhalb der heutigen Produktionsstruktur dar!

| | Produktionsstruktur | Bevölkerungsstruktur | Infrastruktur |
|---|---|---|---|
| 1913 | | geringe Bevölkerungsdichte, große teils unbewohnt (Verbannungsgebiet) | keine größeren Siedlungen, nur Transsibirische Eisenbahn |
| 198.. | | | |

Abbildung 8: 1987; Klasse 10; Geografie; benoteter Arbeitsteil im Arbeitsheft.

Es handelt sich hierbei um ein pädagogisch ritualisiertes Produkt im streng geführten Unterricht, das bloß zu beschäftigen vermag. Die Inhalte sind fern und abstrakt; man trägt die geforderte Anzahl an Merkmalen in die Tabelle ein, und der Lehrende gewinnt eine Note. Das Industriegebiet Krasnojarsk-Kansk wird auf dem Papier bearbeitet und vergessen. Es wird das, was es war: bedeutungslos. Die rote Farbe ist wohl internationales Herrschaftsinstrument in der Hand des Lehrenden, das eindrücklich mitteilt, was richtig, was falsch und was ergänzungsbedürftig ist. Auch nach Auffassung eines bayerischen Schulrates sind die Noten wichtiger Klassenarbeiten in die Notenliste mit roter Farbe einzutragen, damit sich diese von den anderen Noten, die aus Kurztests erhoben wurden, besser abheben. (Auf Nachfrage wurde auch grüne Farbe erlaubt.) Als der Verfasser einmal mit blauer Farbe Aufgaben, von Schüler zu Schüler gehend, abhakte, wurde er von einer Schülerin vorwurfsvoll kritisiert: „Rot ist Lehrerfarbe!" Die Symbolik der roten Lehrerfarbe ist von der Erziehungswissenschaft als Gegenstand der Auseinandersetzung arg vernachlässigt worden: Um eine Liebeserklärung gegenüber den Lernenden wird es sich hierbei nicht handeln. Wenn das vom Lernenden bearbeitete Papier für seine Haut steht, symbolisiert die rote Lehrerfarbe Blut auf der vom Lehrenden geritzten Haut.

| | | | | | |
|---|---|---|---|---|---|
| 2) | Ich | darf | den | Unterricht | nicht | stören. |
| 21) | Ich | darf | den | Unterricht | nicht | stören. |
| 3) | Ich | darf | den | Unterricht | nicht | stören. |
| 4) | Ich | darf | den | Unterricht | nicht | stören. |
| 5) | Ich | darf | den | Unterricht | nicht | stören. |
| 6) | Ich | darf | den | Unterricht | nicht | stören. |
| 7) | Ich | darf | den | Unterricht | nicht | stören. |
| 8) | Ich | darf | den | Unterricht | nicht | stören. |
| 9) | Ich | darf | den | Unterricht | nicht | stören. |
| 10) | Ich | darf | den | Unterricht | nicht | stören. |
| 11 | Ich | darf | den | Unterricht | nicht | stören. |
| 12 | Ich | darf | den | Unterricht | nicht | stören. |
| 13 | Ich | darf | den | Unterricht | nicht | stören. |
| 14 | Ich | darf | den | Unterricht | nicht | stören. |
| 15 | Ich | darf | den | Unterricht | nicht | stören. |
| 16 | Ich | darf | den | Unterricht | nicht | stören. |
| 17 | Ich | darf | den | Unterricht | nicht | stören. |
| 18 | Ich | darf | den | Unterricht | nicht | stören. |
| 19 | Ich | darf | den | Unterricht | nicht | stören. |
| 20 | Ich | darf | den | Unterricht | nicht | stören. |
| 21 | Ich | darf | den | Unterricht | nicht | stören. |
| 22 | Ich | darf | den | Unterricht | nicht | stören. |
| 23 | Ich | darf | den | Unterricht | nicht | stören. |
| 24 | Ich | darf | den | Unterricht | nicht | stören. |
| 25 | Ich | darf | den | Unterricht | nicht | stören. |
| 26 | Ich | darf | den | Unterricht | nicht | stören. |
| 27 | Ich | darf | den | Unterricht | nicht | stören. |
| 28 | Ich | darf | den | Unterricht | nicht | stören. |
| 29 | Ich | darf | den | Unterricht | nicht | stören. |
| 30 | Ich | darf | den | Unterricht | nicht | stören. |
| 31 | Ich | darf | den | Unterricht | nicht | stören. |
| 32 | Ich | darf | den | Unterricht | nicht | stören. |
| 33 | Ich | darf | den | Unterricht | nicht | stören. |
| 34 | Ich | darf | den | Unterricht | nicht | stören. |
| 35 | Ich | darf | den | Unterricht | nicht | stören. |
| 36 | Ich | darf | den | Unterricht | nicht | stören. |
| 37 | Ich | darf | den | Unterricht | nicht | stören. |
| 38 | Ich | darf | den | Unterricht | nicht | stören. |
| 39 | Ich | darf | den | Unterricht | nicht | stören. |
| 40 | Ich | darf | den | Unterricht | nicht | stören. |
| 41 | Ich | darf | den | Unterricht | nicht | stören. |
| 42 | Ich | darf | den | Unterricht | nicht | stören. |
| 43 | Ich | darf | den | Unterricht | nicht | stören. |
| 44 | Ich | darf | den | Unterricht | nicht | stören. |
| 45 | Ich | darf | den | Unterricht | nicht | stören. |
| 46 | Ich | darf | den | Unterricht | nicht | stören. |
| 47 | Ich | darf | den | Unterricht | nicht | stören. |
| 48 | Ich | darf | den | Unterricht | nicht | stören. |
| 49 | Ich | darf | den | Unterricht | nicht | stören. |
| 50 | Ich | darf | den | Unterricht | nicht | stören. |
| 51 | Ich | darf | den | Unterricht | nicht | stören. |
| 52 | Ich | darf | den | Unterricht | nicht | stören. |
| 53 | Ich | darf | den | Unterricht | nicht | stören. |
| 54 | Ich | darf | den | Unterricht | nicht | stören. |
| 55 | Ich | darf | den | Unterricht | nicht | stören. |
| 56 | Ich | darf | den | Unterricht | nicht | stören. |
| 57 | Ich | darf | den | Unterricht | nicht | stören. |

**Abbildung 9; 2006; Hauptschule; ungewollte Kunst mit hartnäckigem „h" im Begriff „stören".**

Ändert der Betrachter den Abstand zu dieser Strafarbeit, so kommt er nicht umhin, Kunst zu entdecken, die der Produzent selbst nicht vor Augen gehabt haben kann. Die interessante Entstehung von Mustern ist nämlich dem Umstand zu verdanken, dass der Lernende Maßnahmen zur Optimierung seiner Arbeitsweise mit dem Ergebnis ergriffen hat, dass die ohnehin sinnlose Aufgabe, 100 Sätze mit dem Inhalt „Ich darf den Unterricht nicht stören", vollendete Sinnlosigkeit erreicht, und zwar durch die Sequenzierung des vorgegebenen Satzes in einzelne Worte. Spaltenweise wird zuerst „Ich" 100 Male eingetragen, sodann „darf" usw. Das subjektive Empfinden legt nahe, dass die Arbeit auf diese Weise effizienter und angenehmer erledigt wird. Aber die Logik sperrt sich gegen diesen verzweifelten Trick, weil die insgesamt 3.100 Buchstaben so oder so geschrieben werden müssen. Im Übrigen wird diese Strategie häufig angewandt.

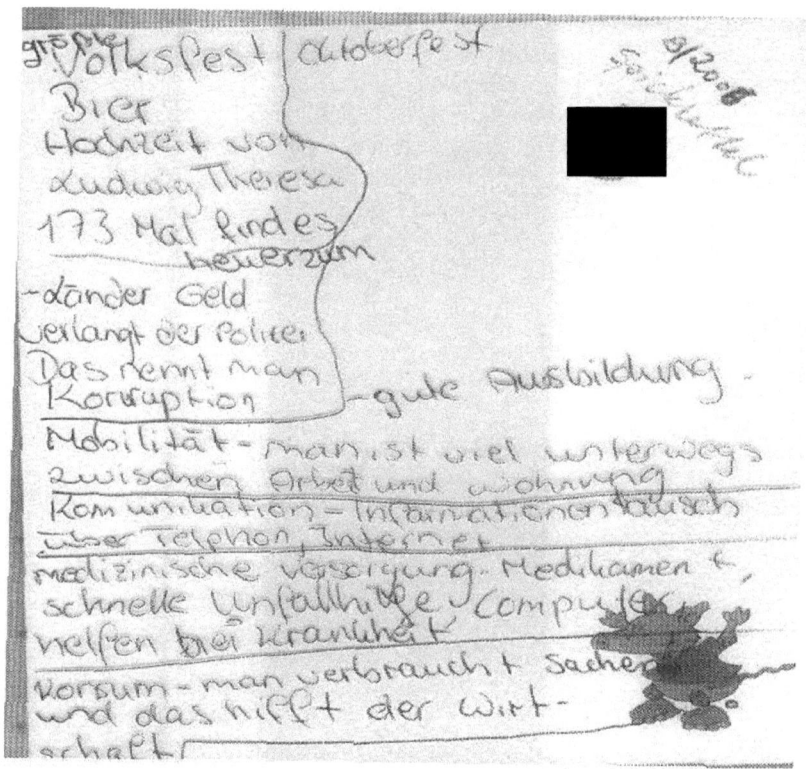

**Abbildung 10: 2006; Klasse 7; Hauptschule; Spickzettel für das Fach GSE - Geschichte, Sozialkunde, Erdkunde**

Inzwischen erfährt man in Wissenssendungen wie Galileo, welche Spickstrategien erfolgreich sind, um der Beliebigkeit der geforderten Inhalte zu begegnen. Moralische Integrität spielt keine Rolle, wenn es darum geht, Profit zu schlagen. Betrügen des betrügerischen Systems ist Normalität, wer nicht betrügt – ein Idiot, der angesichts des herrschenden Zynismus nicht die Anpassungsfähigkeit aufbringt, selbst Zyniker zu werden, auch in der Hochschule als fortgesetzten Schule: „Studenten, die selbst nicht schummeln, haben ein positiveres Bild von ihren Mitmenschen: Sie können sich nicht vorstellen, dass andere regelmäßig akademischen Betrug begehen. Dagegen sind die Schummler davon überzeugt, dass andere Studierende viel mehr mogeln als sie selbst – und liegen mit dieser Einschätzung richtig: Bis zu 80 Prozent der Hochschüler geben in Befragungen an, schon geschummelt zu haben. Nicht nur bei der Ehrlichkeit, auch bei der Bewertung anderer Persönlichkeitsmerkmale wie Mut oder Empathie schnitten die Schummler deutlich schlechter ab als die Minderheit der ehrlichen Studenten. ‚Angesichts der vielen Gelegenheiten, bei denen die Ehrlichen mitbekommen, wie ihre Kommilitonen ohne großes Risiko gute Noten durch Betrug einheimsen‘, sagt Psychologieprofessorin Sara Staats, ‚betrachten wir die wenigen, die keinen Betrug begehen, als Helden des akademischen Alltags“ (Der Spiegel 34/2008, S. 120). Es hängt wieder einmal von der Perspektive der Betrachtung ab, ob man als Held oder Idiot gilt.

Unterricht nach den amtlich gelteftden Lehrplänen – Abstimmung innerhalb der
Jahrgangsstufe

Leistungserhebungen in mündlicher und schriftlicher Form, über die Noten sind Aufschreibungen zu
führen , Aufbewahrungsfrist 2 Jahre.
Proben absprechen – keine Häufungen, täglich nur eine Prüfung - Lösung: Probenplan im
Klassenzimmer.
Stoffbereich, Bewertung und Häufigkeit der Arbeiten innerhalb einer Klassenstufe absprechen,
gemeinsam planen und gleich gestalten und bewerten. Die Stofferarbeitung sollte aus dem
Wochenplan ersichtlich sein.
Für D, M und E werden die Probearbeiten mit Lösung und Notenübersicht regelmäßig abgegeben.
Veränderungen im Stundenplan, wie z.B. Unterrichtsgänge,... sind mit der Schulleitung abzusprechen.

Amtsblätter / Schulanzeiger lesen und abzeichnen!
Fortbildungen beachten: ▇▇▇▇▇, Staatl. Schulamt, Schulberatung , Pflichtfortbildungen!!!
Nebentätigkeit: Verweis auf die amtl. Regelung - Kein Nachhilfeunterricht bei eig. Schülern

Verschwiegenheitspflicht:
Nach außen keine Angelegenheiten herausgeben die den Dienstablauf oder Schüler betreffen. Keine
Auskünfte über Schüler an andere Personen als die Erziehungsberechtigten. Überprüfen, wer ist
erziehungsberechtigt. Innerhalb des Kollegiums ist aber die Zusammenarbeit sehr wichtig. Alle
Kollegen unterliegen nach außen der gleichen Schweigepflicht.

Weiteres:
Vertretung der Schule nach außen = Schulleiter oder ein ermächtigter Lehrer, gilt auch für
Post und Ordnungsmaßnahmen.
Loyalität
Unvoreingenommene Zusammenarbeit mit den Eltern
Dienstweg beachten: Bis auf Beschwerden, Kontakte mit den Aufsichtsbehörden dem Schulleiter
anzeigen.

Schulordnung:
Schüler bleiben in der Pausenhalle bis 7.45 Uhr, bei späterem Unterrichtsbeginn bis zum Gong.
Unverzügliches Verlassen des Schulgeländes nach Unterrichtsschluss.
Mittagspause im Schulhaus nicht möglich, keine Aufsicht, die Schüler sollten heimgehen.

Verlassen des Schulgeländes während der Unterrichtszeit ( Pause! ) wird bestraft.
Toilettenbesuch möglichst einschränken und die Aufsicht verstärken – Rauchen und Vandalismus!
Schlüssel- Achtung: Sollten nicht verloren gehen, sind Teil der Schließanlage
Sicherheitskonzept: Fluchtwege und Regeln für Ernstfälle besprechen, gegeb. Üben.
Schulfremde Personen im Schulbereich ansprechen und gegebenenfalls hinausweisen
Bei Unterricht durch schulfremde Personen ( Polizei, Arzt,...) muss der Lehrer in der Klasse
anwesend sein.
Turnhalle: Garderoben während des Unterrichts absperren.
Keine unterrichtsfremden Gegenstände im Schulhaus – können abgenommen werden.
Anordnungen der Lehrer und des Offizianten haben die Schüler Folge zu leisten
Zutritt zur GS haben nur die Schüler, die dort den Unterricht besuchen.
Pausehof – Pauseneinkauf – je 3 Lehrer Aufsicht

Schulschluss: Fenster schließen, Jalousien hoch, Stühle hoch, Türe absperren. Klassenzimmer
sauber verlassen.
Wichtig:Umweltgerechtes Verhalten: Abfallvermeidung, Mülltrennung, Energie sparen,...

Abbildung 11: 2006; Zweite Seite aus der Zusammenfassung der
„Schuljahresanfangskonferenz"

Das ist ein Teil des Papiers, mit dem die Lehrenden zum neuen Schuljahr von
der Rektorin begrüßt wurden. Sie sprach ihre Hoffnung aus, dass die Lehrenden
ihre während der Sommerferien erfahrungsgemäß entwickelte „Schul-Allergie"
in den kommenden Tagen ablegen mögen. Vielleicht sollte dieses von ihr ver-
fasste Papier durch seine bürokratische, lieblose, sich selbst langweilende Sprache dazu beitragen. Einige Phrasen seien herausgegriffen, anstatt einer Analyse:
„täglich nur eine Prüfung – gleich gestalten und bewerten – Pflichtfortbildun-

gen!!! – Loyalität – Unverzügliches Verlassen des Schulgeländes nach Unterrichtsschluss – Verlassen des Schulgeländes während der Unterrichtszeit wird bestraft – Toilettenbesuch möglichst einschränken – Energie sparen". Kaserne, Schule und Gefängnis als totale Institutionen (Goffman) lassen grüßen – und vermögen es diese, die physiologischen Bedürfnisse ihrer Insassen einzuschränken, so leisten die Institutionen einen aktiven Beitrag zum Umweltschutz durch Schonung der Ressourcen.

**Abbildung 12: 2006; Klasse 7; Hauptschule: „Ich töte L."**

Das Auftreten von Tötungsfantasien ist nicht moralisch verwerflich; moralisch verwerflich ist ihre Ignoranz durch die Institution Schule.

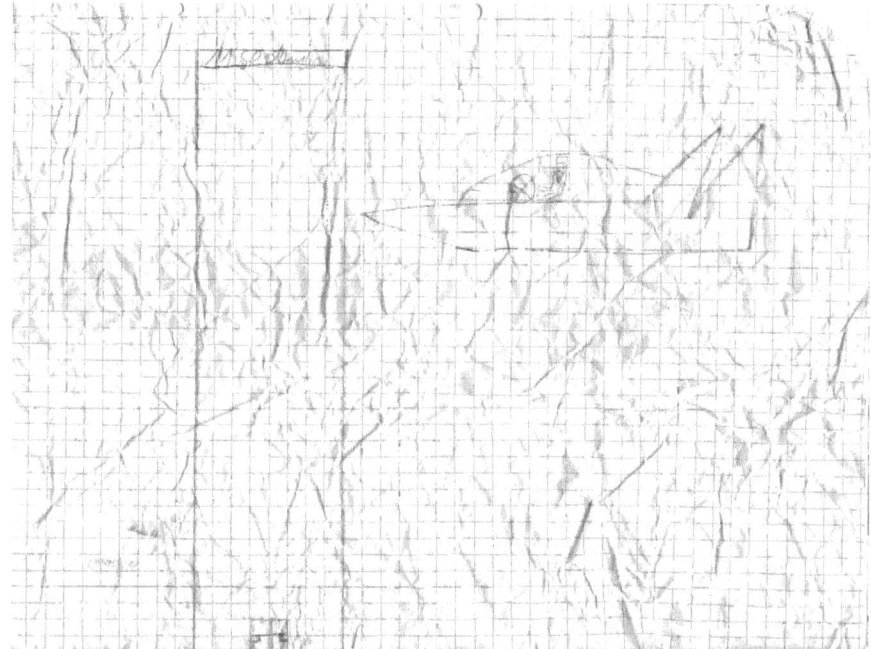

**Abbildung 13: 2006; Klasse 7; Hauptschule: Zerstörung wird gefeiert.**

Fünf Jahre nach dem Anschlag auf World Trade Center I & II in New York City wird dieser immer noch als Sieg gefeiert, als hätte die eigene Fußballmannschaft ein unvergesslich schönes Tor geschossen. Der Rektorin der Schule, in deren Räumen diese Zeichnung erstellt wurde, sind solche Zusammenhänge durchaus bekannt: Sie sei sich sicher, dass einige Schüler antiwestlich und antidemokratisch gesinnt sind und den Anschlag begrüßen. Dies sei aber eine Art private Meinung, die das schulische Interesse nicht berühre. Sauberer Unterricht als Eindrillen mathematischer mechanischer Rechenverfahren sei das Hauptgeschäft – Gesinnungsbildung könne man als Hobby betreiben. Während der Unterricht „sauber" gehalten wird, wird übersehen, dass die Seelen der Lernenden schmutzig bleiben.

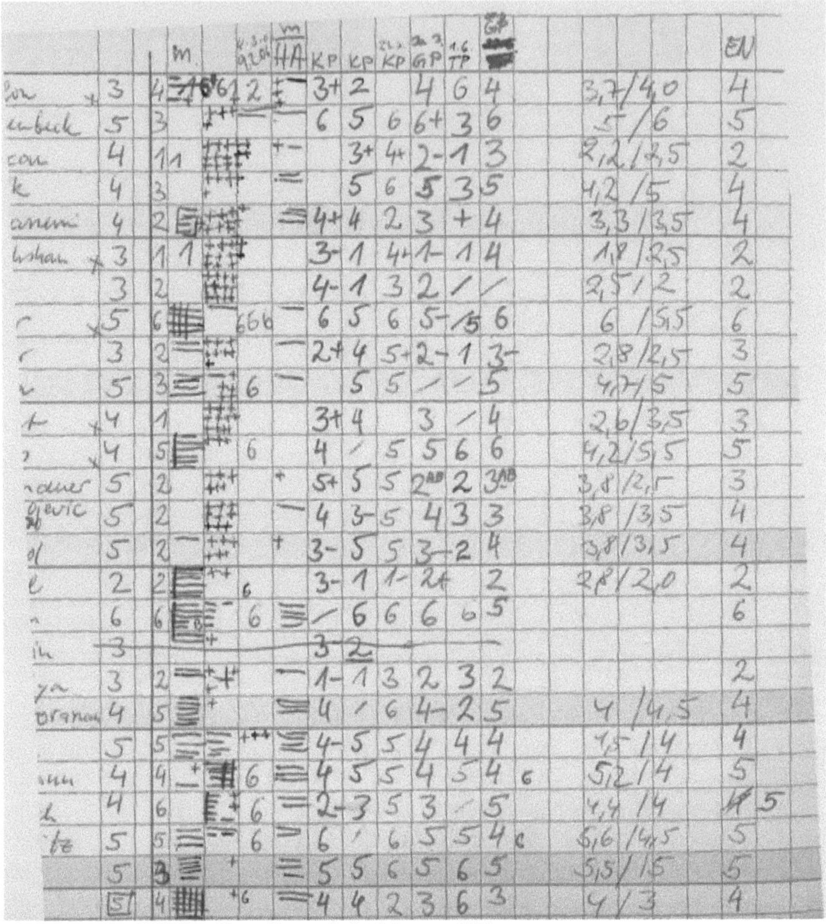

**Abbildung 14: 2005/06; Notenliste mit Strichen und Plussen**

Manche Lernenden kontrollieren an Hand der Aufzeichnungen des Verfassers ihren „Stand" oder überprüfen die Rechtmäßigkeit eingetragener Zeichen wie Striche (negativ) oder Plusse (positiv). Diese Mittel wirken nur begrenzt und bei den unterschiedlichen Lernenden unterschiedlich: Alle Reaktionen finden sich – von totaler Ignoranz bis zur ängstlichen Besorgnis. Für den Lehrenden tritt ein gefährlicher Zustand auf, wenn diese Mittel inflationär gebraucht werden, so dass sie in der breiten Masse wirkungslos werden. Bestrafungen müssen wie didaktische Portionen wohl dosiert werden, um ihre Wirkung zu erhalten. Im

232

Übrigen befolgt an dieser Stelle der Verfasser die Anweisung des für ihn zuständigen Schulrates, die „Ergebnisse" großer Kontrollarbeiten mit roter Farbe zu fixieren. Seiner Aufforderung, „sehr viele Noten" zu produzieren, um so das Endergebnis als Zeugnisnote möglichst gut „abzusichern", kommt der Verfasser allerdings kaum nach.

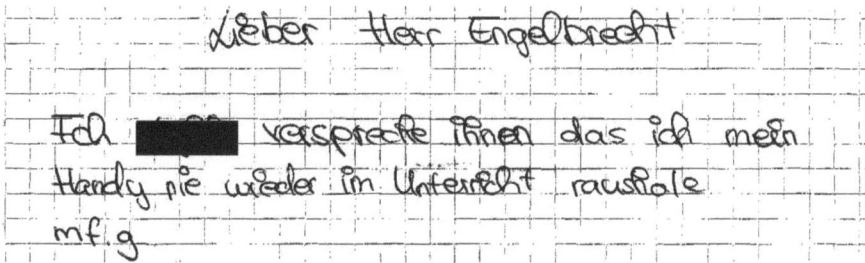

**Abbildung 15: 2006; Formaler Antrag als abgepresstes Zugeständnis**

Es ist strategisch empfehlenswert, nach der erfolgreichen Konfiskation des Handys den Triumph der Staatsmacht durchaus zu feiern, der es gelungen ist, eine Straftat nachzuweisen und Beweismittel sicherzustellen. Der Delinquent ist überführt. Noch dazu fungiert das Handy als Kommunikationsmittel, Verbindung zur Welt und es erreicht zuweilen den Status eines Körperorgans, dessen Fehlen an der psychischen Stabilität nagt. Nach der Demonstration harter Strenge und Androhung weiterer Maßnahmen wie Bestellung der Mutter zur Abholung des Handys lässt man den Delinquenten Gründe vortragen, die die Unerfüllbarkeit des Begehrens der Staatsmacht nahelegen – die Mutter sei in nächster Zeit verhindert, ein wichtiger Anruf werde in Kürze erwartet usw. Nun zeigt sich der Herrscher milder gestimmt, zumal er sich nicht als Lagerstätte für konfiszierte Gegenstände begreift. Aber das Handy wird keinesfalls umgehend, quasi reflexartig zurückgegeben, sondern es wird eine Sperrfrist bis zum morgigen Tag bestimmt. Am nächsten Morgen wartet der Delinquent ungeduldig darauf, den Deal einzulösen.

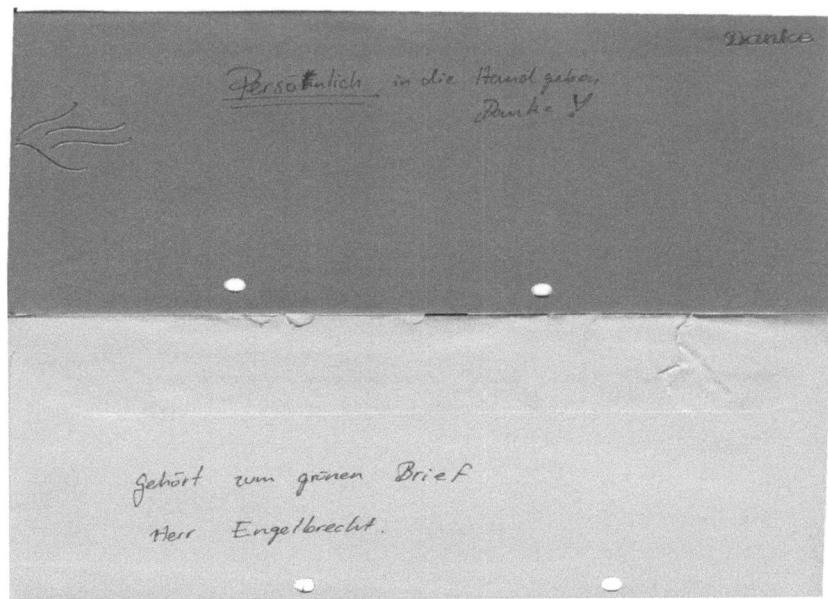

**Abbildung 16: 2006; Hauptschule; aufwändig gestaltete Briefumschläge mit ausgefeilter Farbsymbolik: grün und rosa**

Offensichtlich zeigt sich ein Lernender dazu in der Lage, eine Farbwahl zu treffen, die auf subtile Weise eine für ihn günstige Entscheidung einleiten kann. Grün symbolisiert in diesem Zusammenhang Hoffnung, Frische, Wachstum und rosa – zärtliche Nähe. Künstlerische Gestaltung gehört wohl nicht zu den Stärken des Antragstellers – vielleicht greift er deshalb zu gekauften goldenen Buchstaben und Linien, die elegante Unterwürfigkeit vermitteln sollen. Persönliche Handschrift darf dennoch nicht fehlen, weil die loyale Nähe „persönliches" Engagement voraussetzt. Notizen auf den Briefumschlägen helfen dem Antragsteller, seine Post richtig zuzustellen.

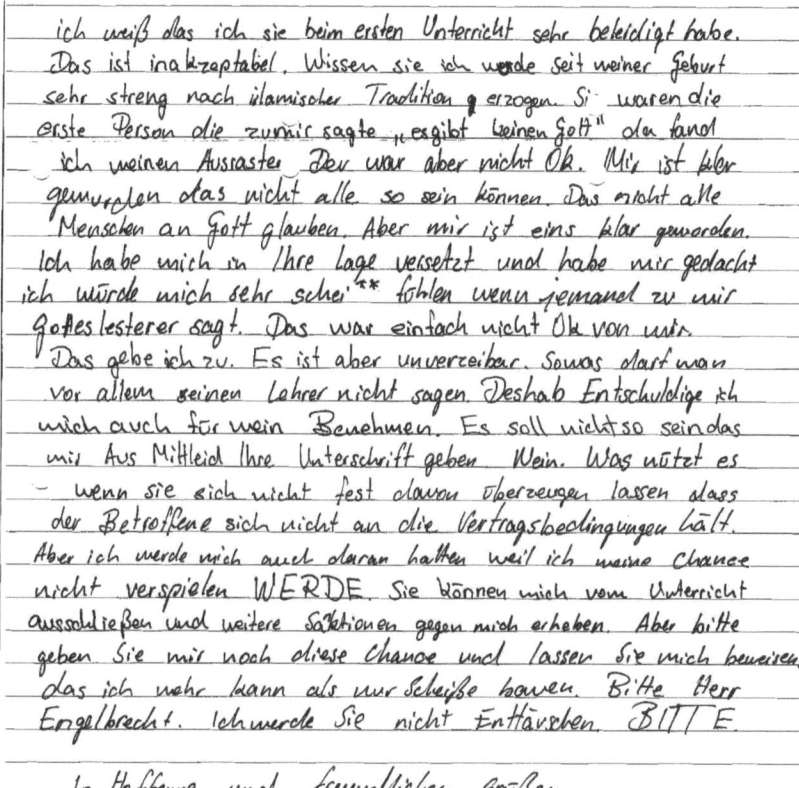

ich weiß das ich sie beim ersten Unterricht sehr beleidigt habe. Das ist inakzeptabel. Wissen sie ich werde seit meiner Geburt sehr streng nach islamischer Tradition erzogen. Si waren die erste Person die zu mir sagte „es gibt keinen Gott" da fand ich meinen Ausraster. Der war aber nicht Ok. Mir ist klar geworden das nicht alle so sein können. Das nicht alle Menschen an Gott glauben. Aber mir ist eins klar geworden. Ich habe mich in Ihre Lage versetzt und habe mir gedacht ich würde mich sehr schei** fühlen wenn jemand zu mir Gotteslesterer sagt. Das war einfach nicht Ok von mir. Das gebe ich zu. Es ist aber unverzeibar. Sowas darf man vor allem seinen Lehrer nicht sagen. Deshalb Entschuldige ich mich auch für mein Benehmen. Es soll nicht so sein das mir Aus Mitleid Ihre Unterschrift geben. Nein. Was nützt es wenn sie sich nicht fest davon überzeugen lassen dass der Betroffene sich nicht an die Vertragsbedingungen hält. Aber ich werde mich auch daran halten weil ich meine Chance nicht verspielen WERDE. Sie können mich vom Unterricht ausschliessen und weitere Saktionen gegen mich erheben. Aber bitte geben Sie mir noch diese Chance und lassen Sie mich beweisen das ich mehr kann als nur Scheiße bauen. Bitte Herr Engelbrecht. Ich werde Sie nicht Enttäuschen. BITTE.

In Hoffnung und Freundlichen Grüßen.

**Abbildung 17: 2006; Hauptschule; Imitation elaborierter Sprache als Bittschrift**

Dies ist nun der Inhalt des einen Umschlages. Auf die pathetische Ansprache, logischen Brüche und den Argumentationsaufbau wird in der Hauptschrift eingegangen.

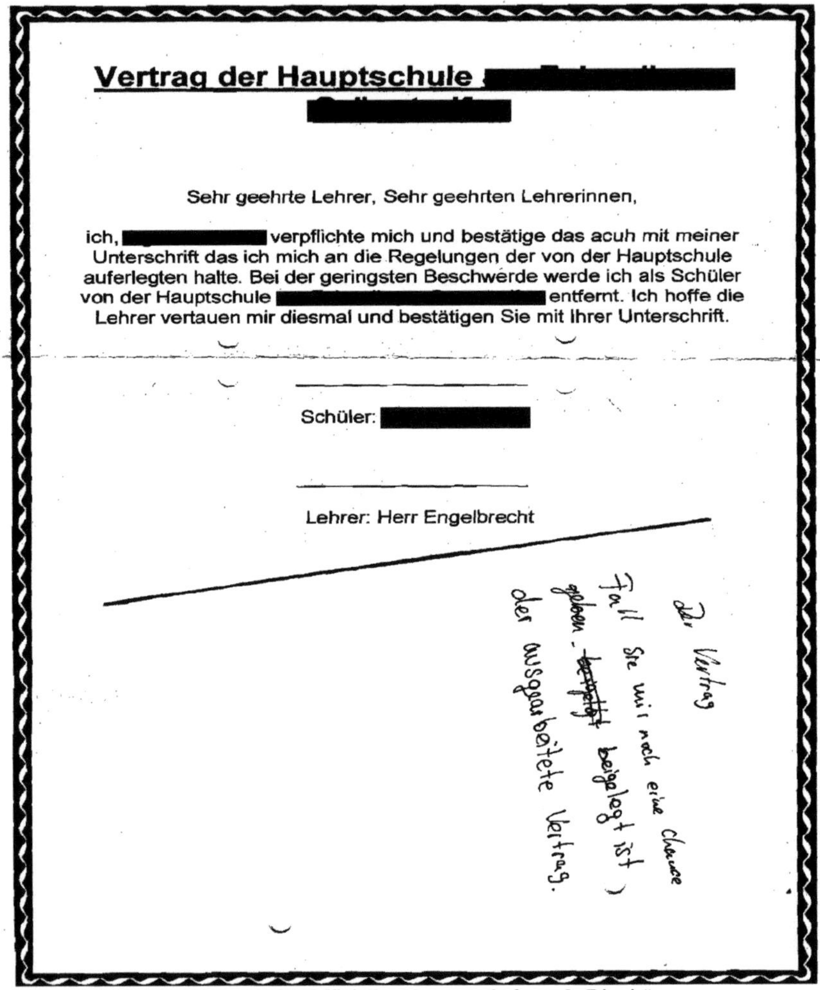

**Vertrag der Hauptschule** ████████████
████████████

Sehr geehrte Lehrer, Sehr geehrten Lehrerinnen,

ich, ████████████ verpflichte mich und bestätige das acuh mit meiner
Unterschrift das ich mich an die Regelungen der von der Hauptschule
auferlegten halte. Bei der geringsten Beschwerde werde ich als Schüler
von der Hauptschule ████████████████ entfernt. Ich hoffe die
Lehrer vertauen mir diesmal und bestätigen Sie mit Ihrer Unterschrift.

Schüler: ████████████

Lehrer: Herr Engelbrecht

*Der Vertrag*
*Fall Sie mir noch eine Chance*
*geben, ~~beispitt~~ beigelegt ist*
*der ausgearbeitete Vertrag.*

**Abbildung 18: 2006; Hauptschule: Offizieller Vertrag als formale Dignität**

Neben der „persönlichen" Ansprache findet sich im zweiten Umschlag ein amt-
lich anmutender „Vertrag", der offizielle Verbindlichkeit signalisiert. Bereits die
Existenz dieser Dokumente (16, 17 und 18) verrät umfangreiche Maßnahmen zur
Rettung des eigenen Status als Schüler durch Schleimen.

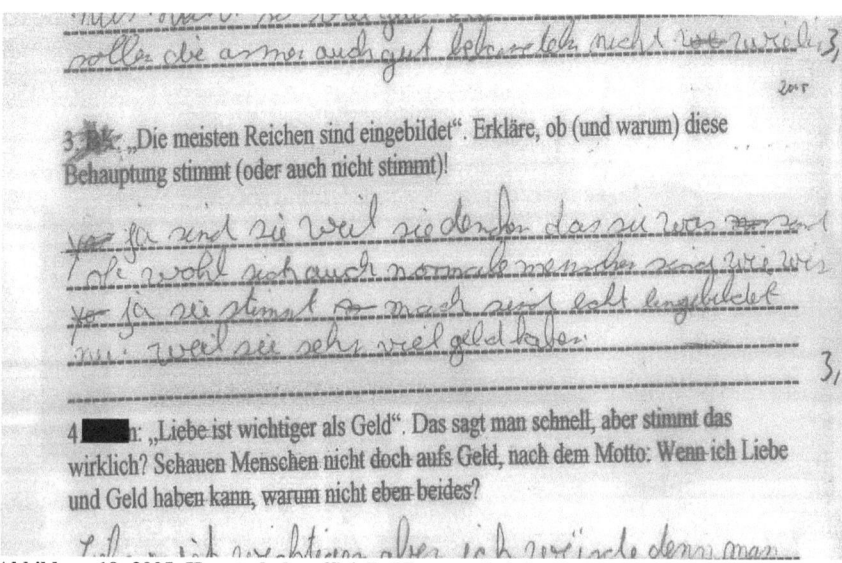
Abbildung 19: 2005; Hauptschule; offizielle Klassenarbeit im Fach Ethik, die eine codierte Botschaft enthält.

Im Rahmen einer gruppenpsychologischen Sitzung mit einer achten Hauptschulklasse wurde ein Konflikt zwischen B. und G. an die Oberfläche gespült und so bearbeitbar gemacht. B. ist in G. unglücklich verliebt. Seine hartnäckigen Annäherungsversuche verärgern G. massiv. Unter der Last unerwiderter Liebe gebeugt, nimmt B. Kontakt zu G.s Schwestern auf und redet schlecht über G. Er lästert. Das empört G. noch mehr. Indessen hat sie eine Klassenarbeit zu schreiben, die Zitate von Lernenden enthält, die namentlich angegeben werden. Damit würdigt der Verfasser die Beiträge der Lernenden aus vorausgegangenen Diskussionen. Bei Aufgabe drei ist aber der Versuch deutlich zu erkennen, B.s Initialen mit heftigen kritzelnden Bewegungen unkenntlich zu machen und so symbolisch zu liquidieren. Das Papier des Originals ist an dieser Stelle beschädigt und leicht durchlöchert. (Zur Schul-Geschichte „Lästern" gibt es eine Videodokumentation, die inzwischen hochschuldidaktisch gestaltet worden ist.)

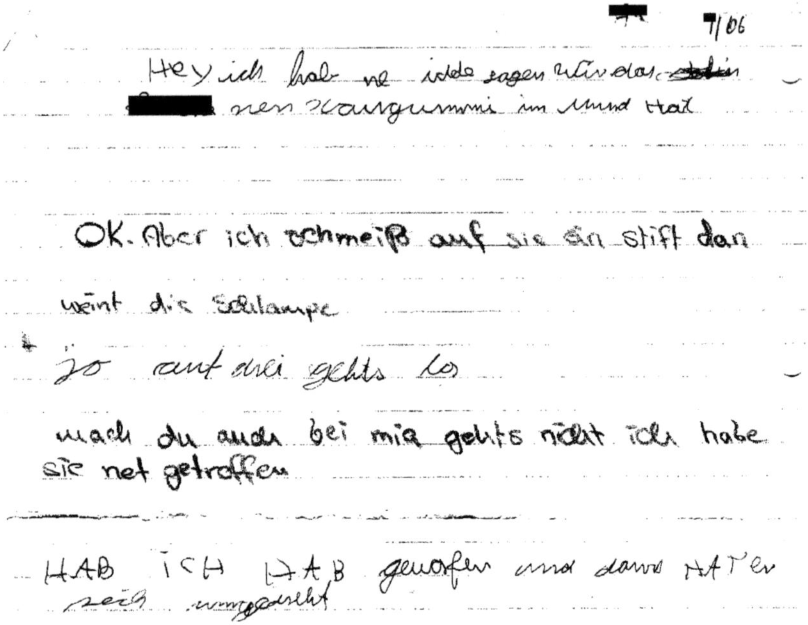

**Abbildung 20: 2006; Klasse 7; Hauptschule; Verschwörung gegen Mitschülerin -- geplante Denunziation und Angriffspläne.**

Dieses Dokument enthält die Kommunikation zweier Jungen, die sich gegen eine Mitschülerin verbündet haben und gegen sie Aktionen planen. Auf Grund anderer Aktivitäten können die beiden als der Mitschülerin feindlich gesinnt gelten. Der Zettel vermittelt einen unmittelbaren Einblick in die Skrupellosigkeit Lernender, deren Entfaltung in der Schule als Fragmente-Vermittlerin gefördert wird:

A: Hey, ich hab ne idde sagen Wir das *** nen Kaugummi im Mund Hat
B: OK. Aber ich schmeiß auf sie ein Stift dan weint die Schlampe
A: jo auf drei geht's los
B: mach du auch bei mia geht's nicht ich habe sie net getroffen
A: HAB ICH HAB geworfen und dann HAT er sich umgedreht

238

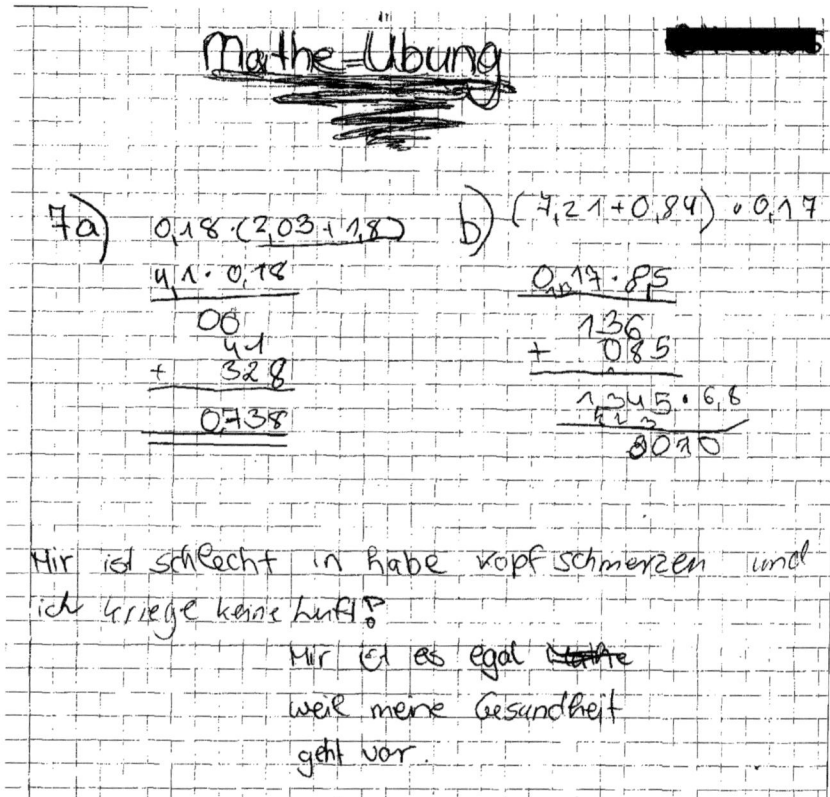

**Abbildung 21: 2007; Klasse 7; Hauptschule: Übelkeit, Kopfschmerzen und Atemnot sind neben Regelschmerzen im Schulalltag verbreitete Symptome.**

Die Mathematikübung wird abgebrochen. Dem offiziellen Hefteintrag folgt eine Beschreibung der eigenen umfangreichen Symptomatik, die zugleich das Einstellen der schulisch geforderten Tätigkeit legitimiert.

239

**Abbildung 22: 2007; Klasse 7; Hauptschule; „Er war's" - Schuldzuweisung: Standard in der (schulischen) Beziehung.**

*Niedrige Qualität der Beziehung* als gelebte Interaktion ist gekennzeichnet durch ständige Schuldzuweisungen als Abwälzen der Schuld. Anstatt ständiger Wiederholungen rüstet man sich mit diesem Hinweisschild aus und hält es entsprechend, sobald die Situation es erfordert. Der Mechanismus der Schuldzuweisung wird von einem Kartenspiel aufgegriffen: dem Schwarzen Peter, den man „loswerden" will. Wer am Ende den Schwarzen Peter behält, bekommt eine schwarze Nase angemalt, die niemand will.

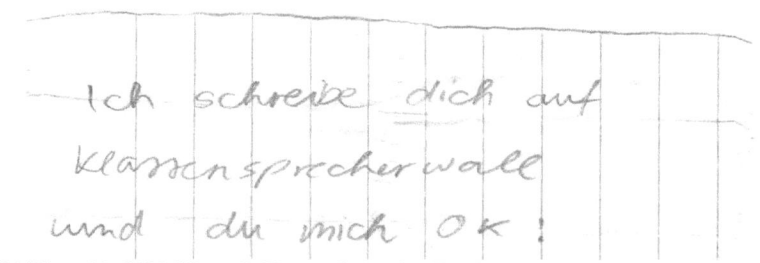

Abbildung 23: 2006; Klasse 7; Hauptschule; eine Hand wäscht die andere.

Machtzynismus lässt grüßen; hier fängt er klein an.

Abbildung 24: 2001; Klasse 4; Grundschule; Der Verfasser wird als Engel dargestellt, und der Künstler porträtiert sich selbst mit Tränen.

Das Ende des pädagogischen Glücks wird von Tränen markiert, weil der Engel bald davonfliegen wird. Wo ein herzliches Fest gefeiert wird, dort ist das Reich Gottes schon da.

Hallo mein ██████ Schatz,
Mein Schatz ich will dich nie verlieren.
Das weißt du ja auch, du bist echt meine
Beste Freundin und ich will auch Beste Freundin
mit dir bis an Lebens Ende sein.
Du bist echt die aller Beste Maus.
Ich hab dich so böse doll Lieb.
Wenn irgendwas is ja du kannst immer
zu mir kommen und wenn es dir auch
mal zu viel wird zu Hause kannst du
auch kommen.

Ich lieb dich

1000000
Küss

**Abbildung 25; 2006; Klasse 8; Hauptschule; ein freundlicher Brief an die „beste Freundin".**

Die strahlende Zuwendung wird befleckt durch die Begierde, die einen Menschen und Dinge haben wollen lässt: „Ich will dich nie verlieren" heißt *„ich* will dich immer *haben."* An dieser Verknotung des gegenseitigen Haben-Wollens scheitern Liebesbeziehungen, ohne dabei freundlich bleiben zu können. Ist die Freundlichkeit „gegründet im Respekt, in der bejahenden Zuwendung, so ist sie wie ein Fest, in dem die Zustimmung zur Welt sich ereignet. Sie lebt aus der Fülle, sie ist Überschuß, der mit der Mühe des Alltags versöhnt" (Narr 1996, 163).

242

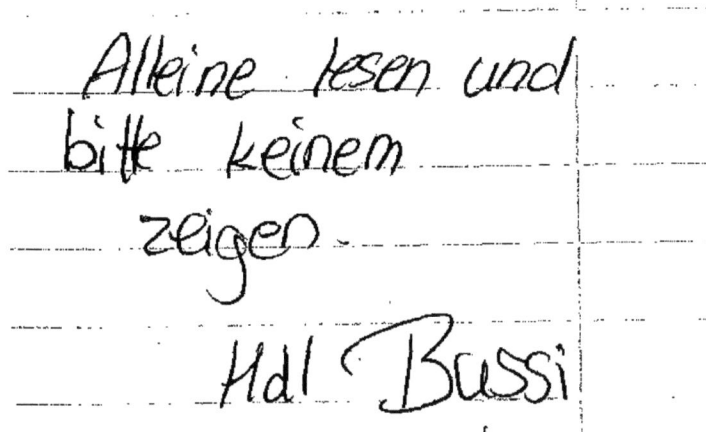

*Alleine lesen und bitte keinem zeigen.*

*Hdl Bussi*

**Abbildung 26; 2005; Klasse 7; Hauptschule; Ankündigung vertraulicher Post.**

Intimes Wissen ist per se „streng geheim". Um den notwendigen Schutz der Privatsphäre wird gebeten. Der Inhalt des Schreibens darf dem Bedürfnis nach Tratsch nicht zum Opfer fallen.

Hallo ██████ ☺ !

Ich wollte dir nur sagen das ich es cool finde das wir uns wieder vertragen habe, ich meine wegen damals.
Ich will unbedingt den Kontakt zu dir behalten. Weil Du darfst aber nicht denken nur weil ████ nimmer da ist, treff ich mich wieder mit dir. Wenn du das denkst spinnst du.
Ich habe dich echt sehr lieb

100000 Bussis
Hdgdl

P.s: Ruf mich an wenn du kannst! ✓
please

**Abbildung 27: 2005; Klasse 7; Liebesbeteuerungen nach neuem Anfang.**

Das Schreiben feiert die Wiederaufnahme der Beziehung. In der Versöhnung zwischen Menschen wird gern Freundlichkeit erblickt (etwa Narr 1996). Sie lässt sich aber nicht sicher behaupten, solange die Motive der Wiederaufnahme des Kontakts unbekannt bleiben. Jedenfalls dürfen hier beim Empfänger keine Zweifel bezüglich der Echtheit der Liebesbeteuerungen entstehen. Ihm wird entschieden nahegelegt, sich als Lückenfüller gerade nicht begreifen zu dürfen.

5.5 DURCHSCHNITTSNOTE UND GESAMTPUNKTZAHL

Die in den drei Blöcken erreichte Punktzahl ergibt in Summe die erreichte Gesamtpunktzahl, welche folgender Durchschnittsnote entspricht:

| Gesamtpunktzahl | Durchschnittsnote | Gesamtpunktzahl | Durchschnittsnote |
|---|---|---|---|
| 840 - 768 | 1,0 | 515 - 499 | 2,6 |
| 767 - 751 | 1,1 | 498 - 482 | 2,7 |
| 750 - 734 | 1,2 | 481 - 465 | 2,8 |
| 733 - 717 | 1,3 | 464 - 449 | 2,9 |
| 716 - 701 | 1,4 | 448 - 432 | 3,0 |
| 700 - 684 | 1,5 | 431 - 415 | 3,1 |
| 683 - 667 | 1,6 | 414 - 398 | 3,2 |
| 666 - 650 | 1,7 | 397 - 381 | 3,3 |
| 649 - 633 | 1,8 | 380 - 365 | 3,4 |
| 632 - 617 | 1,9 | 364 - 348 | 3,5 |
| 616 - 600 | 2,0 | 347 - 331 | 3,6 |
| 599 - 583 | 2,1 | 330 - 314 | 3,7 |
| 582 - 566 | 2,2 | 313 - 297 | 3,8 |
| 565 - 549 | 2,3 | 296 - 281 | 3,9 |
| 548 - 533 | 2,4 | 280 | 4,0 |
| 532 - 516 | 2,5 | | |

**Abbildung 28: Ministerielle Berechnungen mit Punkten und Durchschnittsnoten.**

Ein hoch komplexes System, dessen Details für den durchschnittlichen Lernenden kaum durchdringbar sind, findet in dieser Abbildung seine Zusammenfassung. Der Kurswert ist aus der Summe der erreichten Punktzahl zu ermitteln. Eine Zahl mit einer Dezimalstelle begleitet denjenigen lebenslang, der sie gemäß der Verordnungen des Landesministeriums hat erwerben können. In diesem Fall handelt es sich um das Ministerium für Kultus, Jugend und Sport Baden-Württemberg als Herausgeber des Leitfadens für die gymnasiale Oberstufe, Abitur 2008. Diese Tabelle stellt gewissermaßen das Brennglas aller schulischen Bemühung dar: Alles Schulische läuft auf die *Note* hinaus, und die Königin aller Noten ist die Durchschnittsnote. Und die Durchschnittsnote „vom Abi" ist die Kaiserin aller Noten. Ist der Lernende in den Besitz einer Durchschnittsnote gelangt, die die Hochschulzugangsberechtigung auf einen kurzen Nenner bringt, so verlässt dieser das Schulsystem durch sein höchstes Tor, genannt „Abi". Allerdings ist es vorteilhaft, eine möglichst gute Durchschnittsnote zu besitzen, die möglichst weiter oben angesiedelt ist: „Je höher, umso besser", lautet das ministerielle Motto. Denn an das Abitur anschließende Ausbildungswege sind oft mit Sperren ausgestattet, genannt „N.C." – unterschreitet die eigene Durchschnittsnote diesen dort angegebenen Wert, so bleibt dieser Ausbildungsweg für diesen Bewerber gesperrt. Wie die Mindestpunktzahl „280" oder die Höchstpunktzahl „840" errechnet werden, zeigt die folgende Darstellung der Blöcke, die zu jenem Ganzen als Durchschnittsnote führen.

# 5. Gesamtqualifikation

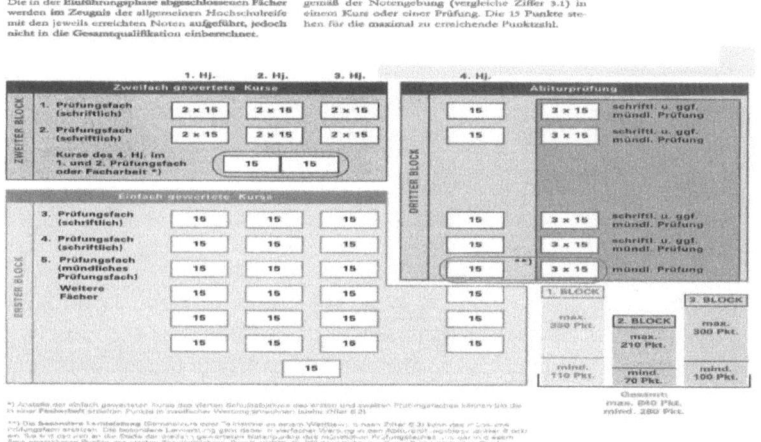

**Abbildung 29: Drei Blöcke bilden die Berechnungsgrundlage der Durchschnittsnote.**

Freundlich-entspannt lächelnde Gesichter umrahmen das künstliche Gebilde der Berechnungstechnik des Unberechenbaren, als seien sie den Wolken entsprungen, um sich an der ministeriellen Verordnung zu ergötzen. Das Landesministerium scheint selbst süßlich zu lächeln, während es selbstverliebt sein bunt gestaltetes Schema betrachtet, das ausgesprochen wohlwollend daherkommt, indem es in allen Kästchen die maximal erreichbare Punktzahl von fünfzehn Punkten verzeichnet. Es verschweigt aber wohlweislich, dass die Hochschulzugangsberechtigung nur im Falle des Eintretens der Unwahrscheinlichkeit so wie abgebildet aussehen wird. Da die Fälle realiter erheblich und darunter streuen, hält die Kultusbehörde eine elegant verpackte Auskunft für ihre Untertanen bereit: „Du bist notorisch defizitär", sagt sie, „weil du meine maximalen Vorgaben als normal vernünftiger Mensch nicht erreichen kannst." Und wer 840 Punkte erreicht, ist kein Maximalist als Vorzeige-Lernender, sondern ein verdächtiger Roboter als ministerieller Klon-Phantom.

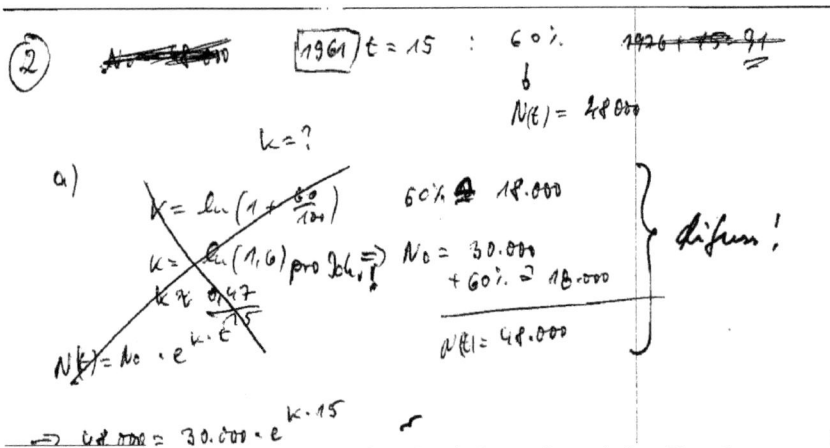

**Abbildung 30: 1991; Klasse 13; Gymnasium; Ironie der mathematischen Korrektur – es ist difuss!**

Dem Lernenden erscheint diese mathematische Sphinx als Blödsinn, dem Korrektor auch. Es lässt sich aber wenigstens lernen, dass $48.000 = 30.000 \cdot e^{k.15}$ richtig ist, wie der neben dieser Rechnung davon fliegende Vogel symbolisiert. Aber die Ironie will, dass die mathematische Sphinx der Sphinx der deutschen Orthografie weichen muss. Die orthografische Falle fragt: „Difuss oder Diffus?" Da es ohnehin diffus ist, schreibe man diffus als difuss.

246

# Auszug aus der Abiturverordnung berufliche Gymnasien - BGVO

### § 27 Nichtteilnahme, Rücktritt

(1) Wird ohne wichtigen Grund an einem der Prüfungsteile ganz oder teilweise nicht teilgenommen, gilt dies als Nichtzuerkennung der allgemeinen Hochschulreife. Über das Vorliegen eines wichtigen Grundes entscheidet bei der schriftlichen Prüfung der Leiter, bei der mündlichen Prüfung der Vorsitzende des Prüfungsausschusses und bei der fachpraktischen Prüfung im Fach Sport der Vorsitzende des Fachausschusses. Der Schüler hat den Grund unverzüglich der Schule mitzuteilen.

(2) Als wichtiger Grund gilt insbesondere Krankheit. Auf Verlangen ist ein ärztliches oder amtsärztliches Zeugnis vorzulegen. Wer sich in Kenntnis einer gesundheitlichen Beeinträchtigung oder eines anderen wichtigen Grundes der Prüfung unterzogen hat, kann dies nachträglich nicht mehr geltend machen. Der Kenntnis steht die fahrlässige Unkenntnis gleich; fahrlässige Unkenntnis liegt insbesondere dann vor, wenn beim Vorliegen einer gesundheitlichen Beeinträchtigung nicht unverzüglich eine Klärung herbeigeführt wurde.

(3) Sofern und insoweit ein wichtiger Grund vorliegt, gilt die Prüfung als nicht unternommen. Die Teilnahme an einer Nachprüfung nach § 17 Abs. 2 Satz 2 ist möglich. Hierbei bleiben die bereits erbrachten Prüfungsleistungen bestehen.

(4) Vor Beginn der Abiturprüfung ist auf diese Bestimmungen hinzuweisen.

### § 28 Täuschungshandlungen, Ordnungsverstöße

(1) Wer es unternimmt, das Prüfungsergebnis durch Täuschung oder Benutzung nicht zugelassener Hilfsmittel zu beeinflussen oder nicht zugelassene Hilfsmittel nach Bekanntgabe der Prüfungsaufgaben mitführt oder Beihilfe zu einer Täuschung oder einem Täuschungsversuch leistet, begeht eine Täuschungshandlung.

(2) Wird während der Prüfung eine Täuschungshandlung oder ein entsprechender Verdacht festgestellt, ist der Sachverhalt von einer Aufsicht führenden Lehrerkraft zu protokollieren. Der Schüler setzt die Prüfung bis zur Entscheidung über die Täuschungshandlung vorläufig fort.

(3) Liegt eine Täuschungshandlung vor, wird der Schüler von der weiteren Teilnahme an der Prüfung ausgeschlossen; dies gilt als Nichtzuerkennung der allgemeinen Hochschulreife. In leichten Fällen kann stattdessen die Prüfungsleistung mit der Note "ungenügend" (0 Punkte) bewertet werden. Die Entscheidung trifft bei der schriftlichen Prüfung der Leiter, bei der mündlichen Prüfung der Vorsitzende des Prüfungsausschusses und bei der fachpraktischen Prüfung im Fach Sport der Vorsitzende des Fachausschusses.

(4) Stellt sich eine Täuschungshandlung erst nach Aushändigung des Zeugnisses heraus, kann das Oberschulamt das Zeugnis einziehen und entweder ein anderes Zeugnis erteilen oder die Zuerkennung der allgemeinen Hochschulreife zurücknehmen, sofern seit der Ausstellung des Zeugnisses nicht mehr als zwei Jahre vergangen sind.

(5) Wer durch sein Verhalten die Prüfung so schwer behindert, dass es nicht möglich ist, die Prüfung ordnungsgemäß durchzuführen, wird von der Prüfung ausgeschlossen; dies gilt als Nichtzuerkennung der allgemeinen Hochschulreife. Absatz 3 Satz 3 gilt entsprechend.

(6) Vor Beginn der Abiturprüfung ist auf diese Bestimmungen hinzuweisen.

**Das Mitführen eines Handys führt zum sofortigen Ausschluss aus der Prüfung.**

**Abbildung 31: 2008; Gymnasium; Strafgesetzbuch zur Durchführung der Abiturprüfungen.**

Neben dieser Drohkulisse während der wichtigen Abiturprüfungen haben Abiturienten als potenzielle Delinquenten mit Drachen anderer Art zu kämpfen: Die Sorge, ausgerechnet zu den festgelegten Prüfungsterminen zu erkranken oder sich einen Arm zu brechen, so dass die als Hinrichtung erlebte Prüfungssituation sich über weitere Zeiträume zieht. „Augen zu und durch", lautet das Motto, das irgendwie entfernt an etwas Heldenhaftes erinnert.

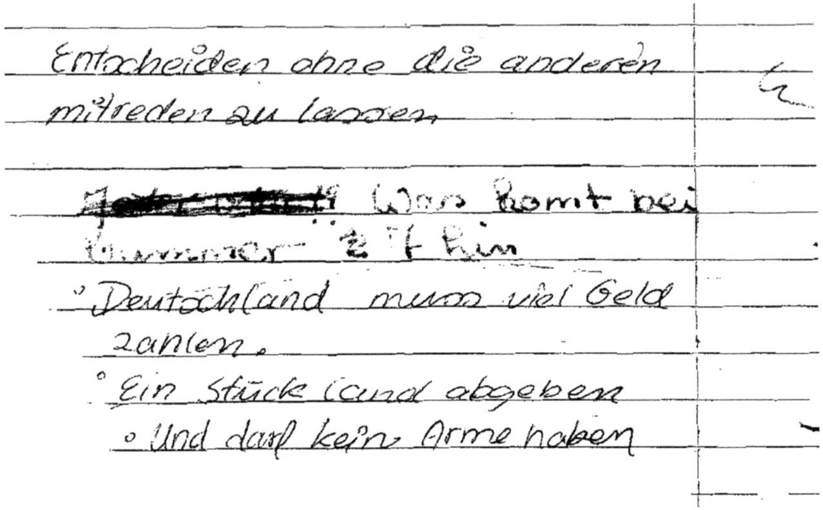

**Abbildung 32: 2005; Klasse 8; Hauptschule; abgefangener Spickzettel zum Thema „Versailler Vertrag und seine Folgen für Deutschland nach dem verlorenen Ersten Weltkrieg".**

Klassenpost, die in einem Etui versteckt und in dieser Tarnung zuweilen mit der ausdrücklichen Genehmigung des Lehrenden den Besitzer wechselnd, enthält Botschaften wie diese: „Entscheiden ohne die anderen mitreden zu lassen" – „Was komt bei nummer 7 hin" – Der Betrachter erkennt die Deutschland auferlegten Bedingungen gemäß des Versailler Vertrages: „Deutschland muss viel Geld zahlen", „Ein Stück Land abgeben" „Und darf kein Arme haben". Informationen solcher Art werden geheimdienstlich verfolgt. Dieser Spickzettel ist der materielle Beweis für einen (schulisch definierten) Betrug. Das Betrügen mit Fragmenten, die zu einem höheren Wert in Gestalt der Note werden sollen, geschieht in der Atmosphäre des Betrugs mit virtuellen Waren. Die Ware „Krieg", die Ware „Versailler Vertrag", die Ware „Sinusfunktion". Willkommen im Warenhaus der eitlen Sinnlosigkeit!

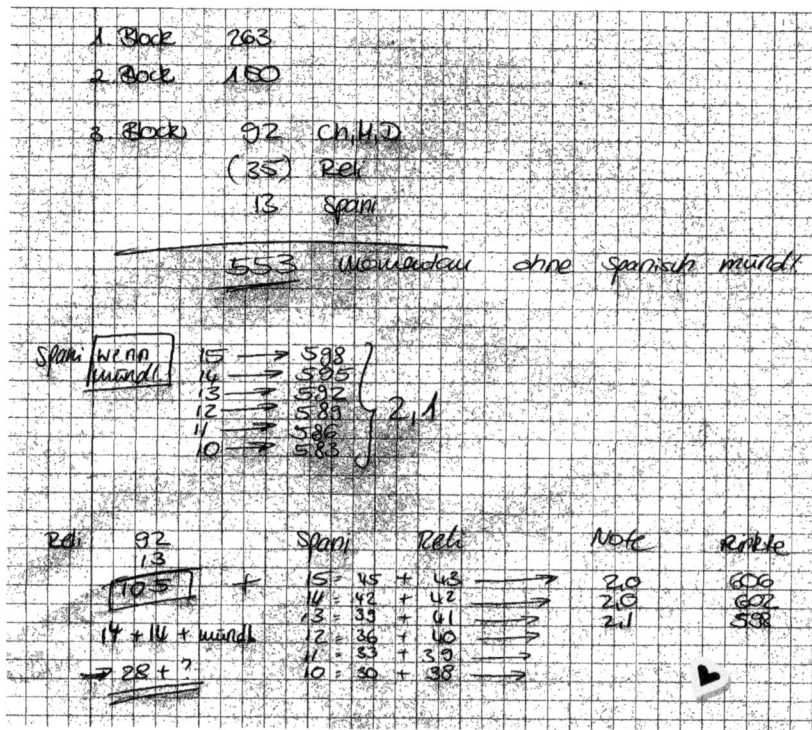

**Abbildung 33: 2008; Klasse 13; Gymnasium; Berechnung der Abi-Durchschnittsnote vorbehaltlich der Note aus der ausstehenden mündlichen Prüfung im Fach Spanisch.**

Die mathematische Mechanik wird ein letztes Mal herausgefordert: Zahlen werden in Relation zueinander gesetzt, um eine weitere Zahl zu ermitteln, mit der man sich wird voraussichtlich schmücken können. Man wird bald Abiturient und zugleich Träger einer lebenslang gültigen Durchschnittsnote (die sich sogar tiefer legen lässt, s. EG, Abb. 6). Nur noch eine mündliche Prüfung als die letzte kleine Schlacht des Trojanischen Krieges, bei der man sich die und die Chancen ausrechnet, und dann ist es geschafft! Wir haben dreizehn Jahre gesessen! Wir haben den Drachen nach dreizehnjährigem Kampf endlich bald besiegt. Das Motto lautet 2008: „Abi La Victoria Siempre – 13 Jahre bis zum Sieg!" Die Illusion lächelt milde, denn nur sie weiß, dass ihr Gefängnis sich so leicht nicht verlassen lässt: Der befreite Sklave kann nichts Besseres mit sich anfangen, als sich in der Einbildung der Loslösung von allem zu besaufen. Der sich so feiernde Held ist ein gebrochener. Eine Hülle der Sinnlosigkeit wird zerrissen und er landet in der nächsten; vom Regen in die Traufe, wie man sagt.

**Schulpapiere Überarbeitung und ordnungsgemäße Entschuldigung:** ██████████

Sehr geehrter Herr Engelbrecht,

in der letzten Woche wurden Sie aufgefordert einen Besprechungstermin mit mir auszumachen: Ziel: Überarbeitung der **Schulpapiere,** Erreichen eines den Anforderungen entsprechenden Standes.

Noch diese Woche sollte ein Termin gefunden werden. Bitte kommen Sie auf mich zu.

Der Schüler ██████████ fehlte einige Tage **unentschuldigt.** Ich bat Sie heute der Sache nachzugehen und mir die Entschuldigung vorzulegen oder aber ein Bußgeldverfahren einzuleiten. Leider fand ich weder zum einen noch zum anderen irgendwelche Informationen. Was haben Sie erhalten, was haben Sie unternommen? Ich erwarte Information.

Bitte kontaktieren Sie mich heute entweder in der Pause oder nach 13.00 Uhr.

Vielen Dank!

Mit freundlichen Grüßen

**Abbildung 34: 2006; Hauptschule; Aufforderung zur Einleitung eines Bußgeldverfahrens wegen unentschuldigten Fehlens.**

Die Sorgen häufen sich: Nicht nur, dass die Schulpapiere zu wünschen übrig lassen; dem Verfasser laufen auch noch die Gefangenen davon, ohne dass dieser offizielle Zwangsmaßnahmen eingeleitet hätte. Zur Schulbörse gehört der Sachverhalt, dass es ministerielle Tarife gibt, nach denen die Höhe des Bußgeldes berechnet wird: Sie variieren von Bundesland zu Bundesland. Die Internetseite (www.das-rechtsportal.de) hält hierzu entsprechende Informationen bereit, die sich gleich bei der Eröffnung der Kategorie „Schule und Unterricht" widersprechen. Erst wird ein Direktor des Kriminologischen Forschungsinstituts Niedersachsen zitiert: „Jugendliche, die massiv schwänzen, sind mindestens viermal so kriminell, wie ihre Altersgenossen, die regelmäßig die Schule besuchen." Sodann wird mit den Schwänzern sympathisiert, die die schulische Langeweile nicht auszuhalten scheinen: „Zugegeben: Der Gedanke ist verlockend. Frei haben, während die anderen *die Zeit* im Klassenzimmer *totschlagen*" (Herv. AE).

250

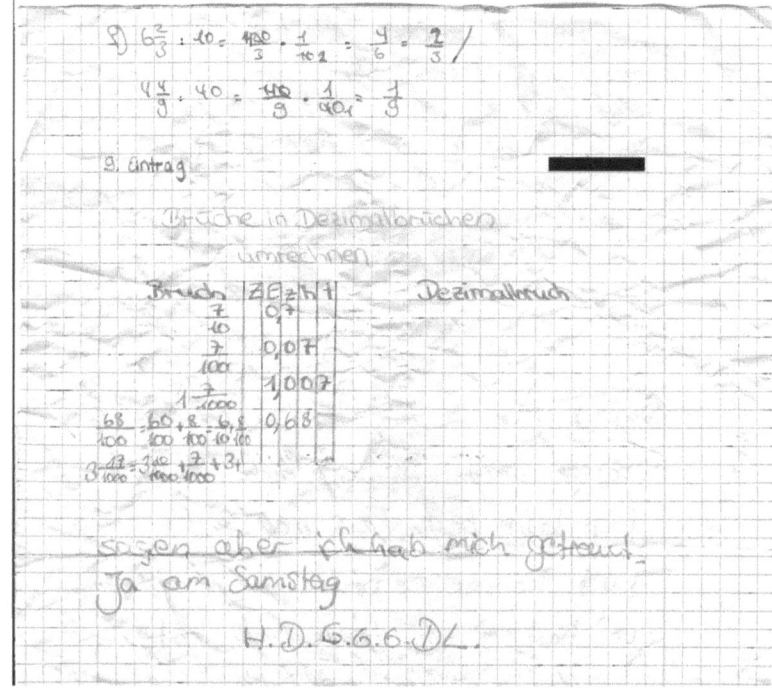

**Abbildung 35: 2006; Hauptschule; Parzellierung des Lernenden.**

In friedlicher Koexistenz finden sich Lebensweisen auf demselben Terrain: hier die mathematische Ordnung, die der Lernende nicht versteht, dort die freudige Verheißung großer Liebe. Denn „H.D.G.G.G.DL." bedeutet: „Hab dich ganz ganz ganz doll lieb." Die strenge schulische Ordnung erlaubt eigentlich keine Mitteilungen dieser warmen Art. Diese Mitteilung wäre zu streichen, oder die Seite wäre neu sauber abzuschreiben. „Sauber" heißt hier gewaltsame Abtrennung des Gefühls vom staatlich Verordneten, als sei das Gefühl Müll. „Wir sind zwei", heißt es, „und von dir erwarte ich keine Sentimentalitäten, sondern korrekte Arbeit unter akribischer Beachtung der vorgeschriebenen Schritte: ein *sauberes Argument* eben. Da du das Argument, das du aufschreibst, nicht verstehst, tue wenigstens so, als hättest du es verstanden! Imponiere deiner staunenden Mutter, was für Berechnungen du anstellst! Reihe ein paar Buchstaben und Zahlen hintereinander und sage: Das ist der Beweis!"

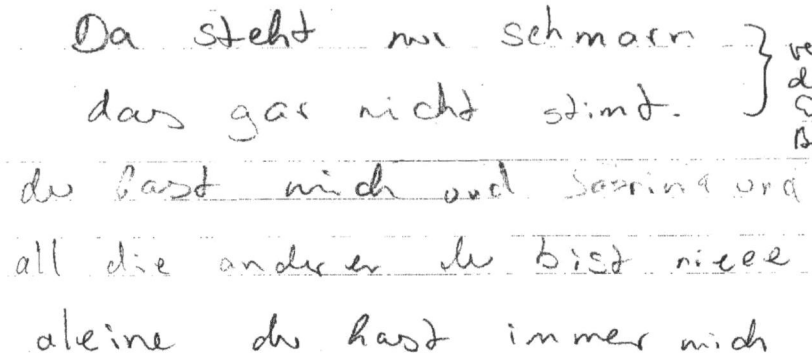

**Abbildung 36: 2006; Klasse 9, Hauptschule: Kritik am Ethikbuch.**

Die mündlich und schriftlich geäußerte Kritik am Ethikbuch „Da steht nur schmarn das gar nicht stimt" beklagt zugleich das Auseinanderfallen der Handlung und ihre Degeneration zur Pseudohandlung, weil wir nur darüber „labern", was für wundersame Tugenden wie Hilfsbereitschaft es gibt und wie wunderbar sich Jung und Alt verstehen. Der Kyniker als Lernender wehrt sich gegen die Zumutung einer illusionären Weltauffassung. Der Kyniker ist das Beziehungstier im Menschen: Nach der schroffen Ablehnung von Scheinwelten besinnt er sich nun auf das Mänschliche: „du hast mich und *** und all die anderen du bist nieee aleine du hast immer mich". Dieser Verfasser ist der Ritter der Gegenwart, der seine Dienste zur Rettung der Menschheit stets anbietet, ohne eine Gegenleistung dafür zu erwarten; er ist eine Mutter Theresa, ein Super- und Batman, ein Gentleman alten Schlags, der eine Wundertat nach der nächsten vollbringt und immer voller Frische von Balkon zu Balkon mit einer Rose im Mund springt. Und so plötzlich, wie er aufgetaucht war, verschwindet er wieder. Man reibt sich die Augen: War das ein Traum?

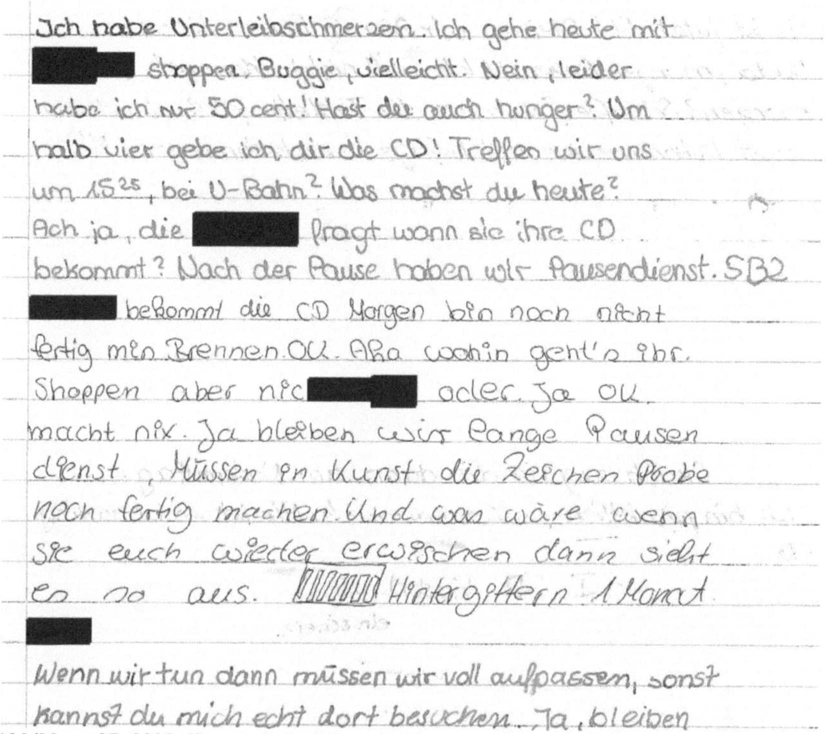

Ich habe Unterleibschmerzen. Ich gehe heute mit ███████ shoppen, Buggie, vielleicht. Nein, leider habe ich nur 50 cent! Hast du auch hunger? Um halb vier gebe ich dir die CD! Treffen wir uns um 15²⁵, bei U-Bahn? Was machst du heute? Ach ja, die ███████ fragt wann sie ihre CD bekommt? Nach der Pause haben wir Pausendienst. SB2 ███████ bekommt die CD Morgen bin noch nicht fertig min Brennen.OU. Aßa wohin geht's Ihr. Shoppen aber nic ███████ oder. Ja OU. macht nix. Ja bleiben wir lange Pausen dienst, Müssen en Kunst die Zeichen Probe noch fertig machen. Und was wäre wenn sie euch wieder erwischen dann sieht es so aus. ███████ Hintergittern 1 Monat

Wenn wir tun dann müssen wir voll aufpassen, sonst kannst du mich echt dort besuchen. Ja, bleiben

**Abbildung 37: 2005; Hauptschule; Klasse 8: Shoppen gehen mit 50 Cent.**

Die subjektive Befindlichkeit beklagt körperliche Leiden und Hunger. „Shopping" heißt der neuzeitliche Gott, der die Erlösung von Leid mit jedem getätigten Einkauf verspricht. Unverbindlich werden Waren erworben oder gestohlen, um die Erfahrung zu machen, dass das psychische Loch nicht zu füllen ist. Diese stille Einsicht veranlasst den nächsten Einkauf. Ein Lernender der achten Hauptschulklasse ist als Dieb bekannt, der dem Verfasser mitteilt, dass er ein Zimmer voller Diebesgut hat, das er weiter veräußert. Der Vater des Täters übersieht auch die unübersehbaren Waren, die als Notschrei nach Zuwendung verlangen. Diese bleibt versagt, und so müssen neue Waren als Surrogat gekauft und gestohlen werden.

**Abbildung 38: Ein Beispiel für Weisheit.**

Offenbar ist es nie zu früh, weise zu werden und mit seiner ganzen Existenz für das Wunder des Lebens einzustehen. Wirtschaftliche Interessen sinnen auf schnellen Profit; sie betrachten die Natur als Ware, die auszubeuten, zu verwerten, zu verdinglichen ist. Wer aber imstande ist, die Kostbarkeit des Lebendigen zu erfassen, wird sich der Verdinglichung verweigern. Julia verbringt als junge Frau zwei Jahre in einem tausendjährigen Baum, um ihn vor dem Fällen zu schützen. Die Ausbildung, die sie dort erfährt, ist nicht akkreditiert, nicht zertifiziert, und sie ist nicht einmal beabsichtigt worden. Julias moralische Integrität bleibt sich treu, so dass sie viele harte Prüfungen besteht, Prüfungen, die die Ambivalenz des Lebens stellt und die nicht im warmen Raum und bequemen Stuhl stattfinden. Jede formelle Prüfung entlarvt sich selbst als absolut lächerlich und hohl, wenn sie sich Julias Prüfungen gegenübergestellt sieht. Moralische Integrität verweigert sich dem Stift und dem Papier, sie ist nur in der *wirklichen Welt* erfahrbar. Die papierene Welt ist die des Scheins und der Heuchelei, des unverbindlichen Spiels mit der Moral und jedem. *Die wirkliche Welt aber verlangt eine persönliche Entscheidung, die die eigene physische Existenz relativiert, gerade dann, wenn Würde auf dem Spiel steht.*

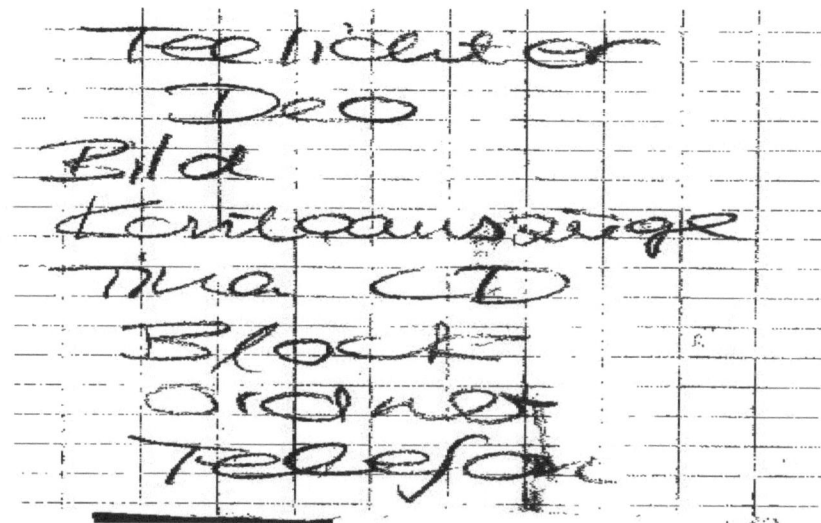

**Abbildung 39: 2008; Einkaufszettel, gefunden auf dem Campus.**

Auf der einen Seite des Zettels finden sich Notizen, die sicherstellen sollen, dass alle Besorgungen erledigt werden. Die Philosophie des Tuns ist in unserem Kulturkreis gut entwickelt, jene des Lassens hingegen – schwach. So findet sich der ganze Zeitgeist unserer Zivilisation auf diesem kleinen Zettel vermerkt. Denn auf seiner Rückseite befinden sich zwei zauberhafte Worte …

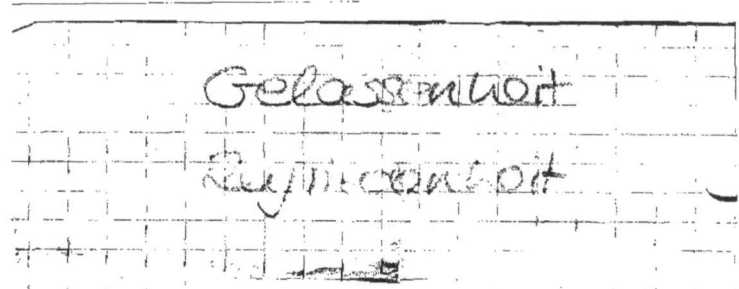

**Abbildung 40: 2008; die andere Seite des auf dem Campus gefundenen Zettels.**

Gelassenheit & Zufriedenheit.

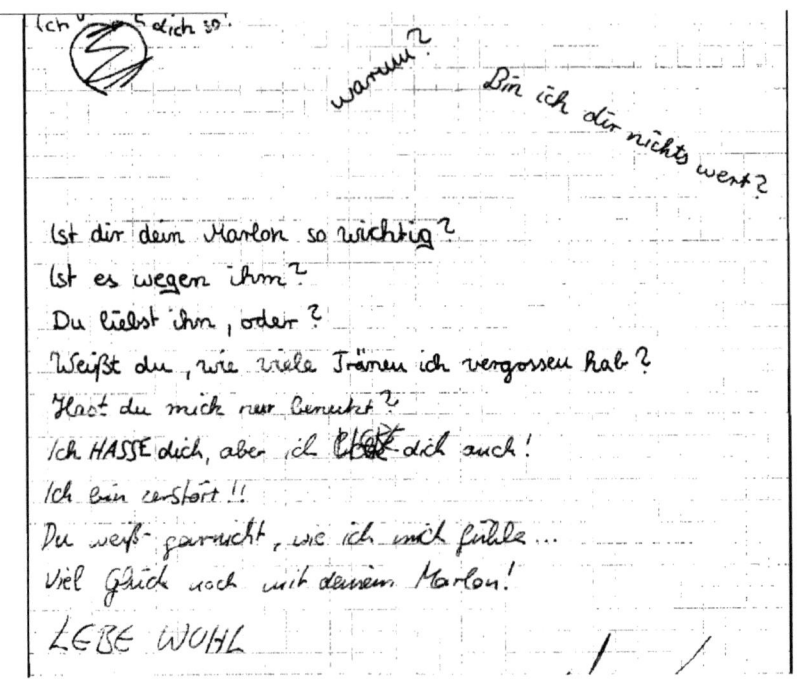

Abbildung 41: 2006; Hauptschule; Liebesschmerzen im Englischunterricht

Ein begabter Lernender gerät wegen mangelhafter Arbeitshaltung von der Realschule in die Hauptschule. Seine schulisch definierten Leistungen sind, zumal gemessen am Durchschnitt der Hauptschule, exzellent. Unterfordert vom Geschehen in seiner neuen Umgebung, entwickelt er sich rasch zum Punk. Liebeskummer gesellt sich bald dazu, dem er in diesem Brief Ausdruck verleiht. Der Verfasser konfisziert ihn und ebenfalls einen zweiten. Gerührt vom eloquent vorgetragenen Liebesschmerz seines Schülers, erlaubt der Verfasser dann dem Leidenden, einen dritten Liebesbrief zu schreiben. Die Botschaft pendelt zwischen Bekundungen des eigenen überwältigenden Schmerzes („Ich bin zerstört") und dem Versuch, eine distanziert-gönnerhafte Haltung einzunehmen („Viel Glück noch mit deinem Marlon"). Die infantile Abhängigkeit vom Partner äußert sich in der Schwierigkeit, allein weiter zu existieren: Das allein zurückgelassene Kind ist nicht überlebensfähig. Es weint, es jammert, es badet im Unglück. Es sendet einen SOS-Ruf und wartet auf eine helfende Hand, die sich, von oben kommend, zu ihm hinunter streckt.

**Abbildung 42: um 2006; Flyer, der zur Teilnahme am Night-Live animieren soll.**

Man feiert eine Party, man ist cool drauf. „Das freundliche, wohlgemute Anein-ander-Teilnehmen wird zum plumpen, aber sehr wichtigen Theater. Denn man muß sich fortlaufend wechselseitig oberflächlich narzisstisch bestätigen, um sich gemeinsam über das Elend hinwegzuspielen, das sonst aufbrechen könnte" (Richter 1997a, 157). Man lässt gemeinsam die Sau raus und suhlt sich in der Pfütze aus Bier und Kotze.

**Abbildung 43: Richtige Erziehung - die andere Seite des Zynismus.**

Die krampfhaft geordnete Welt steht, fixiert wie gefrorener Stein. In dieser Atmosphäre ist jeder dem anderen wohlgesonnen, aber die Betonung liegt auf der Schwere des Lebens und der Notwendigkeit, es durch Pflichterfüllung zu bewältigen und dabei alles zu seinem Vorteil Mögliche auszuschlachten – hierzu bedarf es der sogenannten „Bildung", die bewirken soll, dass mit Zynismus als Diener der nicht hinterfragten Pflicht sich viel Geld machen lässt. Die Last der Pflicht ist die imaginierte Last des Lebens. Bei so viel Pflichterfüllung muss man

258

irgendwann die Sau heraus lassen. Nur bleibt ungewiss, wann sie ihren Wirt auffrisst.

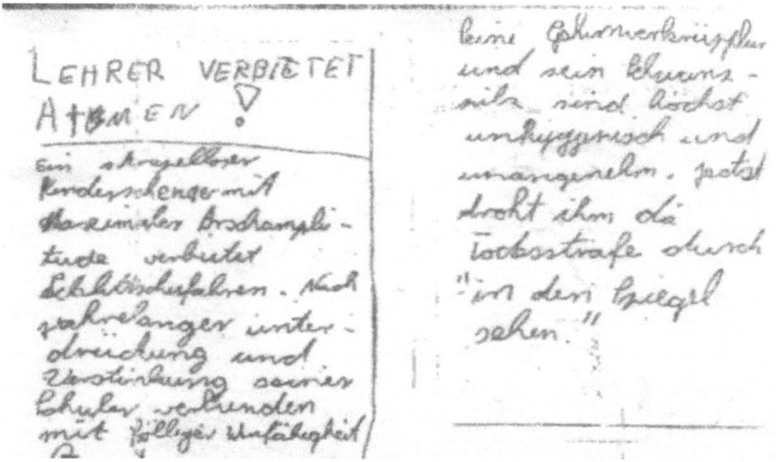

**Abbildung 44: um 1998; empörte Schülerreaktion – „Lehrer verbietet Atmen!"**

Eine Studentin berichtet folgendes Ereignis aus ihrer eigenen Schulzeit. Ein junger Lehrer macht das geplante Schlittschuhlaufen abhängig von der Arbeitsleistung und Disziplin seiner Klasse. Von dieser unzufrieden, sagt er das Schlittschuhfahren ab. Die Klasse reagiert empört. Besonders ein Schüler setzt sich für Protestaktionen ein und fertigt obiges Schreiben an: „Ein skrupelloser Kinderschänder mit maximaler Arschamplitude verbietet Schlittschuhfahren. Nach jahrelanger Unterdrückung und Verstinkung seiner Schüler verbunden mit völliger Unfähigkeit. Seine Gehirnverkrüppelung und sein Schwanzpilz sind höchst unhygienisch und unangenehm. Jetzt droht ihm die Todesstrafe durch ‚in den Spiegel sehen'" (Quelle: J.G.). Dieser Schüler sammelt Unterschriften gegen den Lehrer. Die Sache wird der Klasse zu brenzlig, und die Dokumente werden über den Abfall entsorgt. Dennoch landen sie im Postfach des Lehrers, der seinerseits ein defensiv-offensives Schreiben verfasst und dieses zusammen mit einer Kopie des Schülerdokuments an die Eltern über die Schüler sendet und um Kenntnisnahme bittet. Die persönliche Kränkung verhindert eine angemessene Würdigung der Leistung des rebellischen Schülers. Dieser vermag es, Beziehungsgeschehen und seine psychosomatischen Auswirkungen wahrzunehmen und zum Ausdruck zu bringen. „Lehrer verbietet Atmen" beschreibt nicht nur die körperliche Reaktion des Eingeschüchtert-seins, während der man das Atmen „vergisst", sondern verweist als Metapher auf eine restriktive Politik, die Lebendigkeit als lustbetontes Ein- und Ausatmen verhindern will. Das konkrete Verbot, Schlittschuh fahren zu gehen, verweist auf das generelle Verbot zu leben.

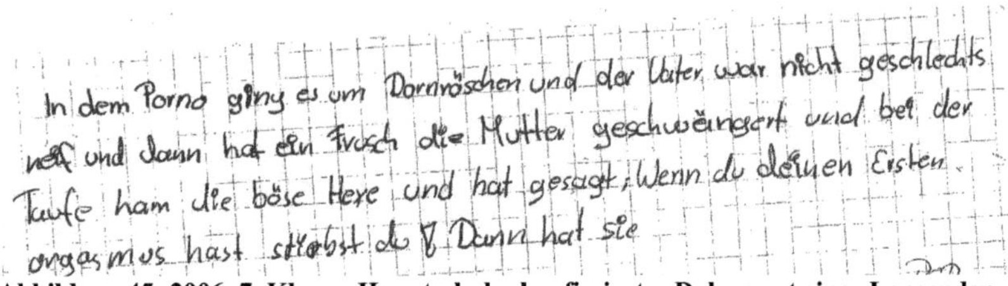

In dem Porno ging es um Dornröschen und der Vater war nicht geschlechts
reif und dann hat ein Frosch die Mutter geschwängert und bei der
Taufe kam die böse Hexe und hat gesagt: Wenn du deinen Ersten
Orgasmus hast stirbst du. Dann hat sie

**Abbildung 45: 2006; 7. Klasse; Hauptschule; konfisziertes Dokument einer Lernenden**

Eine Fachlehrerin erwischt eine Lernende beim Schreiben dieses Dokuments und konfisziert es als unterrichtsfremden Gegenstand. Um die Klassenlehrerin der betroffenen Lernenden zu informieren und sich zugleich vom Material zu entlasten, legt die Fachlehrerin das Papier in das Fach jener Klassenlehrerin, wo der Verfasser es findet, dann kopiert und zurück in das Fach legt. Siebte Klassen sind unter der Lehrerschaft gefürchtet. Hartmut von Hentig fordert, 13-Jährige zu betreuen, aber von Belehrungsmaßnahmen freizustellen.

**Abbildung 46: 2008; Gymnasium; Laszives Posieren für die Abi-Zeitung -- Freud lässt grüßen.**

Ein von der Stadt eingerichteter Stein als Begrenzungsmarkierung wird von der Gymnasiastin treffend als erigierter Phallus gedeutet, dessen Lecken Wohlgefühle erzeugt. Im unschuldigen Spiel mit der Sexualität zeigt sich die bindende Kraft des Lebendigen – Eros, der seine Formen verbergen nicht kann.

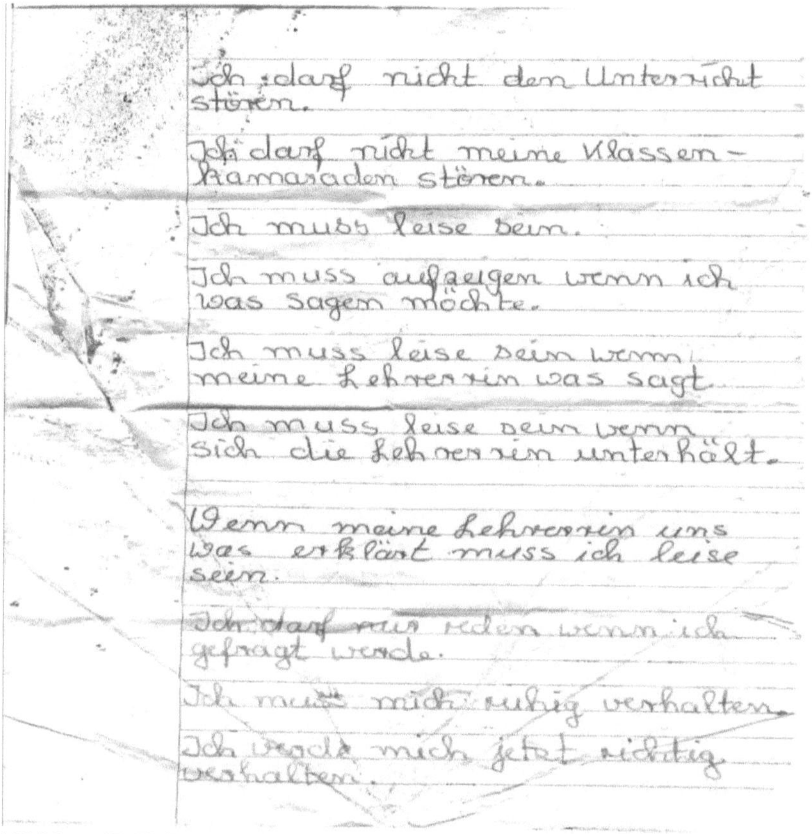

> Ich darf nicht den Unterricht stören.
>
> Ich darf nicht meine Klassenkameraden stören.
>
> Ich muss leise sein.
>
> Ich muss aufzeigen wenn ich was sagen möchte.
>
> Ich muss leise sein wenn meine Lehrerin was sagt.
>
> Ich muss leise sein wenn sich die Lehrerin unterhält.
>
> Wenn meine Lehrerin uns was erklärt muss ich leise sein.
>
> Ich darf nur reden wenn ich gefragt werde.
>
> Ich muss mich ruhig verhalten.
>
> Ich werde mich jetzt richtig verhalten.

**Abbildung 47: Weihnachten 2008; Krefeld, NRW. Als Papierflieger gefalteter Zettel, der Strafarbeiten enthält. Auf der Rückseite befindet sich eine banale Grundschulgeschichte:**

„Klaus war am Abend allein zu Haus. Er durfte noch einen Film gucken. Dann ging er ins Bett Mitten in der Nacht wurde er wach. War dort jemand an der Tür? Klaus musste an den Dieb aus dem Film denken. Er zog sich die Decke über den Kopf. Sprach da draußen nich jemand? Endlich erkannte er die Stimmen seiner Eltern. Glucklich lief er zu ihnen hin"

**Abbildung 48: Das Plakat zum Film - gewidmet der Idee des Schönen und ihrem Schutzpatron Friedrich Schiller.**

# Literatur

Theodor Adorno: Erziehung zur Mündigkeit. Ffm 2006. (1971)
Aurelius Augustinus: De magistro – über den Lehrer. Stuttgart 2005
Georg Becker: Planung von Unterricht. Handlungsorientierte Didaktik Teil I. Weinheim & Basel 1991. (1984)
Daryl Bem: Theorie der Selbstwahrnehmung. In: S.-H. Filipp (Hg.): Selbstkonzept-Forschung. Probleme, Befunde, Perspektiven. Stuttgart 1989. S. 97-127.
Winfried Böhm: Geschichte der Pädagogik. Von Platon bis zur Gegenwart. München 2004.
Udo Bracht: Bilder von Schulbank. Kritzeleien aus deutschen Schulen. München & Wien 1978.
Georg Breidenstein: Teilnahme am Unterricht. Ethnographische Studien zum Schülerjob. Wiesbaden 2006.
Micha Brumlik (Hg.): Vom Missbrauch der Disziplin. Antworten der Wissenschaft auf Bernhard Bueb. Weinheim & Basel 2007.
Bernhard Bueb: Lob der Disziplin – eine Streitschrift. Berlin 2006.
Heinz Bude: Die Kunst der Interpretation. In: Uwe Flick u.a.: Qualitative Forschung. Ein Handbuch. Reinbek b. Hamburg 2005.
Friedrich Copei: Der fruchtbare Moment im Bildungsprozeß. Heidelberg 1950. (1930)
Peter Danow: Absolute Sauberkeit. Warna 1994. (Bulgarisches Original; Übersetzung AE)
Ders.: Pädagogische Fragen. Heliopol 1998. (Bulgarisches Original; Übersetzung AE)
John Dewey: Experience and education. New York 1997 (zuerst 1938).
Ders.: Demokratie und Erziehung. Eine Einleitung in die philosophische Pädagogik. Weinheim und Basel 2000 (zuerst 1916).
Andeas Diekmann: Empirische Sozialforschung. Grundlagen, Methoden, Anwendungen. Reinbek bei Hamburg 2007. (1995)
Rudolf Dreikurs: Psychologie im Klassenzimmer. Stuttgart 1969. (1957)
Hubert Dreyfus: Was ist moralische Reife? Eine phänomenologische Darstellung der Entwicklung ethischer Expertise. In: Deutsche Zeitschrift für Philosophie. Berlin 3/41 (1993). S. 435-458.
Albert Einstein: Autobiographisches. In: Paul A. Schilpp (Hg.): Albert Einstein als Philosoph und Naturforscher. Eine Auswahl. Braunschweig 1983.
Ders.: Aus meinen späten Jahren. Ffm/Berlin 1993.
Alexander Engelbrecht: Kritik der Pädagogik Martin Wagenscheins. Eine Reflexion seines Beitrages zur Didaktik. Münster 2003.
Seymour Epstein: Entwurf einer integrativen Persönlichkeitstheorie. In: S.-H. Filipp (Hg.): Selbstkonzept-Forschung. Probleme, Befunde, Perspektiven. Stuttgart 1989. S. 15-45.
William Ronald Dodds Fairbairn: Das Selbst und die inneren Objektbeziehungen. Eine psychoanalytische Objektbeziehungstheorie. Gießen 2000. (1941-1963)
Faulstich, Forneck u.a.: Lernwiderstand, Lernumgebung, Lernberatung. Empirische Fundierungen zum selbstgesteuerten Lernen. Bielefeld 2005.
Wolfgang Fichten: Unterricht aus Schülersicht: Die Schülerwahrnehmung von Unterricht als erziehungswissenschaftlicher Gegenstand und ihre Verarbeitung im Unterricht. Univ. Diss. Ffm 1993.
Ders.: Emotionen im Unterricht und emotionales Lernen. Oldenburg 1998.
Anna Freud: Das Ich und die Abwehrmechanismen. Ffm 1996. (1936)
Sigmund Freud: Bruchstück einer Hysterie-Analyse. Ffm 1993. (1905)
Ders.: Abriss der Psychoanalyse. Einführende Darstellungen. Ffm 1996. (1940)
Vera Frey & Stephan König: Mut zur Macht. Starke Schulen brauchen Starke Lehrer. Hohengehren 2005.
Hermann Giesecke: Was ist ein „Schlüsselproblem"? Anmerkungen zu Wolfgang Klafkis „neuem Allgemeinbildungskonzept". In: Neue Sammlung 4/1997. S. 563-583.
Allen Ginsberg: Howl and other poems. San Francisco. O.J.
Erving Goffman: Wir alle spielen Theater. Die Selbstdarstellung im Alltag. München 2003. (1969)
Michael Grant & John Hazel: Lexikon der antiken Mythen und Gestalten. München 2004. Abgekürzt als: LaMG.
Georg Groddeck: Das Buch vom Es. Psychoanalytische Briefe an eine Freundin. Ffm 2004. (1923)
Bernhard Grzimek: Zwanzig Tiere und ein Mensch. Berlin 1980.
Andreas Helmke: Unterrichtsqualität. Erfassen – bewerten – verbessern. Seelze 2003.
Thomas Häcker: Widerstände in Lehr-Lern-Prozessen. Eine explorative Studie zur pädagogischen Weiterbildung von Lehrkräften. Ffm 1999.
Marc Hauser: Moral Minds. How nature designed our universal sense of right and wrong. New York 2006.
Hans-Jürgen Heinrichs (Hg.): Das Fremde verstehen. Gespräche über Alltag, Normalität und Anormalität. Gießen 1997.
Thomas Heinze: Schülertaktiken. München/Wien/Baltimore 1980.
Ders.: Unterricht als soziale Situation. Zur Interaktion von Schülern und Lehrern. München 1976.
Julia Butterfly Hill: Die Botschaft der Baumfrau. München 2002.
Max Horkheimer und Theodor Adorno: Dialektik der Aufklärung. Ffm 2003. (1969, 1944)
Axel Honneth: Pathologien der Vernunft. Geschichte und Gegenwart der Kritischen Theorie. Ffm 2007.
Norbert Huppertz: Der lebensbezogene Ansatz im Kindergarten. Freiburg 2003.
William Ickes: Everyday mind reading. Understanding what other people think and feel. New York 2003.
Albert Ilien: Liebe und Erziehung. Zur Begründung der Erziehungsidee. Hannover 1986.

Ders.: Schillers „Bürgschaft" als Antwort auf Kants Vorstellung vom sittengesetzlichen Menschen – ein bildungstheoretischer Essay. In: Ulf Mühlhausen (Hg.): Die Schule – das Verfügbare und das Unverfügbare. (Festschrift Manfred Bönsch) Hannover 1996.
Ders.: Lehrerprofession. Grundprobleme pädagogischen Handelns. Wiesbaden 2005.
Hans Günter Jürgensmeier: Liebe und Erziehung. Das Subjekt der Erziehung. Hannover 1986.
Reinhard Kahl: Treibhäuser der Zukunft. Wie in Deutschland Schulen gelingen. Hamburg 2006.
Immanuel Kant: Über Pädagogik. Bochum 1974. (1803)
Ellen Key: Das Jahrhundert des Kindes. Weinheim & Basel 1991. (1902)
Wolfgang Klafki: Neue Studien zur Bildungstheorie und Didaktik. Zeitgemäße Allgemeinbildung und kritisch-konstruktive Didaktik. Weinheim 1996.
Ders.: „Schlüsselprobleme" in der Diskussion – Kritik einer Kritik. In: Neue Sammlung 38/1998. S. 103-124.
Heinz Kohut: Narzißmus. Eine Theorie der psychoanalytischen Behandlung narzißtischer Persönlichkeitsstörungen. Ffm 2000. (1976)
Ders.: Die Heilung des Selbst. Ffm 2006. (1981)
Jacob Kounin: Techniken der Klassenführung. Münster 2006. (1976)
Michael Köhlmeier: Das große Sagenbuch des klassischen Altertums. München 2006. (2002)
Alfred Lorenzer: Sprachzerstörung und Rekonstruktion. Vorarbeiten zu einer Metatheorie der Psychoanalyse. Ffm 1995. (1973)
Frank McCourt: Teacher Man. London, New York, Toronto & Sydney 2006.
Gerlinde & Hans-Georg Mehlhorn: Begabungsentwicklung im Unterricht. Berlin 1985.
Hilbert Meyer: Unterrichtsmethoden. Theorieband I. Ffm 1994. (1987)
Ders.: Leitfaden zur Unterrichtsvorbereitung. Königstein/Ts 1980.
Mario Muck: Ist die Schule eine Krankheit? Die Institution Schule aus psychoanalytischer Sicht. In: Pädagogik, Beiheft 1993. S. 17-21.
Jakob Muth: Pädagogischer Takt. Monographie einer aktuellen Form erzieherischen und didaktischen Handelns. Heidelberg 1962.
David Myers: Intuition. Its powers and perils. New Haven & London 2004.
Roland Narr: Freundlichkeit und Form. In: Ulf Mühlhausen (Hg.): Die Schule – das Verfügbare und das Unverfügbare. Eine wahldifferenzierte Festschrift zum 60. Geburtstag von Manfred Bönsch. Hannover 1996.
Oskar Negt: Schule als Erfahrungsprozeß. Gesellschaftliche Aspekte des Glocksee-Projekts. In: Ästhetik und Kommunikation, Heft 22/23. Berlin 1979. S. 18-37.
Friedrich Nietzsche: Werke in drei Bänden. Köln 1994. (um 1890)
Ders.: Morgenröte. Gedanken über die moralischen Vorurteile. O.O. 1980. (1886)
Jürgen Oelkers: Pädagogische Ratgeber. Erziehungswissen in populären Medien. Ffm 1995.
Atanas Orachev & Antonij Handschijski: Bulgarien. Das Land der Schätze. Sofia 2006.
Wilhem Peterßen: Lehrbuch Allgemeine Didaktik. München 2001. (1996)
Dietmar Raufuß: Die physikalisch-naturwissenschaftliche Denkweise. Köln 1989.
Gerd-Bodo Reinert & Jürgen Zinnecker (Hg.): Schüler im Schulbetrieb. Berichte und Bilder vom Lernalltag, von Lernpausen und vom Lernen in den Pausen. Reinbek b. H. 1978.
Horst-Eberhard Richter: Flüchten oder Standhalten. Gießen 1997.
Der.: Der Gotteskomplex. Die Geburt und die Krise des Glaubens an die Allmacht des Menschen. Düsseldorf & München 1997a.
Ders.: Lernziel Solidarität. Gießen 1998. (1974)
Ders.: Eltern, Kind und Neurose. Die Rolle des Kindes in der Familie. Stuttgart 1969. (1963)
Ders.: Patient Familie. Entstehung, Struktur und Therapie von Konflikten in Ehe und Familie. Reinbek b. H. 1996. (1970)
Thomas Riecke-Baulecke: Effizienz von Lehrerarbeit und Schulqualität. Hohengehren 2001.
Fritz Riemann: Grundformen der Angst. Eine tiefenpsychologische Studie. München & Basel 1976. (1961)
Norbert Rückriem: Disziplin in der Schule. Freiburg/Basel/Wien 1975.
Petra Sauerborn & Thomas Brühne: Didaktik des außerschulischen Lernens. Hohengehren 2007.
Friedrich Schiller: Über die ästhetische Erziehung des Menschen. Stuttgart 1997. (1795)
Ders.: Kallias oder über die Schönheit. Über Anmut und Würde. Stuttgart 2006. (1793)
Walentin Sidorow: Ljudmila und Wanga. Sofia 1995. Bulgarische Übersetzung aus dem Russischen (Moskau 1992); deutsche Übersetzung AE.
Karl Schneider: Die Problematik des Disziplinbegriffs. In: Ders. (Hg.): Das verdrängte Disziplinproblem. Hilfen zum Verstehen, Bewältigen, Vorbeugen. Langenau-Ulm 1985.
Arthur Schopenhauer: Über das Mitleid. München 2006. (um 1840)
Peter Sloterdijk: Kritik der zynischen Vernunft. Ffm 2007. (1983)
Friedrich Thiemann: Niederschläge des Alltäglichen in subjektiver Erfahrung. In: Friedrich Thiemann (Hg.): Konturen des Alltäglichen. Interpretationen zum Unterricht. Königstein/Ts 1980. S. 39-48.
Martin Wagenschein: Naturphänomene sehen und verstehen. Genetische Lehrgänge. Stuttgart & Dresden 1995.
Paul Watzlawick: Anleitung zum Unglücklichsein. München 1983.
Ders.: Wie wirklich ist die Wirklichkeit? Wahn-Täuschung-Verstehen. München 2002. (1978)
Peter Weigelt & Jens Reißmann: Kinder in der Hackordnung? Zur Veränderung aggressiven Verhaltens. In: Ästhetik und Kommunikation, Heft 22/23. Berlin 1979. S. 98-105.
Jürg Willi: Die Zweierbeziehung. Spannungsursachen, Störungsmuster, Klärungsprozesse, Lösungsmodelle. Reinbek b. H. 1997. (1975)
Timothy Wilson: Strangers to ourselves. Discovering the adaptive unconscious. Cambridge & London 2002.
Gustav Wyneken: Schule und Jugendkultur. Jena 1919.